Hermann von Müller

Die Entwicklung der preußischen Festungs- und Belagerungsartillerie

Hermann von Müller

Die Entwicklung der preußischen Festungs- und Belagerungsartillerie

ISBN/EAN: 9783955641696

Auflage: 1

Erscheinungsjahr: 2013

Erscheinungsort: Bremen, Deutschland

@ EHV-History in Access Verlag GmbH, Fahrenheitstr. 1, 28359 Bremen. Alle Rechte beim Verlag und bei den jeweiligen Lizenzgebern.

Die Entwickelung

der

Preußischen Festungs-

und

Belagerungs-Artillerie

in Bezug auf Material, Organisation und Ausbildung

von 1815—1875.

Mit Benutzung officiellen Materials dargestellt

von

H. Müller,

Major im Großen Generalstabe.

Berlin 1876.

Verlag von Robert Oppenheim.

Vorwort.

Die vorliegende Arbeit bildet eine unmittelbare Fortsetzung und Ergänzung des vom Verfasser veröffentlichten Buches: „**Die Entwickelung der Feld-Artillerie in Bezug auf Material, Organisation und Taktik von 1815 bis 1870.**" — Ihr Zweck ist der nämliche, der in der Vorrede zu letztgenannter Arbeit angedeutet worden ist. Eine Orientirung auf dem Gebiete der Festungs- und Belagerungs-Artillerie erscheint sogar noch nothwendiger, als auf dem der Feld-Artillerie, wegen der Vielgestaltigkeit des Materials und der Mannigfaltigkeit der, für seine constructive und technische Entwickelung in Betracht kommenden Fragen. — Diese Verhältnisse haben eine etwas andere Behandlung des Stoffes erforderlich gemacht. Es hat ein tieferes Eingehen in die Einzelheiten stattgefunden; die Geschoßconstructionen sind ausführlicher behandelt worden und das Gebiet der Ballistik hat nach der Seite der Theorie, wie nach der der Praxis hin, eine umfassende Darstellung erfahren.

Für das im Laufe längerer Jahre gesammelte Material ist die eigentliche Grundlage durch die, aus den Akten der Königlichen General-Inspection der Artillerie und der Artillerie-Prüfungs-Commission, geschöpften Angaben gewonnen worden.

Alle übrigen Quellen sind am Ende der Arbeit genau für diejenigen angegeben, welche die Details studiren wollen.

Die Seite 49 Zeile 7 und 8 v. u. erwähnte Zeichnung ist durch ein Versehen nicht in den Text gedruckt, und daher am Ende des Buches angefügt worden.

Berlin, im Juni 1875.

Der Verfasser.

Verzeichniß der Druckfehler.

S. 62 Z. 6 von unten lies „hieraus" statt „hinaus".
S. 67 Z. 3   „   „   „   „der" statt „des".
S. 67 Z. 2   „   „   „   „Mathematiker" statt „Mathematikers".
S. 71 Z. 14 von oben lies: „Geschwindigkeit gemessen" statt „Geschwindigkeitsmessungen".
S. 80 Z. 15   „   „   „   „Schnitt" statt „Schuß".
S. 81 Z. 12 von unten lies: „oder" statt „und".
S. 97 Z. 7 von oben lies: „eben" statt „aber".
S. 104 Z. 2 von unten lies: „durch" statt „Durch".
S. 136 Z. 6   „   „   „   „Church" statt „Churich".
S. 160 Z. 9   „   „   „   „8015,5" statt „7970".
                            und „10886,25" statt „11097,75".
S. 183 Z. 11 von unten lies: „Geschützfabrikation" statt „Geschoßfabrikation".
S. 200 Z. 19 „   „   „   „6 c² k cos³ α" statt „bc² k . cos³ α".
S. 200 Z. 13 „   „   „   „Resultante" statt „Resultate".
S. 208 Z. 7 von unten muß der Punkt fort und stehen „da" statt „Da".
S. 221 Z. 14 von unten lies: „(S. 81)" statt „(S. 128)".
S. 240 Z. 18 „   „   „   „des" statt „das".
S. 245 Z. 8 von oben lies: „Vertheidiger" statt „Vertheidigen".
S. 312 Z. 12 „   „   „   „übertreffen" statt „übertroffen".
S. 330 In der ersten Columne müssen die drei letzten Bezeichnungen heißen: „25pfdge. Bombenkanone" statt „50pfdge. Bombenkanone".
„50pfdge. Haubitze" statt „25pfdge. Haubitze".
„25pfdge. Haubitze" statt „35pfdge. Haubitze".

Inhalts-Verzeichniß.

Vorwort.   Seite

Einleitung 1

Erster Theil.
Die Entwickelung des Systems der glatten Geschütze in der Zeit von 1815—1860.

Erstes Kapitel. Die Geschützröhre.

I. In der Zeit von 1815 bis gegen das Jahr 1830 5
    1. Die Kanonenröhre. 2. Die Haubitzröhre. 3. Die Mörserröhre.

II. Die Construction neuer Geschützröhre und die Verbesserung der bisherigen seit dem Jahre 1830 9
    1. Der kurze 24Pfdr. 2. Die schweren Haubitzen und Bombenkanonen. 3. Die Verbesserung der Construction der bisherigen Kanonen und Haubitzröhre. 4. Die Mörser und die Versuche zu ihrer Verbesserung.

III. Rückblick auf die Constructionsverhältnisse der Geschützröhre 24
    1. Die äußeren Constructionsverhältnisse. 2. Die innere Construction.

Zweites Kapitel. Die Laffeten.

I. Die Festungslaffeten 28
    1. Die Walllaffeten. 2. Die hohen Rahmenlaffeten. 3. Die Kasemattenlaffete ohne Rahmen.

II. Die Belagerungslaffeten 31
    1. Für Kanonen. 2. Für Haubitzen.

		Seite
III. Mörserlaffeten		32
1. Hölzerne. 2. Gußeiserne.		
IV. Die schmiedeeisernen Festungslaffeten		34
V. Betrachtung der Laffetenconstructionen		38

Drittes Kapitel. Die Munition.

	Seite
I. Die Geschosse	41
1. Die Vollkugeln. 2. Die Granaten und Bomben. 3. Die Schrapnels. 4. Die Kartätschkugeln. 5. Die Brand- und Leuchtgeschosse. 6. Die Demontirgeschosse.	
II. Die Zünder	50
1. Die Säulenzünder für Granaten und Bomben. 2. Die Zünder für Schrapnels.	
III. Rückblick	53

Viertes Kapitel. Die Entwickelung der Ballistik in Praxis und Theorie.

	Seite
I. Die Aufstellung der Schußtafeln	56
II. Praktische und theoretische Arbeiten zur Feststellung der Trefffähigkeit	64
1. Praktische Arbeiten. 2. Theoretische Arbeiten.	
III. Versuche zur Auflösung des ballistischen Problems und der inneren Ballistik	68
IV. Rückblick	71

Fünftes Kapitel. Die Wirkung des Systems und seine Lastverhältnisse.

	Seite
I. Die Wirkung	72
1. Die mechanischen Leistungen der Geschosse und die Trefffähigkeit. 2. Die Sprengwirkung der Hohlgeschosse. 3. Die Brand- und Leuchtwirkung.	
II. Die Gewichts-Verhältnisse	73

Sechstes Kapitel. Das praktische Schießen und Werfen.

	Seite
I. Aufstellung allgemeiner Gebrauchsregeln	73
II. Die wirksamen Gebrauchs-Entfernungen	75
III. Die Schußarten für besondere Zwecke	75
1. Directe Schüsse. 2. Indirecte Schüsse. 3. Das Werfen aus Mörsern.	
IV. Rückblick	92

Siebentes Kapitel. Die Ansichten über die Verhältnisse von Wirkung und Beweglichkeit.

	Seite
I. Die Wirkung	94
II. Die Beweglichkeit	97

Achtes Kapitel. Organisation und Ausbildung.
    I. Die Organisation 98
    II. Die Ausbildung 100
Neuntes Kapitel. Die Ausrüstung der Festungen und des Belagerungstrains.
    I. Die Ausrüstung der Festungen 103
    II. Die Bildung des Belagerungstrains . . 105
Zehntes Kapitel. Schlußbetrachtungen über das System der glatten Geschütze 110

Zweiter Theil.
Die Entwickelung des Systems der gezogenen Geschütze bis zum Jahre 1875.

Erster Abschnitt.
Projecte zu gezogenen und Vorversuche mit glatten Hinterladern bis zum Jahre 1850.

Erstes Kapitel. Projecte zu gezogenen und glatten Hinterladern 115
Zweites Kapitel. Versuche mit glatten Hinterladern . . 118

Zweiter Abschnitt.
Versuche mit gezogenen Hinterladungsgeschützen bis zur ersten Einführung derselben 1850—1860.

Erstes Kapitel. Feststellung der Construction der Röhre, der Geschosse und der Zündvorrichtung 121
Zweites Kapitel. Rückblick und Ansichten über den Werth der gezogenen Festungsgeschütze.
    I. Rückblick auf den Gang der Versuche . . . 129
        1. Die Rohrconstruction. 2. Die Geschoßconstruction.
    II. Ansichten über den Werth der gezogenen Festungs-Geschütze 131

Dritter Abschnitt.
Die Vervollkommnung der Constructionen und die Erweiterung des Systems von 1860—1870.

Erstes Kapitel. Die Verbesserung der Constructionen in den Einzelheiten.
    I. Kolbenverschluß und Preßspahnboden . . 133
    II. Die Vermehrung der Zahl der Züge . . 135

	Seite
III. Der Keilverschluß und die Keilzüge . . .	135
IV. Die Munition	137
1. Die Granaten. 2. Die Schrapnels. 3. Die Percussionszündvorrichtung.	

Zweites Kapitel. Die Umänderung des vorhandenen Materials zu gezogenen Geschützen.

I. Die Umänderung der glatten Röhre . . .	139
II. Die Umänderung der Laffeten	141

Drittes Kapitel. Die mit dem aptirten Material bei Düppel und in den späteren Jahren gemachten Erfahrungen und Betrachtung der Aptirungen.

I. Die Erfahrungen von Düppel	144
1. Die Röhre. 2. Die Laffeten. 3. Die Munition.	
II. Betrachtung der Aptirungen	146

Viertes Kapitel. Die Neuconstructionen.

I. Die Geschützröhre C/64	147
II. Die Laffeten	148
1. Die Gestelllaffeten. 2. Die Belagerungslaffeten C/64.	

Fünftes Kapitel. Die Erweiterung des Systems von 1864—1870 151

I. Die kurze 15 cm. Kanone und der 21 cm. Mörser	153
1. Vorversuche. 2. Die Construction der kurzen 15 cm. Kanone. 3. Der 21 cm. Mörser.	
II. Granaten mit dünnem Bleimantel und Langgranaten	165
1. 15 cm. Langgranaten. 2. Die 21 cm. Langgranaten.	
III. Schrapnels mit dünnem Bleimantel . . .	169
IV. Brand- und Leuchtgeschosse	169
V. Die verlangsamte Zündvorrichtung . . .	170

Sechstes Kapitel. Betrachtung des Materials und seiner Entwickelung.

I. Die Geschützröhre	171
1. Die äußeren Verhältnisse und Abmessungen der Röhre. 2. Die Seelenlänge. 3. Die innere Einrichtung der Röhre. 4. Die Gewichte der Röhre.	
II. Die Laffeten	177
1. Die Constructionsverhältnisse. 2. Die Gewichte der Laffeten.	
III. Die Granaten	180
IV. Die Zündvorrichtungen und Schrapnelzünder	181

Siebentes Kapitel. Gußeisen oder Bronze? 181
  I. Versuche mit gußeisernen Geschützröhren . 183
    1. Versuche mit Sayner Geschützröhren 1822—1830. 2. Die Prüfung und der Guß schwedischer Geschützröhre 1830—1847. 3. Die Wiederaufnahme des Gusses eiserner Röhre. 4. Die Benutzung des Eisens für die gezogenen Geschützröhre 1859.
  II. Die Untersuchungs-Methoden, Anschieß-Vorschriften u. s. w. für gußeiserne Röhre 193
  III. Die Anwendung der bronzenen Röhre . . 194

Achtes Kapitel. Die Entwickelung der Ballistik in Praxis und Theorie.
  I. Die Schußtafeln 196
  II. Praktische und theoretische Arbeiten zur Feststellung der Trefffähigkeit 198
  III. Die Arbeiten zur Auflösung des ballistischen Problems und die neueren ballistischen Formeln 199
  IV. Arbeiten zur Ergründung der inneren Ballistik 201
  V. Rückblick 204

Neuntes Kapitel. Die Wirkung des Systems und seine Gewichtsverhältnisse.
  I. Die Wirkung 204
    1. Die größten und die Gebrauchs-Schußweiten. 2. Die Trefffähigkeit. 3. Die mechanischen Leistungen der Geschosse. 4. Die Brandwirkung.
  II. Die Gewichtsverhältnisse 209

Zehntes Kapitel. Vergleich der gezogenen und glatten Geschütze in Bezug auf Wirkung und Gewichts-Verhältnisse.
  I. In Bezug auf die Wirkung 209
    1. Die größten und die Gebrauchs-Schußweiten. 2. Die Trefffähigkeit. 3. Die mechanischen Leistungen der Geschosse. 4. Die Brandwirkung.
  II. In Bezug auf die Gewichts-Verhältnisse . 212
  III. Resumé des Vergleichs 213

Elftes Kapitel. Das praktische Schießen.
  I. Aufstellung allgemeiner Gebrauchs-Regeln 214
  II. Die größten Schußweiten und die wirksamen Gebrauchs-Entfernungen 215

	Seite
III. Die Schußarten für besondere Zwecke	215
A. Directe Schüsse	216
1. Der Enfilirschuß. 2. Der Demontirschuß. 3. Der directe Brescheschuß.	
B. Indirecte Schüsse	222
1. Der Rikoschetschuß. 2. Der indirecte Schuß zum Zerstören von Mauerwerk.	
C. Das Schießen mit Mörsern	229

Zwölftes Kapitel. Organisation und Ausbildung.

I. Die Organisation	230
II. Die Ausbildung	231
1. Die Elementar-Ausbildung. 2. Die Schießübungen. 3. Die Uebungen im Festungs- und Belagerungsdienste.	

Dreizehntes Kapitel. Die Ausrüstung der Festungen und des Belagerungstrains.

I. Die Ausrüstung der Festungen	235
II. Der Belagerungstrain	238

Vierzehntes Kapitel. Rückblick auf die Entwickelung in der Zeit von 1860—1870 241

Vierter Abschnitt.
Die Entwickelung von 1870—1875.

Erstes Kapitel. Die Leistungen der Festungs-Artillerie im Kriege, die dabei gemachten Erfahrungen und die daraus abgeleiteten Folgerungen und Vorschläge 244

I. Die Erfahrungen des Krieges.	
A. An dem Material	245
1. Geschützröhre. 2. Laffeten.	
B. Die Leistungen des Systems	247
1. Die mechanischen Leistungen. 2. Die größten Schußweiten. 3. Die Gebrauchs-Schußweiten. 4. Besondere Schußarten.	
C. Die Leistungsfähigkeit der einzelnen Geschütze	253
D. Die Organisation	254
E. Der Belagerungstrain	255
II. Die Vorschläge zur Abänderung und Verbesserung.	
A. Aenderungen des Materials	257
B. Steigerung der Leistungsfähigkeit des Systems	258
C. Aenderungen in der Organisation	259

	Seite
D. Aenderungen in der Zusammensetzung des Belagerungstrains	259
Zweites Kapitel. Die Neuconstructionen und die Abänderungen des bestehenden Materials	260
I. Die 15 cm. Ringkanone	261
II. Der 21 cm. Mörser und die kurze 21 cm. Kanone	265
A. Fortsetzung der Versuche zur Construction des 21 cm. Mörsers	269
B. Die kurze 21 cm. Kanone	272
III. Die verstärkte 12 cm. Kanone C/73	273
IV. Sonstige Aenderungen und Vervollkommnungen der Geschütze	276

1. Der einfache Verschlußteil. 2. Die Erhöhung der Elevationsfähigkeit der 12 cm. Laffeten C/69. '3. Einführung der Richtscala zum indirecten Richten.

V. Die Geschosse.

A. Die Langgranaten und die verschiedenen Führungsmittel	278

1. Die 15 cm. Langgranaten. 2. Die 12 cm. Langgranaten.

B. Das Schrapnel für die 15 cm. Ringkanone	281
C. Brandgranaten	281
Drittes Kapitel. Betrachtung der Entwickelung des Materials	282
Viertes Kapitel. Gußstahl oder Bronze?	283
Fünftes Kapitel. Die Wirkung des Systems und seine Gewichts-Verhältnisse.	
I. Die Wirkung	285

1. Die größten und die Gebrauchs-Schußweiten. 2. Die Trefffähigkeit. 3. Die mechanischen Leistungen der Geschosse.

II. Die Gewichts-Verhältnisse	287
Sechstes Kapitel. Das praktische Schießen.	
I. Aufstellung allgemeiner Gebrauchs-Regeln	287
II. Die größten Schußweiten und die wirksamen Gebrauchs-Entfernungen	288
III. Die Schußarten für besondere Zwecke.	
A. Directe Schüsse	288

1. Der Enfilirschuß. 2. Der Demontirschuß. 3. Der directe Brescheschuß.

		Seite
B. Indirecte Schüsse		289
Der indirecte Schuß zum Zerstören von Mauerwerk.		
C. Das Schießen mit Mörsern		294

Siebentes Kapitel. Organisation und Ausbildung.

I. Die Organisation	296
II. Die Ausbildung	297
1. Die Elementar-Ausbildung. 2. Die Schießübungen. 3. Die Uebungen im Festungskriege.	

Achtes Kapitel. Die Ausrüstung der Festungen und die Organisation des Belagerungstrains.

I. Die Ausrüstung der Festungen	302
II. Die Organisation des Belagerungstrains	303

Neuntes Kapitel. Rückblick auf die Entwickelung des Systems von 1870—1875 305

Zehntes Kapitel. Folgerungen für die Entwickelung der nächsten Zukunft 307
    1. Die Kanonen. 2. Die Mörser. 3. Die Zwischenkaliber.

Elftes Kapitel. Schlußbetrachtungen 317

Tabelle 1—12. Angaben über das System der glatten Geschütze 323

Tabelle 13—21. Angaben über das System der gezogenen Geschütze 338

Quellen und Beläge 352

Einleitung.

Die Aufgabe, die Entwickelung der Artillerie darzustellen, kann und soll nicht in dem beschränkten Sinne aufgefaßt werden, eine einfache Beschreibung des im Laufe der Zeit Geschaffenen und des augenblicklich Bestehenden zu geben. — Um den inneren Zusammenhang der Entwickelung zu erkennen und ein fertiges Bild zu entwerfen, dazu muß der Blick zeitweise auf außerhalb der Aufgabe liegende Verhältnisse geworfen und müssen Gesichtspunkte festgehalten werden, welche zu den negativen Seiten des Gegenstandes führen. Die Grundlinien, welche demgemäß für die nachstehende Arbeit verfolgt worden sind, seien kurz in Folgendem charakterisirt.

Die Arbeit soll entwickeln, wie das Geschützsystem „geworden" ist. Dieses Werden ist das Ergebniß einer auf dem Gebiete der Theorie und der Praxis unausgesetzt ausgeübten Thätigkeit; einer Thätigkeit, welche fortwährend auf die Vervollkommnung des Bestehenden bedacht sein, neue entwickelungsfähige Elemente selbstständig ergreifen und bis zur praktischen Verwendbarkeit ausbilden mußte. Die Artillerie-Prüfungs-Commission im Allgemeinen ist es, welcher diese Thätigkeit oblag, und einige hervorragende Mitglieder derselben im Besonderen sind es, welche dabei die Führung übernahmen, indem sie mit genialer Sicherheit den zu verfolgenden Weg festhielten, oder über die unmittelbar vorliegenden Aufgaben weit hinausgreifend, neue Wege zeigten und den Anstoß zu bedeutsamen Fortschritten gaben.

Wenn die Arbeiten der Commission und ihrer Mitglieder somit die Grundlage für die nachfolgende Darstellung bilden, so wird die Arbeit von selber zu einer Anerkennung, zu einem Denkmal für die Betheiligten. Diese Anerkennung zum vollen Ausdruck und die Verdienste auf die Nachwelt zu bringen, ist aber auch die bestimmte Absicht dieser Arbeit; denn, abgesehen von der Pietät vor den betreffenden Persönlichkeiten, welche diese Absicht für den Geschichtsschreiber zu einer Pflicht macht, handelt es sich um hervorragende Verdienste für die Artillerie und den Staat, welche auf den Schlachtfeldern der letzten Kriege schon reiche Früchte getragen haben und der Vergessenheit entzogen werden müssen.

Bei dem reißenden Gange aller Entwickelung ist die gegenwärtige Generation nur zu sehr geneigt, die Männer der jüngsten Vergangenheit zu den Todten zu werfen und zu vergessen, daß der Boden, auf dem wir stehen, von unseren Vorgängern geschaffen, daß die Wege, die wir gehen, von ihnen angebahnt worden sind.

Wer denkt bei der Waffe, die er führt, noch an den, der sie schmiedete? Wie allgemein ist die Neigung, die kleinen Mängel der Dinge und Verhältnisse tadelnd hervorzuheben und über den großen Werth derselben stillschweigend hinwegzugehen! Diese negative Kritik ist es, welche leider so oft die Anerkennung des positiv Geleisteten vergessen und an Personen und Einrichtungen herummäkeln läßt, theils ohne Grund, theils ohne Verständniß für den eigentlichen Werth derselben.

So ist auch die Artillerie-Prüfungs-Commission der Gegenstand häufiger Angriffe und absprechender Kritiken von Leuten, die dem Gange der Entwickelung und den dabei entscheidenden Faktoren so fern stehen und von den wichtigen Fragen oft eine so geringe Kenntniß besitzen, daß ihnen schlechthin keine Berechtigung zum Urtheilen zugesprochen werden kann.

Es wird ferner auf die Leistungen verdienstvoller Männer verächtlich herabgeblickt, weil sie hier und da in Dingen irrten, welche heute vielleicht jedem Schüler geläufig sind, — und dennoch waren es Männer, die aus dem Niveau ihrer Zeit hoch hinausragten. Möge die nachstehende Darstellung dazu beitragen, für die Beurtheilung der Vergangenheit einen gerechten und richtigen Maßstab zu schaffen, dessen verständige Handhabung mancher Ueberhebung vorbeugen kann.

Die vorliegende Arbeit soll ferner Antwort geben, auf das „Warum?" — auf die Frage, weshalb das Bestehende gerade so und nicht anders werden konnte. Die für die Annahme des Materials entscheidend gewesenen Gründe liegen nicht immer so klar auf der Oberfläche, daß sie sogleich zu erkennen wären. Sie sind zuweilen nicht in der Sache begründet, nicht materieller Natur, daher aus der Sache allein nicht aufzufinden. Oft wirkten bei der Einführung thatsächlich schon bestehende Verhältnisse, oder die Ueberlieferung, oder endlich Motive eigener Art mit, welche eine so hohe Berechtigung hatten, daß sie berücksichtigt werden mußten.

Schließlich sind aus dem wirklich Bestehenden nicht diejenigen Schritte, Wege und Versuche zu erkennen, welche zu negativen Resultaten führten, mithin gewisse Gebiete von weiterer Beachtung ausschlossen und die Antwort auf die Frage geben, warum dieses oder jenes scheinbar Bessere nicht zur Annahme gelangt ist.

Die Nichtkenntniß dieser Thatsachen und Verhältnisse führt zu falschen Beurtheilungen, oder unbegründeten Verurtheilungen und, in den Einzelheiten, zu Vorschlägen, welche sich auf längst abgethane Fragen und Gebiete erstrecken.

Möge unsere Darstellung auch in dieser Richtung die Ansichten klären und die auf die Zukunft gerichteten Bestrebungen vor unfruchtbaren Arbeiten wahren.

Die Arbeit soll endlich darlegen, wie das System quantitativ und qualitativ jetzt beschaffen ist; was es leistet; welchen Fortschritt es gegen das glatte Geschützsystem repräsentirt.

Es wird daraus ein fester Maßstab zu gewinnen sein für die Leistungsfähigkeit des Systems, welche bisher oft unterschätzt, noch öfter aber überschätzt worden ist. Die falsche Schätzung ist bei einem noch unvollendeten Geschütz, oder Geschützsystem vollkommen erklärlich; alle theoretischen Erwägungen führen hier zu keinem richtigen Urtheil. Einen auffälligen Beweis hierzu liefern die Ansichten, welche man lange über die zu erwartende Leistungsfähigkeit des gezogenen Mörsers hatte.

Es wird sich ferner zeigen, wie die Entwickelung weder constructiv fertig, noch organisch abgeschlossen ist, und daraus wird sich endlich ableiten lassen, welchen Weg die Entwickelung einzuschlagen haben wird, um das Bestehende auf die erreichbare Höhe der Vollkommenheit zu bringen, das noch Fehlende zu schaffen und zweckmäßig in das System einzufügen.

Erster Theil.

Die Entwickelung des Systems der glatten Geschütze
in der Zeit von 1815—1860.

Erstes Kapitel.
Die Geschützröhre.
I. In der Zeit von 1815 bis gegen das Jahr 1830.

Die im Jahre 1815 in den preußischen Festungen vorhandenen Geschützröhre waren von der verschiedenartigsten Construction und von verschiedenstem Alter. Die meisten stammten aus der zweiten Hälfte des vorigen Jahrhunderts, da Friedrich der Große nach dem siebenjährigen Kriege eine sehr bedeutende Artillerie-Ausrüstung beschafft hatte, — ein anderer Theil stammte aus dem Anfange dieses Jahrhunderts.

Unter Scharnhorst's Leitung und auf seine Veranlassung war nämlich seit 1808 für die Retablirung und Neubeschaffung der Ausrüstung der Festungen sehr viel geschehen.[1]

Neuconstructionen von Geschützröhren wurden in der nächsten Zeit nicht entworfen. — Das Neue war meist nur eine, in engster Anlehnung an die bestehenden Rohrconstructionen erfolgte Aenderung, welche sich auf geringe Details der äußeren Formen und Abmessungen, auf Aenderung des Spielraums, des Rohrgewichts u. s. w. erstreckte.

Solche Aenderungen kamen besonders zur Ausführung, als im Jahre 1818 eine Aufstellung von Normalzeichnungen des Materials in Angriff genommen wurde. Es fand dabei eine

---

Anmerkung. Die in den Text eingedruckten kleinen Zahlen bezeichnen die am Ende des Werkes näher angegebenen Quellen.

genaue Revision des Bestehenden und eine Verwerthung aller inzwischen gemachten Erfahrungen in der Detail-Construction statt. Nach den so corrigirten Zeichnungen wurde dann gegossen und gearbeitet, bis in den 30er Jahren größere Aenderungen eintraten.

Die Geschützröhre waren bei Beginn der Periode und während derselben folgende:

1. Die Kanonenröhre: 3Pfdr., 6Pfdr., 12Pfdr., 24Pfdr.[2]

Bronzene Röhre.

Der 3 Pfdr. hatte die Construction von 1776, war 1796 modificirt, schied 1813 aus der Feld-Artillerie und trat in die Defension über. Eine geringe Aenderung erfuhr er 1832.

Der lange 12 Pfdr. bestand in vielen Exemplaren nach der Construction von 1774 und 1775, welche erst 1833 größere Aenderungen erlitt.

Der lange 24 Pfdr. rührte meist aus der C/1775 her und blieb bis 1833 unverändert.

Eiserne Röhre.

Im Jahre 1774 hatte Holtzendorff eine Umconstruction der eisernen Kanonen bewirkt, welche in den Jahren 1777, 1780, 1782 und 1784 Modificationen erfuhr, und dann bis zum Jahre 1820 im Wesentlichen die Grundlage für alle Neubeschaffungen blieb. Bei Aufstellung der Zeichnungen wich man auf Grund der bisherigen Erfahrungen und Versuchsresultate davon ab. — In den folgenden Jahren wurden besondere Versuche zur Ermittelung der zweckmäßigsten Eisenstärken angestellt, welche zu unerwartet günstigen Resultaten führten und eine Neuconstruction eiserner Röhre in den Jahren 1831 bis 1833 veranlaßten.

Der 6 Pfdr. bestand in Constructionen von 1811 und 1813; die Länge betrug 16, 18, 20, sogar 26 Kugeldurchmesser und wurde bei der Neuconstruction von 1832 auf 17 Kugeldurchmesser normirt.

Der schwere 12 Pfdr. blieb wie bei den bisherigen Constructionen 24 Geschoßdurchmesser lang.

Der lange 24 Pfdr. wurde 1826 modificirt und 1833 21 Geschoßdurchmesser lang gemacht. Seit 1827 wurden alle

Röhre der Belagerungs- und Festungs-Artillerie verglichen angefertigt.

2. Die Haubitzröhre.

Bronzene Röhre.

Im Jahre 1812 fand eine Aenderung der 7pfdgn. und 10pfdgn. Haubitzen statt, wobei die ersteren an die C/1790, die letzteren an die C/1784 angelehnt wurden. 1817 wurde durch Versuche die zweckmäßigste Größe der Kammer für 0,65 k. resp. 1,3 k. Ladung festgestellt. Demnächst fanden geringe Aenderungen statt, bei Aufstellung der Zeichnungen im Jahre 1819 und ferner in den Jahren 1826, 1830 und 1832.

Die 25pfdge. Haubitze. Bisher hatte eine 25pfdge. Haubitze C/1767 bestanden, welche 1777 modificirt worden war. Das Geschütz war seit Ende des vorigen Jahrhunderts nicht mehr gefertigt und, wie der Leitfaden von 1818 bemerkt, „außer Gebrauch gekommen", da es für den Gebrauch bei Belagerungen zu schwer sei. Man kannte seine Vorzüge offenbar nicht und wurde erst durch das Ausland wieder aufmerksam gemacht. Die Versuche, welche zu einer Neuconstruction führten, werden ausführlich besprochen werden.

Eiserne Röhre bestanden vom 7pfdgn. Kaliber nach Constructionen vom Jahre 1809 und 1813, und vom 10pfdgn. nach C/1785.

3. Die Mörserröhre.

Bronzene Röhre.

Im Jahre 1790 war von Tempelhoff ein 7pfdgr. Packmörser construirt, welcher zum Gebrauch im freien Felde (besonders im Gebirgskriege) dienen sollte. — Im Festungskriege war bis 1815 kein solcher Mörser von preußischer Seite benutzt worden. Bei den Belagerungen in Nordfrankreich im Jahre 1815 waren aber englische Mörser dieser Art mit großem Vortheil gebraucht worden, und das veranlaßte die Feststellung einer Neuconstruction, welche 1821 geändert und 1832 eingeführt wurde.

10pfdge. Mörser waren 1789 gleichfalls für Feldgebrauch construirt worden. Die Hauptconstruction dieses Rohres stammte aus dem Jahre 1785 und von Tempelhoff. — Die

Versuche der 20er Jahre führten 1832 zur Annahme jener Construction von 1785 zurück.

25pfdge. Mörser bestanden in einer Construction von 1774. — Daneben gab es auch 30pfdge. Mörser. Nach 1815 schwankte man lange Zeit, welches Kaliber beizubehalten sei und entschied sich zeitweise für das 30pfdge. (1821). Im Jahre 1832 wurde indeß definitiv das 25pfdge. Kaliber angenommen.

50pfdge. Mörser. Die älteren Constructionen stammten aus den Jahren 1774, 1782, 1785, 1786. — Die Herstellung neuer Röhre erfolgte bis 1825 nach der Holtzendorff'schen C/1785, welche bis 1832 nur geringe Aenderungen erfuhr.

Eiserne Röhre.

Der 10pfdge. Mörser bestand in der letzten Construction vom Jahr 1809, welche 1815 und 1832 geändert wurde.

Der 25pfdge. Mörser wurde 1832 neu eingeführt.

Der 50pfdge. Mörser bestand in Constructionen aus den Jahren 1777, 1784 und 1813. Im Jahre 1819 fand eine Herabsetzung der Eisenstärken statt.

Der Steinmörser bestand in Constructionen von 1784 und 1810.

Wenn, aus Mangel an Zeit und Mitteln, man sich bis zum Jahre 1830 darauf hatte beschränken müssen, in den Rohrconstructionen nur die nothwendigsten kleinen Aenderungen vorzunehmen, so waren doch zu gleicher Zeit Versuche und Ermittelungen ins Auge gefaßt und zum Theil in sehr umfassender Weise schon im Gange, durch welche feste Grundsätze für die rationelle Rohrconstruction — auf dem Wege der Erfahrung — erlangt werden sollten.

Die Hauptrichtungen, nach denen diese Versuche sich erstreckten, waren Ermittelung der zweckmäßigsten Rohrlänge und besten Metallstärken bei Kanonen, und der zweckmäßigsten Größe und Gestalt der Kammer bei Haubitzen und Mörsern.

Das System der Festungs= und Belagerungs=Artillerie bestand nach obigen Angaben aus 3 Kanonenkalibern (abgesehen vom 3Pfdr.), zwei leichten Haubitzkalibern und den Mörsern. Ein sehr wirksames war es auf keinen Fall. Diese Ansicht mußte um so mehr zur Geltung kommen, je mehr die schwierigen

Aufgaben erkannt wurden, welche die neueren Festungsbauten mit ihren Traversen, Hohlbauten und starkem Mauerwerk der Belagerungs-Artillerie stellten.

So entwickelte sich in den 20er Jahren das Streben nach einer Erweiterung des Geschützsystems durch wirksame größere Kaliber. Dasselbe führte zur Construction und Einführung der schweren Haubitzen und Bombenkanonen.

II. Die Construction neuer Geschützröhre und die Verbesserung der bisherigen seit dem Jahre 1830.

1. Der kurze 24Pfdr.

Die Franzosen sollen durch in Mainz 1793 vorgefundene sächsische Granatstücke zu der Construction eines kurzen 24Pfdrs. angeregt worden sein, welcher anfänglich 12 Kaliber lang war.[3] Eine, Behufs Umänderung des französischen Artillerie-Materials, gebildete Commission schoß im Jahre 1800 aus jenem Geschütze Hohlgeschosse versuchsweise gegen Erde, Mauerwerk und Holz (Schiffswände) und beantragte in Folge der, gegen Erde und Holz, erreichten günstigen Resultate im Jahre 1803 die Verwendung von Hohlgeschossen großen Kalibers zur Vertheidigung der Küsten, sowie zur Vertheidigung und zum Angriff von Festungen.

Zunächst wurde der kurze 24Pfdr. in größerer Zahl eingeführt. Er wurde Anfangs (1803) 16 Kaliber lang gemacht, wahrscheinlich in Folge des ihm gemachten Vorwurfs, daß er zu wenig in die Scharten reiche und sie zu schnell zerstöre.

Nach dem Jahre 1815 wurde in Mainz eine große Zahl französischer kurzer 24Pfdr. von 12 Kaliber Länge vorgefunden, deren Verwendung im Festungskriege so vortheilhaft erschien, daß die Militär-Commission des deutschen Bundes Versuche anregte, welche 1828 zur Ausführung kamen. Diese Versuche waren Trefffähigkeits-Versuche mit dem langen französischen 24Pfdr., der französischen 15 cm., der preußischen 7pfdgn. und 10pfdgn. Haubitze einerseits und dem kurzen 24Pfdr. andrerseits, mit Kugeln und mit Granaten; ferner Rikoschetversuche mit dem kurzen 24Pfdr., der französischen 15 cm. und der preußischen 10pfdgn. Haubitze; endlich Demontirversuche mit dem kurzen und langen französischen 24Pfdr. und der französischen 15 cm. Haubitze.

Die Resultate wurden von der Militär-Commission sehr günstig beurtheilt und führten zu dem Ausspruch: „Die kurze 24pfdge. Kanone ist als Festungsgeschütz sehr vortheilhaft zu gebrauchen, indem sie nicht allein alle Eigenschaften der langen 24pfdgn. Kanone besitzt, sondern derselben, mit Bezug auf geringeren Bedarf an Bedienungsmannschaften und Pulver, bei größerer Beweglichkeit vorzuziehen, und dabei geeignet ist, die Haubitzen zu ersetzen." —

In den preußischen Festungen befanden sich ebenfalls viele französische kurze 24Pfdr., deren Benutzung für die Defension schon im Jahre 1824 von der Artillerie-Prüfungs-Commission beantragt worden war.

Als nun dem Prinzen August im Sommer 1829 die Berichte über die oben genannten Versuche zugingen, beauftragte er die Art.-Prüf.-Comm. mit einer Begutachtung derselben. Die Commission schloß sich den offenbar sehr günstigen Urtheilen der Militär-Commission nur sehr eingeschränkt an, und erachtete zur Begründung derselben weitere Versuche für nöthig. In dem Schlußurtheil hob die Commission hervor, daß für den Gebrauch auf größeren Entfernungen (auf Nebenfronten) der lange 24Pfdr. nicht durch den kurzen ersetzt werden könne, weil die Wirkung des letzteren mehrfach nicht unerheblich gegen die des ersteren zurückstehe, und sie auch nicht zum Ersatz der Haubitzwirkung ausreiche. — Der kurze 24Pfdr. habe indeß immerhin Vorzüge, welche, mit Rücksicht auf das Gewicht, besonders dem schweren 12Pfdr. gegenüber und in Bezug auf Rikoschetwirkung, der 7pfdgn. Haubitze gegenüber geltend zu machen seien. — Vor Allem sei der Ersatz des schweren 12Pfdrs. durch den kurzen 24Pfdr. ins Auge zu fassen, da dieser 11 Centner leichter sei, als jener.

Die von der Art.-Prüf.-Comm. beantragten Versuche sollten vor Allem auch das Verhalten beider Geschütze gegen die eigenen Scharten darthun.

Prinz August beantragte darauf im Januar 1830 die Herstellung von zwei kurzen 24Pfdrn. und meinte, die Prüfung dieser Constructionen sei um so nöthiger, da Behufs Herstellung eines wirksameren Zwischenkalibers in der letzten Zeit schon die Einführung von 16Pfdrn. oder 18Pfdrn. in Anregung gekommen sei.

Das Kriegs-Ministerium lehnte aber mit Hinweis auf den Kostenpunkt den Antrag ab, indem es bemerkte, alle Anstrengungen müßten jetzt auf Prüfung resp. Beschaffung der schweren Haubitzen und Bombenkanonen gerichtet werden, und bei den Versuchen mit diesen Geschützen würden wohl noch Erfahrungen gesammelt werden, welche später der Construction des kurzen 24Pfdrs. zu Gute kommen müßten.

Prinz August forderte indeß die Art.-Prüf.-Comm. noch einmal zur Aeußerung auf und in dieser — vom März 1830 — hieß es:

„Es sind gegenwärtig drei verschiedene Fragen zur Sprache gekommen:
a) Untersuchung der Wirkung schwerer Haubitzen,
b) die Vor- und Nachtheile eines Zwischenkalibers,
c) die Eigenschaften des kurzen 24Pfdrs.
Ueber diese Fragen ist Folgendes zu sagen.
ad a) Der wichtigste Zweck bei den Versuchen mit den schweren Haubitzen ist der, festzustellen: ob und inwieweit es möglich ist, mit diesen Geschützen verdeckt liegende, revetirte, oder kasemattirte Linien aus größeren Entfernungen in Bresche zu legen.
ad b) Die Einführung eines Zwischenkalibers zwischen dem bestehenden 12Pfdr. und 24Pfdr. ist durch die Ueberzeugung angeregt worden, daß der 12Pfdr. für viele Fälle keine wirksame, größere Schußweiten habe.
ad c) Der kurze 24Pfdr. kann die sub a und b genannten Zwecke keineswegs erfüllen.

„Der Antrag auf Versuche mit kurzen 24Pfdrn. gründet sich daher auf die allgemeinen Vorzüge dieses Geschützes und auf die Hoffnung, daß dasselbe vielleicht im Stande sei, für die Vertheidigung die bisherige Ueberlegenheit des Angriffs zu beschränken. Zweifelsohne ist der kurze 24Pfdr. grade für den Vertheidiger von Werth, da seine Granaten gegen Erde sehr wirksame sind, nicht aber gegen Mauerwerk, so daß der Angreifer sie nicht völlig ausbeuten kann.

„Das Geschütz darf nicht schwerer werden, als der 12Pfdr., es kann sogar leichter werden. —

„Da daſſelbe in keiner Beziehung zu den ſchweren Haubitzen ſteht, ſo können auch von den Verſuchen mit dieſen Geſchützen keine verwerthbaren Reſultate erwartet werden, daher iſt ſofort ſelbſtſtändig mit Conſtruction eines kurzen 24Pfdrs. vorzugehen, der mit dem ſchweren 12Pfdr. in Vergleich zu ſtellen und außerdem mit Granaten gegen Scharten und zum Rikoſchetiren zu probiren iſt." —

Das Allg. Kriegs=Dep. genehmigte darauf die Herſtellung eines kurzen 24pfdgn. Rohres und bemerkte, es ſei zu erwägen, ob nicht auch Granaten aus dem langen 24Pfdr. geſchoſſen werden könnten. —

Auf Anregung des Prinzen Auguſt wurde, um die Sache zu beſchleunigen, ein im Zeughauſe befindlicher franzöſiſcher kurzer 24Pfdr. ſofort zu den Verſuchen herangezogen. Dieſe erſtreckten ſich auf das Demontiren mit Vollkugeln und Granaten, auf das Schießen von Granaten gegen Erdbruſtwehren und auf den Kartätſchſchuß aus dem kurzen 24Pfdr. und dem ſchweren 12Pfdr.

Nach einem vorläufigen Berichte darüber, vom September 1830, waren die Reſultate beim Demontiren ſo gut, und zer= ſtörte das Geſchütz auch die eigenen Scharten ſo wenig, daß Prinz Auguſt ſofort die Einführung dieſes Geſchützes beantragte, welche grade in jenem Momente, wo die Feſtungen noch einer ſtarken Geſchützausrüſtung bedurften, ſehr gelegen kommen mußte. Das Geſchütz ſollte bei der geringen Ladung aus Eiſen gefertigt, dabei für die 12pfge. Wall=Laffete paſſend eingerichtet werden, alſo viele öconomiſche Vortheile ſichern.

Das Allg. Kriegs=Dep. genehmigte die ſofortige Anfertigung zweier Röhre in Schweden. Zur Abnahme dieſer Geſchütze und der ſonſtigen im Laufe der nächſten Jahre in Schweden für Preußen zu gießenden eiſernen Geſchütze, wurden auf beſonderen Vorſchlag des Prinzen Auguſt der Hauptmann Scheele, ein umſichtiger Offizier, der früher in der ſchwediſchen Artillerie gedient, und Oberfeuerwerker Hilder commandirt, gleichfalls ein geborener Schwede. Prinz Auguſt ſtellte nun einen entſprechenden Antrag bei Seiner Majeſtät dem Könige, worin er ungefähr ſagte, daß ſchon ſeit längerer Zeit die Annahme eiſerner Geſchütze geprüft ſei, da hierdurch die noch fehlende ſtarke Aus= rüſtung der Feſtungen und des Belagerungs=Trains am billigſten bewirkt werden könne. Der kurze 24Pfdr. biete Gelegenheit, hiermit den Anfang zu machen. Es sei noch ein Versuch mit einigen in Schweden zu gießenden Röhren nöthig, welchen Sr. Majestät genehmigen möge.

Dies geschah durch Allerhöchste Cabinets-Ordre vom 23. October 1830.

Die beiden ersten Röhre waren im Januar 1831 fertig.

Der im März 1831 über die Versuche erstattete Bericht, sprach sich in jeder Beziehung günstig für den kurzen 24Pfdr. aus. Er leistete bei Anwendung von Granaten im Demontiren viel mehr, als der lange 24Pfdr. und der 12Pfdr. mit Kugeln. Letzteren übertraf er im Rikoschetiren und kam ihm im Kartätsch-schusse bis 300 m. gleich.

Nach weiteren im Sommer 1831 ausgeführten Versuchen wurde das Geschütz 1832 definitiv eingeführt und in Schweden in großer Zahl ausschließlich aus Eisen hergestellt.

Die Versuchsresultate wurden geheim gehalten, und nicht einmal ihre Mittheilung an die Artillerie-Stabsofficiere wurde genehmigt.

Die Truppen bekamen das Geschütz zum Gebrauch bei den Schießübungen im Jahre 1834.

Die vom Prinzen August gewünschte Ausführung eines Breschversuches mußte ganz unterbleiben, da das Kriegs-Ministerium besondere Mittel dazu nicht gewähren wollte, und geeignetes altes Mauerwerk, nach welchem man im Lande überall forschte, sich nicht vorfand. — So scheiterte die Ausführung des Versuchs gegen einen alten, in Zossen vorhandenen Thurm von starken Dimensionen zuletzt an dem Einspruche der Bewohner und des Landraths, welche eine Gefährdung der umliegenden Häuser befürchteten.

Die Vervollständigung der Erfahrungen über die Wirkung des Geschützes geschah seit dem Jahre 1834 durch das Schießen mit demselben bei den Truppen. Im Jahre 1837 fand dann bei der Art.-Prüf.-Comm. das Beschießen eines Blockhauses und ein umfassender Rikoschetversuch mit dem kurzen 24Pfdr. und der 7pfdgn. Haubitze statt. Die Ergebnisse des Versuchs waren im hohen Grade befriedigend; die Granaten durchschlugen meist die Wand des Blockhauses. Bei Gelegenheit der Umzeichnung der

Rohrzeichnung fand im Jahre 1845 eine geringe Aenderung der im Jahre 1832 angenommenen Construction statt.

2. Die schweren Haubitzen und Bombenkanonen.

Im Jahre 1824 wurden in Woolwich die bekannten Versuche zum Demoliren einer verdeckt stehenden Mauer ausgeführt, wobei 8"ge und 10"ge Haubitzen mit Granaten zur Anwendung kamen. In demselben Jahre fanden französischerseits bei Brest Versuche mit Bombenkanonen statt, welche der damalige Oberstlieutenant Paixhans construirt hatte. — Derselbe war dabei von der Idee ausgegangen, daß gegen Schiffe vornehmlich große Kaliber mit Hohlgeschossen zur Anwendung kommen müßten, da diese sehr verderbliche Wirkungen versprachen.

Paixhans hatte seine Ideen in einem 1822 erschienenen Buche entwickelt: „Nouvelle force maritime; application de cette force à quelques parties du service de l'armée de terre." Nachdem seine Vorschläge durch eine Commission geprüft und gebilligt waren, wurden die vorerwähnten Versuche bei Brest gegen Schiffskörper ausgeführt. Die Resultate waren sehr bedeutend. Paixhans erörterte sie in einer neuen, 1825 erschienenen Schrift: Expériences faites par la marine française sur une nouvelle arme. Diese Versuche und ihre Resultate gaben den Anstoß zur Construction der schweren Haubitzen und Bombenkanonen bei der preußischen Artillerie.

Nachdem der Prinz August von den Versuchen und den genannten Schriften genaue Kenntniß erhalten, richtete er unter dem 2. Januar 1826 ein Schreiben an den Kriegsminister von Hacke, in welchem er mit großer Klarheit und Ueberzeugung die Wichtigkeit der erwähnten schweren Geschütze und der mit ihnen erlangten Resultate darlegte. Diese „langen Haubitzen", wie Prinz August sie nennt, müßten einer gründlichen Prüfung Seitens der preußischen Artillerie unterzogen werden, um einen Vergleich derselben mit den preußischen zu erhalten, „da die preußische Artillerie nicht durch ihre materiellen Kräfte, sondern nur durch ihre moralische, geistige und taktische Ueberlegenheit das Gleichgewicht mit ihren übermächtigen Gegnern dereinst behaupten kann." —

Der Kriegsminister trat den Ansichten des Prinzen, vornehmlich in Bezug auf die Verwendung der schweren Haubitzen zum Breschiren verdeckt liegender Mauerwerke bei, und unter dem 24. April 1826 erging eine Ordre, welche Versuche dieser Art anordnete und dazu die Herstellung einer 8"gen und einer 10"gen Haubitze, sowie einer 8"gen (25pfdgn.) Bombenkanone befahl. Die Constructionen sollten sich an die englischen und französischen Vorbilder halten, aber für die Benutzung der 25pfdgn. und 50pfdgn. preußischen Bomben gebohrt werden.

Dieser Umstand rief mehrere Verhandlungen hervor, da das Kaliber der englischen Haubitzen hinter dem der preußischen, um 0,89" resp. 1,15" (23,3 mm. resp. 30,1 mm.) zurückblieb, und demgemäß auch die Gewichte der englischen Hohlgeschosse um 12,26 k. resp. 12,6 k. kleiner waren. — Es war daher, wenn dieselben Ladungsverhältnisse zu Grunde gelegt werden sollten, eine erhebliche Abweichung für die neue Construction nothwendig. Auch in Betreff der Bombenkanonen mußten noch die Verhältnisse der Kammer näher bestimmt werden.

Das Kriegsministerium entschied, die Kammer des französischen Geschützes sei beizubehalten, und die Haubitzen seien, in Bezug auf Metallstärken, genau nach der englischen Construction zu entwerfen, da eine stärkere absolute Ladung doch kaum zur Anwendung kommen werde. Die Art.=Prüf.=Comm. legte die Constructions=Entwürfe und Zeichnungen der drei Röhre im Januar 1827 vor.

Zu den Haubitzen waren je zwei Entwürfe aufgestellt, der eine für stärkere Ladungen. Dieser wurde vom Kriegs=Ministerium abgelehnt, welches sich mit Rücksicht auf die Rohrgewichte für die Röhre nach der leichteren Construction (kammervolle Ladung 1,85 k. und 3,55 k.) entschied.

Das projectirte 25pfdge. Bombenkanonenrohr wog 3584 k.

Die Röhre, 1—25pfdge. und 1—50pfdge. Haubitze und 1—25pfdge. Bombenkanone, wurden in Sayn gegossen, waren im December 1828 fertig, hatten aber sehr erhebliche Abweichungen von dem Entwurfe und vielfache Mängel, so daß man anfänglich an ihrer Verwendbarkeit zweifelte. Nach Beseitigung der wesentlichsten Mängel, beschloß man indeß die Röhre zu den Versuchen zu benutzen. Seltsamer Weise wurde die Prüfung der Construction an sich gar nicht in den Vordergrund gestellt, sondern die Feststellung der Leistungsfähigkeit der Geschütze im Sinne der Woolwicher und Brester Versuche.

Ueber die vorzunehmenden Versuche gingen aber die Ansichten weit auseinander.

Prinz August wünschte dringend die Wiederholung der Versuche gegen eine Schiffswand. Da die Kosten eines entsprechenden Zieles aber 3000 Thlr. betrugen, so lehnte das Kriegs-Ministerium den Antrag ab.

Das letztere stellte eine Wiederholung des Woolwicher Versuchs in den Vordergrund, wozu ein Programm von der Art.-Prüf.-Comm. im Verein mit dem Chef des Ingenieur-Corps aufgestellt werden sollte. Prinz August betrieb dann ebenfalls die Ausführung dieses Versuchs, beantragte aber zugleich einen Versuch zum Rikoschetiren und zur Zerstörung von Blockhäusern. Letzteren Versuch betonte auch das Kriegs-Ministerium, welches den Werth der schweren Haubitzen für Belagerungszwecke ausführlich darlegte.

a) Die 25pfdge. Haubitze.

Während diese Discussionen die Ansichten über den Werth der neuen Geschütze und die Bedürfnißfrage geklärt hatten, war das Bedürfniß zur Einstellung der in Rede stehenden schweren Geschütze in die Festungen und den Belagerungstrain ein thatsächlich dringendes geworden, so daß nunmehr die Feststellung und Erprobung der Construction in erste Linie trat.

Das Kriegs-Ministerium beschloß gegen Ende des Jahres 1830 die schleunigste Einstellung der 25pfdgn. Haubitze in den Belagerungstrain. Unter dem Einflusse der damaligen politischen Lage wurde Anfangs sogar der Ankauf der nöthigen Geschütze und Munition in England ins Auge gefaßt. Man ließ aber diese Absicht fallen, da der große Unterschied zwischen dem englischen 25pfdgn. Kaliber und dem preußischen, eine Benutzung der preußischen Munition unmöglich machte. Demnächst sollte die Bestellung der Röhre in Finspong und zwar nach dem in Sayn gegossenen Exemplar erfolgen, welches letztere zur Prüfung der Haltbarkeit schleunigst mit 300 Schüssen belegt werden sollte.

Die Art.-Prüf.-Comm. und die Gen.-Insp. sprachen sich indeß für eine abgeänderte, vor der Einführung noch zu prüfende Construction aus, welche für 2,6 k. Ladung berechnet war demnächst in zwei Exemplaren in Finspong hergestellt und 1831 geprüft wurde. In Folge der günstigen Ergebnisse wurde noch im Sommer 1831 eine größere Zahl von Röhren in Schweden bestellt. Die Prüfung der Laffeten erfolgte ebenfalls bei diesen Versuchen, und nachdem auch ihre Construction abgeschlossen, wurde die Einführung des Geschützes 1832 definitiv befohlen. — Die Truppen gebrauchten schon seit 1833 dasselbe bei den Schießübungen zum Rikoschetiren.

Zur Vervollständigung der Erfahrungen über die Wirkung des Geschützes fanden weitere Versuche verschiedener Art statt, von denen besonders diejenigen zum Abkämmen von Brustwehren bemerkenswerth sind.

b) Die 25pfdge. Bombenkanone.

Inzwischen hatte die Angelegenheit der 25pfdgn. Bombenkanone vollständig geruht. Erst im Jahre 1837 regte die Art.-Prüf.-Comm. die Frage wieder an. —

Das Allg. Kriegs-Dep. genehmigte im März 1837 die Herstellung eines neuen 25pfdgn. Bombenkanonenrohrs, sowie die eines 50pfdgn., welches Kaliber die genannte Behörde ebenfalls für erforderlich hielt. Die Construction erfolgte für die Ladungen von 4,2 k. resp. 7 k., die Herstellung in Finspong dauerte sehr lange. Der dort zur Abnahme commandirte Officier berichtete, das Bohren des 50pfdgn. Rohres habe 23 Tage und Nächte gedauert.

Ueber die Ausführung der Versuche, in welche auch die 1828 in Sayn gegossene 50pfdge. Haubitze hineingezogen wurde, schwebten lange Verhandlungen, indem dabei die Laffetenconstruction, die Zünderfrage und die Schartenfrage zur Erledigung kommen sollten. Die ersten Versuche zur Feststellung der Trefffähigkeit fanden 1839 und 1840 statt, wobei auch die 25pfdge. Haubitze, in einem bronzenen und einem eisernen Exemplar, in Vergleich gestellt wurde. Die Versuchsresultate waren keine entscheidenden; die 50pfdge. Haubitze stand sogar in der Trefffähigkeit der 25pfdgn. nach. Die Frage wurde nun aber für die Armirung der Küsten brennend, und veranlaßte das Allg. Kriegs-Dep. im Januar 1841 zum Erlaß folgender Verfügung:

„Nach dem Vorgange anderer Marinen ist es gebieterische Nothwendigkeit, für die Vertheidigung der Küsten ein wirksameres

Geschütz, als jetzt die Festungs-Artillerie besitzt, einzuführen. Dazu sind nur die schweren Haubitzen und Bombenkanonen geeignet. Da die Frage sehr dringend ist und die nöthigen Mittel bei Sr. Majestät dem Könige bald beantragt werden müßten, so hat die Art.-Prüf.-Comm. baldigst zu berichten über die Möglichkeit der Einführung:

einer noch schwereren Haubitze, als der 25pfdgn., der Bombenkanonen überhaupt und des 25pfdgn. und 50pfdgn. Kalibers im Besonderen, sowie über die Beibehaltung der bisher versuchten Constructionen.

Die genannte Commission beantwortete diese Fragen in der Weise, daß sie — aber mit 9 Stimmen gegen 8 — die Einführung der 50pfdgn. Haubitze neben der 25pfdgn. und die der 25pfdgn. Bombenkanone allein beantragte.

Nach den Sitzungs-Verhandlungen war der Meinungs-Austausch ein sehr erregter gewesen. — Gegen die Annahme einer 50pfdgn. Haubitze wurde Folgendes angeführt:

„Die 50pfdge. Haubitze ist der 25pfdgn. weder in der Treffähigkeit, noch in der Wurfweite erheblich überlegen, so daß man mit letzterem Geschütz eine gleiche Wirkung mit viel weniger Aufwand an Munition u. s. w. erreicht. Die 50pfdge. Haubitze ist, ihrer Gewichtsverhältnisse wegen, für Belagerungszwecke nicht geeignet und für die Vertheidigung überflüssig, da hier die 25pfdge. ausreicht."

Aus ähnlichen Gründen erachtete man eine 25pfdge. Bombenkanone für ausreichend. —

Der Major von Kunowski motivirte seine Ansicht für die schweren (50pfdgn.) Kaliber sehr eingehend wie folgt:

„Es ist noch nicht genügend bewiesen, daß die 50pfdge. Haubitze der 25pfdgn. nur so wenig überlegen ist. In der Sprengwirkung ihrer Granaten ist sie viel bedeutender und gegen Schiffe überhaupt weit wirksamer, als letztere. Dasselbe gilt von der 50pfdgn. Bombenkanone gegenüber der 25pfdgn.

Bei der Vertheidigung ist das 50pfdge. Kaliber zur Flankirung des Angriffs von Nebenfronten her sehr wichtig, und beim Angriff ist es für das indirecte Breschiren leistungsfähiger, als zwei 25pfdge. Geschütze. — Dabei ist die 50pfdge. Haubitze (die damals beabsichtigte Construction) leichter, als der lange 24Pfdr., also im Belagerungstrain völlig brauchbar."

Das Allg. Kriegs-Dep. trat dem Vorschlage auf Annahme der erwähnten drei Kaliber bei und erwirkte 1841 die Allerhöchste Genehmigung zur Einführung derselben, welche schleunigst bewirkt werden sollte. Die Construction der 25pfdgn. Bombenkanone wurde auf Grund der bisherigen Resultate noch 1841 festgestellt. Sie erfuhr eine Revision und geringe Aenderung im Jahre 1858.

c) Die 50pfdge. Haubitze und 50pfdge. Bombenkanone.

Die von der Art.-Prüf.-Comm. im August 1841 vorgelegte Zeichnung der 50pfdgn. Haubitze wich von der 1828 aufgestellten ab. Es hatte eine lebhafte Discussion über die Form der Kammer und die Metallstärken stattgefunden. Das Versuchsrohr wurde 1843 in Finspong gegossen. Die Versuche sollten sich erstrecken auf Feststellung der Haltbarkeit, der Trefffähigkeit und der Schußtafel, unter Benutzung von Fadenwänden Behufs Ermittelung der Einfallwinkel für die Elevation bis zu 10°.

Die Versuche begannen 1845, und aus ihren Ergebnissen schloß die Art.-Prüf.-Comm. wiederum, das versuchte Geschütz habe die erwarteten Wirkungen nicht und sei daher zur Einführung nicht geeignet. Aus den Resultaten sei mit Rücksicht auf die Wirkungen der 25pfdgn. Haubitze und 25pfdgn. Bombenkanone überhaupt zu entnehmen, daß die 50pfdge. Haubitze weder für den Landkrieg, noch für die Küsten erforderlich sei.

Eine Minorität der genannten Commission sprach sich aber für die Einführung aus, an der auch das Ministerium festhielt. Es wurden nunmehr 1847 zwei Röhre von verschiedener Länge (6 resp. 7$\frac{1}{5}$ Geschoßdurchmesser) entworfen und in Finspong gegossen. 1851 wurden sie längeren Versuchen unterworfen. Bei diesen Versuchen wurde gegen Fadenwände zur Feststellung der Abgangs- und Einfallwinkel geschossen, und die Schußtafel für Bomben und Vollkugeln aufgestellt.

Das längere Rohr ergab eine etwas bessere Trefffähigkeit, als das kürzere und wurde daher definitiv angenommen; es erhielt die Bezeichnung C/1847.

d) Die 50pfdge. Bombenkanone.

Die 50pfdge. Bombenkanone wurde 1841 versucht und angenommen. Die Versuche gingen aber, ebenso wie mit den andern Kalibern weiter. Es waren dies besonders die Versuche zur Benutzung von Vollkugeln und Bleibomben (1842) verbunden mit Aufstellung der Schußtafeln u. s. w.

Das erste 1838 in Finspong gegossene 50pfdge. Bombenkanonenrohr wurde 1855, nachdem es mehr als 2000 Schüsse ausgehalten, für unbrauchbar erklärt.

3. Die Verbesserung der Construction der bisherigen Kanonen- und Haubitzröhre.

Wie schon oben erwähnt, wurden für sämmtliche ältere Röhre in den Jahren 1831—1833 neue Constructionen entworfen, welche, scheinbar nur in unwesentlichen Details der Metallstärken, der Länge und Größe der Kammer u. s. w. von der bisherigen abweichend, doch den neueren Erfahrungen und den neu normirten Ladungen in einer so vollkommenen Weise Rechnung trugen, daß sie gleichsam als normal angesehen werden konnten. Sie erfuhren ganz geringe Aenderungen bei der Umzeichnung der Zeichnungen im Jahre 1858.

4. Die Mörser und die Versuche zu ihrer Verbesserung.

Obgleich bei der Herstellung neuer Mörser die älteren Constructionen fast unverändert beibehalten wurden, war man sich doch ihrer geringen rationellen Durchbildung, in Bezug auf die inneren, wie die äußeren Verhältnisse bewußt. Scharnhorst hatte erklärt, die Construction der Mörser ist noch wenig festgestellt.[5]

Schon im Jahre 1819 wurden Versuche zur Lösung der Mörserfrage angeordnet, welche bis zum Jahre 1827 fortgesetzt wurden. Sie bezweckten zunächst Feststellung der Mörserwirkung, der Schußweiten, der Laffeten- und Zünder-Construction für die 50pfdgn. und die damals in großer Zahl vorhandenen 30pfdgn. Mörser. — Nach den erlangten Resultaten hielt man das letztere Kaliber im Vergleich zu dem 50pfdgn. für so wirkungsreich, daß man es zur definitiven Einführung vorschlug.

In den Jahren 1822 und 1823 fanden ferner Versuche zur Ermittelung der besten Länge des Fluges und der zweckmäßigsten Form der Kammer statt. Aus den Resultaten schloß man, daß die Fluglänge von $1^1/_2$ Kalibern der von $1^3/_4$ Kalibern vorzuziehen sei, während über die Form der Kammer kein entscheidendes Resultat erlangt wurde.

Behufs weiteren Vergleichs der obengenannten Kaliber wurden 1826—1827 acht in Schweden gegossene Röhre zum Versuch bestimmt. Das Gesammtergebniß der Versuche war eigentlich ein negatives. Es blieb unbestimmt, welche Größe und Form der Kammer die beste, welcher Anschluß des Fluges an die Kammer, ob einfach kesselförmig, oder mit konischem Uebergang der zweckmäßigste sei. Die Fluglänge von $1^1/_2$ Kaliber schien die vortheilhafteste zu sein.

Wenn keine der geprüften inneren Rohrconstructionen in ballistischer Beziehung eine entscheidende Ueberlegenheit über die andern zeigte, so lag dies in der Mangelhaftigkeit der Geschosse, deren Nicht-Concentricität Einflüsse auf die Regelmäßigkeit der Flugbahnen äußerte, welche quantitativ alle aus Veränderungen der Rohrconstruction hervorgehenden Einflüsse weit überwiegen mußten.

Nachdem durch Annahme der excentrischen Bomben diese Einflüsse beseitigt waren, wurden im Jahre 1832 die Constructionen der 25pfdgn. und 50pfdgn. eisernen und bronzenen Mörserröhre festgestellt. Die bronzenen 50pfdgn. Mörser waren nur für den Belagerungstrain bestimmt. Die 25pfdgn. sollten Anfangs nur aus Eisen gefertigt werden, es wurde indeß auch eine Construction in Bronze aufgestellt, die nur in wenigen Exemplaren zur Ausführung kam.

Eine Modification der beiden bronzenen Mörser trat 1840 ein. Nach Einführung des 25pfdgn. Mörsers sollte der 10pfdge. nicht mehr neugefertigt werden und allmälig ausscheiden.

Die bei den Schießübungen der Brigaden mit den neuen Mörsern erlangten Trefferergebnisse gaben dem Prinzen August Veranlassung, im Jahre 1837 Versuche zur Feststellung der Treffwahrscheinlichkeit aller 4 Mörserkaliber anzuordnen. Diese Versuche, über deren Treffresultate später gesprochen werden wird, gaben in eigenthümlicher Weise den Anstoß zu einer wesentlichen Vervollkommnung der Rohrconstruction. Es waren nämlich gelegentlich, behufs Ermittelung des Einflusses des Spielraums — auch 7pfdge. Bomben aus dem 10pfdgn. Mörser

geworfen, wobei sich bis zu 300 m. Entfernung günstigere
Resultate, als beim 7pfdgn. Mörser ergaben. Zugleich hatte die
Art.-Prüf.-Comm. versuchsweise 50pfdge. Bomben mit dem
25pfdgn. Mörser, auf dessen Mündung jene nur aufgelegt waren,
geworfen und ungemein günstige Treffresultate erhalten. Diese
Thatsache, bei der jedenfalls die centrale Lage des Geschosses
zur Seelenachse, und der Fortfall der Rotation und der Reibung
des Geschosses im Rohre eine Rolle spielten, wurde der weiteren
Verfolgung durch Versuche für werth erachtet.

Es wurden darauf in den Jahren 1842 und 1843 bei den
Truppen 7pfdge. Bomben aus dem 10pfdgn. Mörser und 25pfdge.
aus dem 50pfdgn. verschossen, und bei der Art.-Prüf.-Comm.
wurden 50pfdge. Bomben mit dem 25pfdgn. Mörser geworfen.

Im Jahre 1844 wurden diese Versuche auf Mörser aus=
gedehnt, deren Flug auf halbe Länge, und zuletzt bis auf den
Kessel abgeschnitten war. In diesem letzteren Falle mußte der
Einfluß der Excentricität ganz rein zu Tage treten. Der
Referent für diese Versuche war der damalige Hauptmann Hart=
mann, der als langjähriges Mitglied der Art.-Prüf.-Comm. in
der Folgezeit sich hohe Verdienste um die Entwickelung der Waffe
auf materiellem uad theoretischem Gebiete, und besonders auch
bei der Construction der gezogenen Geschütze erworben hat.

Die Versuche zum Werfen der Bomben kleineren Kalibers
aus einem größeren, ergaben durchweg bis zu 300 m. Schuß=
weite gleich gute Resultate, als der Wurf aus dem eigenen
Kaliber. Darüber hinaus aber traten bedeutende Seiten=
streuungen ein, so daß diese Benutzung der Bomben überhaupt,
und mit Rücksicht auf den großen Pulververbrauch nur sehr
ausnahmsweise gebilligt werden konnte.

Als die Resultate des Werfens 25pfdgr. Bomben aus dem
50pfdgn., allmälig verkürzten, Mörser giebt der Bericht vom
September 1844 folgende an:

 a) Die Wurfweiten nehmen nicht in einem dem Bedürfnisse
   der Waffe entsprechenden Verhältnisse zu;

 b) die Seitenabweichungen sind ausnahmslos sehr gering
   und nehmen mit der Verkürzung des Rohres ab;

 c) die Längenabweichungen sind bei normalem Rohr sehr
   gering, nehmen aber mit der Verkürzung desselben

erheblich zu. Bei der Maximal-Entfernung von 450 m. waren sie größer, als bei allen übrigen Mörsern.

Nach den Resultaten schien es nicht gerathen, diesen Weg zur Erhöhung der Trefffähigkeit weiter zu verfolgen. Man glaubte aber aus denselben Andeutungen für einen andern Weg entnehmen zu können. Die Ursachen der geringen Seitenabweichung suchte man nämlich in dem Wegfall der Geschoß-Anschläge, und die der großen Längenabweichung bei verkürztem Rohre, in den großen Differenzen der Anfangsgeschwindigkeiten. Wünschenswerth erschien daher eine Combination, welche beide Elemente zweckmäßig vereinigte. Man suchte diese in der Herstellung eines Mörsers von normaler Länge, dessen Kessel so eingerichtet war, daß die Bombe, ohne die Tiefe desselben zu berühren, nur in einem Ringe auflag, ähnlich wie dies bei der Lage auf der Mündung der Fall ist. — Der Spielraum wurde durch diese Einrichtung aufgehoben, und das Geschoß central gelagert, so daß die Anschläge im Fluge vermieden werden konnten. Sollten sie aber dennoch stattfinden, so war eine chlindrische oder conische Erweiterung des Fluges zu versuchen.

Die Anordnung des Kessels wurde nach vielfachen Debatten derartig, daß der Hauptsache nach der später angenommene „gefurchte Kessel" entstand. Die 1846 angestellten Versuche gaben keine entscheidenden Resultate. Es ging daraus nur eine Aenderung in der Construction des Kessels hervor, welcher nunmehr 6 Vorstände und 6 Furchen erhielt. Darauf fanden weitere Versuche mit einem 25pfdgn. Mörser iu den Jahren 1852 und 1853 statt. Die Berichterstattung im Jahre 1855 gab folgende Ergebnisse an:

a) Die mittleren Längen- und Seitenabweichungen betragen nur $^2/_3$—$^3/_4$ von denen der gewöhnlichen Röhre.
b) Die Lage des Schwerpunktes der Bombe nach unten giebt bessere Resultate, als die obere.

Zur endgültigen Lösung der Frage kamen 1857 Versuche mit 3—50pfdgn. Mörsern verschiedener Kessel-Construction und mit Bomben von 25 h. und 35 h. (6,5 resp. 9,2 mm.) Excentricität, sowie mit concentrischen Bomben zur Ausführung. Es geschahen 2160 Würfe, woraus auf die Gründlichkeit der Versuche geschlossen werden kann. Referent war immer noch der damalige Oberstlieutenant Hartmann.

Die Resultate waren:

a) Die Trefffähigkeit der gefurchten Mörser ist entschieden besser, als die der gewöhnlichen, sowohl bei Anwendung excentrischer, wie concentrischer Bomben. — Die Größe der getroffenen Flächen ist nur 75 % von der mit gewöhnlichen Mörsern getroffenen; daher sind 50pfdge. Mörser mit gefurchtem Kessel neu einzuführen, während die vorhandenen Mörser durch Nachbohren des Fluges für gefurchten Kessel eingerichtet werden können.

b) Zu gleichem Zwecke sind die Versuche mit 25pfdgn. und 7pfdgn. Mörsern vorzunehmen. Bei allen diesen Versuchen hat sich der kleinere Wurfwinkel dem größeren in der Trefffähigkeit überlegen gezeigt, so daß die Anwendung von 30° Regel sein muß.

Im Februar 1859 wurde die Einführung des 50pfdgn. Mörsers mit gefurchtem Kessel genehmigt und darauf die Schußtafel für ihn aufgestellt.

Die Construction des 25pfdgn. Mörsers wurde 1859 entworfen. Die Versuche mit demselben, durch die dringenden Versuche mit gezogenen Geschützen verzögert, kamen erst 1863 zur Ausführung, worauf 1864 die Annahme dieses Mörsers erfolgte, dessen Trefffähigkeit nach den mittleren Abweichungen beurtheilt, der des alten um 15 %—18 % überlegen war. So war nach 45jährigen mit großer Consequenz fortgesetzten Versuchen die Construction der Mörser zu einem gewissen Abschlusse gebracht.

III. Rückblick auf die Constructionsverhältnisse der Geschützröhre.

Die Constructionsverhältnisse der Röhre, wie sie aus der früheren Zeit übernommen wurden, waren nur auf dem Wege der Erfahrung und zwar ziemlich roh festgestellt. Gesetzmäßig begründet war beinahe Nichts. Man hatte mehrfach durch bestimmte Versuche eine Gesetzmäßigkeit zu erreichen gestrebt und in manchen Beziehungen war dies in beschränkter Weise gelungen. Die Hauptsache blieb aber noch zu thun und sie wurde in der in Rede stehenden Periode größtentheils gethan.

1. Die äußeren Constructionsverhältnisse.

Die Vertheilung des Metalls auf die einzelnen Rohrtheile und die Bestimmung der Metallstärken hatte bisher nach sehr dehnbaren Vorschriften stattgefunden. Die Unsicherheit derselben hatte meist zu sehr großen Metallstärken geführt. Eine Herabsetzung derselben konnte besonders bei eisernen Röhren auf Grund ausgedehnter Versuche um so unbedenklicher eintreten, als der Geschützguß vervollkommnet war, und die Ladungen allgemein von $1/2$ auf $1/3$ Kugelschwere herabgesetzt wurden.

In der relativen Vertheilung des Metalls blieb man beim Ueberlieferten stehen; den äußeren Formen gab man größere Einfachheit.

2. Die innere Construction.

Die ballistischen Eigenschaften des Geschützes sind durch seine innere Construction bedingt. Die dabei in Betracht kommenden Elemente sind — bei glatten Geschützen —: die Seelenlänge, der Ladungsraum (Kammer) und der Spielraum.

Die Seelenlänge. Es war bekannt, daß für eine bestimmte Ladung eine gewisse Seelenlänge die vortheilhafteste sei. Scharnhorst deutete z. B. an, für die Wirkung sei bei Kanonen die Seelenlänge von 18 Geschoßdurchmessern vortheilhaft, aber er setzt hinzu, zur Aufklärung der Frage seien noch viele Versuche nöthig. — Der Leitfaden von 1818 hielt zur vollen Ausnutzung der $1/3$ kugelschweren Ladung die Länge von 17 Geschoßdurchmessern für ausreichend. Die Röhre hatten indeß meist mit Rücksicht auf die Schonung der eigenen Scharten eine Seelenlänge von 22—24 Durchmessern.

Eine offene Frage blieb es, wie groß der Einfluß der Seelenlänge auf die Anfangsgeschwindigkeit und die lebendige Kraft der Geschosse, sowie auf die Trefffähigkeit sei.

Man trat im Jahre 1828 dieser Frage durch Versuche mit einem Feld=12Pfdr. und einem schweren (Belagerungs=) 12Pfdr. näher, indem zur Feststellung der Percussionskraft, der Eindringungstiefe und im Anschluß an einen ähnlichen im Jahre 1796 ausgeführten Versuch,[6] mit verschiedenen Ladungen (1,4, 1,85 und 2,35 k.) gegen Erde, Sand, Holz u. s. w. geschossen wurde.

Die Art.=Prüf.=Comm. hatte aus den Ergebnissen gefolgert, der 22 Geschoßdurchmesser lange Belagerungs=12Pfdr. sei dem 17 Durchmesser langen Feld=12Pfdr. nur unbedeutend überlegen.

Die 1831 fortgesetzten Versuche gaben keine endgültige Lösung. Die Frage blieb eine offene und die Rohrlänge der Kanonen blieb bis zum Schluß dieser Periode fast ganz unverändert. Die Details über die Rohrconstructionen gehen aus der Anlage A. Tabelle 1 hervor.

Inzwischen hatte die Erfahrung über die Verwerthung der Ladung, bei Bestimmung der Seelenlänge des kurzen 24Pfdrs. praktischen Ausdruck gefunden, und in ausgedehnterer Weise trat dies bei Construction der Bombenkanonen hervor, bei der, wie oben erwähnt, die Seelenlänge mit Rücksicht auf die Erfahrungs=ergebnisse bestimmt wurde. Man arbeitete hier entschieden mit klarer Erkenntniß des Verhältnisses zwischen Seelenlänge und Ladungsgröße.

Erwähnt sei noch, daß die erste wirkliche Grundlage für diese Verhältnisse durch die Versuche mit dem ballistischen Pendel gegeben wurde, durch welche Piobert 1836—1842 in Metz die Anfangsgeschwindigkeit bestimmte. Er fand dieselbe bei $\frac{1}{3}$ kugel=schwerer Ladung beim langen 24Pfdr. zu 501 m., beim Be=lagerungs=12Pfdr. zu 523 m., beim Feld=12Pfdr. zu 488 m.

Der Einfluß der Seelenlänge auf die Trefffähigkeit, bei Anwendung gleicher Ladungen in verschieden langen Röhren, wurde durch die unerwarteten Resultate schärfer beleuchtet, welche die im Jahre 1837 mit der 7pfdgn. Haubitze und dem kurzen 24Pfdr. angestellten Vergleichsversuche lieferten. Es zeigte sich, daß unter sonst gleichen Umständen ein kürzeres Rohr besser treffen kann, als ein längeres, sobald die Ladung unter eine gewisse Größe herabsinkt. Daraus, und mit Rücksicht auf die Geschoßanschläge war zu folgern, daß zur Erreichung einer nicht sehr großen Geschwindigkeit ein kürzeres Rohr mit relativ starker Ladung vortheilhafter, als ein längeres Rohr mit schwacher Ladung sei.

Bei der kurzen Haubitze war die Seelenlänge zugleich danach bemessen, daß es möglich sein sollte, das Geschoß mit der Hand in den Kessel zu bringen. — Ihre Länge blieb unver=ändert.

Bei der Neuconstruction der schweren Haubitzen, war für die Bestimmung der Seelenlänge in ähnlicher Weise, wie bei den Bombenkanonen die verlangte Wirkung, d. h. die Größe der stärksten Ladung maßgebend, wobei indeß gewisse Gewichtsgrenzen mitsprachen.

Ueber die beste Seelenlänge der Mörser fehlte ebenfalls ein fester Anhalt; es ist oben erwähnt, welche Versuche in dieser Hinsicht angestellt wurden.

Ueber die zweckmäßigste **Größe und Gestalt des Ladungsraums** war die Erkenntniß eine geringe. Bei den Kanonen war gar kein Werth auf die Länge der Kartusche gelegt worden. Bekanntlich zeigten die von Piobert vorgeschlagenen verlängerten Kartuschen, welchen Einfluß die Verhältnisse des Verbrennungsraumes, auch bei Kanonen haben. Bei den Versuchen mit den Haubitzen trat die Frage über die Größe und Form der Kammer schärfer in den Vordergrund. Für die kleinen Ladungen war eine Kammer zweifellos nothwendig und die Form derselben war für die gleichmäßige Wirkung entschieden von Bedeutung. Wenn die schweren Haubitzen und Bombenkanonen konische Kammern erhielten, so suchte man den Hauptvorzug dabei in der centralen Lage des Geschosses, welche bei den relativ starken Ladungen von erhöhter Bedeutung für die Trefffähigkeit war.

Die **Nachtheile des Spielraums** waren so hervortretend, daß eine Verminderung derselben sofort als wünschenswerth vor die Augen trat. — Soweit sie durch eine Einschränkung der Toleranzen in den Durchmessern der Röhre und der Geschosse erreicht werden konnte, war die Frage eine rein technische. Aber es entstanden Zweifel, ob in ballistischer Beziehung das Heruntergehen unter gewisse Grenzen rathsam sei. Zeigten doch Versuche für kürzere Röhre — so die Versuche zum Werfen kleiner Bomben aus einem größern Kaliber — den Vortheil eines großen Spielraums für die Trefffähigkeit. Und gestützt darauf schlugen namhafte Artilleristen, so auch Otto, eine trichterförmige Erweiterung des vorderen Seelentheiles, Behufs Vermeidung der Geschoß-Anschläge vor.

Die Verminderung der Spielräume wurde 1836 angeordnet, als der Begriff dahin erklärt wurde:

„Spielraum ist der Unterschied zwischen der großen Geschoßleere und dem Normalbohrungs-Durchmesser des Rohres." —

Die Herabsetzung war nicht unbedeutend, sie ging bei der

7pfdgn. Haubitze von 4,7 mm. auf 3,7 mm.; bei der 10pfdgn. und 25pfdgn. von 5,8 mm. auf 3,7 mm.; beim 6Pfdr. von 3,7 mm. auf 2,1 mm.: beim 12Pfdr. von 4,7 mm. auf 2,6 mm.; beim langen 24Pfdr. von 5,2 mm. auf 2,6 mm.; bei den schweren Mörsern von 4,4 mm. auf 3,1 mm.

Es läßt sich nicht verkennen, daß man am Ende des besprochenen Zeitabschnittes auf dem Wege der Erfahrung zu ziemlich richtigen Grundsätzen für die Rohrconstruction gelangt war. Die ganze Summe dieser Erfahrungen, und die daraus abgeleitete Theorie ist in dem 1846 erschienenen Werke des Premier-Lieutenants Scheuerlein[7] sehr gründlich und mustergültig bearbeitet worden.

Einen Beweis für die Zweckmäßigkeit der ermittelten Constructions-Verhältnisse möge man, soweit die Kanonen in Betracht kommen — in der fast unveränderten Uebertragung derselben auf die ersten gezogenen Geschütze finden.

Zweites Kapitel.
Die Laffeten.

Die von früher her vorhandenen Laffeten,[1] meist Constructionen aus dem vorigen Jahrhundert waren im Allgemeinen nur für Gebrauch in Festungen berechnet; Belagerungslaffeten gab es nicht. — Das System derselben wurde seit dem Jahre 1818 neu entworfen.

I. Die Festungslaffeten.

Bis zum Jahre 1815 waren nur die gewöhnlichen Walllaffeten vorhanden. Vereinzelt existirten einige Exemplare von hohen Rahmen- und von Kasemattenlaffeten.

Scharnhorst deutete an,[2] daß in Frankreich seit 1772 durch Gribeauval viel für die Vervollkommnung der Laffeten gethan sei, aber noch vieles zu thun übrig bleibe, und große Verbesserungen auf diesem Gebiet zu erwarten seien.

Nach dem Leitfaden von 1818 gab es drei Arten von Festungslaffeten: Die Wall-, die hohe Rahmen- und die niedere Rahmenlaffeten; letztere auch Kasemattenlaffeten genannt.

1. Die Walllaffeten

a) für Kanonen.

Auf Scharnhorst's Veranlassung wurde im Jahre 1809 für die zur Ausrüstung der Festungen erforderlichen großen Neubeschaffungen eine einfache zweckmäßige Walllaffete entworfen, welche sich an die C/1777 anlehnte, 1811 modificirt wurde und 1818 bei Aufstellung der Zeichnungen wiederum auf Grund der inzwischen gemachten Erfahrungen Aenderungen erlitt. 1821 erhielten die Laffeten einen verbesserten Richtkeil, 1828 wurde für alle Defensionslaffeten die sogenannte Festungs-Richtmaschine, von der niederen Rahmenlaffete entlehnt, angenommen, 1832 erhielten die 6pfdgn. und 12pfdgn. Walllaffeten parallele Wände, wie die 24pfdge. Laffete sie schon besaß.

Alle Erfahrungen wurden bei den Entwürfen für die neuen Constructionen benutzt, von denen eingeführt wurde: Die 12pfdge. Laffete 1832, die 6pfdge. und 24pfdge 1833, die 3pfdge. 1834.

Diese Constructionen sind bis zu ihrem Ausscheiden, oder ihrer Aptirung für gezogene Geschütze fast unverändert geblieben. Die wichtigsten Angaben über alle Laffeten enthält Anlage A. Tabelle 2 und 3.

b) für 7= und 10pfdge. Haubitzen.

1818 wurden für diese Geschütze Walllaffeten genau nach dem Muster der für Kanonen bestimmten entworfen. Sie erhielten 1828 ebenfalls die stehende Richtschraube, wodurch ihre Elevations-Grenzen auf + 16 und 20° gebracht wurden. Geringe Aenderungen erfuhren sie im Jahre 1834.

c) für die 25pfdge Haubitze.

Für die 25pfdge. Haubitze liefen die Versuche zur Feststellung der Rohrconstruction mit denen zur Herstellung der Laffeten vielfach zusammen. Die Entwürfe zu den Laffeten waren schon seit 1827 in Erwägung genommen. Sie kamen erst 1831 zum Abschluß und erstreckten sich auf eine Block- und eine Wandlaffete. Die erstere war in Anlehnung an englische Laffeten, von denen der Major Peucker Zeichnungen erhalten hatte, entworfen worden, während die Construction der letzteren selbstständig von der Art.-Prüf.-Comm. ausging. — Bei der großen

Breite dieser Laffete, hatte jene den entschiedenen Vorzug größerer Lenkbarkeit, welche für die Wandlaffete durch die Annahme eines Protzhebels — für den Transport — dann auch erreicht wurde.

Die Versuche begannen im Frühjahr 1832, nachdem die Rohrconstruction nicht allein schon abgeschlossen, sondern die Röhre für die westlichen Festungen und den Belagerungstrain sogar großentheils fertig waren. Die Prüfung erstreckte sich auf das Verhalten beim Schießen, bei Transporten, bei der Handhabung und Bedienung. Nach den günstigen Ergebnissen wurde im November 1832 die Einführung der Wandlaffete als Belagerungslaffete, und zugleich für den Gebrauch in Festungen bestimmt, befohlen.

Bei einer Neu-Aufstellung der Zeichnungen im Jahre 1841 erlitt die Construction geringe Aenderungen.

Zu erwähnen ist noch der Versuch zur Herstellung einer hölzernen Laffete für die 50pfdge. Haubitze. Dieses Geschütz hatte Anfangs eine sehr unbehülfliche hölzerne Küstenlaffete und sollte 1841 eine der 25pfdgn. Laffete ähnliche Belagerungslaffete erhalten, welche auch für die 25pfdge. Bombenkanone passend sein sollte. Nach mannigfachen Debatten ließ man das Projekt fallen, da inzwischen eine schmiedeeiserne Laffete für diese Geschütze in Angriff genommen wurde.

2. Die hohen Rahmenlaffeten.

Die Gribeauval'schen hohen Rahmenlaffeten sollen nach Scharnhorst's Angabe[3] vom Erfinder zuerst in Schweidnitz 1762 angewendet worden sein.

Schon 1775 wurde eine derartige Laffete für 6Pfdr. in Berlin gefertigt. Die Angelegenheit ruhte indeß und wurde erst zu Anfang dieses Jahrhunderts wieder angeregt, als sich die Nachricht von der sehr vortheilhaften Verwendung dieser Laffeten Seitens der Franzosen in den Revolutionskriegen verbreitete.

General von Scheel und Tempelhoff schlugen 1801 die Einführung vor; allein erst auf besonderen Antrieb Scharnhorst's trat man 1809 in Versuche ein.

Scharnhorst hob die Vorzüge dieser Laffeten (geringe Bedienung, Festhalten der Richtung, Wegfall der tiefen Scharten) scharf hervor[4] und verlangte, die erforderlichen Neubeschaffungen sollten zum größten Theile aus hohen Rahmenlaffeten bestehen. 1810 wurde eine Allerhöchste Cabinets-Ordre in diesem Sinne erlassen.

Das erste Exemplar war eine 12pfdge. derartige Laffete. Sie wurde schon 1811 fast unverändert angenommen und 1820 modificirt. Für den 24Pfdr. wurde erst 1823 eine hohe Rahmenlaffete entworfen, welche 1826 eingeführt wurde. Diese beiden Laffeten wurden indeß bei der Truppe weiter geprüft, worauf in den Jahren 1832 und 1833 die Construction definitiv festgestellt wurde. — Die 12pfdge. Laffete wurde dabei zugleich durch Vorsetzung der Richtmaschine für den kurzen 24Pfdr. eingerichtet. Die Laffeten blieben nunmehr unverändert.

3. Die Kasemattenlaffete ohne Rahmen.

Im Jahre 1809 warf Scharnhorst die Frage auf: welche Laffeten für Kasemattengeschütze die beste sei? Es wurde eine vierrädrige Kasemattenlaffete construirt, mit der erst 1817 Versuche begannen, nachdem man in den französischen Festungen die dortigen Kasemattenlaffeten kennen gelernt hatte.

1821 wurde eine vierrädrige Laffete dieser Art für den 6Pfdr. angenommen, welche besonders da benutzt werden sollte, wo für Rahmenlaffeten der Raum fehlte. 1827 wurde die Laffete nur zweirädrig gemacht und 1835 nochmals modificirt.

Für die 7pfdgn. Haubitzen war 1821 vom General Braun eine zweirädrige Kasemattenlaffete construirt, welche in den Kasematten von Coblenz Verwendung finden sollte. Sie gab günstige Resultate, wurde 1822 angenommen, aber mehrfach und zuletzt 1835 geändert. Für die 10pfdge. Haubitze wurde eine analoge Construction 1825 angenommen und 1833 modificirt.

II. Die Belagerungslaffeten.

1) **Für Kanonen.** Die Construction der Belagerungslaffeten wurde seit 1818 in Angriff genommen. Die ersten Entwürfe für den 12Pfdr. und 24Pfdr. waren 1821 fertig. Die Laffeten gestatteten 10—11° Elevation, ihre Wände waren parallel gestellt; die Achsen waren hölzerne. Die 12pfdge. Laffete erhielt ein Marschlager; für den 24Pfdr. hielt man noch den Sattelwagen für unentbehrlich. Die Laffeten wurden angenommen.

Ihre Construction wurde aber 1830 bei der Bildung der Belagerungstrains wesentlich umgestaltet. Die beiden Laffeten erhielten 1831 höhere Räder und eiserne Achsen. Die 24pfdge. wurde erleichtert und erhielt auch ein Marschlager. Die 12pfdge. Laffete wurde für den kurzen 24Pfdr. eingerichtet, so daß dieser keine besondere Laffete erhielt. Im Jahre 1841 traten bei Umzeichnung der Zeichnungen dieser Laffeten geringe Aenderungen ein. —

2) **Für Haubitzen** bestand nur die schon beschriebene 25pfdge. Laffete.

III. Mörserlaffeten.

1. Hölzerne.

Die 7pfdge., 1821 neu construirte Laffete wurde 1834 und und 1843 geändert. Die Absicht, mit Hülfe geneigter Bettungen aus dem 7pfdgn. Mörser mit 15° Elevation zu rikoschetiren, veranlaßte lange Versuche von 1841—46, in Folge deren man die Elevation von 15° fallen ließ und nur die von 20° für erwünscht hielt. Darauf hin fand im Jahre 1852 die Aenderung des Mörsers und die Annahme der schrägen Bettung statt. Die 10pfdge. Laffete war älterer Construction, ebenso die 50pfdge. (C/1782); beide erfuhren nur unwesentliche Aenderungen. Sie erhielten 1819 die Schraubenrichtmaschinen der Feld-Artillerie. Im Jahre 1829 wurde nach längeren Versuchen (1823—1827) für alle Mörser die Richtmethode mit Scala und Drehbolzen eingeführt.

Für den neu eingeführten 25pfdgn. Mörser wurde eine Laffete nach Art des 50pfdgn. construirt. Die definitiv festgestellten Constructionen beider waren vom Jahre 1833; sie wurden 1848 modificirt.

2. Gußeiserne.

Die hölzernen Mörserlaffeten waren gegen die Einflüsse der Witterung nicht sehr haltbar, wurden auch beim Schießen stark angegriffen, waren sehr unbehülflich und dabei sehr hoch, so daß sie das Laden erschwerten.

Es trat daher schon früh das Bestreben hervor, eiserne Laffeten von geringeren Dimensionen herzustellen. St. Remy

erwähnt in seinem Mémoire d'artillerie von 1697 schon guß=
eiserne Mörserlaffeten.

Gegen Ende des vorigen Jahrhunderts hatte die englische
Marine sehr viele gußeiserne Laffeten. Sie zersprangen oft
beim Schusse und wurden durch feindliche Treffer fast immer
zertrümmert. In den preußischen Festungen waren zu Anfang der
in Rede stehenden Periode gußeiserne Mörserlaffeten vorhanden,
welche seit 1817 bei den früher besprochenen Mörserversuchen
zur Anwendung kamen und nach den Ergebnissen für entschieden
haltbarer erklärt wurden, als hölzerne. Daher gelangten für
den 25= und 50pfdgn. Mörser auch gußeiserne Laffeten (C/31)
zur Annahme. Vielfache Klagen und Erfahrungen über die
mangelhafte Haltbarkeit und das hohe Gewicht dieser Laffeten
beim Schießen regten die Frage immer wieder an.

Im Jahre 1838 schlug der Hauptmann von Kunowski
eine verbesserte gußeiserne Laffete vor. Im Jahre 1843 trat
der Hauptmann Blume mit der Construction einer schmiede=
eisernen 50pfdgn. Mörserlaffete hervor, indem er das Projekt
mit der Unmöglichkeit motivirte, die sich der Beschaffung der
Bohlen für hölzerne Laffeten entgegenstelle, sowie mit der unge=
nügenden Haltbarkeit der Letzteren. Ihre Wände verschoben sich
oft, wodurch die Schildzapfen ihre Auflage verloren und ab=
brachen.

Das Allg. Kriegs=Dep. genehmigte die Herstellung eines
Exemplars der projektirten Laffete, welches in den Jahren 1844
und 1845 in ausgedehnter Weise versucht wurde, aber sich nicht
bewährte. Darauf wurde eine gußeiserne Laffete aus einem
Stück gefertigt und 1857 versucht. Sie bewährte sich ebenfalls
nicht. Die Art.=Prüf.=Comm. erhielt nunmehr (1857) den Auf=
trag, Vorschläge zur Verbesserung der bestehenden gußeisernen
Laffeten einzureichen. — Dies geschah 1859; die Verbesserungen
erstreckten sich vornehmlich auf Verstärkung der Wände, andere
Vertheilung der Eisenstärken unter dem Schildzapfenlager und
andere Verbindung der Wände durch die Riegel. Nach gründ=
licher Prüfung wurden die Aenderungen 1863 angenommen. —
Wesentlich war die Bestimmung, daß die Schildzapfenlager nach
dem Guß noch besonders ausgedreht werden sollten, um den
Schildzapfen eine gleichmäßige, volle Auflage zu sichern. —

Trotz aller Verbesserungen ließen die Laffeten vieles zu wünschen; fortgesetzt traten Mängel und Uebelstände hervor. Am schärfsten trat dies beim Gebrauche im letzten Kriege hervor. Vor Straßburg brachen bei hölzernen und eisernen Laffeten die Wände und die Riegel; vielfach wurden Richtkeile und Richtmaschine unbrauchbar. Von allen Laffetenconstructionen war die der Mörser die am wenigsten gelungene; eine gute Mörserlaffete muß erst noch construirt werden.

IV. Die schmiedeeisernen Festungslaffeten.

Die Verwendung des Schmiedeeisens zur Herstellung von Laffeten ist zum ersten Male erwähnt in dem Mémoire d'artillerie von St. Remy 1697. In demselben werden schmiedeeiserne, in Marseille gebaute Laffeten erwähnt, nach welchen später in Frankreich Laffeten, bis zum 33pfdgn. Kaliber hinauf, in größerer Zahl gefertigt wurden, von denen sich noch 1818 viele in gutem Zustande in den französischen Festungen vorfanden. Man prüfte mehrere derselben in Toulouse, fand sie leicht und bequem zu handhaben und zu bedienen, meinte aber die Reparaturen seien schwierig, die Gefährdung der Bedienung durch feindliche treffende Geschosse sei groß, und im Allgemeinen sei die Anwendbarkeit der Laffeten eine beschränkte. Die Verwendung des Eisens zu Laffeten wurde indeß zu jener Zeit vielseitig angeregt und versucht.

Die bedeutendsten Anregungen gab die 1834 erschienene Arbeit: „Applications du fer aux constructions de l'artillerie" von dem französischen Capitain Thiéry, sowie dessen 1840 veröffentlichter zweiter Theil seiner Arbeit. — Man nahm in Frankreich die Versuche mit gußeisernen und schmiedeeisernen Laffeten wieder auf, prüfte besonders auch ihr Verhalten durch Schießen gegen dieselben, und kam zu dem Schlusse, daß Eisen, obgleich die Laffeten gegen das eigene Feuer haltbar seien, doch nicht verwendbar sei, weil es zu viele Trümmer gäbe und selbst Rikoschetschüsse mit kleinen Ladungen die Laffete stets außer Thätigkeit setzten. Thiéry setzte trotz dieses absprechenden Urtheils seine Arbeiten fort. Ein Vorschlag zu einer eisernen Feldlaffete wurde 1835—1836 in Württemberg mit gutem Erfolge geprüft.

Alle Resultate und Nachrichten über die vorstehend besprochenen Versuche ließen um das Jahr 1840 erkennen, daß eine zweckmäßige Construction schmiedeeiserner Laffeten noch nicht gefunden war, während andererseits daraus hervorging, daß Laffeten aus Schmiedeeisen, in Bezug auf leichte Herstellung, Beweglichkeit, Widerstand gegen feindliches Feuer und Reparaturfähigkeit, solchen aus Gußeisen vorzuziehen seien. —

Die Frage wurde in Preußen[6] im Jahre 1841 durch die Inspection der Artillerie-Werkstätten angeregt, welche die schwierige und kostbare Beschaffung und Aufbewahrung der Hölzer für die Laffeten und den Ersatz derselben durch Eisen zur Sprache brachte. Prinz August verlangte zunächst von der Art.-Prüf.-Comm. eine Aeußerung, ob und für welche Festungs-Geschütze schmiedeeiserne Laffeten vortheilhaft erschienen. Zugleich veranlaßte er die Bildung einer besonderen „Commission zur Construction eiserner Laffeten". Dieselbe wurde gebildet aus Major Remschel, den Hauptleuten von Kunowski, Slevogt und Blume.

Nachdem dieselbe sich zunächst über alle bisher stattgefundenen Versuche mit eisernen Laffeten informirt und die Nachrichten in einer Denkschrift, welche im 26. Bande des Archivs abgedruckt ist, zusammengestellt hatte, schlug sie die Benutzung von Schmiedeeisen zur Herstellung einer Rahmenlaffete vor, welche gleichzeitig für 6Pfdr., Feld-12Pfdr. und die 7pfdge. Haubitze als Kasematten-, Wall-, und hohe Rahmenlaffete verwendbar sein sollte. (August 1841.) Die Versuchslaffete, welche die Bezeichnung „No. I" erhielt, kam 1842 zum Versuch, — die hervortretenden Mängel waren unbedeutend und wurden schnell beseitigt. Im Uebrigen war die Laffete in jeder Beziehung so vortheilhaft, daß schon im December ihre Einführung als hohe Rahmenlaffete beantragt wurde.

Das Allg. Kriegs-Dep. griff die Angelegenheit mit Bezug auf die Ausrüstung der Küsten und der Festungen mit schweren Geschützen sehr lebhaft auf und befahl schon im Januar 1843:

die Construction einer ähnlichen Laffete für den Belagerungs-12Pfdr., den kurzen 24Pfdr. und die 10pfdge. Haubitze; die Herstellung einer anderen für die 25pfdge. Bombenkanone und die 50pfdge. Haubitze.

Etwas später wurde die Construction einer Laffete für den langen 24Pfdr. und die 25pfdge. Haubitze (No. III), sowie einer für die 50pfdge. Bombenkanone (No. V) befohlen. Außerdem ordnete das Kriegs-Ministerium für die erste Laffete die weitere

Beschießung und Transportversuche an. Nachdem kleine Verbesserungen angebracht und die Laffete einen Untersatz erhalten, wurde sie damit im Sommer 1843 geprüft; die Feuerhöhe betrug 180 cm. Als die Laffete 1400 Schüsse — darunter 600 mit Untersatz — ausgehalten hatte, berichtete die Commission, daß sie die Haltbarkeit und Transportfähigkeit der hölzernen hohen Rahmen-Laffete übertreffe, sehr schnelles und leichtes Armiren und Desarmiren gestatte, die Bedienung erleichtere, die Seitenrichtung festhalte, auch als hohe Rahmenlaffete allen Anforderungen entspreche; aber zum Aufstellen ein Hebezeug verlange.

Die definitive Einführung wurde nun noch von einem Vergleichs-Schießversuche gegen hölzerne und schmiedeeiserne Laffeten, sowie von einem Schießen in strenger Kälte abhängig gemacht. Die Aufklärung über das Verhalten der Laffetentrümmer wurde für sehr wichtig gehalten.

Inzwischen war die Laffete No. II für den schweren 12Pfdr., kurzen 24Pfdr. und die 10pfdge. Haubitze, von vornherein mit Untersatz hergestellt und seit December 1843 in ähnlicher Weise wie die Laffete No. I versucht worden. Nach dem Berichte vom December 1844 genügte die Laffete, mit Ausnahme einiger Kleinigkeiten, ebenfalls allen Ansprüchen. —

Der oben erwähnte Schießversuch gegen die Laffeten fand in folgender Weise statt. Es wurden als Ziele benutzt: eine hölzerne Wall- und eine hölzerne hohe Rahmenlaffete mit je einem eingelegten 12pfdgn. Bronze-Rohre; eine eiserne Laffete No. I ohne Untersatz und eine Laffete No. II mit Untersatz, ebenfalls mit eingelegten bronzenen 12pfdgn. Röhren.

Die Geschütze wurden auf einem nicht traversirten Wallgange aufgestellt. — Gegen dieses Ziel wurde zuerst auf 450 m. Entfernung mit der 7pfdgn. Haubitze und dem kurzen 24Pfdr. mit blindgeladenen Granaten rikoschettirt und demnächst auf 300 m. Entfernung mit dem langen 24Pfdr. und 3,75 k. Ladung demontirt. Zum Schluß wurden scharfgeladene 7pfdge. und 25pfdge. Granaten unter den Laffeten gesprengt. —

Die Ergebnisse waren folgende:

Die 7pfdgn. Granaten machten die hölzernen Laffeten nicht sofort unbrauchbar, die Vollkugeln zerschellten an den starken Theilen der eisernen Laffeten; die 25pfdgn. Granaten machten die hölzernen und eisernen Laffeten stets unbrauchbar und zertrümmerten oft an den letzteren in gefährlichster Weise.

Beim Demontiren machte jeder Treffer die Laffete unbrauchbar, wobei die Kugeln meist am Eisen zerschellten. Die Commission zog (Februar 1845) folgende Schlüsse:

„Die schmiedeeisernen Laffeten sind gegen treffende Geschosse mindestens ebenso haltbar und stabil, wie die hölzernen; ihre Wiederherstellung ist aber, besonders bei vorhandenen Vorrathsstücken, weit leichter und billiger, als die der letzteren.

Die Trümmer der Laffeten und Geschosse sind der Zahl nach bei eisernen Laffeten geringer als bei hölzernen, bei welchen viele Holzsplitter sehr gefährlich werden. Bei jenen fliegen aber einzelne Trümmer mit tödtender Kraft oft mehrere hundert Schritte weit. Die bei eisernen Laffeten öfter vorkommenden Kugeltrümmer, gleichen die Wirkung der Splitter bei hölzernen Laffeten aus.

Die schmiedeeisernen Laffeten sind den hölzernen vorzuziehen und sind einzuführen."

Von den höheren Behörden wurden indeß noch Versuche für erforderlich gehalten, welche 1845 in Posen stattfanden und sich erstreckten auf Transport, Handhabung, Bedienung auf offenem Walle und in Kasematten. Zum Vergleich wurden hölzerne Wall-, niedere und hohe Rahmen-Laffeten für verschiedene Kaliber herangezogen. —

Es ergab sich, daß die Laffete No. I wegen zu großer Länge des Rahmens in den Posener Kasematten nicht zu verwenden war; in Bezug auf Transportfähigkeit den hölzernen nicht nachstand, aber erheblich mehr Zeit zur Aufstellung erforderte.

Die Laffete No. II war den correspondirenden hölzernen in jeder Beziehung überlegen. —

Die Anwendung eines Hebezeugs bei den eisernen Laffeten wurde als ein erheblicher Uebelstand bezeichnet. — Nachdem die hervorgetretenen Mängel beseitigt waren, fand endlich 1847 bei allen Artillerie-Brigaden ein Versuch mit je vier Laffeten No. I und II statt, welcher so befriedigende Resultate ergab, daß die Einführung dieser Laffeten im Juni 1848 befohlen wurde.

Die oben erwähnte, für die 25pfdge. Bombenkanone und

die 50pfdge. Haubitze bestimmte Laffete No. IV kam zuerst im Jahre 1844 zum Versuch.

Es ergab sich für sie die Nothwendigkeit zur Construction je eines besonderen Rahmens No. IV für die Bombenkanone und No. V für die Haubitze. Im Uebrigen hielt man die Laffete für zweckmäßig. Die besondere Laffete No. V für die 50pfdge. Bombenkanone wurde ebenfalls schon im August 1844 geprüft. Sie war der 25pfdgn. ähnlich und erhielt den Rahmen No. V, der für die 50pfdge. Haubitze construirt war.

Darauf kamen die Laffeten No. IV und V im Sommer 1846 bei der Art.-Prüf.-Comm. in ausgedehnter Weise zur Verwendung.

Ihre Einführung wurde 1848 angeordnet. Sie war zuletzt sehr dringend geworden, da eine ansehnliche Zahl von 25pfdgn. und 50pfdgn. Bombenkanonenröhren seit fast vier Jahren fertig und ohne Laffeten war.

Die Laffete No. III, welche vornehmlich den Gebrauch des langen 24Pfdrs. an Küsten mit weitem Gesichtsfelde erleichtern, und dabei durch ihre große Feuerhöhe die Bedienungsmannschaften möglichst decken sollte, wurde 1846 entworfen. Die 24pfdge. hölzerne hohe Rahmenlaffete in den Festungen würde durch sie zugleich ersetzt werden können.

Die Construction faßte auch die Verwendung auf dem Walle, sowie in Kasematten und die Anlehnung an die schon fertigen Constructionen ins Auge.

Nach längeren Versuchen im Jahre 1848 wurde im November 1848 die Einführung vorgeschlagen und im März 1849 genehmigt. Damit war die Construction der schmiedeeisernen Festungslaffeten beendet, über deren Gebrauch, Transport ꝛc. 1849 eine Anweisung aufgestellt wurde.

Zu erwähnen ist nur noch die Herstellung einer schmiedeeisernen Kasemattenlaffete nach den Principien der vorgenannten Laffeten aber ohne Rahmen. Die Construction wurde 1853 angeregt und kam nach kurzen Versuchen 1855 zum Abschluß.[7]

V. Betrachtung der Laffetenconstructionen.

Während der Feld-Artillerist sich den Kampfplatz auswählen kann, ist dieser für die Festungs- und Belagerungs-Geschütze vorgeschrieben und vorbereitet.

Während die Feldgeschütze befähigt sein sollen, unter allen Umständen sicher und schnell jenen Platz zu erreichen und zu wechseln, ist diese Bedingung für die letztgenannten Geschütze in minderem Grade zu erfüllen. In höherem Grade tritt für sie die Forderung einer bequemen Handhabung und leichten Bedienung auf dem vorbereiteten Kampfplatze auf. Demnach ist eine Hauptconstructionsbedingung für das Feldgeschütz: ein bewegliches Fahrzeug zu sein; für das Festungs- und Belagerungs-Geschütz: ein zweckmäßiges Schießgerüst zu besitzen. — Ein solches, in Verbindung mit der Einrichtung des Kampfplatzes, bedingt in hervorragender Weise die Verwendung des Geschützes und in weiterer Folge die Taktik des Festungskrieges überhaupt. Das Schießgerüst muß dem vorbereiteten Kampfplatze angepaßt werden. Der ist aber, besonders in Festungen ein verschiedener und bedingt somit verschiedene Einrichtung der Schießgerüste.

Diese Abhängigkeit des Laffetensystems von der Befestigungsweise, bestimmte in erster Linie die Entwickelung jenes Systems. Dasselbe anfänglich unvollkommen, aber auch einfach, wurde zwar viel vollkommener aber auch zusammengesetzter. Von großem Einfluß war dabei neben der Einführung neuer schwerer Geschütze, die Einrichtung der neugebauten preußischen Festungen, mit ihren zahlreichen für Geschützgebrauch eingerichteten Mauerbauten. Die Uebelstände des verwickelten Laffetensystems wurden nicht verkannt. Als es sich um die Herstellung der Laffeten für die schweren Haubitzen und Bombenkanonen handelte, konnte man mit Recht die Frage aufwerfen, ob das dadurch bedingte vielgestaltige System den taktischen Anforderungen des Festungskrieges noch genüge. — Es trat das natürliche Verlangen nach Vereinfachung des Systems hervor, welches befriedigt werden konnte, wenn die Laffete zu vielseitigem Gebrauch auf verschiedenen Kampfplätzen (Wälle, Kasematten, Batterien) hergerichtet wurde.

Wie sehr man diesen Verhältnissen Rechnung trug, ist aus der Energie zu erkennen, mit der die Construction der schmiedeeisernen Festungslaffeten aufgenommen, und aus der Festigkeit, mit der sie zu Ende geführt wurde. Die angestrebte vielseitige Verwendbarkeit des Systems wurde durch diese Laffeten allerdings erreicht. Ebenso wurden durch Benutzung der Rahmen, die Handhabung und Bedienung erleichtert, und durch die

Anwendung von Untersätzen die Vortheile der hohen Laffeten in Bezug auf Deckung erlangt. Jene Vereinfachung lag indeß im System; das Individuum war sehr complicirt, die richtige Behandlung desselben schwierig geworden. Ueber der Einheit der Construction, war die Einfachheit verloren worden. Auch blieb es eine offene Frage, ob nicht durch das Verbiegen oder Brechen der zahlreichen Schienen und Riegel durch Geschosse, die Laffeten verhältnißmäßig oft und leicht, wenn auch nur für kurze Zeit, unbrauchbar gemacht werden würden. — Diese Umstände, in Verbindung mit der geringen Standfestigkeit der Laffeten bei Anwendung starker Ladungen, veranlaßten das Ausscheiden der in großer Zahl und mit großen Kosten beschafften Laffeten, sobald in den Belagerungslaffeten C/64 ein Schießgerüst geschaffen war, welches an Einfachheit alle bisherigen Constructionen weit überragte. — Es wird davon später noch die Rede sein. —

Das brauchbare und gesunde Princip, das, schon von Scharnhorst hervorgehoben, in der Construction der schmiedeeisernen Laffeten zum Ausdruck kam, war ihre allgemeine Verwendbarkeit als hohe Laffeten. Die Erkenntniß der darin begründeten Vorzüge ward so allgemein und zweifellos, daß die sofortige Uebertragung jenes Grundsatzes auf die Laffeten für die gezogenen Kanonen gar keiner Discussion mehr unterworfen und von vornherein angenommen wurde. Die hohen Laffeten waren allerdings nur zum Gebrauch in Festungen bestimmt. Dort aber, auf den hohen, weithin sichtbaren Wällen, war grade das Bedürfniß nach Deckung und nach Erleichterung bei Umstellung der Geschütze, am größten.

Bei den Laffeten No. I, II und III war die Feuerhöhe auf 182, 193 resp. 191 cm. gebracht, d. h. sie war gegen die gleichartigen Walllaffeten um 76, 78 resp. 70 cm. vermehrt. — Das Laffetensystem war damit von der Befestigungsweise unabhängiger geworden. —

Drittes Kapitel.
Die Munition.
I. Die Geschosse.

An Einzelgeschossen bestanden zu Anfang dieser Zeit nur Vollkugeln und concentrische Granaten und Bomben. Die großen Toleranzen in den äußeren und inneren Durchmessern der Geschosse bewirkten große Differenzen in den Spielräumen und Geschoßgewichten, welche selbstverständlich von großem Einfluß auf die Trefffähigkeit sein mußten. Diesen Verhältnissen wurde sofort nach 1815 große Aufmerksamkeit zugewendet.

Bei Aufstellung von Normal=Zeichnungen im Jahre 1822 für sämmtliche Geschosse wurden die zulässigen Abmessungen festgestellt und der 1824 neu bearbeiteten Abnahme=Vorschrift zu Grunde gelegt.

1. Die Vollkugeln.

Zu den kalibermäßigen Vollkugeln für die Kanonen kamen seit 1842 die für die schweren Haubitzen und Bombenkanonen bestimmten Vollkugeln, welche aber nur in geringer Zahl thatsächlich zur Einführung gelangten und nach den Resultaten der Schweidnitzer Versuche nicht mehr gefertigt werden sollten.

Die Toleranzen in den äußeren Durchmessern betrugen: im Jahre 1818 bei der 12pfdgn. und 24pfdgn. Kugel 2,9 mm. und seit 1837 1,3 mm. — Die gestatteten Gewichtsdifferenzen waren 1822 für die 12pfdge. Kugel 233 gr., für die 24pfdge. 1,92 k., seit 1837 für die 12pfdge. Kugel 230 gr., für die 24pfdge. 0,85 k. — Sonstige Angaben enthält die Anlage A. Tabelle 4.

Nachdem im Jahre 1831 die excentrischen Hohlgeschosse eingeführt waren, schrieb Prinz August im September 1831, es sei Pflicht sich zu überzeugen, ob der Einfluß der Excentricität bei Kanonenkugeln auch so bedeutend sei, daß er beachtet werden müsse. —

Die Art.=Prüf.=Comm. hatte bei früheren, über diesen Gegenstand vorgenommenen Versuchen jenen Einfluß nicht bemerkt und beantragte nunmehr das Schießen von excentrischen 7pfdgn. Granaten und excentrischen Vollkugeln aus dem langen 24Pfdr., und von letzteren Geschossen auch aus der 7pfdgn. Haubitze. Beim Schießen aus dem 24Pfdr. trat der Einfluß der excentrischen Voll = und Hohlgeschosse in Bezug auf Schußweite und Treff= fähigkeit nur unbedeutend zu Tage, während er bei den Voll= kugeln der Haubitzen gar nicht merkbar war.

Die Angelegenheit ruhte, bis 1837 aus Sachsen Nachrichten kamen, wonach absichtlich excentrisch gemachte Vollkugeln aus= gezeichnete Treffresultate gegeben haben sollten. Nach langen Verhandlungen wurden 1841 Versuche mit einem 6Pfdr. und mit drei Arten Vollkugeln, deren Excentricität 1 h., 3 h. resp. 30 h. (0,3, 0,8 resp. 7,8 mm.) betrug, angestellt.

Die Ergebnisse ließen erkennen, daß die Excentricität bei Vollkugeln allerdings zur Geltung komme, aber wenig Hoffnung vorhanden sei, sie bei der geringen Größe zu beherrschen.

Der Frage wurde nochmals im Jahre 1859 näher getreten, indem bei dem Feld=12Pfdr. gepolte Vollkugeln — im Vergleich mit Granaten mit ellipsoidaler Höhlung — versucht wurden. In Folge der günstigen Resultate mußten die Truppen bei den Schießübungen 1860 aus dem Feld=12Pfdr. vergleichsweise mit excentrischen Granaten und gepolten Vollkugeln schießen. Der Versuch ergab für die ersteren Geschosse so gute Resultate, daß die alleinige Annahme derselben für den Feld=12Pfdr. und der gänzliche Fortfall der Vollkugeln beantragt und im Januar 1861 genehmigt wurde. Die Frage der excentrischen Vollkugeln erreichte nun mit Einführung der gezogenen Geschütze ihr Ende.

Auch in anderen Artillerien, z. B. in der schwedischen[1] hatte man diese Frage weiter verfolgt.

2. Die Granaten und Bomben.

Die älteren, aus dem vorigen Jahrhundert stammenden Granaten, welche eine einseitig vermehrte Eisenstärke erhielten, um vermittelst derselben, einerseits dem Stoße der Ladung im Rohre zu widerstehen, andererseits — wie man irrthümlich meinte — mit dem verstärkten Boden zuerst auf den Erdboden zu fallen, waren 1777 abgeschafft und durch concentrisch sein sollende Geschosse ersetzt worden. Die Trefffähigkeit derselben war, wie bei der wenig genauen Fertigung nicht anders zu erwarten war, eine sehr ungenügende. — Seit Aufstellung der neuen Abnahme=Vorschrift wurde die Fertigung wohl genauer, aber sie ließ noch viel zu wünschen.

So betrugen die Differenzen in den äußeren Durchmessern:
                                  1829   seit 1831
bei den 25pfdgn. Granaten 3,1 mm. — 1,8 mm.
  „   „   50 „   „   3,1 mm. — 2,1 mm.
und die Gewichtsdifferenzen lagen:
                   seit 1822 — seit 1831 — seit 1846
bei der 25pfdgn. Bombe
zwischen   25,5—30 k. 26,6—30,4 k. 27,7—28,9 k.
bei der 50pfdgn. Bombe
zwischen   51—60   „ 52,8—59   „ 54,7—57   „

Mit den so herabgeminderten Gewichts=Differenzen begnügte man sich noch nicht, sondern suchte die daraus hervorgehenden Einflüsse auf die regelmäßige Flugbahn, durch Eintheilung der Geschosse nach Gewichtsklassen zu reduciren.

So wurden die bis 1859 gefertigten Geschosse, bis zum 10pfdgn. Kaliber aufwärts, in zwei Klassen, die 25pfdgn. in vier, die 50pfdgn. in fünf Gewichtsklassen eingetheilt. Nach 1859 wurden die 50pfdgn. Geschosse in noch engere Gewichts=grenzen gebracht und dann nur in zwei Klassen eingetheilt.

Während somit die höheren Leistungen der Technik des Geschützgusses, und die Beachtung der Gewichte bei der Ver=wendung der Geschosse, nicht unwesentlich zur Steigerung der Trefffähigkeit beitrugen, sollten weit höhere Erfolge durch Aus=beutung der nicht zu vermeidenden Geschoß=Excentricität erreicht werden.

Schon im Jahre 1821 hatte die Art.=Prüf.=Comm. den Einfluß der Excentricität und der Rotation ins Auge gefaßt. Im Jahre 1827 wurden darauf bezügliche Versuche mit 7pfdgn. und 10pfdgn. excentrischen Granaten im größeren Umfange aus=geführt, welche den Einfluß der Excentricität auf die Abweichung deutlich bewiesen.[3] Die bis zum Jahre 1830 fortgesetzten Ver=suche erledigten die Frage vollkommen und führten zur Annahme der excentrischen Hohlgeschosse im Juli 1831. —

Um das Ausland auf die Construction derselben nicht auf=merksam zu machen, erhielten sie den Namen „Granaten und Bomben neuer Art."

Die Excentricität wurde normirt für die 7pfdgn. und 10pfdgn.

Geschosse auf 3,9 mm., für die 25pfdgn. und für die 50pfdgn. auf 5,2 mm. Die bei weiteren Versuchen hervortretenden Anomalien in der Trefffähigkeit der 25pfdgn. und 50pfdgn. Geschosse führten zu der Ansicht, daß die Größe ihrer Excentricität noch weiter zu prüfen sei. — Der Major von Kunowski sprach bei den Debatten über die Bombenkanonen im Jahre 1841 die Ansicht aus, die Excentricität der 50pfdgn. Geschosse sei nicht die richtige, und sei es zur Wirkungssteigerung jener schweren Geschütze außerordentlich wichtig, diese Frage aufzuklären. Man versuchte darauf die Excentricität von 6,5, 9,2 und 10,5 mm. und bestimmte 1846 für die 50pfdgn. Geschosse die Größe von 9,2 mm.

Von späteren Aenderungen der Hohlgeschosse ist noch die Annahme der konischen Mundlöcher für die 7pfdgn und 10pfdgn. im Jahre 1840; für die 25pfdgn. und 50pfdgn. im Jahre 1846 zu erwähnen.

Ein weiterer Schritt der Verbesserung, war die Annahme der Granaten mit ellipsoidaler Höhlung für den kurzen 12Pfdr. und demnächst, wie schon erwähnt, für den Feld=12Pfdr. im Jahre 1861. Im Jahre 1859 schlug Oberst Otto auch die Annahme excentrischer Schrapnels[4] vor, von denen er sich besonders bei der 7pfdgn. Haubitze große Vorzüge versprach.

Ohne die Einführung gezogener Geschütze würden diese Vorschläge jedenfalls in dem angedeuteten Sinne weiter verfolgt und zur Annahme gelangt sein. Eine besondere Verwendung fanden die schweren Hohlgeschosse noch als „Bleibomben" zum Zerstören von Mauerwerk und Gewölben.

3. Die Schrapnels.

Die ersten in Preußen angestellten Schrapnelversuche, welche schon 1831 zur Annahme der Schrapnels für die Feldhaubitzen und 1841 für die Feldkanonen führten, sind an einer andern Stelle[5] ausführlich besprochen worden.

Im Jahre 1843 begannen demnächst die Versuche der 7pfdgn. Schrapnels für den kurzen 24Pfdr. und zur Herstellung eines Schrapnels (Granate mit Schrapnelkugelfüllung) für die 25pfdge. Haubitze und Bombenkanone. — Beide Geschoßarten wurden im Jahre 1848 eingeführt.

4. Die Kartätschkugeln.

Diese Geschosse kamen in verschiedenster Größe und Gewicht zur Anwendung; es trat indeß auch hierin eine Vereinfachung ein. 1860 bestanden noch Kugeln von 33,3; 50; 66,7; 100; 133,3; 166,7; 200; 266,7; 400 und 500 gr.; welche je nach Gewicht bei den verschiedenen Kalibern gebraucht wurden.

5. Die Brand- und Leuchtgeschosse.

Im Jahre 1825 wurden 7pfdge., 10pfdge., 30pfdge. und 50pfdge. Brandbomben mit schmiedeeisernen Sprengboden eingeführt. Die 1831 neu eingeführten 25pfdgn. Brandbomben wurden ebenso eingerichtet, dagegen schieden 1833 die 7pfdgn. und 10pfdgn. Geschosse dieser Art wieder aus und 1842 verloren auch die 25pfdgn. und 50pfdgn. den Sprengboden wieder.

Leuchtkreuze existirten in zwei Constructionen von 1833 und 1854.

6. Die Demontirgeschosse.

Nachstehend wird die Entwickelung der Construction einer Geschoßart gegeben, durch welche auf dem Gebiete der glatten Artillerie ein seltener Triumph gefeiert wurde. — Es handelt sich um ein, aus glatten Röhren zu schießendes Langgeschoß.

Versuche ähnlicher Art waren schon öfter gemacht worden, aber ohne Erfolg.

In Metz hatten 1834 Versuche mit hohlen Langgeschossen stattgefunden, letztere überschlugen sich aber schon vor der Mündung.

Nach Einführung der gezogenen Gewehre versuchte man mehrfach aus glatten Röhren Langgeschosse zu schießen, welche auf der Mantelfläche schraubenartig gewundene Flügel hatten.

Der amerikanische Capitän Thistle trat 1847 mit einem Geschoß hervor, auf dessen Mantelfläche gewundene Züge eingeschnitten waren. Es fanden damit bei Woolwich in den Jahren 1848 und 1849 Versuche aus 32Pfdrn. statt. Die Rotation der Geschosse war unverkennbar, aber unregelmäßig und die Schußweite sehr veränderlich.

In der preußischen Artillerie erhielt die Frage eine neue Anregung durch die ersten Versuche mit gezogenen Geschützen.

Im Jahre 1852 wurde ein kleiner Versuch mit Langgeschossen und glatten Röhren angestellt. In dem im Januar 1853 darüber eingereichten Bericht heißt es wörtlich:

„Die große Trefffähigkeit des gezogenen 12Pfdrs., die allein als eine Folge der schraubenförmigen Fortschreitung der Geschosse und der Gleichförmigkeit ihrer Umdrehungsgeschwindigkeit angesehen werden muß, ließ den Gedanken entstehen, daß ein Theil dieser Trefffähigkeit auch auf glatte Röhre übertragen werden könne, wenn es gelänge, den anzuwendenden Geschossen, vermittelst besonderer Constructrion eine ähnliche Drehung zu ertheilen, wie den Geschossen der gezogenen Geschütze."

Die Construction der versuchten Geschosse rührte von dem damaligen Major Hartmann her, der auch die ganzen Versuche durchführte. Der Construction lag die Absicht zu Grunde, dem Geschoß nicht im Rohre selber, sondern während des Fluges durch den Luftwiderstand eine beschleunigte Rotation um die Längenachse zu ertheilen. Von den zuerst versuchten Modellen, war No. I nach dem Principe des Windfanges, No. II nach dem der Turbinen construirt. Jenes war hinten hohl, äußerlich cylinderconisch und mit 8 schrägen vorspringenden Reifen, über die ganze Breite des cylindrischen Theils von vorn nach hinten laufend versehen. Das Gewicht betrug 8,45 k. — Das letztere Modell hatte vorn eine trichterförmige Oeffnung, welche sich zu einem cylindrischen Kanale verengte, welcher wiederum in vier nach hinten und nach der Seite gekrümmten Drehlöchern auf dem äußeren Cylindermantel des Geschosses auslief. Das Gewicht betrug 10,3 k. Bei den Versuchen zeigten die Geschosse schon auf 375 m. Entfernung Neigung zum Ueberschlagen und große Streuungen.

Wenn man annahm, daß die Geschosse das Rohr ohne Rotation verlassen und diese erst während des Fluges gesteigert werde, so hätte ein Ueberschlagen nahe der Mündung, nicht aber erst in größerer Entfernung eintreten müssen. — Daher wurde vermuthet:

a) Die Geschosse erhalten schon im Rohre durch das um sie herumstreichende Gas eine Drehung, welche aber eine, der beabsichtigten entgegen gesetzte Richtung hat, weil die Richtung des Gasstromes der der Luft entgegengesetzt ist;

b) die im Rohre erhaltene Drehgeschwindigkeit wird durch den Luftwiderstand allmälig vernichtet und wenn sie Null geworden, überschlägt das Geschoß, bevor es die entgegengesetzte Drehung angenommen hat.

Waren diese Ansichten richtig, so ließ sich von keiner Geschoßconstruction Erfolg erwarten, welche die Drehung durch den Luftwiderstand erhalten sollte, denn die Erzeugung der entgegen gesetzten Drehung durch das Pulvergas im Rohre war nicht zu vermeiden. — Die Construction mußte vielmehr derartig sein, daß sie im Rohre eine schnelle Rotation erhielt und in dieser durch den Luftwiderstand möglichst wenig gestört wurde.

Die beiden zuerst versuchten Modelle konnten hierzu benutzt werden, wenn man sie umgekehrt in das Rohr einsetzte. — Dabei zeigte Modell II eine recht gute Trefffähigkeit mit stabiler Drehachse. Bei stärkeren Ladungen nnd besonders bei nicht dicht auf die Ladung gesetztem, sondern 78 mm. davor liegendem Geschoß, wurden die Treffergebnisse noch erheblich besser.

Das nunmehr construirte Modell No. III war cylindroogival, im Ganzen etwas über einen Kugeldurchmesser lang, hinten cylindrisch ausgehöhlt. Die Spitze war die der Granate des gezogenen 12Pfdrs. Die damit erlangten Resultate waren gegen die des Modells II ungünstig, wie man vermuthete wegen zu langer Spitze und zu geringer Oeffnung der hinteren Aushöhlung.

Durch modificirte Constructionen constatirte man die Nachtheile jener Anordnungen wirklich, und kam zu dem Schlusse, daß auf dem betretenen Wege eine die der Vollkugeln merklich übersteigende Trefffähigkeit zu erreichen sei, welche besonders für die Demontirbatterien bis 600 m. Entfernung sehr erwünscht sein müsse.

Die Fortführung der Versuche wurde genehmigt und fand 1853 statt. Bei einem Demontirversuche gegen Erdscharten erhielt man auf 600 m. von 15 Schüssen in einer Serie 12, in einer anderen 11 Treffer mit bedeutender Wirkung. —

Aus den Resultaten wurde nun die Geschoßconstruction unter Festhaltung der bisherigen Grundsätze abgeleitet. Die Geschosse erhielten zunächst den Namen „Turbinengeschosse." —

Beim Laden wurde zwischen Ladung und Geschoß stets der als vortheilhaft erwiesene Zwischenraum von 78 mm. gelassen.

Die bei diesen Geschossen ebenfalls auftretende constante Seiten=Ablenkung führte zur ersten Benutzung eines Aufsatzes mit seitlich verschiebbarem Visir. Man schoß ausschließlich auf der für das Demontiren noch brauchbaren Entfernung von 600 m. (erste Parallele).

Außer den bis 1853 versuchten 7 Geschoßconstructionen kamen allmälig noch 44 verschiedene Modelle zum Versuch, welche auf der cylindrischen Mantelfläche parallele Reisen von dreiseitig rechtwinkeligem Querschnitt hatten, durch welche, wie bei mehreren Gewehrgeschossen, die Granaten stets in die Richtung der Bahn=tangente zurückgeführt werden sollten. Die Zahl dieser Reifen wechselte während der Versuche zwischen 3 und 22. Ihre Tiefe wechselte ebenfalls vielfach.

Der äußere Durchmesser der Geschosse war stets 116 mm. Die Gesammtlänge differirte zwischen 133 und 281 mm.; die Länge des vorderen massiven Kopfes und die der hinteren Höh=lung war ebenfalls sehr verschieden. Die Kopfform war meist sehr stumpf kegelförmig. Drehlöcher waren stets 4 vorhanden, welche an der Seite des vorderen massiven Theils ausliefen, aber verschiedene Windung (Drall) und am äußeren Ende immer 21 mm. Durchmesser hatten. — Die Form und Weite des inneren Trichters variirte vielfach.

Aus den Resultaten entwickelten sich folgende Schlüsse:

Die Reifen sind vortheilhaft, sie bilden das Steuer für die Bewegung; die Geschosse dürfen nicht zu kurz sein; eine große Oeffnung des hinteren Trichters; ein starker Drall und starke Verengung der Kanäle nach dem Ausgange zu sind vortheilhaft; sehr wichtig ist die Länge des Geschosses vor resp. hinter der Oeffnung der Drehlöcher; eine zu große Länge nach vorwärts ist sehr nachtheilig, die vortheilhafteste Höhe der Spitze ist 13 mm.; die sphärische Kopfform verschlechtert die Resultate.

Schon im April 1854 beantragte die Art.=Prüf.=Comm. die definitive Annahme des Modells No. 32 für den 12 Pfdr., zu=gleich aber die Fortsetzung der Versuche zur Feststellung des besten Spielraums für dieses Modell.

Das Allg. Kriegs-Dep. ordnete darauf schon im August 1854 — nach Allerhöchster Genehmigung — die Bestellung einer größeren Zahl 12pfdgr. Turbinen-Geschosse an, welche nunmehr, um die Aufmerksamkeit des Auslandes nicht zu erregen, die Bezeichnung „Demontirgeschosse" erhielten.

Die Geschosse wogen 9,4 k. Die Erklärung ihrer Bewegung war folgende: „Das Geschoß erhält die drehende Bewegung durch das aus dem hinteren Trichter in die Drehlöcher strömende Pulvergas, welches sich bei seinem Austritt aus demselben an die Seelenwände des Rohres stößt und durch seine Rückwirkung die schon entstandene Drehung verstärkt". —

Im Frühjahr 1856 waren schon 8000 Stück 12 pfdge. Demontirgeschosse fertig.

1854 wurden demnächst 6 pfdge. Demontirgeschosse construirt und geprüft, welche nur bis 375 m. Entfernung eine genügende Trefffähigkeit gaben und daher nicht zur Einführung gelangten.

Im Jahre 1856 wurden die 12 pfdgn. Demontirgeschosse bei Röhren mit verschiedenem Spielraum versucht, um zu ermitteln, ob bei stark ausgeschossenen Röhren jene Geschosse überhaupt noch anwendbar seien. — Diese Versuche, sowie die mit stark ausgeschossenen Röhren hatten völlig befriedigende Resultate. —

Es wurden ferner 1856 24 pfdge. Demontirgeschosse von 20,3 k. Gewicht mit dem langen und kurzen 24 Pfdr. geprüft. —

Beim kurzen 24 Pfdr. waren die Resultate mit der Maximal-Ladung von 1,4 k. ungünstig; beim langen Rohre hingegen vortheilhaft, so daß dafür die Geschosse nach weiteren Versuchen im Jahre 1857 definitiv angenommen wurden.

Die stärksten Gebrauchsladungen waren für den 12 Pfdr. 1,4 k., für den 24 Pfdr. 2,35 k. Die Zeichnung eines 24 pfdgn. Geschosses ist hier beigefügt.

Die vorstehend besprochenen Versuche mit Demontirgeschossen gehören nach unserer Ansicht zu den rationellsten, die je ausgeführt sind. Sinnreich in der Construction, logisch in der Durchführung von Schritt zu Schritt, führten sie mit einer Sicherheit und einer jeden Umweg vermeidenden Kürze, welche man nicht genug anerkennen kann, zum Ziele.

II. Die Zünder.

1) Die Säulenzünder für Granaten und Bomben.

Die Zünderfrage gewann bei der steigenden Bedeutung des Hohlgeschoßfeuers schnell zunehmenden Werth, welcher klar erkannt wurde. Die zu ihrer Lösung aufgenommenen Versuche sind ununterbrochen bis auf die neueste Zeit fortgesetzt worden, ohne die Frage in befriedigender Weise gelöst zu haben.

Bei Beginn der Periode gab es den gewöhnlichen hölzernen Säulenzünder, deſſen Hauptfehler beſonders beim Rollwurf der Haubitzen das Abstoßen des Zünderkopfes und das Erſticken des brennenden Satzes war.

Durch Versuche in den Jahren 1816—1825 war man zu einer Construction mit niedrigem Kopfe und „raschem" Satze gekommen, welche angenommen wurde, aber noch so erhebliche Mängel zeigte, daß 1829 die Art.-Prüf.-Comm. erneuten Auftrag zur Beseitigung derselben erhielt. Es wurde dabei angedeutet, daß durch einen mehr energisch brennenden Satz die erste Entzündung besser zu sichern sei, sowie die Brenndifferenzen womöglich durch Einpressen des Satzes in Papierhülsen zu vermindern und die äußeren Formen der Zünderhölzer zu verbessern seien.

Hieraus geht hervor, daß eigentlich Nichts am Zünder gut war. Die Anwendung des Einpressens des Satzes nach Art der Fertigung der Schrapnelzünder regte Prinz August an.

Trotz aller Aenderungen war man bis 1834 noch nicht weit gekommen. Beim Rollwurf wurden die Zünderköpfe immer noch abgeschlagen und die Zünder erstickt.

Bei Anwendung eines energischen Satzes stellte sich das Zerbröckeln der Satzsäule und Herausfliegen derselben heraus.

Darauf versuchte man schraubenförmig gereifelte Zünderröhren, sowie die mit Satz geschlagenen und eingeleimten Papierhülsen.

Um das Abbrechen der Zünderköpfe und das Hineinstoßen der Zünder in das Geschoß zu verhindern, wurden Zünder mit und ohne Kopf und mit Hanfumwickelung versucht. — Die schlechten Resultate leiteten auf Annahme einer stärkeren Conicität des Mundlochs und eines stark konischen Zünderholzes.

Man kann sagen, daß durch alle diese Versuche die Mängel der Zünder nicht beseitigt, vielmehr erst gründlich bekannt geworden waren. — Die mit 7 pfdgn. und 10 pfdgn. Haubitzen fortgesetzten Versuche führten 1840 zur Annahme eines neuen Zünders für die Granaten dieser Geschütze. Derselbe hatte eine gereifelte Bohrung, einen ganz flachen Kopf, unter demselben eine konische Gestalt, correspondirend der des Mundlochs. Der obere Theil der Satzsäule bestand aus reinem Mehlpulver. Die älteren Zünder sollten hiernach abgeändert werden. Für die schweren Haubitzen und Bombenkanonen war damit aber die Frage noch nicht gelöst. Bei ihnen wurden die Zünder sehr häufig durch den ersten Stoß der Ladung in die Geschosse hineingestoßen. Um das zu vermeiden, versuchte man 1846 Zünder ohne Kopf und unten mit einem Kautschukpolster versehen. Diese Zünder wurden für die vorgenannten Geschütze 1848 angenommen. Die Zünderhölzer waren einfach konisch, der Satz wurde durch eine besondere Maschine eingepreßt. Bald aber stellten sich wieder frühzeitige Krepirer ein, welche durch das Hineinstoßen des Zünders entstanden, wenn die Bomben nicht völlig mit Sprengladung gefüllt waren. Zum Theil lag die Ursache allerdings auch in den nicht richtigen Abmessungen der Zünderköpfe und der Mundlöcher.

Die 1852 bis 1854 ausgeführten Versuche führten zu folgenden Beschlüssen:

Die einfach konischen Zünder erhalten eine stärkere Conicität, als bisher, im oberen Theile eine Satzsäule aus reinem Mehlpulver und keine Kautschukpolster mehr, da diese nicht wirksam sind. Vor der definitiven Annahme dieser Zünder fand bei Swinemünde Ende 1854 ein Versuch mit 25 pfdgn. und 50 pfdgn. Bombenkanonen statt. Man schoß auf den größten Distancen; die Bomben waren theilweise ganz, theilweise nur zur Hälfte gefüllt. Der letztere Modus zeigte sich als ganz verderblich. Die Zündervorschrift von 1848 wurde nunmehr durch eine neue von 1855 ersetzt, bei der auch die Feldgranatzünder von 1840 und die Zünder alter Art Berücksichtigung fanden.

Im Wesentlichen blieben nunmehr die Granat- und Bombenzünder unverändert; das allmälige Ausscheiden der Haubitzen und Bombenkanonen machte Aenderungen nicht mehr erforderlich. Wohl aber war dies für die Zünder der Mörserbomben der

Fall. Da die glatten Mörser neben den gezogenen Geschützen voraussichtlich am längsten bestehen bleiben würden, war ihre Wirkungssteigerung durch einen möglichst verbesserten und vollkommenen Zünder bringend erwünscht. Einen neuen Anstoß zu der Zünderverbesserung gaben die Erfahrungen bei Düppel, indem die Zünder sich dort wieder sehr unzuverlässig in Bezug auf Feuerfangen und Brennzeit gezeigt hatten.

Die bezüglichen Versuche wurden seit 1868 betrieben und führten 1869 zur Einführung neuer Zünder für sphärische Bomben. Diese Zünder haben eine einfache Satzsäule, welche in einer Papierhülse befindlich und mit dieser in's Zünderholz eingeleimt wird. Der Satz ist ein einfacher, energisch schnell und sicher brennender, dessen kürzere Brennzeit annehmbar war, da die Gebrauchssphäre der Mörser nach Einführung der gezogenen kurzen 15 cm. Kanonen erheblich eingeschränkt wurde.

2) Die Zünder für Schrapnels.

Soweit die Zünder für die Schrapnels der leichten und Feldgeschütze in Betracht kommen, sind die Versuche ausführlich in unserer Arbeit über die Entwickelung der Feld=Artillerie besprochen worden. — Hier ist nur Folgendes nachzuholen:

Die 7 pfdgn. und 25 pfdgn. Granaten, welche — die ersteren für den kurzen 24 Pfdr. — als Schrapnel fertig gemacht wurden, erhielten gewöhnliche Granatzünder, welche beim Gebrauch durch Abschneiden tempirt werden sollten. Ihr mangelhaftes Verhalten führte 1852 zu Versuchen, bei denen zum ersten Male die Wirkung dieser Schrapnels näher constatirt und als sehr gering erkannt wurde, so daß die Art.=Prüf.=Comm. eine Verbesserung der Zünder als unbedingt nothwendig verlangte. Diesem Verlangen schien der im August 1855 vom Hauptmann Bartsch vorgelegte Zünder zu genügen, welcher bei den mit 7 pfdgn., 12 pfdgn., 24 pfdgn. und 25 pfdgn. Schrapnels angestellten Versuchen sogleich günstige Resultate ergab und eine einheitliche Verwendung bei Schrapnels und Granaten in Aussicht stellte.

Die bis 1861 fortgesetzten Versuche verloren an Bedeutung, als der Ersatz der in Rede stehenden glatten Festungsgeschütze durch gezogene in Aussicht stand und theilweise schon stattgefunden hatte.

An Stelle dieser Säulenzünder trat bei den gezogenen Geschützen der Richter'sche Ringzünder.

III. Rückblick.

Die Fortschritte in der Geschoßfrage waren rein technischer oder constructiver Art.

Die technischen Fortschritte hatten, in Verbindung mit der Spielraumsverminderung, einen nicht unerheblichen Einfluß auf die Trefffähigkeit ausgeübt. Das ist aus dem Vergleich der bezüglichen Zahlen der älteren und neueren Lehrbücher zu erkennen [6]. So betrug für 750 m. Entfernung die Zunahme der Treffer beim 6 Pfdr. gegen 10 %, beim 12 Pfdr. gegen 8 %.

Der Schwerpunkt des Fortschritts der Geschoßfrage und, man kann sagen für das ganze Geschützsystem, lag auf dem Gebiete der Construction. Er wird dargestellt durch die excentrischen Hohlgeschosse und die Demontirgeschosse.

Früher, als in irgend einer anderen Artillerie, wurde in der preußischen die Beherrschung der Geschoßdrehung durch absichtlich excentrisch gefertigte Geschosse angestrebt und in hohem Grade erreicht. Die ganze Wichtigkeit dieser Frage wurde so klar erkannt; die durch ihre Lösung erreichten Vortheile waren so erheblich, daß keine Mühe gescheut wurde, sie unausgesetzt und bis zur wirklichen Einführung gezogener Geschütze weiter auszubilden und auszubeuten [7].

Diese praktischen Arbeiten wurden begleitet von den einzig dastehenden Forschungen Otto's über die Rotation. Der Erfolg der Arbeiten für die Leistungsfähigkeit der Geschütze war sehr bedeutend.

Die leichten Haubitzen gaben beim Rikoschetiren gegen ein bestimmtes Ziel 2—3 mal so viel Treffer, als mit concentrischen Granaten. Aehnlich war es beim Schießen gegen verticale Ziele.

Beim Granatschuß des kurzen 24 Pfdrs. waren auf ca. 550 m. Entfernung die Abweichungen gefallen: nach der Länge von 28,5 m. auf 21 m.; nach der Seite von 4,2 m. auf 1,4 m.

Beim 50 pfdgn. Mörser stieg auf 750 m. Entfernung gegen ein Rechteck von bestimmten Abmessungen die Trefferzahl von 39 % auf 63 % [8].

Demnächst lag eine bedeutende Wirkungs-Erweiterung in der Benutzung der Geschosse mit Schwerpunkt nach oben. Die

Schußweite wurde dadurch bei ca. 20° Elevation bei der 25 pfdgn. Haubitze von 2250 m. auf 3150 m. und bei der 50 pfdgn. Haubitze von 2100 m. auf 3225 m. gebracht. Bei den Bombenkanonen stieg bei ca. 15° Elevation die Schußweite von 2560 m. auf 3600 m.

Es ist unzweifelhaft, daß die Leistungsfähigkeit dieser letzteren Geschütze erst durch die Benutzung excentrischer Hohlgeschosse in das richtige Verhältniß zu ihrem Gewicht gebracht worden ist.

Wenn die Erzeugung der Rotation um die Längenachse durch die Construction der Demontirgeschosse erst durch die Versuche mit gezogenen Kanonen angeregt wurde, so kann dieser Umstand diesen Geschossen und den darauf bezüglichen Versuchen Nichts von ihrem Werthe nehmen, denn sie repräsentiren thatsächlich neben den gezogenen Geschützen und noch vor Einführung derselben einen ungewöhnlichen Fortschritt.

So waren im Vergleich zum Schuß mit Vollkugeln, für 600 m. Schußweiten die mittleren Längenabweichungen beim 12 Pfdr. von circa 67 m. auf circa 11 m. und beim 24 Pfdr. von 37 m. auf 7,5 m. vermindert.

Ueber den durch die Schrapnels dargestellten Fortschritt der Geschoßfrage ist wenig hinzuzufügen. — Die großen Trefferzahlen der schweren Schrapnels auf den gegebenen kleinen Entfernungen und gegen feststehende Ziele, mußten trotz der geringen Güte der Zünder im Ernstfalle zum Ausdruck gelangen. Es sei nur erwähnt, daß auf 600 m. Entfernung der kurze 24 Pfdr. per Schuß 24 scharfe Treffer, die 25 pfdge. Bombenkanone gegen einen Wallgang (mit Scheiben) per Schuß 22 scharfe Treffer gab. —

Die Zünderfrage, obwohl bedeutend gefördert, war verhältnißmäßig weit zurückgeblieben. Wie sehr die Nothwendigkeit ihrer Förderung allgemein empfunden wurde, geht aus der großen Bewegung hervor, welche auf diesem Gebiete, vornehmlich auch durch die Schrapnelzünder angeregt, seit dem Jahre 1840 herrschte. Alles drängte zur Lösung der Frage; sie wurde im Wesentlichen durch die Construction der metallenen Ringzünder gefunden.

Es darf nicht vergessen werden, daß das System der gezogenen Geschütze hierin die Erbschaft der vorigen Periode im Wesentlichen angetreten hat, und es kann nicht bezweifelt werden, daß die Ringzünder mit der Zeit auch für alle Hohlgeschosse des glatten Geschützsystems zur Annahme gelangt sein würden.

Viertes Kapitel.
Die Entwickelung der Ballistik in Praxis und Theorie.

Die allgemeine Aufgabe der Ballistik ist, zu lehren, wie gegebene Ziele mittelst bekannter Schießvorrichtungen zu treffen sind. Die nächsten zu lösenden Fragen waren demnach: zu einer gegebenen Schußweite und gegebenen Ladung (Anfangsgeschwindigkeit) die geeignete Erhöhung; oder zu einer gegebenen Schußweite und Erhöhung (Abgangswinkel der Geschosse) die zugehörige Ladung zu finden.

Diese Fragen mußten ihre Lösung in der Aufstellung von Schußtafeln finden.

Die Daten zur Aufstellung dieser Schußtafeln konnten gewonnen werden auf rein praktischem Wege, durch Ausführung umfangreicher Schießversuche mit verschiedenen Combinationen von Ladung und Erhöhung, oder auf theoretischem Wege, d. h. durch Rechnung.

Im ersten Falle konnten die durch den Versuch nicht unmittelbar gewonnenen Daten durch graphische oder rechnende Interpolation gefunden werden. Der zweite Weg konnte nur mit genauer Kenntniß der ballistischen Curve eingeschlagen werden, welcher die Aufstellung von Formeln verlangte, vermöge welcher jedesmal aus den die Curven bestimmenden bekannten Elementen, ein noch fehlendes gesuchtes Element gefunden werden kann.

Diese Aufgabe: „**Die Aufstellung der ballistischen Gleichung**" ist bekanntlich eines der schwierigsten Probleme, weil ein Theil der dabei in Betracht kommenden Erscheinungen sich der Beobachtung vollständig entzieht. (Verhalten der Luft gegen das Geschoß.)

Von hervorragender Bedeutung für die Lösung der Aufgabe war die Entwickelung des Luftwiderstandsgesetzes. Das am häufigsten zur Anwendung gekommene Newton'sche rücksichtigt auf viele einflußreiche Größen nicht. Complicirt wurde der Einfluß des Luftwiderstandes durch die Umdrehung der Geschosse.

Nachdem man zur Aufstellung praktisch brauchbarer Schuß=
tafeln gelangt war, trat zunächst das Bedürfniß zur Kenntniß
der Anfangsgeschwindigkeiten hervor. — Die Bestimmung derselben
wurde versucht durch rotirende Scheiben oder mittelst des ballistischen
Pendels und zuletzt durch elektromagnetische Apparate.

Demnächst war die Kenntniß der Endgeschwindigkeit erwünscht,
die bis in die neueste Zeit nur auf dem Wege der Rechnung zu
erreichen war.

Für den Bombenwurf trat das Bedürfniß nach Kenntniß
der Flugzeiten hervor.

Endlich war es höchst wichtig, das Maß der Trefffähigkeit
unter bestimmten Bedingungen festzustellen. Diese kurzen An=
deutungen mögen genügen, um den Zusammenhang und die
Aufeinanderfolge der nachstehend besprochenen Versuche und
Arbeiten zu erklären.

I. Die Aufstellung der Schußtafeln.

Auf dem Gebiete der Schußtafel= und der Trefffähigkeits=
Ermittelungen war Scharnhorst bahnbrechend. Er war der
Erste, welcher klar entwickelte, daß die Wirkung der Geschütze sich
zusammensetze aus der Treffwahrscheinlichkeit, und der Wirkung
der Geschosse am Ziele. Ueber beide Elemente wurden Ermit=
telungen seit Ende des vorigen Jahrhunderts angestellt, theils
unter Scharnhorst's Leitung, theils auf seine Anregung hin.

So fanden 1800—1801 bei Hannover Versuche zur Auf=
stellung der Schußtafeln für 6= und 12Pfdr. statt, wobei auch
die Trefffähigkeit für verschiedene Ladungen und Elevationen
ermittelt wurde. Gleiche Versuche hatten in Preußen 1795
stattgefunden, sie wurden 1802 fortgesetzt und 1810 auf die
Haubitzen ausgedehnt. Bei diesen Versuchen wurde auch das
Verhältniß der Einfall= zu den Elevationswinkeln ermittelt.
Scharnhorst giebt an, erstere seien ungefähr doppelt so groß,
wie letztere.

Gleich nach den Kriegen trat das Bedürfniß nach genaueren
Schußtafeln hervor; es wurde durch bis zum Jahre 1830 fort=
laufende Versuche nothdürftig befriedigt.

Nach Normirung der Spielräume resp. der Toleranzen für
die Vollkugeln fanden in den dreißiger Jahren wiederum zahl=

reiche Versuche zur Aufstellung genauerer Schußtafeln und zur Ermittelung der Trefffähigkeit statt. So wurden die Schußtafeln abgeleitet aus dergleichen Versuchen, welche stattfanden: für den eisernen 6Pfdr. 1834, für den schweren 12Pfdr. 1835, für den langen 24Pfdr. 1834.

Für den kurzen 24Pfdr. wurden gleich nach seiner Einführung im Jahre 1832 die Schußtafeln für Vollkugeln und excentrische Granaten, und im Jahre 1839 die für concentrische aufgestellt.

Seit 1832 waren schon ausgedehntere Schußtafel-Versuche für diejenigen Geschütze ausgeführt, welche zur Benutzung der excentrischen Hohlgeschosse bestimmt waren.

Für die 25pfdge. Haubitze fand der Schußtafel-Versuch mit excentrischen Granaten bei beiden Schwerpunktslagen, und mit Vollkugeln 1832 statt; für jene Geschosse wurden die Tafeln für kleine Ladungen zum Rikoschetiren aufgestellt. Die Vervollständigung und Controle dieser Schußtafeln erfolgte bei den jährlichen Schießübungen der Truppen seit 1833. —

In gleicher Weise wurden die Schußtafelversuche für: die 7pfdge., 10pfdge., 50pfdge. Haubitze, sowie für die 10pfdgn., 25pfdgn. und 50pfdgn. Mörser im Jahre 1832 ausgeführt. Den wichtigsten Schritt für die Genauigkeit der Schußtafeln bildete die Aufstellung der Tafeln für den indirecten Schuß gegen horizontale und verticale Ziele. (Rikoschetiren und indirectes Breschiren.)

Prinz August hatte auf Grund der Woolwicher Versuche schon 1826 Versuche zur Ermittelung der möglichst starken Ladungen und möglichst geringen Elevationen für verschiedene Entfernungen und gegen Ziele von verschiedenem Grade der Deckung beantragt.

Nach dem von der Art.=Prüf.=Comm. dazu im Jahre 1830 aufgestellten Entwurfe wurde beabsichtigt, ein Ziel, welches 50, 10 und 5 Ruthen von der deckenden Krete entfernt war, mit verschiedenen Ladungen zu beschießen, und die Elevationen von $1°$, $5°$ und $10°$ als Grenzen festzuhalten. Die Versuche kamen nicht zur Ausführung. Die Ansichten klärten sich indeß durch Benutzung der 25pfdgn. Haubitzen zum Rikoschetiren bei den jährlichen Schießübungen.

Im Jahre 1836 erklärte daher die Art.=Prüf.=Comm. Folgendes:

„Für den indirecten Schuß gegen Mauern existirt ebenso wie für den Rikoschet=Schuß nur eine Combination von Elevation und Ladung, als die beste für jeden einzelnen Fall;

„die Ermittelungen müssen daher eine allgemeine Regel aufstellen, in der jeder einzelne oder specielle Fall enthalten sein muß, so daß man aus den bekannten Elementen für die Flugbahn, das Unbekannte ohne Weiteres herausfinden kann.

„Während für die 25pfdgn. Haubitzen die Schußtafeln schon sehr vollständig sind, ist dies nicht der Fall für die 50pfdgn. Haubitzen und 25pfdgn. Bombenkanonen, demgemäß sind für diese Geschütze Schußtafel=Versuche und zwar mit je vier Ladungen und Elevation von 1°, 4°, 8°, 12°, 16°, sowohl für Vollgeschosse wie für Hohlgeschosse auszuführen."

Diese Versuche fanden theilweise schon 1839 mit den beiden Haubitz= und Bombenkanonen=Kalibern statt. Es wurde dabei außerdem ermittelt: die Weite des Liegenbleibens der Geschosse, die mittleren Längen= und Seitenabweichungen, sowie die Flug= zeit bis zum ersten Aufschlage. Aus den Ermittelungen wurden die Schußtafeln gegen die freie Ebene, die gegen verdeckte Ziele, sowie die Trefffähigkeitstabelle und die Angaben über die lebendige Kraft der Geschosse abgeleitet.

Mit der Ausführung der Versuche war der damalige Hauptmann Otto betraut, dessen Thätigkeit bei der Art.=Prüf.=Comm. noch öfter zur Sprache kommen wird. Die über das Maß des Gewöhnlichen weit hinausragenden Verdienste dieses Officiers um die Ausbildung der Ballistik sind durch seine Schriften so bekannt, daß eine besondere Beleuchtung derselben hier überflüssig ist. Die preußische Artillerie kann mit wohlberechtigtem Stolze auf diesen Officier, als auf eine ihrer ersten Koryphäen blicken.

Dem Berichte Otto's lagen 42 Kurvenblätter bei, welche die Resultate der Versuche graphisch darstellten. Die Curven zeigten vielfach große Unregelmäßigkeiten. „Undulationen", wie der Bericht sie nennt, deren Widersprüche man noch nicht zu erklären vermochte, die aber zum großen Theil ihre Erklärung in der ungenügenden und unzuverlässigen ballistischen Eigenschaft der Geschütze und Geschosse fanden.

Es wurde z. B. gefolgert:

„Es ist als erwiesen, oder mindestens als höchst wahrscheinlich zu betrachten, daß die Curven, welche bei der graphischen Darstellung von Wurftafeln concurriren, Undulationen zeigen, und es ist eine dem wirklichen Stande der Dinge widersprechende und der Erlangung richtiger Zahlen hinderliche Ansicht, wenn man ohne Weiteres und allgemein voraussetzt, daß dem nicht so sei.

„Es muß künftig diesem Gegenstande näher getreten und beobachtet werden, ob das Unduliren in der Natur der Sache liegt, oder nur Folge des Zufalls ist.

Mit Recht sagt der Bericht:

„Die unmittelbaren sämmtlichen Ergebnisse des ersten Versuchs-Abschnitts, bilden durch das Zusammentreffen der dabei in Untersuchung gestellten Elemente ein so schätzbares Material, wie es nur irgend eine Artillerie in dieser Beziehung aufzuweisen vermag."

Es ergab sich u. A. aus dem Versuch die Beantwortung der Frage: „ob unter sonst gleichen Umständen ein längeres oder kürzeres Rohr für die Wahrscheinlichkeit des Treffens günstiger sei," und

„inwiefern das schwere Kaliber vor dem leichteren in derselben Beziehung einen Vorzug habe." —

(Vergleich der 50pfdgn. Haubitze mit der 50pfdgn. Bombenkanone und der beiden Bombenkanonen in sich.)

An diese Versuche schlossen sich im Jahre 1840 die Versuche auf größere Entfernungen, an denen 2—25pfdge. und eine 50pfdge. Haubitze Theil nahmen.

Aus den Ergebnissen wurden von einem anderen Referenten 14 Schußtafeln für die schweren Haubitzen und die Bombenkanonen, und zwar jede für Vollkugeln und für Hohlkugeln (bei der Pfeilspitzenlage nach oben) abgeleitet, aber nicht durch graphische Darstellung, sondern durch Interpolation auf dem Wege der Rechnung.

Diesen Gegensatz zu den Otto'schen Arbeiten hob das Allg. Kriegs-Dep. hervor, indem es bemerkte, die Werthe der letzten Versuche seien sehr unregelmäßig, so daß es nicht rationell erscheine, die nicht durch den Versuch direct ermittelten Werthe durch eine Interpolation hineinzurechnen. Seit mehr als 10 Jahren sei die Art.=Prüf.=Comm. nach entgegengesetzten Ansichten verfahren und habe sie grade die unregelmäßigen Werthe, welche bei graphischer Darstellung, als regellose Undulationen auftreten, als Anomalien betrachtet. Die Versuchswerthe seien also nicht, wie es jetzt geschehen, als „unverletzliche" angesehen, sondern angemessen modificirt worden. Nach diesen Grundsätzen seien bisher alle Schußtafeln aufgestellt worden und demgemäß würden die letzteingereichten zu modificiren und durch die nicht versuchten Zwischenladungen zu vervollständigen sein.

Nachdem dieses geschehen, fand im Sommer 1841 mit den genannten 4 Geschützen ein Versuch zur Prüfung der Schuß=tafeln gegen verticale Scheiben statt, bei dem sie sich als richtig erwiesen.

Für die Bombenkanonen wurde 1842 der Gebrauch der Bomben mit Schwerpunkt nach oben angeregt. Vorversuche dazu, bestehend in einem Schießen gegen Fadenwände, zu welchem behufs Ermittelung der Einfallwinkel auch Vollkugeln und Blei=bomben herangezogen wurden, fanden 1842 auf Entfernungen von 450 und 600 m. statt.

Auf Grund der dabei erlangten Ergebnisse wurde 1846 für beide Bombenkanonen die Schußtafel- und Trefffähigkeits=Tabelle für die Benutzung der Bomben mit Schwerpunktlage nach oben aufgestellt.

Zur Ermittelung der Abgangs= und Einfallwinkel wurde gegen Fadenwände, welche theils 22,5—34 m., theils 2400 m. vor dem Geschütze standen, und bis zu Elevationen von 9° geschossen.

Für die 25 pfdge. Bombenkanone wurde die Schußtafel durch einen Versuch bei Swinemünde im Jahre 1848 bis zu 3550 m. erweitert.

Gleichzeitig damit wurde die Schußtafel für die Benutzung der Granaten mit Schwerpunkt oben für die 7 pfdgn. und 10 pfdgn. Haubitzen aufgestellt; während die 50 pfdge. Haubitze erst 1851, 1856 und 1858 die entsprechende Berücksichtigung fand.

Die letzte Vervollständigung erfuhren dann die Schußtafeln der 25 pfdgn. Haubitze, sowie der beiden Bombenkanonen durch

Aufstellung der Tafeln für excentrische Bleibomben, welche vor dem Neudruck der Schußtafeln im Jahre 1856 aufgestellt wurden.

Schon 1858 mußten indeß diese Schußtafeln in Folge der Einführung des neuen Landesgewichtes umgerechnet und wieder neugedruckt werden.

Die Umrechnung der Schußtafeln war eine umfangreiche Arbeit und bot eigenthümliche Schwierigkeiten, da die einfache Uebertragung der Ladungen in das neue Gewicht zu Bruchtheilen führte, welche völlig unzulässig waren. Es traf dies besonders die Haubitz- und Rikoschetladungen. Eine Abrundung der neuen Ladungsgewichte mußte aber andere Schußtafeln mit sich führen.

Der damalige Premier-Lieutenant Willerding machte nun behufs Uebertragung der alten Schußtafeln in neue einen sehr wichtigen Vorschlag, durch den jene Uebertragung, ohne erneute Schießversuche anstellen zu müssen, möglich war. — Er entwickelte seinen Vorschlag wie folgt:

„Die Schuß- oder Wurfweiten eines jeden Geschützes sind bei Anwendung eines bestimmten Geschosses und sonst ganz gleichen Verhältnissen in gesetzmäßiger Weise, einerseits von dem Elevationswinkel und andererseits von der Größe der Geschützladung abhängig; es muß daher für jedes Geschütz und jedes zugehörige Geschoß ein allgemeines Gesetz existiren, welches die Beziehungen zwischen den Schußweiten, Elevationen und Ladungen ausdrückt.

„Eine Gleichung, welche alle gesetzmäßigen Beziehungen zwischen den drei vorgenannten Elementen umfaßt, würde 3 Veränderliche enthalten, mithin irgend einer Curve im Raume entsprechen.

„Nähme man in dieser Gleichung eine der Veränderlichen als constant an, so würde aus der vorgedachten Curve von doppelter Krümmung eine Projection derselben, d. h. eine darstellbare Curve von einfacher Krümmung entstehen.

„Da man auf theoretischem Wege jene allgemeinen Gesetze in vollkommenem Zustande nicht aufzufinden vermag, so begnügt man sich in der Praxis, auf empirischem Wege durch Schießversuche einzelne Punkte einer oder mehrerer solcher Curven von einfacher Krümmung annähernd genau aufzufinden, und entweder auf dem Wege der Rechnung die Versuchs-Ergebnisse in Uebereinstimmung zu bringen und eine Anzahl der zwischenliegenden Punkte zu ermitteln (interpoliren), oder die gedachten Curven selbst graphisch darzustellen, indem man die durch Versuche ermittelten Punkte für jede Curve mit Hülfe beliebig gewählter Maßstäbe für die Abscissen und Ordinaten festlegt und die Curven derart aufzeichnet, daß sie bei regelmäßiger Krümmung entweder die betreffenden Punkte schneiden oder sich so viel als möglich an dieselben anschließen.

„Die Größe der zur Darstellung der Curven zu benutzenden Maßstäbe, sowie die Schärfe der Darstellung derselben sind vorzugsweise von der sachgemäßen Verwendung dazu geeigneter Instrumente abhängig. Bei der Ermittelung von Schußtafeln für Kanonen, Haubitzen und Bombenkanonen handelt es sich in der Regel darum, für bestimmte Ladungen, die den verschiedenen Schußweiten entsprechenden Elevationen aufzufinden. Bei der graphischen Darstellung dieser Schuß- und Wurftafeln wird man daher, bei jenen die Ladung, bei diesen die Elevationen als constant annehmen, und die Maßstäbe für die beiden veränderlichen Elemente so wählen, daß die Curve von der Diagonale nicht bedeutend abweicht, damit das Ablesen nicht durch zu spitzwinklige Schnitte erschwert werde.

„Stehen aber für Kanonen, Haubitzen und Bombenkanonen Versuchsresultate mit verschiedenen Ladungen zu Gebote, so kann man hier, wie bei den Mörsern graphisch das Gesetz darstellen, welches für eine bestimmte Elevation die Abhängigkeit der Schußweite von der Ladung ausdrückt.

„Die Schußweiten für alle zwischenliegende Ladungen bei dieser Elevation lassen sich alsdann unmittelbar ablesen.

„Durch Wiederholung dieses Verfahrens mit allen, bei den Versuchen benutzten, oder aus Schußtafeln entnommenen Elevationen, erhält man ebensoviel Ergebnisse für alle zwischenliegenden Ladungen, als bei den Versuchen verschiedene Elevationen angewandt worden sind und ist im Stande mit einer, der Zuverlässigkeit der Versuchs-Resultate entsprechenden Schärfe hinaus alle erforderlichen Schußtafeln abzuleiten.

„Eine Umwandlung der bestehenden Schuß- und Wurftafeln, wie sie vorstehend erörtert, ist demnach als eine Formveränderung derselben auf Grund der vorhandenen Versuchs-Resultate anzusehen, und gestattet dieses Verfahren, die Ladungen, sowohl was die Größe, als deren Abstufung betrifft, einerseits dem artilleristischen Bedürfnisse, andererseits dem neuen Gewichts=system genau anzupassen.

„Die Benutzung desselben möchte sich besonders für die Schuß= und Wurftafeln der Haubitzen und Bombenkanonen und derjenigen Kanonenkaliber empfehlen, welche für das Rikoschetiren und Beschießen verdeckt liegender Ziele bestimmt sind, oder in der Folge noch bestimmt werden; es kann jedoch auch für alle diejenigen Kanonen = Kaliber angenommen werden, für welche Versuchs=Resultate oder Schußtafeln mit verschiedenen Ladungen vorhanden sind."

Die vorstehende Deduction fand die Zustimmung der höheren Behörden und nach diesen Grundsätzen wurden die letzten Schuß=tafeln für die glatten Geschütze im Jahre 1859 und später alle für die gezogenen Geschütze aufgestellt.

Die bei der Umarbeitung vom Jahre 1859 angewendete „graphische Darstellungsmethode" wurde zum ersten Male mit Hülfe des biegsamen keilförmigen Curvenlineals ausgeführt, welches den Constructions=Arbeiten des Schiffbaues entnommen wurde.

Diese zeichnende Methode war also im Stande, die getrennten Schußtafeln der einzelnen Ladungen entweder für gleiche Ent=fernungen als Functionen der Elevationen; oder für gleiche Elevationen, als Functionen der Entfernungen zu verbinden, und daraus beliebig viele Bestimmungspunkte für Aufstellung neuer Schußtafeln zu gewinnen. Die ballistischen Gleichungen konnten diese Aufgabe gar nicht lösen, weil für sie die Ent=fernung zugleich Function ist von den damals noch nicht gekannten Anfangsgeschwindigkeiten, dem Abgangsfehler und der noch ganz unbekannten Größe des Luftwiderstandes. — Die rechnende Ballistik kann ohne diese Größen nicht arbeiten; die zeichnende berücksicht sie ohne besondere Kenntniß in den Versuchszahlen implicite; die rechnenden Interpolationsmethoden können nicht alle Aufgaben lösen, und diejenigen, welche sie mit der Zeichnung gemein haben, in hundertfacher Zeit.

Die zeichnende Interpolation hat endlich den Vorzug, daß sie für irgendwelche Versuchszahlen, die innigste Anschmiegung gestattet; für diese Zahlen daher die wahrscheinlich richtigsten Interpolationswerthe ergiebt.

II. Praktische und theoretische Arbeiten zur Feststellung der Trefffähigkeit.

1. Praktische Arbeiten.

Bei den vorerwähnten Schußtafel-Versuchen jeder Art wurden selbstverständlich die erforderlichen Ermittelungen über das Maß der Trefffähigkeit der einzelnen Geschütze vorgenommen.

Durch die seit 1830 neu eingeführten Geschütze wurde dieses Gebiet bedeutend ausgedehnt; die Arbeiten wurden verwickelter und schwieriger durch die Benutzung kleiner Ladungen bei Haubitzen und Bombenkanonen, sowie durch die Anwendung der excentrischen Hohlgeschosse mit verschiedener Schwerpunktslage. —

Man war genöthigt, die Trefffähigkeit einzelner Geschütze mit einander in Vergleich zu stellen, um danach die Grenzen ihres Gebrauchs scharf ziehen und die Art ihrer Anwendung genau vorzeichnen zu können. So wurde, wie oben erwähnt, der lange 24Pfdr. mit dem kurzen, und dieser mit der 7pfdgn. Haubitze in Vergleich gestellt. Von diesem wichtigen Versuche wird noch die Rede sein.

Sehr wichtige Ergebnisse lieferten die Schußtafel-Versuche für die schweren Haubitzen und Bombenkanonen. Nach einem großen Plane, auf strengdurchdachter Grundlage angelegt, wurden diese Versuche methodisch durch mehr als 10 Jahre fortgesetzt, ihre Ergebnisse auf vorzügliche Weise von Otto, Neumann und Hartmann verwerthet. Die Versuche ergaben bei Anwendung der obern Schwerpunktslage für die excentrischen Geschosse unerwarteter Weise ein viel kleineres Verhältniß der Einfall- zu den Erhöhungswinkeln, als man bisher angenommen hatte. Für 1250 m. Entfernung waren jene z. B. nur halb so groß, als die bei der Schwerpunktslage nach unten vorhandenen. Dadurch erst erkannte man die bestreichende Flugbahn der mit jener Schwerpunktslage verfeuerten Geschosse.

Andrerseits trat aber auch die geringe Trefffähigkeit dieser Schußart gegen verticale Ziele hervor.

Man erkannte endlich die Ueberlegenheit excentrischer Hohlgeschosse über die Vollkugeln. —

Jene hatten z. B. bei der 25pfdgn. Bombenkanone auf

600 m. Entfernung nur halb so große, mittlere Längen=
Abweichungen, wie diese.

Ueber die ausführlichen Trefffähigkeits=Versuche mit Mörsern ist oben schon gesprochen worden. Von besonderer Wichtigkeit waren die in den Jahren 1838—1839 durch Otto ausgeführten Versuche, zu denen alle vier Mörserkaliber herangezogen wurden. Otto legte mit dem Berichte über jene Versuche im Jahre 1840 auch 40 Kurvenblätter vor, auf denen er die Trefffähigkeits= Verhältnisse, und speciell die Größe der Seiten= und Längen= Abweichungen für verschiedene Combinationen graphisch nieder= gelegt hatte. Als Ergebnisse wurden kurz folgende angeführt:

„Die Elevation von 30° giebt die besten Treffresultate. Das größere Kaliber hat kein unbedingtes Uebergewicht über das kleinere.

„Form und Größe der Kammer sind von wesentlichem Einfluß auf die Trefffähigkeit.

„Die Größe und Gleichmäßigkeit der Excentricität der Bomben ist von sehr großem Einfluß. Die Geschosse müssen in dieser Beziehung classificirt werden."

Durch die bei den jährlichen Schießübungen der Truppen erlangten Resultate, wurde schließlich ein sehr umfangreiches Material zur Beurtheilung der Trefffähigkeit gewonnen, welches nicht unbenutzt blieb. Im 24. Bande des Archivs Seite 132, sind z. B. die Erfahrungsresultate von 16 Jahren in höchst interessanten Zahlen zusammengestellt.

Aus solchen Zahlen konnten mit Fug und Recht bestimmte Schlüsse gezogen und Regeln abgeleitet, sowie feste Gesetze ent= wickelt werden.

Soweit sie für den praktischen Gebrauch zu verwenden waren, sind sie in der 1855 erschienenen officiell vom Major Neumann bearbeiteten „Abhandlung über das Schießen und Werfen aus Geschützen" in musterhafter Weise verwerthet worden.

Soweit sie zur Ausbildung der ballistischen Theorie eine Grundlage geben konnten, haben sie eine geniale Verwerthung in den Arbeiten Otto's gefunden.

2. Theoretische Arbeiten.

Die Verwerthung der umfangreichen Schießresultate ver= langte die Aufstellung einer richtigen Methode für die Bestimmung der Trefffähigkeit. Die letztere mußte einen Ausdruck finden, welcher sich mit dem praktischen Resultate völlig deckte und als allgemeine Norm für alle Geschütze angenommen werden konnte. Dabei mußten die Verhältnisse der verschiedenen Abweichungen zu einander ermittelt und in richtiger Weise in Rechnung gestellt werden.

Diese Methode war zu Anfang der besprochenen Zeit sehr roh.

Scharnhorst bestimmte die Größe der Trefffähigkeit durch Angabe der Treffer in Procenten gegen ein bestimmtes Ziel. Die Größe der Ziele, meist den bei den Schießübungen benutzten Scheiben entnommen, war sehr verschieden.

So wurden beim Demontiren die Dimensionen der vorderen Schartenöffnung als Grundlage für die Zielgröße angenommen; beim Rikoschetiren die Dimensionen von Wallgängen und gedeckten Wegen, welche man annahm zu 37,5 m. resp. 75 m. Länge und 7,5 m. resp. 18 m. Breite. Für den Mörserwurf dienten Quadrate von bestimmten Seitenlängen als Ziele.

Otto wurde der Reformator auf diesem Gebiete; er war eigentlich der erste Bearbeiter desselben. Die erste Gelegenheit dazu fand er durch die mehrfach erwähnten Mörserversuche in den Jahren 1837—1839 und durch den Vergleichsversuch zwischen dem kurzen 24Pfdr. und der 7pfdgn. Haubitze 1837. Er stellte zum ersten Male aus den Ergebnissen dieser Versuche die allgemeinen Gesetze über das Verhältniß der Längen zu den Seitenabweichungen auf, und gelangte zu dem Schluß, daß zur Aufstellung eines wirklichen Maßstabs für die Trefffähigkeit der Geschütze, ausreichende Resultate immer noch nicht vorlägen.

Aus dem vorhandenen Material fertigte Otto 24 graphische Darstellungen der Abweichungen, erörterte den Werth derselben, die Richtigkeit der Methode, wodurch eine große Zahl zuverlässiger Daten gewonnen wurde, welche bei Aufstellung der Schußtafeln für die schweren Haubitzen und Bombenkanonen praktisch verwerthet und zugleich erheblich vermehrt wurden.

Das sich häufende werthvolle Material regte nach verschiedenen Seiten hin zur theoretischen Verwerthung an. Die Bearbeitung desselben wurde verschiedentlich zur Preisaufgabe gestellt. —

Im 21. Bande des Archivs[1] ist eine über diesen Gegen=

stand bearbeitete, gekrönte Preisschrift enthalten, welche ein System für die Darstellung der Trefffähigkeit aufstellen will.

Der Verfasser (Otto) sucht nachzuweisen, daß die bis dahin befolgte Methode zur Bestimmung des mittleren Treffpunktes den thatsächlichen Verhältnissen (in den Treffbildern) nicht entspreche. Er führt dann ungefähr Folgendes aus:

„Um die Wahrscheinlichkeit des Treffens an sich (ohne sie auf ein bestimmtes Ziel zu beziehen) zu betrachten, sei noch eine Lebensfrage zu beantworten:

„giebt es überhaupt bei den Geschützen eine constante Streuungsform, d. h. wird die allgemeine Streuungsform unter gewissen Verhältnissen immer als ein Quadrat, oder als Oblongum erscheinen, oder wechselt sie unter denselben Verhältnissen die beiden Figuren, oder ist unter bestimmten Verhältnissen die Längen- oder die Seitenstreuung immer die lange Seite des Oblongums?"

Zur Beantwortung dieser Frage fehlte es noch an Material. Der Verfasser erörtert dann, nach welchen Richtungen hin dieses durch Ermittelung der bezüglichen einflußreichen Elemente (Rotation, Excentricität, Ladung, Elevation, Spielraum, Luftwiderstand u. s. w.) vervollständigt werden müsse, und kommt zu dem Schlusse, daß noch sehr viel fehle, um die Trefffähigkeit genau zu erkennen. — Darauf blieb Otto permanent mit dieser Arbeit beschäftigt.

Im 38. Bande[2] des Archivs, begann er die mehrfach fortgesetzten „Hülfsmittel für ballistische Rechnungen" zu bearbeiten.

Im folgenden Bande[3] veröffentlichte er: „Erörterungen über die Mittel für Beurtheilung der Wahrscheinlichkeit des Treffens." — Der sehr klar geschriebene Aufsatz stellte als eine unbedingte Nothwendigkeit hin: „Die Trefffähigkeit müsse so ausgedrückt werden, daß es möglich sei, mit Leichtigkeit die Anzahl Treffer abzuleiten, welche bei fortgesetztem Schießen in ein Ziel von ganz beliebig gegebenen Abmessungen gefallen sein würden."

Es ist bekannt, daß diese Forderung erfüllt worden ist und die für die gezogenen Geschütze im Jahre 1864 gedruckte Schußtafel die bezüglichen Angaben enthält.

Otto's Bestreben war, ebenso wie das des französischen Mathematikers (Poisson), die Resultate der Wahrscheinlichkeitsrechnung auf die Wahrscheinlichkeit des Treffens bei Geschützen

anzuwenden. Er führte das anschauliche Bild des „Treffer=
berges" in die Artillerie ein, und versuchte eine mathematische
Form für die Abhängigkeit der Trefffähigkeit von der Schußweite
aufzustellen. Diese Abhängigkeit ist aber nicht so scharf gesetz=
mäßig, daß eine allgemeine Form dafür, genau den Versuchen
entsprechen könnte.

Indeß hat Otto das Maß der Trefffähigkeit bei gleich=
mäßiger Lagerung der Geschosse am Ziele genau bestimmt.

In Betreff der sonstigen Ermittelungen über die Treff=
wahrscheinlichkeit bei glatten Geschützen muß auf die mehrfach
erwähnte

„Abhandlung über das Schießen und Werfen aus
Geschützen von 1855"[4]

verwiesen werden. —

Die für die Berechnung des mittleren Treffpunktes und der
Abweichungen gültige Methode ist dann auf die gezogenen
Geschütze unverändert übernommen, und in der Instruction für
das Anschießen genau enthalten.

III. Versuche zur Auflösung des ballistischen Problems und der inneren Ballistik.

Auf Anregung des Hauptmanns Otto wurden 1837 Ver=
suche zur Auflösung des ballistischen Problems in Aussicht
genommen. Als Vorversuch wurde mit excentrischen Granaten
aus einer 25pfdgn. Haubitze geschossen, dabei wurden die Ab=
gangswinkel gemessen; aus den Beobachtungen der Flugzeiten
die Anfangsgeschwindigkeit errechnet, das Luftwiderstandsgesetz
aufgestellt und endlich wurde der Einfluß der Umdrehung auf
die Bahn zu bestimmen gesucht.

Die Versuchsresultate führten zu folgenden Schlüssen: Die
Abgangswinkel sind nach Lage des Schwerpunkts im Rohre
verschieden, aber in sich ziemlich regelmäßig; der Luftwiderstand
wächst im quadratischen Verhältnisse zur Geschwindigkeit; die
durch die Umdrehung der Geschosse bewirkte Lufttreibung kann
man vernachlässigen.

Leider blieb es bei diesem Vorversuche. Nun galt es, das
Problem auf rein theoretischem Wege zu lösen. — Die Auf=
stellung der ballistischen Gleichung war bis dahin schon vielfach

versucht worden. — In neuerer Zeit schien die Lösung der Frage geradezu unmöglich zu werden, da der durch die Umdrehung der Geschosse modificirte Luftwiderstand, dessen Einfluß erst jetzt erkannt worden, in Rechnung gezogen werden mußte. Es war Otto, der jetzt die Bearbeitung des Problems unternahm und sie mit unversiegbarer Ausdauer gegen 30 Jahre lang fortgeführt hat.

In einer seiner größeren Arbeiten, in den im Jahre 1843 erschienenen „Bemerkungen über den Einfluß der Umdrehung der Artillerie=Geschosse auf ihre Bahn im Allgemeinen u. s. w." führte er alle bisherigen Bearbeitungen der Frage auf und kritisirte sie.

Die Grundlagen für seine Arbeiten standen Otto nur in beschränkter Weise zu Gebote. — Genaue Schießergebnisse fand er unter den Resultaten der bisher ausgeführten Schußtafelversuche. Die Kenntniß der Anfangsgeschwindigkeit der Geschosse war kaum ausreichend. Sie wurde durch die Versuche mit dem ballistischen Pendel gewonnen, und da man die Resultate nicht für ausreichend erachtete, so wurde besonders auf Otto's Antrieb, die Bestimmung der Geschwindigkeit aus der Flugzeit versucht, zu deren Messung der damalige Premier=Lieutenant Hartmann 1838 eine elektrische Uhr angegeben hatte, welche kleine Zeiten (unter zwei Secunden) messen sollte. Diese Uhr befindet sich jetzt im Artillerie=Museum. Sie wurde seit 1842 bei den Versuchen benutzt und stetig verbessert, so daß 1845 die Art.=Prüf.=Comm. erklärte, sie sei nunmehr so vollkommen, daß die damit gemessenen Flugzeiten dem praktischen Bedürfniß genügten. —

Die in Tabelle 5 angegebenen Geschwindigkeiten sind mit Hülfe dieser Uhr ermittelt.

Die zur Aufstellung der ballistischen Gleichung im Laufe der Jahre ausgeführten theoretischen Arbeiten hat Otto veröffentlicht als „Hülfsmittel für ballistische Rechnungen" und als „Neue ballistische Tafeln."

Diese Tafeln sind ein unvergängliches Denkmal für den verewigten General, der die Arbeiten zu einer für ihn aussichtslosen Zeit unternahm. Die Gleichungen stehen als mathematische Arbeiten unübertroffen da, wenn auch ihr absoluter Werth durch die Verhältnisse und die Mangelhaftigkeit der zu Gebote stehenden Hülfsmittel (Schießresultate u. s. w.) ein beschränkter war.

Otto suchte zunächst den Einfluß der Umdrehung bei flachen Flugbahnen (bis 4°) zu bestimmen und dehnte später die Formeln auf Bahnen bis zu 20° Elevation aus. Er hat für flache Bahnen das allgemeine ballistische Problem: „Bestimmung der Flugbahn sich drehender Geschosse im lusterfüllten Raume" völlig gelöst.

Die tiefgehenden Studien Otto's sind kurz zusammengefaßt worden in dem 1860 erschienenen Buche des Hauptmanns von Schirmann: „Versuch zu einem System der Artillerie=Wissenschaft u. s. w." — ein Werk, welches am Schlusse einen Ueberblick über den damaligen Standpunkt der ballistischen Fragen giebt und dessen Studium auf das bringendste empfohlen werden muß.

Die innere Ballistik.

Die bedeutendsten artilleristischen Namen sind mit den Bestrebungen verknüpft, welche auf die Lösung der Frage der inneren Ballistik gerichtet worden sind. Das Streben, die Gesetze der Entstehung der Anfangsgeschwindigkeit der Geschosse zu ergründen und die Höhe der Kraft der Pulvergase zu erkennen, hatte zunächst praktische Zwecke, nämlich große Schußweiten und gleichmäßige Einwirkung der Gase auf das Geschoß bei ver= schieden großen Ladungen (bei Mörsern) zu erzielen.

Der erstere Zweck führte zu Versuchen mit verschieden langen Röhren, um die zweckmäßigste Länge derselben zu ermitteln, der letztere führte zur Construction von Geschützen mit Kammer und Kessel.

Das Messen der Kraft des Pulvers hatte Rumford auf rein experimentellem Wege durch Zersprengen von Cylindern und durch Schießen aus einem kleinen Mörser versucht.

Ueber die **Entstehung** der Anfangsgeschwindigkeit inner= halb des Rohrs entwickelte sich sehr langsam die Ansicht von der permanent beschleunigenden Wirkung der Pulvergase, welche jetzt eine allgemein geläufige ist. Sie leitete zu der Möglichkeit bei Anwendung starker Ladungen die Röhre doch schonen zu können.

Das Bedürfniß solcher Schonung trat vornehmlich für alle schweren eisernen Röhre (Bombenkanonen) hervor, es wurde bei ihrer Construction berücksichtigt. — Das Bedürfniß fand ferner Ausdruck in der Herstellung verlängerter Kartuschen für die Kanonen.

In Preußen gab 1847 der Hauptmann Neumann die erste Anregung zu Versuchen zu Ergründung der Vorgänge im Rohre bei der Pulververbrennung. Die von ihm gemachten Vorschläge fanden die höhere Genehmigung, worauf eine Reihe gründlicher Versuche stattfand, bei denen die Pulverwirkung an verschiedenen Stellen des Rohres beobachtet wurde, indem durch Uebertragung auf einen, in einer seitlich angebrachten Röhre von geringem Durchmesser beweglichen Cylinder, der gegen ein ballistisches Pendel geschossen wurde, die Beschleunigung in der Zunahme der Geschwindigkeitsmessungen und daraus die bewegende Kraft berechnet wurde. Diese Versuche, über die ein Bericht im 24. Bande des Archivs[5] enthalten, waren die ersten, welche eine rationelle innere Ballistik anbahnten, deren weitere Entwickelung denn auch an sie angeknüpft hat.

IV. Rückblick.

Es bedarf kaum noch der Worte zur Führung des Nachweises der ungemeinen Wichtigkeit, welche die vorstehend besprochenen praktischen und geistigen Arbeiten für die Fortschritte der Ballistik gehabt haben. Die durch sie gewonnene Grundlage ist diejenige, auf der wir heute stehen. — Der Weg zu ihrer Gewinnung war weit und mühevoll. Er erforderte die Ausführung der langen Versuchsreihen, denn nur in der großen Zahl der Versuchsergebnisse und der damit zusammenhängenden Erscheinungen konnte das Gesetzmäßige erkannt, und dann daraus das ballistische Gesetz abgeleitet werden — oder wie Otto bezeichnend sagt: „nur durch die Empyrie war die Theorie zu erreichen." Die Gesetze waren thatsächlich so weit formulirt, daß man im Stande war, mit einer für die Praxis völlig ausreichenden Genauigkeit, aus mehreren für die Bestimmung der Flugbahn gegebenen Elementen die fehlenden zu finden.

Die Annahme der graphischen Methode zur Aufstellung der Schußtafeln begünstigte die Förderung der Frage ungemein und hat zugleich die Mittel gegeben, aus den Schußtafeln rückwärts unmittelbar eine Anzahl ballistischer Fragen einfach und leicht beantworten zu können. Das in den Schußtafeln niedergelegte Material, bietet daher bei verständiger Verwerthung eine reiche Fundgrube zur Erweiterung der ballistischen Kenntnisse. — In welcher Weise dasselbe zu diesem Zwecke verwerthet worden ist, und verwerthet werden kann, darüber giebt die interessante Arbeit des Hauptmanns Roerdansz: „Ballistik abgeleitet aus den graphischen Darstellungen der Schuß= und Wurftafeln vom Jahre 1863" klaren Aufschluß. —

Fünftes Kapitel.
Die Wirkung des Systems und seine Lastverhältnisse.
I. Die Wirkung.
1. Die mechanischen Leistungen der Geschosse und die Trefffähigkeit.

Die wichtigsten Angaben über die mechanischen Leistungen, d. h. über Eindringung der Geschosse in feste Ziele (Erde und Mauerwerk) sind in den Tabellen 10—12 enthalten, während die Zahlen zur Beurtheilung der absoluten und relativen Treff= fähigkeit in den Tabellen 6—9 gegeben werden. Die Tabelle 5 enthält Angaben über die größten erreichbaren Schußweiten.

Die sämmtlichen Angaben dieser Tabellen sind vornehmlich zu einem späteren Vergleich mit den bezüglichen Wirkungen der gezogenen Geschütze bestimmt.

2. Die Sprengwirkung der Hohlgeschosse.

Soweit dieselbe gegen lebende Ziele in Betracht kommt, wird sie durch die Zahl der Sprengstücke bedingt, worüber folgende Erfahrungsergebnisse vorliegen.

Es gab im Mittel die 7pfdge. Granate resp. Bombe: 16—17; die 25pfdge.: 13—17; die 50pfdge.: 14—15 Spreng= stücke.

Ueber die Wirkung beim Eindringen und Krepiren in Erde sind einige Notizen in der Tabelle 11 gegeben.

3. Die Brand- und Leuchtwirkung.

Von glühenden Kugeln war bekannt, daß sie selbst grünes Holz zündeten. Brandbomben zündeten nur in leicht brennbaren Stoffen. Sie waren nur mit kleinen Ladungen bis zu 975 m. Entfernung verwendbar. Die Brennzeit der 25pfdgn. betrug 5, die der 50pfdgn. 6 Minuten.

Die Leuchtgeschosse konnten ebenfalls nur schwache Ladungen vertragen und daher nur bis 600 m. angewendet werden. Der Erleuchtungsdurchmesser betrug bei der 25pfdgn. circa 67 m. bei der 50pfdgn. 67—100 m., die Leuchtzeit 6—6$^1/_2$ Minuten. Die Wirkung dieser Geschosse war vollkommen abhängig von dem Punkte, auf den sie fielen. Jeder erhöhte Gegenstand fing die seitlichen Lichtstrahlen auf und machte die Erleuchtung großentheils zu Nichte.

II. Die Gewichts-Verhältnisse.

Die Tabelle 1 enthält die Gewichte der Röhre, die Tabellen 2 und 3 geben die Gewichte der Laffeten. Die höchsten Rohrgewichte — abgesehen von der 50pfdgn. Bombenkanone — überschritten demnach nur wenig 61 Centner.

Die schwersten Belagerungslaffeten wogen circa 23$^1/_2$ Centner während die schmiedeeisernen Laffeten C/49 mit ihren Untersätzen, Rahmen und Zubehörstücken Lasten bis über 41 Centner repräsentiren.

Die höchsten summarischen Gewichte waren: die 25pfdge. Haubitze in Belagerungs-Laffete: circa 53 Centner; in eiserner Laffete No. III mit Untersatz 72 Centner; der lange 24Pfdr. in Belagerungs-Laffete: 77$^3/_4$ Centner, die 25pfdge. Bombenkanone oder die 50pfdge. Haubitze in eiserner Laffete No. IV: 100 Centner. —

Sechstes Kapitel.
Das praktische Schießen und Werfen.
I. Aufstellung allgemeiner Gebrauchs-Regeln.

Die Regeln für den Gebrauch der Geschütze waren bis zum Jahre 1830 sehr einfach. Die um das Jahr 1830 eintretende Erweiterung des Geschützsystems durch Kaliber von mehrseitiger

Leistungsfähigkeit, erheischte die Aufstellung neuer erweiterter Gebrauchsregeln, um die besondere und erhöhte Leistungsfähigkeit der neuen Geschütze im Ernstfalle ausbeuten zu können.

Demgemäß wurde schon 1832 eine Gebrauchs-Anweisung für den kurzen 24Pfdr. und 1833 eine solche für die 25pfdge. Haubitze aufgestellt.

Dieses Geschütz wurde seit jener Zeit bei den jährlichen Schießübungen, aber erst seit 1855 zum Beschießen verdeckter Ziele benutzt, da die hierzu nöthigen Versuche und Schußtafel-Ermittelungen erst in den vierziger Jahren stattfanden. Für die 50pfdge. Haubitze und die Bombenkanonen wurden im Jahre 1848 die Gebrauchs-Anweisungen aufgestellt. In der für die 25pfdge. Bombenkanone bestimmten, wurde besonders die Ueberlegenheit dieses Geschützes über die 25pfdge. Haubitze hervorgehoben.

Die auch im Belagerungstrain vorhandenen 50pfdgn. Haubitzen sollten unter schwierigen Verhältnissen das indirecte Breschiren übernehmen; die 50pfdge. Bombenkanone war vornehmlich zum Gebrauch an Küsten bestimmt und ausnahmsweise in geringer Zahl in einigen Festungen vorhanden.

Die hier in großen Zügen angedeuteten Gebrauchsregeln erfuhren die sorgsamste Ausbildung und Bearbeitung im Detail. Insbesondere gründlich wurde der kurze 24Pfdr. und die 25pfdge. Haubitze behandelt, über welche u. A. gekrönte und ganz vorzügliche Preisschriften geschrieben wurden.[1]

Nachdem das Geschützsystem zu einem gewissen Abschluß gekommen war, wurde eine allgemeine Bearbeitung von Gebrauchs-regeln für nöthig erachtet, welche in zwei officiellen nicht in den Buchhandel gekommenen Monographien erfolgte.[2] Noch ausführlicher und mit theoretischer Verwerthung der Erfahrungs-ergebnisse, wurde der Gegenstand in der 1855 officiell bearbeiteten „Abhandlung über das Schießen und Werfen aus Geschützen" behandelt. In derselben wurden die Gebrauchsregeln in ganz bestimmter Weise aus einer großen Zahl von Versuchsergebnissen, den Erfahrungsresultaten der jährlichen Schießübungen und aus der Geschoßwirkung abgeleitet.

II. Die wirksamen Gebrauchs-Entfernungen.

Gegen die im Festungskriege vorkommenden Ziele, von gewissen Abmessungen, sollten die einzelnen Geschütze folgende Gebrauchs-Entfernungen im Allgemeinen innehalten: der 6Pfdr. bis 900 m.; der 12Pfdr. bis 1125 m.; der kurze und lange 24Pfdr. bis 1325 m. (zum- Enfiliren), sonst nur bis 1025 m.; die 25pfdgn. Bombenkanonen bis 1500 m.; die 7pfdgn. und 10pfdgn. Haubitzen bis 900 m.; die 25pfdgn. und 50pfdgn. (beim Enfiliren) bis circa 1500 m., sonst bis 900 m.; der 7pfdge. Mörser bis gegen 600 m.; der 25pfdge. 900 m.; der 50pfdge. bis 1300 m. —

Für Bombardementszwecke wurden als größte Entfernungen bei Benutzung der Schwerpunktslage nach oben bestimmt: für die 25pfdgn. Bombenkanonen mit 3,75 k. Ladung 15° Elevation. Granaten Pfeilspitze unten 3500 m.; für die 25pfdge. Haubitze mit 2,35 k. Ladung, 20° Elevation 3100 m.; für die 50pfdge. Haubitze bei 3,75 k. Ladung 20° Elevation 3000 m.; für den 25pfdgn. Mörser 1725 m.; für den 50pfdgn. Mörser 1500 m. — Diese Entfernungen waren nahezu die Maximal-Schußweiten. (Siehe Tabelle 5.) Die Schrapnels sollten angewendet werden beim 12Pfdr., kurzen 24Pfdr. und den leichten Haubitzen bis 900 m., bei der 25pfdgn. Haubitze und Bombenkanone von 600—1350 m.

III. Die Schußarten für besondere Zwecke.

Die Bezeichnung der Schüsse als „directe" und „indirecte" ist bisher nach sehr verschiedenen Gesichtspunkten und ohne genau bestimmten Unterscheidungsgrund erfolgt, wodurch viele Mißverständnisse entstanden sind, so daß es erwünscht erscheint, diese Frage durch einige geschichtliche Andeutungen zu beleuchten.

Im Leitfaden von 1829 heißt es:[3] „Im Allgemeinen nennt man alles Feuer aus Wurfgeschützen-, Wurf- oder Verticalfeuer, und im Gegensatz die Schüsse aus Kanonen, welche nur in flachem Bogen das Ziel treffen, „directes Feuer." —

Hiernach lag der Grund der Unterscheidung nicht in der freien oder verdeckten Lage des Ziels, sondern in der Gestalt der Flugbahn. Bei allen Erörterungen über die Woolwicher Versuche und ihre Wiederholung wurde niemals der Ausdruck gebraucht, das Mauerwerk sei durch den indirecten Schuß zu zerstören; es wurde meist gesagt: „durch Wurffeuer."

In dem Lehrbuche der Artillerie u. s. w. von Oelze, welches vor und nach dem Jahre 1850 mehrfache Auflagen erlebte, hieß es:

„Directes Feuer heißt jedes Feuer, wenn die Geschosse ein verticales sichtbares Ziel im flachen Bogen treffen sollen, also das Schießen mit Kanonen und zum Theil das Werfen der Haubitzen. Indirectes Feuer nennt man Schüsse oder Würfe gegen Ziele, die man der vorliegenden Gegenstände wegen nicht sehen kann."

In der Abhandlung über das Schießen und Werfen aus Geschützen 1855 wurde gesagt:

„Den Ausdruck directes Feuer braucht man für das Beschießen aufrecht stehender Ziele, welche man sehen kann, und erfolgt dasselbe immer mit kleinen Erhöhungswinkeln.

„Mit dem Namen „indirectes Feuer" bezeichnet man diejenigen Schüsse oder Würfe, welche gegen Ziele erfolgen, die man wegen davorliegender Gegenstände nicht sehen, und denen man daher nur mit einem mehr oder weniger großen Einfallwinkel beikommen kann."

Der Ausdruck „indirecter Schuß" wird weder in dieser Abhandlung, noch in den Schußtafeln von 1859 gebraucht. In letzteren ist nur vom „Beschießen verdeckt liegender Ziele" die Rede. In dem Handbuche für die Artillerie-Officiere von 1860 lautet die Erklärung:

„Directe Schüsse (Würfe): Das Geschoß trifft mit dem ersten Aufschlage das Ziel; gleichgültig ob in stark oder schwach gekrümmter Flugbahn; muß aber bei indirecten Schüssen (Würfen) zuvor eine Deckung überfliegen."

Diese Erklärungen können als correct nicht angesehen werden. Nachdem schon im Jahre 1826 für den Schuß zum Beschießen und Zerstören verdeckt liegender Ziele die Bedingung aufgestellt war, das Geschoß solle die vorliegende Deckung möglichst niedrig überfliegen, war als charakteristisches Merkmal für jene Schußart nicht mehr anzusehen: Die Nichtsichtbarkeit des Ziels, auch nicht mehr die durch die Entfernung bedingte Krümmung der Flugbahn, sondern die Lage der letzteren zur Deckung und zum Treffpunkte. Während für die Gestalt der Flugbahn bisher nur die

Geschützmündung und der Ziel- oder Treffpunkt maßgebend gewesen waren, trat als drittes bestimmendes Element die deckende Krete hinzu. Obgleich dieses Element in den älteren Schußtafeln, sowie in der erwähnten Arbeit des Majors Neumann und in den Schußtafeln für die gezogenen Geschütze von 1864 die gründlichste Beachtung zur Bestimmung von Elevation und Ladung fand, wurde es doch der Erklärung des Begriffs des indirecten Schusses nicht zu Grunde gelegt.

Dieses geschah erst bei der Definition der Schüsse in dem Entwurfe zu der Instruction für das Schießen aus Festungs- und Belagerungs-Geschützen 1873. Dort heißt es:

„Directe Schüsse, d. h. solche, bei welchen die Gestaltung der Flugbahn nur durch zwei Punkte, Geschützmündung und Treffpunkt im Ziel bestimmt wird.

„**Indirecte Schüsse**", d. h. solche, bei welchen die Gestaltung der Flugbahn außer der Geschützmündung und dem Treffpunkte im Ziel, noch durch einen dritten Punkt, in der Regel die Krete der Deckung eines Zieles, bedingt wird." Als Anmerkung wird dann hinzugefügt, daß beim directen Schusse das Ziel auch nicht sichtbar sein könne.

Diese Erklärung sucht also den Grund der Unterscheidung nicht in der zufälligen Sichtbarkeit, oder Nichtsichtbarkeit des Zieles, welche in vielen Fällen ganz ohne Einfluß auf die Elemente ist, welche die Flugbahn bestimmen, sondern in dem Elemente, welches die Gestalt der Flugbahn thatsächlich bestimmt.

Nach dieser Begriffs-Erklärung werden nachstehend die Schußarten besprochen werden.

1. Directe Schüsse.

a) Der Enfilirschuß.

Er sollte mit voller Ladung zur Ausführung kommen, mit dem langen 24Pfdr., der 25pfdgn. und 50pfdgn. Haubitze (gegen hochliegende Fronten), der 25pfdgn. Bombenkanone und ausnahmsweise dem kurzen 24Pfdr. und dem 12Pfdr. Als größte Entfernung wurde bis zum Ende der betreffenden Front 1125 bis 1350 m. und ausnahmsweise 1500 m. bestimmt.

b) Der Demontirschuß.

Der Demontirschuß hatte eine besondere Erweiterung und Ausbildung durch Einführung des kurzen 24Pfdrs. und die Benutzung von Granaten aus demselben erfahren. Seine Leistungen waren durch viele Versuche festgestellt.

Zur Feststellung der Demontirwirkung wurden auch Versuche mit 25pfdn. Haubitzen zum Abkämmen von Brustwehren ausgeführt.

Ein solcher Versuch fand 1843 auf 450 m. Entfernung in der Weise statt, daß die äußere Brustwehrböschung etwas unterhalb der Krete zum Zielpunkte genommen wurde. Nach 170 Schüssen war die Wirkung fast Null. Im Jahre 1846 fand ein Versuch zum eigentlichen Abkämmen auf 450 m. statt. Nach 200 Schüssen war die Brustwehr stark aufgewühlt, aber die Deckung des Wallganges fast gar nicht vermindert. Nach weiteren 200 Schüssen (und zusammen 288 Treffern) erklärte man das Abkämmen von Brustwehren für unausführbar. —

Als Regel war vorgeschrieben, zum Zerstören der Schartenbacken selber, die Geschütze womöglich in der Verlängerung einer Schartenbacke aufzustellen. Mauerscharten konnten auch von frontaler Stellung aus durch Zerstören des Schlußsteins vertheidigungsunfähig gemacht werden. —

Die zum Demontiren zweckmäßigsten Geschütze waren mit Bezug auf Trefffähigkeit und Beweglichkeit der schwere 12Pfdr. und der kurze 24Pfdr. — Die beste Entfernung für sie war 300 m. Ueber 450 m. sollten sie eben so wenig, wie der lange 24Pfdr. angewendet werden. Bei den Schießübungen wurde fast immer auf 300 m. — sehr selten auf 450 m. Entfernung demontirt. Mit Demontirgeschossen konnte der 12Pfdr. bis 600 m., der lange 24Pfdr. bis 675 m. selbst gegen sehr kleine Ziele benutzt werden, so daß die Wirkungssphäre um mindestens 150—250 m. ausgedehnt worden war. —

c) Der Brescheschuß.

Eine durch Versuche rationell festgestellte und daher allgemein anerkannte Methode, nach welcher der Breschschuß praktisch angewendet werden sollte, gab es nicht. Die größere Zahl der Schriftsteller verlangte, es solle zuerst die Bildung des Horizontalschnitts, dann die der Verticalschnitte geschehen; allein es gab auch namhafte Artilleristen (Morla und Hoyer), welche den umgekehrten Weg vorschlugen. — Ueber die Zahl der zu schießenden Verticalschnitte waren die Ansichten ebenfalls getheilt; ebenso über den Werth des schrägen Breschschusses. Ueber die Wirkung einzelner Schüsse gegen Mauerwerk verschiedener Art fehlten Erfahrungs=Ergebnisse. — Es lag demnach die Aufgabe vor, die Frage des Breschirens von Grund aus zu prüfen und zu lösen.

An dieser Lösung betheiligten sich mehrere Artillerien; in erster Linie die französische. Ueber die bezüglichen preußischen Versuche sei kurz Folgendes erwähnt:

Bei Coblenz fanden 1816 Versuche gegen schwache anliegende und freistehende Mauern statt, und 1818 Versuche mit dem langen 24Pfdr. zum Zerstören von Mauerscharten in verschiedenem Mauerwerk. Bei Spandau fand 1832 ein größerer Breschversuch statt, welcher einen Vergleich der Wirkung der schweren 12Pfdr., der kurzen und langen 24Pfdr., der 25pfdgn. Haubitze und der 68pfdgn. englischen Karronaden bezweckte. Es kamen Voll= und Hohlkugeln bei verschiedenen Ladungen zur Verwendung, um die Frage zu lösen, ob die Geschwindigkeit oder die größere Masse des Geschosses, von größerem Einfluß auf die Zerstörung von Mauerwerk sei. Vielfach war man der Ansicht, die größere Masse des Geschosses, verbunden mit geringer Geschwindigkeit sei vortheilhafter, als große Geschwindigkeit mit kleiner Masse. Die Resultate bewiesen das Gegentheil, denn der lange 24Pfdr. mit der stärksten Ladung und größten Geschwindigkeit ergab die höchste Leistung, und die schweren Haubitzen leisteten offenbar im directen Schusse weniger. — Es ergab sich ferner, daß es vortheilhaft sei, jedem Geschütze ein besonderes Breschfeld anzuweisen und Lagenfeuer nicht anzuwenden. Bei Cöln fanden 1845 Versuche gegen Basaltmauerwerk statt, welche die erhebliche Ueberlegenheit des langen 24Pfdrs. über die andern Kaliber constatirten.

Die letzten Breschversuche mit glatten Geschützen fanden bei Schweidnitz statt, wo die 12Pfdr., die kurzen und langen 24Pfdr. mit den gezogenen Kanonen im senkrechten und im schrägen Schusse in Vergleich gestellt wurden.

Der Ladungsquotient ergab sich wiederum als der ent=

scheidende Faktor für die Wirkung. Bei ¹/₈ kugelschwerer Ladung gebrauchten zur Erzeugung der gleichen Wirkung der 24Pfdr. und der schwere 12Pfdr. gleich viel Eisen, letzterer natürlich doppelt so viel Schüsse, als ersterer. Der kurze 24Pfdr. mit ¹/₈ kugelschwerer Ladung brauchte mehr als doppelt so viel Eisen, als jene.

Aus dem vorstehend erörterten Grunde leisteten auch bei geringer Entfernung die Vollkugeln der glatten Geschütze mit ihrer bedeutenden Geschwindigkeit mehr, als die Vollgeschosse der gezogenen Geschütze.

Die für die Entwickelung des Breschechusses wichtigsten Versuche wurden in Frankreich ausgeführt. Die Versuche bei Metz⁴ im Jahre 1834 bestätigten die Resultate des Spandauer Versuchs und ließen als vortheilhaft erkennen, den horizontalen Schuß auf ¹/₃ der Mauerhöhe zu legen und die Schüsse dabei nicht dicht neben einander, sondern 1—1¹/₂ m. auseinander zu setzen.

Versuche bei Metz 1844 ergaben im Allgemeinen dieselben Resultate.

Die Versuche bei Bapaume 1847.

Diese im großartigsten Maßstabe ausgeführten Versuche sollten die noch unbeantworteten, zum Theil bei den Versuchen von Metz erst aufgeworfenen Fragen beantworten. Es wurden 11 Fragen aufgestellt, von denen die wichtigsten die Ermittelung der vortheilhaftesten Ladung, der besten Methode des Breschirens, ferner den Vergleich verschiedener Kaliber gegen verschiedenes Mauerwerk unter verschiedenen Auftreffwinkeln rc. bezweckten.

Die Hauptergebnisse der Versuche sind im Archiv für die Artillerie- und Ingenieur-Officiere⁵ vom Major Neumann ausführlich besprochen. Daher wird hier nur ein kurzer Ueberblick derselben, sowie der daraus für das Breschiren hervorgehenden Vorschläge und Ansichten gegeben.

Die Breschbatterie liegt der zu breschirenden Mauer am besten so gegenüber, daß der Winkel der Schußrichtung zur Mauerflucht 50—90° beträgt.

Am wirksamsten ist das 24pfdge. Kaliber und wahrscheinlich die ¹/₃ kugelschwere Ladung; der horizontale Schnitt liegt am besten auf ¹/₃ der Mauerhöhe von unten gerechnet. Jedes

Geschütz erhält einen bestimmten Theil zum Durchschießen, in welchem es hin und her, und zwar immer auf die Zwischenräume der vorigen Schüsse schießt. Bei sehr festem Mauerwerk und schrägem Schuß, kann es nöthig werden, zum ersten Durchbruch der Mauer alle Geschütze gegen **einen** Punkt zu richten.

Nach Vollendung des horizontalen Schnittes sind für gewöhnlich zwei verticale Schnitte zu schießen. Für jeden bestimme man die Hälfte der disponiblen Geschütze; das Schießen beginnt dabei von unten, indem successive immer 1 m. hoch völlig durchschossen wird, bevor weiter aufwärts gegangen werden darf. Zwischeneinschnitte sind meist unvortheilhaft.

Bleibt nach dem Sturze der Mauer die dahinterliegende Erde feststehen, so schieße man in ihren unteren Theil ebenfalls einen horizontalen Schnitt, lagenweise und mit schwachen Ladungen. —

Gegen kasemattirten Mauerbau wird der Horizontalschnitt in der Höhe der Scharten, oder dicht unter ihnen geschossen.

Der schief treffende Breschschuß hat viele Vortheile, besonders gegen Mauerwerk mit Strebepfeilern oder mit Kasematten. Das Breschiren ist mit den gegenwärtigen Geschützen bis auf 300 m. Entfernung anwendbar.

Als die wichtigsten Versuchs-Ergebnisse seien folgende erwähnt: Zur Herstellung einer 20,4 m. breiten Bresche, in gutem Mauerwerk von 3,7 m. Dicke, auf 60 m. Entfernung waren 580 12pfdge. Schüsse mit $^1/_3$ kugelschwerer Ladung nöthig, welche in $6^1/_2$ Stunde geschahen; und 280—288 24pfdge. Schüsse, die in fünf Stunden geschahen. — Die Mauer stürzte schon nach 252 Schüssen; die übrigen Schüsse waren gegen die Pfeiler nöthig. Die vorstehend aufgestellte Methode des Breschirens blieb nunmehr die allgemein gültige und wurde Anfangs ohne Weiteres auf den directen und sogar auf den indirecten Breschschuß der gezogenen Geschütze übertragen.

2. Indirecte Schüsse.

a) Der Rikoschetschuß.

Vauban hatte die Anwendung des Rikoschetschusses auf nicht traversirte Linien gegründet und daher starke Ladungen vorgeschrieben. Er bemerkt ausdrücklich, der Schuß werde mit

Verstärkung der Ladung wirksamer. Die Anlage von Traversen zwang zu einer Aenderung jenes Schusses. Das Streben war darauf gerichtet, die durch die Traversen gegebene Deckung zu beseitigen, was entweder durch die Zerstörung der Traversen selber, oder durch die Verlegung der Schüsse in die Zwischen= räume der Traversen zu erreichen war. Im ersteren Falle konnten und mußten die starken Ladungen beibehalten werden, es entstand der sogenannte flache Rikoschet (ricochet raide), im letzteren mußten kleinere Ladungen mit größeren Einfallwinkeln Anwendung finden; das gab den hohen Rikoschet" (ricochet mou) Jener Schuß mußte so lange wenig wirksam bleiben, als nicht Hohl= geschosse aus schweren Kalibern verwendet wurden. Dieser Schuß verlor, wie alle Schüsse mit schwachen Ladungen, an Trefffähig= keit und Wirkung, und wurde noch mehr herabgedrückt durch die vielfach herrschende Ansicht, das Geschoß solle wirklich die Traversen überspringen und somit mehrere Aufschläge machen. Diese Ansicht bewirkte wiederum Zweifel und Verschiedenheit in Betreff der anzuwendenden höchsten Elevation. Theilweise ge= langte man zu einem sehr hohen Rikoschet, der schon ein „Wurf" war. —. Daß die Hauptsache in der Wirkung des Geschosses durch den ersten Aufschlag liege, wurde fast nirgends erkannt. — Es entstand daher eine förmliche Verwirrung in den Ansichten[6], besonders in Deutschland, wo man der Frage des rationellen hohen Rikoschets nicht näher getreten war und ihre Lösung gescheut hatte. Die Folge davon war eine ungenügende Wirkung des Schusses im Ernstfalle, woraus ferner eine allgemeine Ver= urtheilung desselben hervorging. So bemerkte Tempelhoff:[7] „Die Rikoschetschüsse sind sehr unsicher in der Praxis und mehr Fehlern unterworfen als Kanonenschüsse."

Hoyer meinte, der Rikoschetschuß sei fast Nichts anderes, als nutzlose Munitionsverschwendung.

Auch Prinz August hielt die Wirkung der Rikoschetbatterien für ungewiß. Diese Urtheile trafen allein die thatsächlich geringe Wirkung des schlecht ausgebildeten und falsch angewendeten Schusses, nicht aber das Princip desselben, denn der Rikoschet= schuß hat als flankirender Schuß alle die großen Vorzüge des Flankenfeuers.

Bei Beginn der besprochenen Periode fehlte das Verständniß für jenen fast gänzlich. Scharnhorst nannte den Rikoschet einen

Rollschuß mit schwacher Ladung. Dieselbe Erklärung giebt noch der Leitfaden von 1829 mit dem Zusatze, das Geschoß solle möglichst dicht hinter der Brustwehr aufschlagen und in mehreren Sprüngen weiter gehen. Es fehlte Alles zur richtigen Anwendung des Schusses: die Kenntniß der Theorie, die Schußtafeln, und der richtige Gebrauch derselben für die Praxis. Eine besondere Aufmerksamkeit mußte diesen Verhältnissen nach der Einführung der 25pfdgn. Haubitze und des kurzen 24Pfdrs. zugewendet werden, welche beiden Geschütze die besondere Befähigung zum Rikoschet in sich trugen.

Prinz August betonte schon bei den ersten Verhandlungen über die Annahme der 25pfdgn. Haubitze im Jahre 1830 die Ausführung von Rikoschetversuchen mit diesem Geschütz. Bevor sie zur Ausführung kamen, stellte im Jahre 1835 der Major von Radowitz „die mathematische Theorie des Rikoschetschusses" auf. Der Verfasser suchte aus gegebenen Versuchsreihen das Verhältniß zwischen Elevation, Ladung und Schußweite zu ermitteln, also empirische Gesetze zu entwickeln und mit ihrer Hülfe die praktischen Aufgaben zu lösen. Die Anwendung dieser Gesetze fand zuerst bei dem 1837 ausgeführten Vergleichsversuche zwischen der 7pfdgn. Haubitze und dem kurzen 24Pfdr. statt. Derselbe ergab werthvolle Aufschlüsse über die Wirksamkeit der beiden Geschütze bei verschiedenen Verbindungen von Ladung und Elevation, sowie über die größere Wirksamkeit des flachen Schusses zur Zerstörung von Traversen. Andererseits ergab sich, daß die errechnete Ladung nicht immer zutreffe, sondern zu corrigiren sei, und im Allgemeinen blieb die Gesammtwirkung des Schusses hinter den Erwartungen zurück.

Es wurde eine veränderte und ermäßigte Theorie nothwendig. In welcher strengen Form und nach welchen Gesichtspunkten dieselbe aufzustellen sei, darüber hatten die langen Verhandlungen über die Wiederholung der Woolwicher Versuche die nöthigen Aufschlüsse gegeben. Otto und der Oberst v. Decker waren es, welche nunmehr (1840) diese Theorie feststellten, die dann etwas erweitert, bis heute Geltung behalten hat.

So nachlässig bis dahin der Rikoschet behandelt worden, so eifrig wurde er fortan in Theorie und Praxis geübt. Seine theoretische Begründung fand Aufnahme in den Lehrbüchern und in den Schußtafeln; seine praktische Ausführung wurde bei den jährlichen Schießübungen ein wichtiger Theil des Schießens. Die Befähigung der einzelnen Geschütze unter verschiedenen Verhältnissen wurde genau ermittelt. — Hauptgrundsatz wurde, es solle nur der erste Aufschlag des Geschosses für die Wirkung in Betracht kommen. Die größte Elevation sollte 15° sein, die kleinste durch den Geschoßaufschlag am Fuße der nächsten Traverse bestimmt werden. Die Zerstörung der Traversen selber durch den eigentlichen flachen Rikoschet wurde nicht gebilligt. Je größer der verlangte Fallwinkel, und je kleiner die zugehörige Ladung wurde, desto mehr sollten die stärkeren Kaliber Anwendung finden. Als die besten Rikoschetgeschütze wurden die Haubitzen angesehen.

Es sollten gebraucht werden:

Die leichten Haubitzen auf Entfernungen von 225—600 m.; der kurze 24Pfdr., die 25pfdge. Bombenkanonene und die 25pfdge. Haubitze (letztere gegen höher liegende Linien), auf 450—600 m. Die 12Pfdr. und langen 24Pfdr. sollten nur ausnahmsweise Anwendung finden.

Nach der Zusammenstellung der bei den Schießübungen von 1822 bis 1858 angewendeten Entfernungen, wurde der Rikoschetschuß angewendet gegen den gedeckten Weg bis 600 m., gegen den Wallgang bis 525 m.

Erwähnt sei noch, daß der Rikoschetschuß immer noch viele Gegner hatte und die klare Erkenntniß seines Charakters vielfach fehlte.[8]

b) **Der indirecte Schuß gegen verticale Ziele zum Zerstören von Mauerwerk.**

Diese Schußart erschien auf dem Gebiete der Artillerie mit den zu Woolwich angestellten Versuchen zum Zerstören einer gegen Sicht gedeckten, freistehenden Mauer, wozu der damalige Chef der Artillerie, Herzog von Wellington, den unmittelbaren Anstoß gegeben hatte.

Nach einem Vorversuche im Jahre 1823 fand der Versuch im Jahre 1824 mit 8"gen und 10"gen Haubitzen und 68pfdgn. Karronaden auf 457 resp. 366 m. Entfernung statt. — Die Elevation betrug 19—21°, die Ladungen waren klein. Der Versuch war daher, wie es auch ausgesprochen wurde, ein Wurfversuch. Die Zerstörung der Mauer wurde durch 2100 Schüsse mit ca. 2000 Centner Eisenmunition erreicht.

Dabei waren mit Granaten ca. 25%, mit Kugeln gegen 20% Treffer erzielt worden.

Eine Abschrift des darüber erstatteten Originalberichts befindet sich in den Akten der Gen.-Insp. der Artill. Der Versuch erregte in ganz Europa großes Aufsehen. Ganz besonders wurden die preußischen Ingenieure und Artilleristen davon berührt, da für die im Entwurf festgestellten, oder nach dem Polygonalsystem im Bau begriffenen preußischen Festungen viele Mauerbauten angenommen waren, welche gegen das Feuer mit größeren Fallwinkeln sehr geringe Deckung hatten.

Prinz August beantragte in Uebereinstimmung mit einem Gutachten der Art.-Prüf.-Comm. eine Wiederholung der Versuche. Zu diesem Behufe wurde nach allen Richtungen hin die praktische Ausführbarkeit des Verfahrens erwogen und schon 1826, im Gegensatz zu dem ziemlich rohen Woolwicher Wurfversuch die Forderung aufgestellt: es muß diejenige möglichst starke Ladung und möglichst geringe Elevation ermittelt werden, vermittelst welcher, aus verschiedenen Entfernungen die Zerstörung von Revetements in verschiedener Tiefe, und bei verschiedener Deckung mit angemessener Wahrscheinlichkeit des Treffens erreicht werden kann.

Die demgemäß aufgestellten Versuchs-Programme kamen nicht zur Ausführung, da nothwendigerweise erst die Construction der schweren Haubitzen zum Abschluß gelangen mußte, welche zur Ausführung jenes Schusses für unumgänglich nothwendig erachtet wurden.

Im Laufe der bezüglichen Verhandlungen wurde dann die Lösung einer Vorfrage beschlossen, ob nämlich durch große, schwere Geschosse mit geringer Geschwindigkeit eine erfolgreiche Erschütterung und Zerstörung der Mauer zu erwarten sei. — Diese Frage wurde durch den früher besprochenen Breschversuch bei Spandau 1832 gelöst.

Darauf kam die Frage erst 1836 wieder in Fluß, und nach längeren Debatten fanden endlich seit 1839 die oben erwähnten Schußtafelversuche statt, bei denen durch Benutzung von Fadenwänden die Einfallwinkel für verschiedene Ladungen und Entfernungen, und ferner die Trefffähigkeitsverhältnisse ermittelt wurden, welche gegen Ziele mit verschiedener Breite des Grabens zu erwarten waren.

Die nöthigen Angaben hierüber enthält die Tabelle 8. Die Art.-Prüf.-Comm. leitete aus den Resultaten Folgendes ab:

Im Allgemeinen werden bei 5 und 10 Ruthen breiten Gräben die Ladungen zu schwach für eine gute Wirkung und genügende Trefffähigkeit, so daß unverhältnißmäßig viele Schüsse zur Erreichung des Zweckes nöthig werden.

Bei einer Grabenbreite von 50 Ruthen hingegen ist die Wirkung der 25pfdgn. Haubitze bis 450 m., und die der 25pfdgn. Bombenkanone sogar bis 600 m. außerordentlich gut. Letztere ist bis zu Fallwinkeln von 15° verwendbar.

Eine praktische Folge wurde der Frage indeß vorläufig nicht gegeben, da man immer noch mit der Construction der Geschütze, Vervollständigung der Treffresultate und Aufstellung der Schußtafeln zu thun hatte. Dagegen wurde die Truppe in Ausführung dieser Schußart geübt, indem seit 1855 die 25pfdge. Haubitze bei den jährlichen Schießübungen regelmäßig zum Beschießen verdeckter Ziele verwendet wurde. Eine dafür besonders bearbeitete Instruction hob hervor, daß bei kommenden Belagerungen das Beschießen verdeckt liegender, verticaler Ziele eine sehr beachtenswerthe artilleristische Thätigkeit sein werde. Gewöhnlich wurde gegen eine 2,8 m. hohe Scheibe, welche in verschiedener Entfernung hinter der deckenden Brustwehr stand, auf 450—600 m. Entfernung geschossen.

Diese Verwendung der 25pfdgn. Haubitze wurde 1861 eingestellt, nachdem die gezogenen Geschütze ihre Ueberlegenheit bei dieser Schußart durch die Jülicher Versuche bewiesen hatten.

Auf artilleristischer Seite war man sich bewußt, daß ein wirkliches regelrechtes Breschiren verdeckter Ziele doch nur unter günstigen Verhältnissen, d. h. bei kleinen Einfallwinkeln möglich sei, und sonst nur auf ein unregelmäßiges Zerstören der Ziele gerechnet werden dürfe, wofür zu Anfang der 50er Jahre der Ausdruck [9] „Demoliren" angenommen wurde. Um die Wirkung dieses Demolitionsschusses kennen zu lernen, fand 1856 bei Coblenz ein Versuch gegen ein gemauertes Reduit statt. Der Fuß der zu treffenden Mauer war gegen 7° Einfallwinkel gedeckt. Es geschahen auf 450 m. Entfernung aus der 25pfdgn. Haubitze 400 Schüsse, wovon 152 (38%) Treffer, mit excentrischen Bleigranaten. Das Reduit wurde völlig vertheidigungsunfähig.

Die aus Artillerie- und Ingenieur-Officieren gebildete Commission erklärte u. A.: „Die Trefffähigkeit ist befriedigend gewesen; Schildmauern, kasemattirte Reduits, Batterien u. s. w. können durch Demolitionsfeuer so zerstört werden, daß die Vertheidigungsfähigkeit aufhört; das Zerstören der Gewölbe und Widerlager ist aber nur mit enormem Munitions-Aufwand zu erreichen.

„Die Zulässigkeit des Demolitionsschusses gegen verdeckt stehende Mauern ist durch den Versuch außer Frage gestellt, obgleich die Verhältnisse schwierige waren. Günstigere Verhältnisse werden noch erheblichere Resultate zu liefern im Stande sein."

Diese Resulate waren so ermuthigend, daß die Frage sogleich praktisch weiter verfolgt wurde, indem die 25pfdgn. und 50pfdgn. Haubitzen, sowie die 25pfdgn. Bombenkanonen auch zu den ersten, mit den gezogenen Geschützen bei Schweidnitz 1857 auszuführenden Versuchen herangezogen wurden. Durch einen Versuch mit der Bombenkanone auf 52 m. Entfernung wurde zunächst constatirt, daß die Bleibomben mit ihrem größeren Bewegungs-Momente eine viel größere summarische Wirkung ergeben, als die Vollkugeln und einfachen Hohlgeschosse.

Die weiteren Versuche waren folgende:

Beschießen einer verdeckten Eskarpemauer mit den beiden Haubitzen und Bleibomben und zwar:

auf 450 m. Entfernung	die 25pfdge.	mit $11\,{}^{14}/_{16}{}^{0}$ Elevation und	0,82 k. Ladung	
	die 50pfdge.	„ $11\,{}^{8}/_{16}{}^{0}$	„	„ 1,4 = dto.
auf 657 m.	die 25pfdge.	„ $10\,{}^{6}/_{16}{}^{0}$	„	„ 1,15 = dto.
	die 50pfdge.	„ $10\,{}^{6}/_{16}{}^{0}$	„	„ 1,95 = dto.
auf 547 m.	die 25pfdge.	„ $7,{}^{6}/_{16}{}^{0}$-$7\,{}^{8}/_{16}{}^{0}$	„	„ 1,3 = dto.
	die 50pfdge.	„ $7\,{}^{6}/_{16}$-$7\,{}^{10}/_{16}{}^{0}$	„	„ 2,2 = dto.

Ferner: Beschießen einer verdeckten Eskarpemauer mit Bleibomben und der 25pfdgn. Bombenkanone auf 644 m. mit 3,75· k. Ladung; mit der 50pfdgn. Haubitze auf 630 m. mit 3,5 k.

Die Elevationen betrugen $2^{1}/_{4}$ °.

Aus den sehr günstigen Resultaten zog die Versuchs=Commission folgende beachtenswerthen Schlüsse.

„Bei den in Schweidnitz und 1856 in Coblenz ausgeführten Versuchen ist diese Art des Schießens zum ersten Male nach den hierfür zu befolgenden wissenschaftlichen Grundgesetzen zur Ausführung gekommen und dabei von Wirkungen begleitet gewesen, welche dringend dazu auffordern, der weiteren Ausbildung derselben in der Folge eine recht große Aufmerksamkeit zuzuwenden.

„Das stärkere Kaliber hat jederzeit den Vorzug vor dem schwächeren; (es ist demselben um mehr als doppelt überlegen) die excentrischen Bleibomben haben den Vorzug vor anderen Geschossen; die 25pfdgn. und 50 pfdgn. Haubitzen sind mit ihren stärksten Ladungen bis 600 und 675 m., (4—6° Fallwinkel) bei den mittleren bis gegen 525 m., (Fallwinkel 5—7°) bei den kleinen bis höchstens 450 m. (Fallwinkel 8—10°) verwendbar. Als Minimalladung sind 1 k. und $1^{1}/_{2}$ k. anzusehen. — Die 25pfdge. Bombenkanone ist bei stärksten Ladungen bis gegen 750 m. (Fallwinkel ca. $3^{1}/_{2}$ °) brauchbar. — Für alle Fälle, wo stark gekrümmte Flugbahnen nöthig sind, ist die 50pfdge. Haubitze mit ihren schweren Geschossen unentbehrlich. Das Demoliren ist selbst bei Elevationen über 10° möglich, kostet dann aber viel Munition. — Kann man die Schüsse nicht beobachten, so ist es eine sehr schwierige, aber nicht unlösbare Aufgabe, das Feuer so zu leiten, daß man wirklich Erfolg hat."

Es seien nun in der Kürze die Ansichten erwähnt, welche die Nicht=Artilleristen und vornehmlich die Ingenieure über die Anwendbarkeit des indirecten Schusses hatten.

Die preußischen Ingenieure, welche im Begriff waren, bei den neuen Festungen viele, gegen jene Schußart in sehr geringem Grade gedeckte Mauerbauten auszuführen, verhielten sich von vornherein im Allgemeinen ablehnend gegen die Consequenzen der Woolwicher Versuche. Der General Aster erklärte nach

Kenntniß der bezüglichen Resultate schon im Jahre 1824 Folgendes:

„Die Zerstörung des verdeckten Mauerwerks durch den Bogenschuß mit schwachen Ladungen sei möglich, aber nur mit einem großen Aufwande von Kraft und Mitteln. Für den Angriff und für die Befestigung müßten hieraus immerhin wesentliche Modificationen entstehen."

Der Chef des Ingenieur=Corps General von Rauch besprach 1826 die Woolwicher Versuche in einem höchst interessanten Memoire, worin u. A. Folgendes gesagt wurde:

„Der Gegenstand ist für die preußischen Befestigungs=Verhältnisse außerordentlich wichtig. Das neue Verfahren, Bresche zu legen, kann gewiß in vielen Fällen mit gutem Erfolge angewendet werden, ohne übergroßen Aufwand von Mitteln und Kräften. Besonders gefährdet sind die Mauerbauten, welche in der Längenrichtung der Gräben beschossen werden können. — Der Angreifer spart Menschen und Zeit, wenn er die Batterie in der Ferne baut. Schwierigkeiten macht die Versorgung der Batterien mit Munition." — Für die neueren Festungen mit Reduits und Abschnitten ist das neue Breschverfahren nicht so gefährlich. Gegen die Thurmreduits wird es ziemlich unwirksam bleiben."

Dieses verhältnißmäßig günstige Urtheil wurde im Laufe der nächsten drei Jahrzehnte immer mehr abgeschwächt, weil die Artillerie kein positives Versuchsergebniß vorlegen konnte. —

Die Ingenieure änderten daher in der Anlage ihrer Mauerbauten und in der Deckung derselben fast Nichts.

Die französischen Ingenieure hingegen, welche das preußische Befestigungs=System angriffen, verwertheten hierbei den indirecten Schuß in übertriebener Weise zur Herabsetzung des Systems.[10]

Auch bei den Artilleristen war das Urtheil schwankend.

So sagt Simon:[11] Die Ausführung dieser Schußart verlangt die Kenntniß vieler Daten, die gar nicht, oder nur unvollkommen vorher zu erlangen sein werden, so daß dann die Wirkung zweifelhaft wird.

Zastrow[12] meint, die Möglichkeit der Zerstörung der Kasematten durch den indirecten Schuß könne nicht bezweifelt werden. Da der Feind aber das Ziel nicht sehen und beobachten könne, so müsse viel Zeit und Munition verbraucht werden, so daß man sich bei Belagerungen schwerlich zur Anwendung dieser Schußart entschließen werde.

Rüstow[18] kommt zu ganz ähnlichen Schlüssen und meint, man solle indirecte Batterien nur mit Vorsicht da gebrauchen, wo man einigermaßen Kenntniß von den erforderlichen Daten habe. —

3. Das Werfen aus Mörsern.

Die Entwickelung des Mörserwurfs lag, soweit die Trefffähigkeit dabei in Betracht kommt, in der Annahme der excentrischen Bomben und in der Ermittelung der vortheilhaftesten Elevation für besondere Zwecke. Wie oben besprochen, war durch die Versuche die Elevation von 30°, als die für die Trefffähigkeit beste, gefunden. —

Zum Zerstören fester Erdziele (Brustwehren, Traversen u. s. w.) sollte vornehmlich der 25pfdge. Mörser mit der Elevation von 45° angewendet werden.

Zum Bewerfen bombensicher eingedeckter Räume war der 50pfdge. Mörser mit Elevation von 45° auf 450—600 m. Entfernung, und mit 60 oder 75°, auf Entfernung unter 450 m. bestimmt. Zur Feststellung der Wirksamkeit in dieser Beziehung wurden vielfache Versuche angestellt.

Im Jahre 1816 wurde ein Blockhaus in Glatz auf 450 m. Entfernung mit dem 50pfdgn. Mörser und 60° Elevation beworfen. Die Decke wurde eingeschlagen.

Im Jahre 1824 wurde ein bedeckter Geschützstand unter 60° Elevation auf 450 m. Entfernung beworfen. Die größte Eindringungstiefe der Bomben in die Erddecke betrug 3,35 m. oder wenig mehr. Man nahm an, daß bei einer Erddecke von 1,3 m. die Balkendecken nicht durchschlagen würden. Noch wichtiger und bemerkenswerther waren die gegen gemauerte Gewölbedecken ausgeführten Versuche.

Ein solcher Versuch fand 1853 in Cosel gegen Gewölbe von 0,95 m. Stärke und 5 m. Spannung, auf 390 m. Entfernung mit 50pfdgn. scharf geladenen und Bleibomben bei 75° Elevation statt. Die Kasematte, sowohl mit, als ohne Erddecke blieb unversehrt. Im Jahre 1856 fand ein Versuch in Coblenz gegen ein Reduit mit Blöcken von 3,5—4,2 m.

Spannung und 0,9 m. Gewölbestärke statt. — Die Bomben, auf 450 m. unter 75° Elevation mit Pfeil unten geworfen, erreichten eine Steighöhe von 556 m., hatten eine Endgeschwindigkeit von 106,7 m., ihre Sprengladung betrug 2,7 k. Die Wirkung auf das mit Erde bedeckte Gewölbe war gleich Null. Das freigelegte Gewölbe erhielt von den Bomben 20,9—26 cm. tiefe und äußerlich 66—98 cm. weite Eindrücke. Bleibomben äußerten unbedeutend größere Wirkungen. —

Gewölbe dieser Art, besonders wenn mit Erddecke versehen, wurden daher für ganz bombensicher erklärt. Sehr auffallend trat bei diesem Versuche, die mit den hohen Elevationen verbundene geringe Trefffähigkeit hervor. Man erzielte z. B. gegen das Reduit mit Erddecke von 240 Würfen nur 15 Treffer. Die mittleren Abweichungen betrugen 31 m. nach der Länge, und 29,5 m. nach der Breite. —

Zu erwähnen sind noch Versuche, welche 1869 zu Cosel und Erfurt mit 28 cm. Mörsern gegen Hohlräume von verschiedener Spannung und mit Eisenbahnschienen eingedeckt, angestellt wurden. Es ergaben sich verschiedene Combinationen der Deckenconstruction als völlig bombensicher.

Die Gebrauchsregeln für die Mörser waren folgende:

Es sollten verwendet werden: die leichten Mörser bis 600 m., die 25pfdgn. und 50pfdgn. bei der Vertheidigung bis 900 m.; beim Angriff war der Gebrauch gegen bestimmte kleinere Ziele (Wallgänge u. s. w.) um 200—300 m. eingeschränkt.

Nach der Einführung der kurzen gezogenen 15 cm. Kanonen (1870) wurde eine Einschränkung der größten Gebrauchssphäre für zulässig erachtet; damit konnte zugleich der oben erwähnte, verbesserte Zünder C/69 mit kürzerer Brennzeit angenommen werden.

Die drei noch bestehenden glatten 15 cm., 23 cm. und 28 cm. Mörser sollen nunmehr grundsätzlich nur mit 30° Elevation feuern. Die größte Schußweite beträgt dabei für den ersteren 600 m., für die letzteren 1350 m. Der 28 cm. Mörser kann ausnahmsweise gegen feste Eindeckungen die Elevation von 60° bis 450 m., und die von 75° bis 375 m. Entfernung anwenden.

IV. Rückblick.

Das praktische Schießen ist der Endzweck alles artilleristischen Thuns und Denkens; es ist gleichsam das Produkt aus allen, auf den verschiedenen Gebieten erarbeiteten und errechneten Factoren. — Wenn es wirklich „praktisch" sein soll, muß der aufgebotene Kraftaufwand im richtigen Verhältniß zu dem angestrebten Zwecke stehen, und die Art der verwendeten Kraft die geeignetste zur Erreichung jenes Zweckes sein, d. h. es muß das richtige Geschütz — nach Art und Kaliber richtig gebraucht werden. Ein alter artilleristischer Grundsatz forderte, man solle dasjenige Kaliber wählen, mit dem man für den bestimmten Zweck grade auskomme. Diese Regel ist nicht erschöpfend, denn sehr oft kommt die Zeit in Betracht, während welcher der Zweck erreicht werden soll; diese ändert daher das Maß der aufzubietenden Kraft. Soll derselbe Zweck einmal in kürzerer Zeit erreicht werden, als ein anderes Mal, so ist in jedem Augenblick ein höheres Maß von Wirkung nothwendig. Diese Bedingung begründet den Werth der schweren Kaliber.

Die Art und Größe der für einen bestimmten Fall aufzuwendenden Kraft, d. h. die Wirkung für diesen Fall, kann nur durch Versuche erkannt werden. Aus einer entsprechenden Menge von Versuchsresultaten ist dann die Regel für den Gebrauch der Geschütze abzuleiten und in letzter Linie auch die Grenze der Leistungsfähigkeit des ganzen Systems zu ergründen. Die Versuche, durch welche die preußische Artillerie jene Regeln und Grenzen festzustellen suchte, sind vorstehend erörtert worden. In den Vordergrund tritt die Ausbildung derjenigen Schußarten, welche vornehmlich berufen waren, diejenigen Elemente des neueren Festungsbaues zu Nichte zu machen, durch welche man eine gewisse Ueberlegenheit der Vertheidigung zu erreichen hoffte. Jene Schußarten waren: der Breschschuß und der indirecte Schuß gegen horizontale und verticale Ziele; diese Elemente waren: die langen, der Umfassung möglichst entzogenen, stark traversirten Linien, und die großartigen, kasemattirten zur Geschützvertheidigung eingerichteten Mauerbauten.

Wenn die langen Linien den rein frontalen Kampf herzustellen suchten, so waren die Mauerbauten bestimmt, in gedrängter, mehretagiger Geschütz=Aufstellung dem Angreifer in den letzten

Stadien des Angriffs überlegen entgegen zu treten. Beiden Absichten gegenüber mußte der Angreifer auf den Gegenabsichten bestehen, d. h. den flankirenden Schuß und Kampf beibehalten, ihn möglichst ausbeuten und die Mauerbauten schon früh und aus der Ferne vertheidigungsunfähig machen. — Der directe Breschschuß mußte, wenn er nicht zu umgehen war, methodisch so ausgebildet und ergründet sein, daß er auf die schnellste und rationellste Weise zum Ziele führte.

Es muß zugestanden werden, daß die preußische Artillerie die Ausbildung dieser Schußarten mit dem vollsten Ernste erfaßte und förderte, und die bezüglichen Aufgaben innerhalb der Grenzen löste, welche durch die beschränkte Leistungsfähigkeit des Systems gesteckt waren. Mit welcher Gewissenhaftigkeit sie ihren Weg verfolgte, wie sie keine Opfer und Mühen scheute, den indirecten Schuß für die glatten Geschütze weiter zu bilden, geht aus der Durchführung der Schweidnitzer Versuche hervor, welche zu einer Zeit stattfand, als die Einführung der gezogenen Geschütze schon nahe bevorstand. Die preußische Artillerie hat das unbestrittene Verdienst, diesen Schuß theoretisch und praktisch so folgerecht und gründlich ausgebildet und so gut beherrscht zu haben, wie keine andere Artillerie.

Obgleich die hierbei mit den glatten Geschützen erlangten Resultate ohne unmittelbare praktische Verwerthung blieben, waren sie mit der darauf verwendeten geistigen Arbeit doch nicht verloren, was aus der unmittelbaren Weiterbildung des indirecten Schusses der gezogenen Geschütze klar werden wird.

Wenn aus den Versuchs-Ergebnissen eine gewisse Beschränkung für die Anwendung dieses Schusses im Ernstfalle abzuleiten war, wenn ferner viele Zweifler die Anwendbarkeit dieser Schußart überhaupt verneinten, wenn endlich dieselbe mit glatten Geschützen im Ernstfalle niemals zur Ausführung gekommen, so konnte auf Grund der Resultate der Schweidnitzer Versuche die ballistische Befähigung der betreffenden Geschütze zur erfolgreichen Anwendung jener Schußart auf keinen Fall bezweifelt werden. Die sonst dagegen erhobenen Bedenken waren mehr oder weniger hinfällig. Wenn einerseits angenommen wurde, der Vertheidiger mache mit seinen, stark mit Geschütz armirten Mauerbauten, das Festsetzen des Angreifers und den Bau von Batterien auf der Glaciskrete zur Unmöglichkeit, so mußte anderseits vorausgesetzt werden, daß der Angreifer die Möglichkeit der Zerstörung jener Bauten aus der Ferne, unzweifelhaft ausbeuten werde. Der große Munitionsverbrauch, den man befürchtete, konnte niemals in Betracht kommen, sobald es sich darum handelte, Blut zu sparen. Und der Munitionsersatz wurde von nebensächlicher Bedeutung mit der Zunahme der Eisenbahnen. — Die fehlenden Profilkenntnisse und die Beobachtung konnten schließlich gewonnen werden, sobald man einen Punkt der Glaciskrete in Besitz hatte.

Wir sind demnach überzeugt, daß bei einer etwaigen Belagerung mit glatten Geschützen der indirecte Schuß zur Anwendung gelangt sein würde. Die seiner Ausführung entgegen gehaltenen Schwierigkeiten waren, wie viele andere, nur solche, die man im Frieden auffindet, die aber vor der eisernen Nothwendigkeit des Krieges verfliegen.

Siebentes Kapitel.
Die Ansichten über die Verhältnisse von Wirkung und Beweglichkeit.
I. Die Wirkung.

Der heftige Widerstreit, der in diesen Ansichten auf dem Gebiete der Feld-Artillerie durchgekämpft wurde, erschien auf dem vorliegenden Gebiete in gemäßigter Form und in engerem Kreise. — Er nahm seinen Anfang, als die Einstellung des kurzen 24Pfdrs. erwogen wurde, und dieselbe, sowie die Neubildung des Belagerungstrains eine nähere Untersuchung der Wirksamkeit einiger Kaliber zu einander herbeiführten, woraus die Verhältnißzahlen für die Einstellung jener Kaliber in die Festungen und den Belagerungstrain abgeleitet werden konnten.

Im Jahre 1828 hatten Versuche zur Bestimmung der zweckmäßigsten Rohrlänge stattgefunden, aus deren Resultaten die Art.-Prüf.-Comm. den Schluß zog, der 22 Geschoßdurchmesser lange schwere 12Pfdr. sei bei dem nur 17 Durchmesser langen Feld12Pfdr. in Bezug auf Trefffähigkeit und Perkussionskraft nur unbedeutend überlegen und könne durch diesen ersetzt werden.

Prinz August trat ebensowenig, wie das Kriegs-Ministerium, dieser Ansicht bei, indem er bemerkte, keine fremde Artillerie sei bisher in ähnlicher Weise vorgegangen. Indeß wurde 1831 ein Vergleichs-Versuch ausgeführt, welcher nach dem Urtheil der Art.-Prüf.-Comm. ein ganz ähnliches Resultat in Betreff der Wirkung ergab, so daß mit Bezug auf Bedienung der Feld-12Pfdr. entschieden den Vorzug verdienen sollte.

Gegen diese Ansicht trat aber das Separatvotum einer Minorität auf, welches den schweren 12Pfdr. unbedingt für vortheilhafter erachtete.

Die Frage blieb nunmehr eine offene bis zum Abschluß der Construction des Feld12Pfdrs. von 1842. Sie war nun durch die inzwischen erfolgte Einstellung des kurzen 24Pfdrs. noch verwickelter geworden. Nachdem jener Abschluß erfolgt war, erhielt die Art.-Prüf.-Comm. 1841 Auftrag zur Aeußerung, ob der schwere 12Pfdr. in der Defension und im Belagerungstrain nicht durch den kurzen 24Pfdr. und den Feld12Pfdr. ersetzt werden, und mit Rücksicht auf Gewicht, Kosten, Wirkung, Vereinfachung des Materials ganz ausscheiden könne.

Die Art.-Prüf.-Comm. behandelte diese Principienfrage in einem ungemein gründlichen Gutachten, indem sie die Gewichtsverhältnisse der erwähnten Geschütze, die Munition, den Kostenpunkt, den Bedarf an Transportmitteln für ein Geschütz mit 600 Schüssen, die Wirkung bei den verschiedenen Schußarten, die Vielseitigkeit der Anwendung u. s. w. gegen einander in Vergleich stellte. Das Schlußurtheil ging dahin, daß der kurze 24Pfdr. zur Erreichung einer gleichen Wirkung, in Bezug auf Zeit und Kosten dem schweren 12Pfdr. entschieden vorzuziehen sei, und letzteres Geschütz auch theilweise mit Vortheil durch den Feld12Pfdr. ersetzt werden könne.

Die Einstellung dieses Geschützes wurde ganz besonders befürwortet; es sollte seine Laffete für den Belagerungstrain beibehalten.

Das Allg. Kriegs-Dep. stimmte den Anträgen zu und beabsichtigte die Einstellung des Feld12Pfdrs. zunächst in den Belagerungstrain und zugleich die Construction eines entsprechenden leichten eisernen 12pfdgn. Rohres. Die Angelegenheit verzögerte sich durch wichtigere Versuche, zuletzt durch die Versuche mit gezogenen Geschützen und wurde durch die Umänderung der glatten Feld12Pfdr. in gezogene Röhre, und Einstellung derselben in Defension und Belagerungstrain erledigt. Zu einer praktischen

Lösung kam also die Frage nicht. Der schwere 12Pfdr., das relativ längste Geschütz hatte den am reinsten ausgesprochenen Kanonen-Charakter, war in Folge seiner guten Trefffähigkeit das eigentliche Demontirgeschütz gegen Geschütze. Darin lag sein Hauptwerth. Sein Ersatz, einerseits durch den kurzen 24Pfdr., andrerseits durch den Feld12Pfdr. würde die Leistungsfähigkeit nach einer Seite ausgedehnt haben, dabei wäre aber die specifische Befähigung jenes Geschützes zum Demontiren verloren worden.

Diese irrthümliche Richtung fand noch einmal einen Vertreter in einem, im Archive erschienenen Aufsatze,[1] worin der 12Pfdr. im Belagerungstrain ganz durch den kurzen 24Pfdr. ersetzt werden sollte. —

Die vorstehend erörterte Frage beansprucht ein besonderes Interesse deshalb, weil sie später für die betreffenden gezogenen Geschütze noch einmal in ganz ähnlicher Weise zur Debatte kam. Hin und wieder tauchten auch Ansichten auf, welche den langen 24Pfdr. für viele Zwecke, besonders beim Angriff für überflüssig und nachtheilig ansahen. Sie stützten sich auf die thatsächliche Existenz von 16Pfdrn. und 18Pfdrn. in Frankreich. Diese Zwischenkaliber hatten, wie dies immer der Fall sein wird, die klaren und richtigen Gebrauchsregeln verwischt. — Die Ansichten darüber waren sehr verworren. Man wußte nicht, ob das Zwischenkaliber den Vorzug in den Festungen oder vor denselben verdiene. Im 19. Bande des Archivs bespricht ein Aufsatz[2] diese Verhältnisse und kommt zu dem Schlusse, die Vortheile eines Zwischenkalibers würden in der Belagerungs-Artillerie von seinen Nachtheilen überwogen, könnten dagegen bei besonderen fortificatorischen Einrichtungen bei der Vertheidigung ausgenutzt werden. Man erkennt aus diesem Urtheil auch Nichts weiter als die Unklarheit über den Werth dieser Zwischenkaliber.

Die Frage über das höchste zulässige Maß der Wirkung des Systems kam zum Austrage auf dem Gebiete der schweren Haubitzen und Bombenkanonen. Sie war nicht so leicht zu lösen, denn außer der, mit Rücksicht auf ein Maximalgewicht zu bestimmenden, Rohrlänge kam das Maß der Wirkung an sich, d. h. die Größe der anzunehmenden Ladung und im Vergleich zur Wirkung der langen Kanonen in Betracht. Der 1832 zu Spandau ausgeführte Breschversuch liefert den Beweis, daß der Maßstab zur Beurtheilung dieser Verhältnisse noch fehlte.

Nachdem er die nöthige Aufklärung nach einer Richtung hin gegeben, blieb es eine noch offene Frage, wie weit die Biegsamkeit der Flugbahnen erforderlich und demgemäß das Kaliber zu steigern sein werde. — Daß auch diese Frage ihre Schwierigkeiten hatte, geht aus der schließlichen Annahme von je zwei Geschützen (einer Haubitze und einer Bombenkanone) von 25pfdgm. und 50pfdgm. Kaliber hervor. Sie repräsentirten aber verschiedene Maße der Wirkung.

Die Annahme der 25pfdgn. Haubitze und demnächst der 25pfdgn. Bombenkanone gab zu keinen erheblichen Meinungsverschiedenheiten Anlaß, obgleich schon bei den ersten Constructions-Entwürfen verschiedene Ladungen zu Grunde gelegt wurden. Für die Haubitze kam die stärkere Ladung, also das Princip der größeren Wirkung zur Geltung; welches durch die Annahme der 25pfdgn. Bombenkanonen noch weiter verfolgt wurde.

Heftig entbrannte aber, wie oben erörtert worden, der Kampf um die Annahme der 50pfdgn. Haubitze. Der Werth dieses Geschützes konnte bei der damaligen Sachlage und nach den ersten Versuchen nicht völlig anerkannt und erkannt werden, da seine Ueberlegenheit über das kleine Kaliber erst bei schwierigen Verhältnissen des indirecten Schusses in ganzer Schärfe hervortrat. — Die anfänglich aufgestellte Behauptung, daß hierbei ein Geschütz des schweren Kalibers nicht durch zwei des leichteren ersetzt werden könne, fand nicht allein volle Bestätigung, sondern es wurde auch unzweifelhaft, daß unter Umständen das leichte Kaliber überhaupt nicht das schwere zu vertreten im Stande ist; eine wichtige Erfahrung, die immer von Bedeutung für Neuconstructionen sein wird. Mit der Annahme des 50pfdgn. Kalibers hatte das Princip der Wirkung wieder den Sieg davon getragen.

II. Die Beweglichkeit.

Ueber das Maß der den Festungs- und Belagerungs-Geschützen zu gebenden Beweglichkeit, und speciell über eine höchste Gewichtsgrenze, waren allgemein gültige oder anerkannte Bestimmungen nicht vorhanden. Thatsächlich konnte man als Grenze das Gewicht des vorhandenen langen 24Pfdrs. ansehen (77 3/4 Ctr.). Mit Rücksicht hierauf wurden auch bei Einführung der 25pfdgn. Haubitzen und Bombenkanonen keine Bedenken gegen deren Gewichte erhoben, obgleich das letztere Rohr um circa 8 Ctr. schwerer war, als das lange 24pfdge. Wenn man gegen die gleich schwere 50pfdge. Haubitze anfänglich Bedenken hatte, so lag dies mehr in dem großen Gewicht ihrer Munition, mit welchem ihre Leistungsfähigkeit in keinem richtigen Verhältniß zu stehen schien. —

Das große Gewicht der für dieses Rohr und die 25pfdge. Bombenkanone bestimmten eisernen Laffete No. IV war von vornherein nicht bekannt, sonst wären gegen die dadurch herbeigeführte Gewichtssteigerung auf 100 Ctr. doch wohl Einwendungen gemacht worden. Immerhin verhinderte das hohe Gewicht für längere Zeit die Einstellung dieser Geschütze in den Belagerungs-Train.

Achtes Kapitel.
Organisation und Ausbildung.
I. Die Organisation.

Der im Jahre 1815 für die Armee aufgestellte Organisationsplan bestimmte die Formation von 9 Artillerie-Brigaden, deren jede fortlaufend 3 unbespannte 6pfdge. Batterien als Festungs-Compagnien in der Weise ausbilden sollte, daß dieselben je ein Jahr in der Bedienung der Festungs- und zwei Jahre in der der Feldgeschütze ausgebildet werden sollten. Es waren somit in jedem Augenblick 27 Festungs-Compagnien vorhanden, welche auf die 26 vorhandenen Festungen vertheilt waren. Im Kriege sollten die drei Compagnien einer Brigade, den Stamm zu 9—10 Compagnien abgeben.

Prinz August, der aufgefordert wurde, über diesen Plan sein Urtheil abzugeben, ließ ihn durch eine Commission, bestehend aus dem General Holtzendorff, den Obersten Braun und Schmidt begutachten. Diese Commission hielt die Zahl der Compagnien für viel zu gering, meinte es seien wenigstens die größeren Festungen mit je zwei Compagnien zu besetzen und verlangte demnach noch 17 Compagnien mehr. — Gegen die Ansicht, die Festungs-Compagnien ganz von der Feld-Artillerie zu trennen, sprach sich Prinz August entschieden aus. Er fürchtete, es würden bei dieser Formation die Uebelstände und Mißbräuche wieder hervortreten, welche in den bis zum Jahre 1809 bestehenden Festungs=Garnison=Compagnien geherrscht hatten; er fürchtete ferner Mißbräuche in der Besetzung der Officierstellen und hielt die Ausbildung der Mannschaften für nicht so schwierig, als daß sie bei jenen Organisationen nicht völlig befriedigend bewirkt werden könne.

Die mehr geforderten Compagnien wurden nicht bewilligt, und die Organisation mit dem jährlichen Wechsel der Truppe zwischen Feld- und Festungsartillerie wurde angenommen.[1] Die Uebelstände traten bald genug nach beiden Richtungen hervor. Im Mai 1824 reichte der Oberstlieutenant Grävenitz eine Denkschrift an den Prinzen August ein, worin er die mangelhafte Ausbildung der Mannschaft hervorhob, und bemerkte, die Compagnien seien weder gute Feld- noch Festungs=Artillerie. Er schlug demnach die Formation besonderer Festungs=Compagnien vor, welche in Abtheilungen vereinigt werden sollten. Die Officiere sollten zwischen der Feld- und Festungsartillerie wechseln. Zu derselben Zeit reichte der Major Jenichen ganz gleiche Vorschläge an den Prinzen ein. Er wollte aber die Festungs=Compagnien wieder als Garnison=Compagnien betrachten und die Stellen der Chefs durch Halb=Invaliden besetzen.

Prinz August wies beide Vorschläge mit den oben angeführten Gründen ab.

Bei der Mobilmachung im Jahre 1831 waren die Mängel der Organisation so klar aufgedeckt, daß Oberst Bardeleben eine ausführliche Denkschrift darüber an den Prinzen sandte, worin er eine Vermehrung der Compagnien für absolut nothwendig erklärte. Es wurden darauf für die Festungen Mainz, Luxemburg und Saarlouis 5 Festungs=Reserve=Compagnien formirt.

Im Uebrigen blieb die Organisation unverändert, bis im Jahre 1849 das Kriegsministerium zur Berathung derselben eine Commission berief. Diese erklärte auf Grund der bei der Mobilmachung 1848 und 1849 gemachten Erfahrungen eine Vermehrung der Cadres, sowie eine Trennung der Festungs- von der Feldartillerie — mit Ausnahme des Officier-Corps — für unumgänglich nothwendig.

Prinz Adalbert trat diesen Ansichten bei und betonte besonders, daß die Officiere der Festungsartillerie derselben geistigen und körperlichen Frische und Energie bedürften, wie die der Feldartillerie. Da eine Vermehrung der Kosten nicht entstehen sollte, so wurde vorgeschlagen, die fünfte 6pfdge. Batterie jedes Regiments bei der Demobilmachung in eine Festungs=Compagnie umzuwandeln, so daß vier Compagnien, zu je einer Festungs= Abtheilung formirt —, vorhanden seien.

Diese Formation wurde durch Allerhöchste Kabinetsordre vom 30. Januar 1851 befohlen und blieb bis zum Jahre 1860 unverändert.² Demnach bestanden bei den 9 Regimentern zu= sammen 36 Compagnien, und außerdem 5 Compagnien für die combinirte Festungs=Reserve=Artillerie=Abtheilung.

II. Die Ausbildung.

In der Entwickelung der Feldartillerie³ sind die großen Nachtheile berührt worden, welche die angestrebte gleichmäßige Verwendung der Artillerie im Feld= und Festungskriege für die gründliche Ausbildung mit sich brachte. Wenn die Compagnien von je 3 Jahren, ein Jahr in der Bedienung und im Gebrauch der Festungsgeschütze ausgebildet wurden, so war damit sicherlich noch keine Festungsartillerie im engeren Sinne geschaffen. Der Dienst während dieses Jahres war vielleicht eine bequeme Ab= wechselung, aber im Uebrigen wurde er als etwas Nebensächliches angesehen.

Neben der Elementar = Ausbildung waren die höheren Uebungsstufen: Die jährlichen Schießübungen und die Uebungen im Festungskriege. Die Abhaltung von Schießübungen, officiell bis in die neueste Zeit mit dem Namen „Revüen" bezeichnet, wurde 1816 vom Prinzen August beantragt und 1817 durch Aller= höchste Cabinets=Ordre genehmigt. Sie wurden in der That mit großem Ernst und gewisser Gründlichkeit betrieben; die Uebungen waren die schwerste Zeit des Dienstjahres. Neben dem Schießen wurde viel exercirt; es fanden die Besichtigungen durch die höheren Vorgesetzten statt. — Die Festungs=Compagnien wurden stark mit Batteriebau und Armirungsarbeiten beschäftigt. — Im Laufe der Jahre kam aber, wie in die Ausbildung der Armee überhaupt, eine gewisse Pedanterie, ein trockener Schematis= mus in diese Uebungen. Sie waren nur zum geringen Theile Schießübungen; der Zweck war weniger die Ausbildung im rationellen Schießen, als vielmehr der Verbrauch eines gewissen, immer knapper bemessenen Munitionsquantums gegen althergebrachte, feste und bekannte Ziele auf bekannten Entfernungen. Die Festungsartillerie demontirte Erdscharten mit Faschinen und Schanzkorbbekleidung, rikoschetirte Wallgänge oder Theile eines gedeckten Weges von bestimmten Abmessungen, warf aus Mörsern gegen die eben genannten Ziele, oder gegen tracirte Rechtecke, oder endlich gegen eine sogenannte Zielbatterie; daneben geschahen Kugel- und Kartätschschüsse gegen Scheibenwände.

Von rationellen Schießregeln, von Beobachtung und darauf basirter Correctur, also von systematischem Einschießen war nicht die Rede.

Die Beobachtung war allerdings schwierig, da auch die Hohlgeschosse, mit ganz geringen Ausnahmen, ungeladen verfeuert wurden. Bei Beginn des Schießens wurden die Schüsse angezeigt, danach die Correcturen vorgenommen und nach Beendigung derselben die übrigen Schüsse abgegeben.

Mit dem Ende der dreißiger Jahre kam etwas mehr Interesse in die Schießübung, als solche, und strengere Methode in die Beobachtung und Correctur durch die neuaufgestellten Schußtafeln, durch die Anwendung des Rikoschetschusses und das Schießen mit Schrapnels. — Die Anfänge eines frischen, gesunden Lebens zeigten sich aber erst in den fünfziger Jahren, nachdem die Festungsartillerie als Truppe von der Feldartillerie thatsächlich getrennt worden, und durch den besonderen Einfluß einiger höheren Vorgesetzten, namentlich des Generals Encke. — Das Schießen wurde nicht mehr geistlos gegen beliebige Ziele, sondern mit Zugrundelegung verschiedener Bedingungen und Verhältnisse, wie sie der Ernstfall geben kann, ausgeführt. In dieser Beziehung spielte eine besondere Rolle das Schießen gegen verdeckte Scheiben. —

Ueber die Uebungen im Festungskriege ist Folgendes zu berichten:

In den Jahren 1810 und 1811 waren durch Allerhöchste Cabinetsordre Bestimmungen gegeben über „die Uebungen der Festungsbesatzungen in schneller und richtiger Bewaffnung der Festungen." Diese von Scharnhorst aufgestellten Entwürfe, hatten nur die Armirung gegen den gewaltsamen Angriff im Auge, und in diesem Sinne wurden die Bestimmungen wiederholt den

Truppen in Erinnerung gebracht. Daß dies nothwendig war, und sie nicht streng genug befolgt wurden, geht aus einem vom Prinzen August im Jahre 1821 an die Inspectionen gerichteten Schreiben hervor, in welchem 11 Festungen aufgezählt werden, in denen seit fünf Jahren jene Uebungen nicht stattgefunden hatten. Auch spätere Correspondenzen lassen erkennen, daß sie, die allerdings von den Commandanten angeordnet werden sollten, sehr unregelmäßig ausgeführt wurden.

Im Jahre 1841 wurden die bisherigen Bestimmungen nicht mehr für zweckentsprechend erklärt und, es ist nicht zu ermitteln auf wessen Anregung, eine neue „Instruction für die Commandanten, die Uebungen der Garnisonen in der Vertheidigung der Festungen betreffend" mit allerhöchster Genehmigung aufgestellt. Die Uebungen wurden erweitert; die Armirungs-Arbeiten der Artillerie sollten in engere Verbindung mit der Thätigkeit der anderen Truppen gebracht werden. Es sollten jährlich drei Uebungen, davon zwei im Sommer, eine im Winter stattfinden, davon eine bei Nacht. — Eine Front oder mehrere sollten dabei so vollständig als möglich dem Ernstfalle entsprechend, besetzt werden. Für die artilleristische Armirung ergaben sich bald viele Unzuträglichkeiten durch das Verbot, Scharten in die Brustwehren einzuschneiden. Die Folge davon war, daß viele Geschütz-aufstellungen nur markirt wurden. Auf besonderen Antrag wurde das Einschneiden von Scharten für „einige zur Flankirung bestimmten Geschütze" genehmigt.

Auch in diese Uebungen kam in den fünfziger Jahren regeres Leben; sie wurden in größerem Maßstabe abgehalten und waren von längerer Dauer; die Truppen mußten hin und wieder eine Nacht auf den Wällen bivackiren, mitunter wurde auch ein gewaltsamer Angriff wirklich versucht.

Die Uebungen im Belagerungskriege wurden für die Artillerie Seitens des Prinzen August im Jahre 1816, zugleich mit der Abhaltung der Schießübungen beantragt und durch Allerhöchste Cabinetsordre im April 1817 genehmigt. Sie sollten, so weit als angängig, in Verbindung mit den andern Waffen stattfinden, und die Festungen dazu besonders ausgewählt werden.

Prinz August betrieb nun die Angelegenheit sehr eifrig, und schon 1819 fand bei Berlin die erste Belagerungsübung, bis in die letzten Stadien des Angriffs durchgeführt und 21 Tage dauernd, unter specieller Leitung des Prinzen statt. Derselbe entwarf eigenhändig den Plan für den Angriff und die Vertheidigung. Bei dieser einen Belagerungs-Uebung verblieb es dann aber drei Jahrzehnte hindurch. Die finanziellen Verhältnisse des Staates, welche schon die äußerste Beschränkung der Feldmanöver bewirkten, drückten jene Uebungen vollständig zurück. Erst in den fünfziger Jahren rief die Nothwendigkeit und die bessere Erkenntniß sie wieder ins Leben. Es fanden z. B. 1853 und 1858 große Uebungen bei Magdeburg statt. Der Vauban'sche Angriff, und die Vertheidigung dagegen wurden theilweise bis in die letzten Stadien durchgeführt.

Die Festungs-Artillerie stand in der zweiten Hälfte der fünfziger Jahre auf einer hohen Ausbildungsstufe. Sie besaß vor Allem ein sehr tüchtiges Corps von Unterofficieren, welche mit großer Dienstkenntniß und praktischer Gewandtheit, eine beachtenswerthe Selbstständigkeit in den einzelnen Dienstzweigen besaßen.

Neuntes Kapitel.
Die Ausrüstung der Festungen und des Belagerungs-Trains.
I. Die Ausrüstung der Festungen.

Unmittelbar nach Beendigung der Kriege war die Geschützausrüstung der preußischen Festungen eine Musterkarte, nicht allein der verschiedensten preußischen, seit ungefähr 100 Jahren entworfenen, sondern auch aller möglichen fremden Geschützconstructionen. Neben den in den Kriegen seit 1740 eroberten Geschützen aus größeren fremden Artillerien, waren in den allmälig einverleibten festen Plätzen Geschütze jeglicher Gattung und Kalibers von ehemaligen freien Reichsstädten, Kurfürstenthümern und anderen inzwischen mediatisirten Ländern vorhanden. So war mit Danzig, Stralsund, Cöln, Coblenz, Erfurt ein Gemisch von Geschützen in Besitz des Staates gekommen, welches mehr historischen, als praktischen Werth besaß.[1] Trotzdem war dasselbe augenblicklich und selbst für lange Zeit hin, nicht zu entbehren, da die umfangreichen neuen Festungsbauten fortlaufend bedeutende Mittel zu ihrer ersten Ausrüstung verlangten. Diese Neue beschaffungen wurden bis über das Jahr 1840 hinaus der Kriegs-Verwaltung schon sehr schwer, um so weniger konnte aber an den Ersatz des fremdländischen Materials durch neues von preußischer Construction gedacht werden. — Gingen doch die Ersparnißmaßregeln soweit, daß für die in Coblenz und Saarlouis vorhandene französische Munition im Jahre 1826 neue 4Pfdr. und 8Pfdr. und für Danzig 18Pfdr. gegossen wurden.

So ist denn dieses fremde Material bis in die neueste Zeit in den Beständen geblieben. Erst die Einführung der gezogenen Geschütze machte es möglich oder nothwendig, damit allmälig aufzuräumen. — Auch das ältere preußische Material schied erst hierbei zum großen Theile aus.

Zunächst kam es nach 1815 darauf an, die Ausrüstung nach gewissen Grundsätzen zu regeln. Solche hatte Scharnhorst schon im Jahre 1809 aufgestellt und dabei zum ersten Male die Armirung gegen den gewaltsamen und die gegen den förmlichen Angriff unterschieden.

1815 wurde eine Instruction für die Berechnung und Aufstellung der Geschütze gegen den gewaltsamen Angriff ausgearbeitet. Dabei wurden die Festungen in Klassen (Grenzfestungen, oder Festungen im Innern des Landes) getheilt.

1816 wurde nach den localen Ermittelungen die Ausrüstung der einzelnen Plätze mit Geschützen und Munition festgestellt, nach welcher binnen 10 Jahren die Ausrüstung aller Festungen vervollständigt werden sollte. Durch neue 1824 angeordnete Ersparnißmaßregeln kam sie aber für die Festungen nicht — sondern vorläufig nur für den Belagerungstrain zur Ausführung. Die Armirung der Festungen vervollständigte sich erst nach dem Jahr 1830 mit der allmäligen Einstellung der neu eingeführten Geschütze. — So wurden 1831 in Schweden 280 Stück kurze 24Pfdr. und 110 - 25pfdge. Haubitzen bestellt, von denen der größte Theil in die Armirung der Festungen kam.

Für diese neuen Röhre wurden gleichzeitig neue Laffeten und neue excentrische Granaten beschafft. In ähnlicher Weise vervollständigte sich später die Armirung durch die Einstellung der Bombenkanonen, (1843 wurden in Finspong 20 - 50pfdge. Haubitzen und 120 - 25pfdge. Bombenkanonen bestellt.) Durch die Annahme der eisernen Laffeten und endlich durch die Einführung der Demontirgeschosse, so daß mit der Annahme der gezogenen Kanonen die Armirung eine grabezu bedenkliche Vielfältigkeit erlangte.

II. Die Bildung des Belagerungstrains.

Es muß hier davon abgesehen werden, die Grundsätze und die daraus abgeleiteten Stärken und Zusammensetzungen der Belagerungstrains wiederzugeben, wie sie seit Vauban entwickelt und geändert wurden.

Im Allgemeinen wurden diese Grundsätze an einer Festung von bestimmter Größe mit bestimmter Ausrüstung und unter Zugrundelegung einer rein passiven Vertheidigung entwickelt. —

In Preußen waren feste Grundsätze in dieser Beziehung bisher nicht aufgestellt worden. Während des 7jährigen Krieges wurde die Bildung der Belagerungstrains ganz mit Rücksicht auf die Umstände, und die vorhandenen Mittel bewirkt.

Aehnlich war es in den Jahren 1813 und 1814. Für jeden einzelnen Fall wurde ein Belagerungstrain aus den nächsten bereit stehenden Geschützen zusammengesetzt. Im Jahre 1815 wurde indeß auf Anregung des Prinzen August zum ersten Male ein Belagerungstrain formirt[2], welcher aus 40 - 24Pfdrn., 62 - 12Pfdrn., 32 leichten Haubitzen, 22 - 50pfdgn., 28 - 7 und 10pfdgn. Mörsern bestand und bei den Belagerungen in Nordfrankreich Verwendung fand. Diese Geschützarten und Kaliber galten demnächst auch als Belagerungsgeschütze. Nach dem Leitfaden von 1818 wurde z. B. die 25pfdge. Haubitze als zu schwer für Belagerungszwecke erklärt. In dem Leitfaden von 1829 waren besondere Belagerungs-Geschütze nicht aufgeführt, dagegen war erwähnt, daß die zu einer Belagerung erforderlichen Streitmittel nicht nach einer allgemein gültigen Vorschrift, sondern nach den Verhältnissen zu bestimmen seien, wobei $1/3 — 1/2$ der ganzen Geschützzahl Wurfgeschütze sein müßten und, mit Bezug auf Handhabung und Wirkung, mittlere Kaliber überhaupt am zweckmäßigsten seien. Die Bereithaltung eines gewissen Belagerungstrains wurde indeß um jene Zeit mit dem Auftreten der schweren Haubitzen und Bombenkanonen bei englischen und französischen Versuchen in Aussicht genommen, da man sich der Ansicht nicht verschließen konnte, daß diese Geschütze für Belagerungszwecke von besonderer Bedeutung sein müßten.

Im Herbste 1830 faßte das Kriegs=Ministerium den Entschluß, aus der Ausrüstung der westlichen Festungen einen Belagerungstrain vorläufig zusammen zu stellen, da die Geldmittel zur Formirung eines Trains aus neuem Material noch nicht flüssig zu machen waren.

Die in den genannten Festungen und speciell in Coblenz vorzunehmenden Feststellungen sollten zunächst einen Ueberblick über das verwendbare Material geben und dasselbe so bezeichnen, daß es im Bedarfsfalle zusammengestellt werden konnte. Der mit diesen Untersuchungen beauftragte General von Bardeleben, von der Ansicht ausgehend, daß zu einem Belagerungstrain nicht weniger als 180 Geschütze erforderlich seien, berichtete, aus Cöln, Coblenz und Wesel könnten höchstens 125 Geschütze zusammengebracht werden.

Darauf entschied das Ministerium, die eine der Hälften des Trains solle aus den östlichen Festungen entnommen, und außerdem die Aufstellung eines besonderen allgemeinen Planes für die Organisation des Belagerungstrains bearbeitet werden, wobei die Zahl von 200 Geschützen als Grundlage zu dienen habe.

Nach Ansicht des Ministeriums sollten die bei den Belagerungen der letzten Kriege gewonnenen Erfahrungen in angemessener Weise bei jenem Plane verwerthet werden.

Prinz August setzte zur Berathung dieser Angelegenheit eine besondere Commission zusammen, der er präsidirte und welche bestand aus dem General=Lieutenant Braun, Oberst Liebe, den Majors von Peucker, von Radowitz und Plümicke. — Durch diese Commission wurde im November 1830 die Angelegenheit berathen und der Entwurf am 7. December an das Allg. Kriegs=Dep. eingereicht. —

Zur allgemeinen Orientirung über die Frage waren schon vor Beginn der Berathungen drei Promemoria bearbeitet und zwar je eins von der Gen.=Insp. der Art., vom Major von Peucker und vom Major Plümicke. —

Die Gen.=Insp. sagte u. A. Folgendes:

Es erscheine nicht angemessen, den Entwurf auf den projektirten Angriff eines regulären Befestigungs=Systems zu basiren, da bei jedem Platze in Betreff der Befestigungen, der Umgebungen, der Streitmittel so große Verschiedenheiten obwalteten, daß durch ein ideales Angriffs=Object kein Anhalt gewonnen werden könne.

Nothwendig sei es dagegen, dem Entwurfe alle neueren Erfahrungen im Festungskriege sowie auf dem Gebiete der Artillerie zu Grunde zu legen. Seit der Belagerung von Mainz und Valenciennes sei durch die Belagerungen in Deutschland, Frankreich und Spanien viel geändert worden, die Einführung leichter Mörser, schwerer Haubitzen und die der Schrapnels habe neue Streitmittel gegeben.

Der Belagerungstrain sei als ein großes Depot anzusehen, aus dem für einen gegebenen Fall die Bedürfnisse zu entnehmen sein müßten, daher müsse er so berechnet sein, daß man für die verschiedenen Angriffsarten (der regelmäßige Angriff, das Bombardement, der beschleunigte oder eigentliche Artillerie-Angriff) die Mittel darin finde.

Auf Grund der speciellen Betrachtung dieser verschiedenen Angriffsarten berechnete das Promemoria die Geschützzahl des Trains zu 200 (100 Kanonen, 20 Haubitzen, 80 Mörser) und die Schußzahl, mit wenigen Ausnahmen, für alle Geschützarten zu 800 (excl. Schrapnels und Kartätschen). Mit 200 Geschützen glaubte man um so mehr auszukommen, als nach gründlichen Ermittelungen die bedeutendsten Schriftsteller erheblich weniger verlangten, und auch bei fast sämmtlichen Belagerungen von 1793—1815 weniger Geschütze in Thätigkeit gekommen waren.

So hatte verlangt Bousmard 168, Gassendi 207 Geschütze, während Dartubie 207, Dupuget 200 Geschütze berechnet hatten. Bei den spanischen Belagerungen waren meist weniger als 70 Geschütze, bei Danzig 1813 150 Geschütze zur Thätigkeit gekommen.

Der Major Plümicke ging in seiner Arbeit von derselben Grund-Anschauung aus, wie die Gen.-Insp., und meinte 200 Geschütze seien für einen Train genug, aber mit einem Belagerungstrain reiche der preußische Staat offenbar nicht aus.

Plümicke verlangte: 136 Kanonen, 16-50pfdge. Haubitzen, 84 Mörser, also 236 Geschütze.

Major von Peucker schloß sich dem Grundgedanken der erwähnten Memoires an. Er hatte die Organisation des englischen Belagerungstrains kennen gelernt und lehnte sich an dieselbe, als auf reichen Erfahrungen basirend — an. Die Engländer wollten nur Trains bis zu 100 Geschützen formiren, welche zur Belagerung großer Plätze vereinigt werden sollten.

Peucker folgerte: Da es viel wahrscheinlicher sei, daß zu gleicher Zeit mehrere kleine Festungen, als eine einzige große Festung angegriffen werden würden, so sei mit Rücksicht auf die englischen Erfahrungen folgende Organisation anzunehmen:

Es seien für das westliche Kriegstheater zu bilden zwei Trains zu je 100 Geschützen und zwar zu: 25—30 langen, 15 kurzen 24Pfdrn., 15—20 12Pfdrn., 15 schweren Haubitzen, 10 mittleren, 15 schweren, 20—25 7pfdgn. Mörsern und außerdem zu 30 Handmörsern und 100 Wallbüchsen.

Der Bericht, wie er aus den Verhandlungen der obengenannten Commission hervorging, verlangte 200 Geschütze und zwar:

40 lange, 36 kurze 24Pfdr., 48 schwere 12Pfdr., 25 - 25pfdge. Haubitzen, 25 - 50pfdge. und 28 - 25pfdge. Mörser und außerdem 30 - 7pfdge., 30 Handmörser und 100 Wallbüchsen, ferner:

an Munition: für die Kanonen 800—1000 Schuß, für die Haubitzen 5—600, für die Mörser 600—800 Würfe.

Dieser Entwurf lehnte sich auf das Engste an den Peuckerschen an.

Prinz August schlug ferner vor:

„Da die Herstellung der 25pfdgn. Haubitzen und Mörser längere Zeit dauern wird, so ist es erwünscht, sie fertig in England zu kaufen; die 24pfdgn. Kanonen werden mit Laffeten versehen, in denen die Röhre auch während des Marsches zu transportiren sind, so daß die Sattelwagen entbehrlich werden; für die Laffeten werden eiserne Achsen, höhere Räder und ein Marschlager (Vorschlag des Generallieutenants Braun) angenommen."

Das Kriegs-Ministerium legte diesen Entwurf Sr. Majestät dem Könige Behufs Bewilligung der Geldmittel vor, welche schon unter dem 23. December 1830 erfolgte.

Zugleich verlangte es die Aufstellung einer vollständigen Ausrüstungsnachweisung, eines Nachweises über die im Frieden schon bereit zu haltende Ausrüstung, einer Berechnung der im Frieden bereit zu haltenden Munition.

Eine weitere Folge dieser Entschließungen, war die schleunige Construction der beantragten neuen Geschütze (kurzer 24Pfdr., 25pfdge. Haubitzen und Mörser und Schaftmörser), sowie der nöthigen Belagerungs-Laffeten.

Um bei der damaligen politischen Lage für alle Fälle bereit zu sein, sollte endlich mit allen Kräften in den Rheinfestungen ein Train von der Hälfte der Normalformation sofort zusammengestellt werden. Der in England eingeleitete Ankauf schwerer Haubitzen kam nicht zur Ausführung, da das dortige 25pfdge. und 50pfdge. Kaliber von dem preußischen zu stark abwich.

Nachdem die Ausrüstungs-Nachweisung im März 1831 aufgestellt worden, wurde im Oktober der Entwurf zur Mobilmachung des Belagerungstrains festgestellt, welcher auch die Berechnung der erforderlichen Transportmittel, Pferde u. s. w. enthielt. Für die 12Pfdr., langen und kurzen 24Pfdr., sowie die 25pfdn. Haubitzen wurde z. B. eine Bespannung von je 12 Pferden berechnet.

Der aufgestellte Belagerungstrain entsprach in der That, nach den damaligen Anschauungen und Erfahrungen, dem Bedürfniß.

In den fremden Artillerien hatten die Belagerungstrains ähnliche Stärken, z. B. in Oesterreich 220 Geschütze, in Frankreich anfangs 174, später 200 Geschütze. —

Es wurde indeß bald fraglich, ob diese Zahlen ausreichen würden zur Belagerung der neueren großen Plätze, wie sie in Deutschland damals nach Polygonaltracé, und in Frankreich (Lyon, Paris) mit detachirten Forts angelegt wurden.

Dieser Angelegenheit wurde indeß erst zu Anfang der fünfziger Jahre näher getreten, als die Frage über die Zerstörung der flankirenden Mauerbauten und der Reduits mittelst des indirecten Schusses aus der Ferne, allgemein verhandelt wurde.

Im Jahre 1853 veröffentlichte der damalige Hauptmann Taubert eine Arbeit,[3] welche den Angriff gegen ein neues detachirtes Fort durchführte. Zum ersten Male wurde darin auf die Zerstörung der Kaponnieren durch den indirecten Schuß Bedacht genommen. Taubert wollte die Zerstörung durch Demoliren erreichen und hielt dazu 25pfdge. Haubitzen und Bombenkanonen für erforderlich. Er erwähnte ausdrücklich, daß für den schwierigen Fall des Demolirens quer über den Graben, die 50pfdge. Haubitze jene Geschütze weit überbiete und das unbedingt wirksamste Geschütz dafür sei.

Taubert berechnete den Bedarf für den Angriff gegen ein einfaches Fort auf 45 Belagerungsgeschütze, worunter je 4 25pfdge. Haubitzen und Bombenkanonen.

Auf Grund ähnlicher Erwägungen nahm 1853 das Kriegs=
Ministerium Veranlassung, 25pfdge. Bombenkanonen in den
Belagerungstrain einzustellen. Anfangs waren 12 in Aussicht
genommen; es kamen aber 1853 nur 5 zur Einstellung, welche
das Bedürfniß offenbar nicht befriedigen konnten.
Die Durchführung eines förmlichen Schul=Angriffs gegen
die Haupt=Enceinte einer neuen Polygonal=Befestigung, wie sie
Hauptmann Simon 1856 in einer sehr gründlichen Arbeit[4] vor=
nahm, führte zu dem Resultate, daß für diesen Angriff 170 bis
174 Geschütze nöthig seien. Bei dem Vorhandensein detachirter
Forts mußte die Zahl sich erheblich erhöhen; der Belagerungs=
train von 200 Geschützen konnte somit nicht mehr ausreichen.
Die letzten Zweifel darüber mußte die Belagerung von Sebastopol
beseitigen. Sie lehrte, daß weder beim Angriff, noch bei der
Vertheidigung auf die ausgedehnte Verwendung schwerer Haubitzen
und Bombenkanonen verzichtet werden dürfe, und die Bereit=
stellung größerer Trains unumgänglich erforderlich sei. — Die
Alliirten hatten bekanntlich zuletzt 806 Geschütze in Thätigkeit. —

Schließlich gab die bei Schweidnitz erkannte und unent=
behrliche Wirkung der vorgenannten Geschütze beim indirecten
Schuß gegen Mauerwerk den Ausschlag. Bei der Berathung
über die Einstellung der gezogenen Kanonen in den Belagerungs=
train, beantragte die Art.=Prüf.=Comm. auch die Einstellung von
10 25pfdgn. Bombenkanonen und 8 50pfdgn. Haubitzen, welche
bei der Neuformation des Trains im Jahre 1863 etwas
modificirt, und trotz der mit den gezogenen Geschützen bei Jülich
im indirecten Schusse erreichten sehr günstigen Resultate, ver=
wirklicht wurde.

Zehntes Kapitel.

Schlußbetrachtungen über das System der glatten Geschütze.

Es ist schon früher erwähnt, daß das System, wie es über=
nommen wurde und bis zum Jahre 1830 bestand, ein einseitiges
war, seine Leistungsfähigkeit durchaus nicht den Anforderungen
genügen und die Aufgaben erfüllen konnte, welche die neuen
Festungsbauten mit ihren besser profilirten und stark traversirten

Wällen, mit ihren, dem Flankenfeuer auf näheren Entfernungen entzogenen Linien, mit ihren stark construirten und armirten Mauerhohlbauten der Belagerungsartillerie stellten. Das System bestand aus einigen langen Kanonen, nur zum flachgestreckten Schusse geeignet und einen Wechsel in der Ladung kaum zulassend; ferner aus den kurzen Haubitzen von mittlerem Kaliber, ohne ausreichende Wirkung der Geschosse gegen Erde und Mauerwerk; endlich aus den Mörsern, deren Geschosse zwar hinreichend wirksam waren, deren Trefffähigkeit aber fast Alles zu wünschen übrig ließ.

Zwischen den Kanonen und Mörsern bestand in Betreff der Flugbahnverhältnisse und der dadurch bedingten Leistungsfähigkeit der Geschütze eine weite Lücke, welche durch die vorhandenen Haubitzen nur sehr dürftig ausgefüllt wurde. Es handelte sich also um den Ausbau dieses weiten Gebiets, welcher nach zwei Richtungen geschehen konnte und mußte, nämlich: durch Construction von Kanonen, deren Länge besser zur Verwerthung kleiner Ladung geeignet war und durch Construction von Haubitzen größeren Kalibers, welche geeignet waren, bei mittleren Ladungen und Elevationen, erheblich größere Wirkungen zu erzeugen, als die bestehenden Haubitzen und Kanonen.

Jener Weg führte zur Construction der kurzen 24 Pfdr., dieser zu der der schweren Haubitzen und Bombenkanonen, welche letzteren in der Wirkung als eine Erweiterung des Systems der langen Haubitzen anzusehen sind.

Man betrat mit diesen Constructionen, deren Verlauf oben dargelegt worden, das interessante Gebiet der Zwischenkaliber, dessen Ausbau durch die Neuheit der Verhältnisse und in höherem Grade durch die unklaren Anschauungen schwierig wurde, welche über das für die einzelnen Kaliber anzustrebende Maß von Leistungsfähigkeit herrschten. Hier wurde der oben besprochene Kampf über die „Wirkung des Systems" ausgefochten.

Der Hauptfortschritt des Systems lag in der Entwickelung der Geschoßfrage. Durch die Benutzung der Hohlgeschosse bei den schweren Haubitzen und den Bombenkanonen, war gegen alle Erdziele (Scharten, Traversen) eine wesentliche Wirkungssteigerung erzielt und bei Benutzung von Bleibomben gegen die Mauerbauten eine Wirkung im indirecten Schusse erreichbar, welche bei den damaligen Verhältnissen genügte, denn sie war thatsächlich im Stande, das in den verdeckten Mauerbauten begründete Uebergewicht der Vertheidigung zum großen Theile zu paralysiren.

Von ganz besonderem Werthe war die Einführung der excentrischen Hohlgeschosse, und die Bedeutung der Demontirgeschosse war jedenfalls eine ungewöhnliche.

Betrachtet man die Leistungsfähigkeit mit Rücksicht auf die Formen und Grenzen, in denen der Angriff und die Vertheidigung sich seit Vauban bewegten, so ergiebt sich, daß die Wirkungssteigerung nicht ein Maß erreicht hatte, welches erlaubt hätte, aus jenen Formen herauszutreten, oder dieselben wesentlich zu erweitern. — Die Wirkung war für gleiche Entfernungen allerdings intensiver geworden, aber die Trefffähigkeit nicht so gewachsen, daß die Gebrauchsschußweiten für bestimmte Gefechtszwecke hätten vergrößert werden können. Nur für einige Zwecke, bei denen die Trefffähigkeit weniger in Betracht kam, war die intensivere Wirkung auf größerer Entfernung als bisher auszubeuten. (Bombardement, Enfiliren.)

Dieser Ansicht stehen scheinbar die thatsächlich vor Sebastopol eingetretenen Verhältnisse entgegen, denn es kamen hier bei Eröffnung des Angriffs Entfernungen zur Anwendung, welche bis dahin ungebräuchlich waren. Es war z. B. bei dem Angriff der Franzosen Batterie No. I 1560 m., Batterie V 1100 bis 1200 m., Batterie VI 1750 m. und bei dem Angriff der Engländer Batterie I, II, III circa 1250 m. und die rechte Lancaster-Batterie sogar 2000 m. von den Angriffsobjecten entfernt. — Allein es ist wohl unbestritten, daß diese Batterien schon „Bombardements- oder Einleitungs-Batterien" im heutigen Sinne dieser Bezeichnungen waren, deren Anlage durch die Armirung der Werke nothwendig wurde. Man kann daher wohl zugeben, daß die Einleitung des Kampfes auf größerer Entfernung als früher stattfinden konnte, aber man muß behaupten, daß die erfolgreiche und schnelle Durchführung des eigentlichen Kampfes Seitens der Demontirgeschütze, auf denselben Entfernungen wie bisher geschehen mußte.

Faßt man ferner die ganze materielle und constructive Beschaffenheit des Systems, mit der durch die Versuche erkannten Leistungsfähigkeit und den darauf gegründeten Gebrauchsregeln zusammen, so muß zugestanden werden, daß das System, wie es gegen das Jahr 1860 bestand, nahezu auf der Höhe der Zeit stehen mochte. Man könnte, vom rein artilleristischen Standpunkte aus, fast bedauern, daß das preußische Geschützsystem mit seinen excentrischen Hohlgeschossen und den Demontirgeschossen keine Gelegenheit fand, sich mit einem fremden System zu messen.

Es liegt endlich die Frage nahe, wie das System sich, ohne das Dazwischentreten der gezogenen Geschütze weiter entwickelt und vervollkommnet haben könnte.² An den Röhren waren wesentliche technische und constructive Vervollkommnungen kaum noch zu erwarten, denn die Verbesserungen der letzten Jahrzehnte bewegten sich schon in Einzelheiten. Anders lag es aber mit der Geschoßfrage. Die Einrichtung der excentrischen Geschosse war unbestritten noch nicht abgeschlossen, ihre beste Construction noch nicht gefunden. Es konnten hierin noch Verbesserungen eintreten, welche auf Treffsicherheit, Gestalt der Flugbahn und Schußweiten von erheblichem Einfluß werden mußten. Ebenso konnte der mit der Construction der Demontirgeschosse betretene Weg noch weiter verfolgt werden. Die weitere Fortbildung dieser Elemente würde eine höhere Stufe der Leistungsfähigkeit herbeigeführt haben, welche die zwischen dem System der glatten und dem der gezogenen Geschütze entstandene Lücke verengt haben würde. Andererseits darf nicht vergessen werden, daß der Sprung von jenem zu diesem System ein so weiter grade deswegen werden konnte, weil durch die bisherigen Arbeiten viele Vorbedingungen für ein, von vornherein, in gewissem Sinne vollkommenes System gezogener Geschütze und für rationelle Gebrauchsregeln desselben gegeben waren.

Die Resultate der, in den letzten Jahrzehnten, ausgeführten praktischen und geistigen Arbeiten sollten nicht verloren gehen, und sie konnten um so weniger verloren gehen, als dieselben Männer — wie Otto, Neumann, Hartmann —, welche bis dahin die Führer der Entwickelung gewesen, auch in der Construction der ersten gezogenen Geschütze die Führung übernahmen, wobei ihnen alle die reichen Erfahrungen der eigenen Vergangenheit, und das darauf begründete vielseitige Wissen in jedem Momente zu Gebote standen, um die auf dem neuen Gebiete auftauchenden Schwierigkeiten mit Sicherheit zu überwinden.

Der weitere Verlauf unserer Darstellung wird zeigen, daß in der That Nichts verloren gegangen, das System der gezogenen Geschütze in vielen wesentlichen Beziehungen die Erbschaft des glatten Systems unmittelbar übernommen hat, daß in anderen Richtungen eine enge Anlehnung an das letztere stattgefunden, und bis auf den heutigen Tag die Ausbildung des Systems als solches, und besonders in Bezug auf Kaliber, denjenigen Grundzügen folgt, welche in dem System der glatten Geschütze gegeben waren.

Zweiter Theil.
Die Entwickelung des Systems der gezogenen Geschütze
bis zum Jahre 1875.

Erster Abschnitt.
Projekte zu gezogenen und Vorversuche mit glatten Hinterladern bis zum Jahre 1850.

Ueber die früheren Entwickelungsstadien der Construction von Hinterladungs- und gezogenen Kanonen im Allgemeinen, sowie über die bezüglichen in fremden Artillerien angestellten Versuche und die Urtheile, mit welchen die militärische Welt jene Entwickelung begleitete, ist an einer andern Stelle berichtet worden.[1] Hier soll eine ausführlichere Besprechung der preußischen Arbeiten und Versuche gegeben werden.

Zunächst seien einige Projekte erwähnt, denen durch Versuche nicht näher getreten wurde.

Erstes Kapitel.
Projekte zu gezogenen und glatten Hinterladern.

Im Jahre 1826 legte ein Major a. D. Reiche, den sehr unvollständigen Entwurf zu einem von hinten zu ladenden, schmiedeeisernen, gezogenen 3pfdgn. Kanonenrohre vor, welches er für die gesammte Feldartillerie eingeführt wissen wollte. Das demnächst ausgeführte Geschütz zeigte folgende Construction:

Kaliber 78 mm., 16 Züge von 6,5 mm. Breite und 0,04 mm. Tiefe; Drall 16 Kaliber; Verschluß durch eine

Schwanzschraube bewirkt, welche eine Bodenhöhlung zur Aufnahme der Ladung hatte. Das Rohrgewicht betrug beinahe 145 k. Die Laffete hatte ein horizontal drehbares Obergestell.

Die Geschosse waren 3pfdge. eiserne, mit Blei ummantelte Rundkugeln, welche dadurch 2,85 k. schwer wurden und mit einem getalgten Pflaster geladen werden sollten.

Man erkennt hierin viele Anklänge an die damals existirenden gezogenen Gewehre.

Der Major Plümicke, der das Geschütz besichtigen und über dasselbe berichten mußte, sagte Folgendes:

„Man kann das Geschütz, dessen Wirkung noch ganz unbekannt ist, nur nach theoretischen Schlüssen beurtheilen. Es würde verfehlt sein, danach allein eine neue Erfindung von vornherein verwerfen zu wollen, da sie der Keim zu wichtigen Verbesserungen werden kann.

„Es ist noch nicht anzunehmen, daß das gezogene Rohr ohne weiteres mehr als ein glattes leisten müsse. Das weiche schmiedeeiserne Rohr wird durch die Kartätschen leiden und dann mit Paßkugeln vielleicht schlechter, als ein glattes schießen.

„Der Bleiüberzug der Kugeln wird vielleicht schon im Rohre abgerissen; wie er sich beim Rollen verhält, ist fraglich."

Plümicke schlug einen Versuch mit 300 Kugeln und 50 Kartätschen vor.

Die Art.-Prüf.-Comm., sowie der Prinz August schlossen sich diesem Vorschlage an, und durch eine besondere Allerhöchste Cabinetsordre wurden die Versuche genehmigt.

Major Reiche lieferte aber das Geschütz nicht. Unter allerlei Vorwänden verbesserte er angeblich dasselbe bis zum Jahre 1829, und als dann die Art.-Prüf.-Comm. es besichtigte, fand sie es so complicirt und eigenthümlich in den Details, daß sie seine Anwendung im Felde für unzulässig erachtete und auch Versuche für ungerechtfertigt hielt.

Die Commission hielt überhaupt wenig von der Anwendbarkeit gezogener Geschütze, deren Seele nach ihrer Ansicht durch die Anwendung von Kartätschen bald leiden müsse und deren wesentliche, durch Wegfall des Spielraums erreichte Treffähigkeitssteigerung nach den Erfahrungen mit Gewehren sehr zweifelhaft sei. Diese Urtheile waren nur theilweise begründet.

Der Standpunkt der Commission war ein negirender, wie er neuen Fragen und Erfindungen gegenüber so oft eingenommen wird. Nach unseren eigenen Erfahrungen und Anschauungen ist diese Negation in vielen Fällen unberechtigt und geradezu fehlerhaft, besonders dann, wenn die Fragen ganz neue Gebiete betreffen, auf denen die Orientirung fehlt. Der dabei auftauchende Zweifel sollte nicht den Versuch hindern, sondern zur eigenen Lösung ihn gerade herbeiführen. — Anders ist es, wo es sich um Projekte zur Verbesserung von in gewissem Grade abgeschlossenen Fragen oder erprobten Gegenständen handelt. Hier hat die Kritik einen festen Boden, aus dem ein abweichendes Urtheil berechtigt hervorgehen kann. Die Art.-Prüf.-Comm. ließ im vorliegenden Falle gegen den Ausspruch des Majors Plümicke sich vornehmlich durch theoretische Schlüsse, durch Vorurtheile leiten, sie wiederholte mehrfach, dies und jenes müßte doch erst bewiesen werden, und nun, da der Versuch es beweisen konnte, lehnte sie ihn ab.

Somit kam es leider nicht zu Versuchen, welche jedenfalls über die Rohrconstruction manche, für die spätere Entwickelung werthvolle Aufschlüsse würden gegeben haben. — Das Geschütz wurde schließlich von den Erben des Erfinders an einen Berliner Gastwirth verkauft, von dem die Wiedererwerbung im Jahre 1841 vergeblich versucht wurde.

Im Jahre 1832 reichte ein Architekt Lagerström das Projekt zu einer glatten Hinterladungskanone ein. Den Verschluß sollte ein durch das Bodenstück theilweise quer durchgehender Keil bilden, welcher mittelst einer Hebelvorrichtung geöffnet und geschlossen werden sollte. Die Ladung sollte in einer mit Leder überzogenen Blechbüchse, welche als Kammer und Dichtung dienen sollte, eingebracht werden. Die Zündung sollte von rückwärts central durch den Keil geschehen. Das unvollkommene Projekt kam nicht zur Ausführung.

Im Jahre 1836 schlug ein Mechanikus Bentzke einen gezogenen Hinterlader von Bronze vor, dessen Geschosse mit einem Bleiüberzuge versehen werden sollten. Man hielt die der technischen Ausführung entgegenstehenden Schwierigkeiten für sehr bedeutend, die Haltbarkeit des Rohres der Gasspannung gegenüber für zweifelhaft und ging daher auf das Projekt nicht ein.

Zweites Kapitel.
Versuche mit glatten Hinterladern.

Im Sommer 1841 hatte das Kriegs-Ministerium Kenntniß von den 1840 angestellten Wahrendorff'schen Versuchen mit glatten Hinterladern bekommen und die Resultate für so wichtig erachtet, daß sogleich in Åker je ein 6pfdgs., schweres 12pfdgs. und 24pfdgs. Rohr der versuchten Construction bestellt wurde. Der Verschluß war ähnlich dem später angenommenen Kolbenverschlusse. Auf dem Rande des Kolbenkopfes war ein Dichtungsring, von dreieckigem Querschnitt, an einer Stelle mit Schlitz versehen und an einem Punkte derartig festgeschraubt, daß er beim Schusse elastisch federnd gegen die Seelenwand gepreßt wurde. Der zur Aufnahme der Ladung bestimmte Raum der Seele war 1,6 bis 1,8 mm. weiter, als der vordere Theil und mit diesem durch voreinander liegende und, durch konische Uebergänge verbundene, cylindrische Theile von abnehmenden Durchmessern vereinigt.

Die mit Bleiüberzug versehenen eisernen Rundkugeln hatten einen 0,5—1 mm. größeren Durchmesser, als der vordere Seelentheil. —

Der von der Art.-Prüf.-Comm. aufgestellte Versuchs-Entwurf faßte die Beantwortung folgender Fragen ins Auge:

Haben die Geschütze überhaupt, und die Verschluß-Apparate im besonderen die gehörige Dauer für anhaltendes Feuer?

Halten sie in Bezug auf Trefffähigkeit und Wirkung den Vergleich mit den bestehenden Kanonen aus?

Ist die Anwendung der mit Blei überzogenen Kugeln, bei denen der Spielraum wegfällt, zweckmäßig und kann dabei die Ladung verringert werden?

Wie stellt sich die Bedienung der Geschütze?

Die Versuche fanden im Sommer 1843 statt. —

Es wurde dabei mit verschiedenen Ladungen, gewöhnlichen und mit Blei überzogenen Kugeln gegen die freie Ebene und gegen Scheiben, sowie mit Kartätschen geschossen.

Nach einer größeren Schußzahl stellte sich heraus, daß durch den Schlitz des elastischen Ringes Pulvergase ausströmten und die Seelenwand an der betreffenden Stelle stark angegriffen wurde. Man versuchte daher den Ring von Zeit zu Zeit zu versetzen, so daß jene Stelle gewechselt wurde. Wahrendorff gab schließlich eine kleine Deckplatte an, welche am Ringe außerhalb befestigt, den Schlitz beim Schusse decken sollte. — Dieses Mittel befriedigte. —

Die Art.-Prüf.-Comm. zog aus den Versuchsresultaten folgende Schlüsse:

„Die Geschützröhre der versuchten Construction genügen allen Anforderungen der Haltbarkeit.

„Der Verschluß-Apparat ist sehr einfach, schließt durchaus sicher und hat genügende Haltbarkeit; der Dichtungsring kann und muß aber noch verbessert werden.

„Die Bedienung ist sehr einfach; sie kann sehr erleichtert werden, indem man das Geschütz durch Benutzung von Hemmkeilen nach dem Schusse von selber wieder in die Scharte laufen läßt. In Betreff der Schußweiten und der Trefffähigkeit ergaben die Geschütze theils bessere, theils schlechtere Resultate als die bestehenden. Für die Belagerungs- und Festungsartillerie gewähren die Geschütze in Bezug auf Bedienung entschiedene Vortheile." —

Die auf Grund dieser Folgerungen beantragte Fortsetzung der Versuche, wurde vom Kriegs-Ministerium genehmigt und dabei besonders die Verbesserung des elastischen Ringes und die Ermittelung des Verhaltens der Geschütze in Kasematten betont. —

Die Art.-Prüf.-Comm. äußerte sich darüber im September 1844 und meinte die Versuche mit bleiüberzogenen Kugeln versprächen wenig Erfolg, da der Bleiüberzug beim ersten Aufschlage gewöhnlich abfliege und die Flugbahn dadurch sehr unregelmäßig werde. — Demgemäß sollte nur ein Versuch aus Kasematten stattfinden, der aber unterblieb, da man die Ueberzeugung gewann, daß die Annahme eines glatten Hinterladers blos für den Gebrauch in Kasematten und bei wenig befriedigender Trefffähigkeit nicht gerechtfertigt sei. — Daß zu letzterem Zwecke die Herstellung gezogener Röhre anzustreben sei, wurde nirgends angeregt. Als die Versuche im Gange waren, legte auch der damalige Capitän Cavalli, der bekanntlich schon seit den breißiger

Jahren derartige Versuche betrieb, ein Projekt zu einem glatten Hinterlader vor. Ueber die Motive seiner Construction sprach er sich ausführlich in einem Memoire aus, von welchem eine Abschrift in den Akten der Königlichen Gen.=Insp. der Art. vorhanden ist. Folgendes sei aus dem interessanten Schriftstück mitgetheilt.

Cavalli geht von der Ansicht aus, es sei durchaus nöthig, die Geschütze in den Festungen besser gegen Rikoschetfeuer zu decken. Zu diesem Zweck sei der Rücklauf zu unterdrücken und das Geschütz von hinten zu laden. Nach einem vorgängigen Versuch mit einem 6Pfdr. mit Keilverschluß hatte Cavalli folgende Grundsätze für die Construction aufgestellt:

Die schließende Fläche (des Keiles) muß so klein als möglich sein; zwischen Verschluß und Rohr (vordere Keillochfläche) muß eine weiche Materie gebracht werden, durch welche eine vollkommene und unveränderliche Anlehnung des Keils gewonnen wird; zwischen Verschluß und Geschützladung muß ein leerer Raum bleiben, um die Heftigkeit des Rückstoßes zu mildern. —

Cavalli meinte, die Nichtbeachtung dieser Grundsätze habe alle früheren Projekte scheitern lassen. — Er construirte einen einfachen Keil, der mit einem Ladeloche versehen war. —

Die Seele war an der Ladungskante ringförmig ausgedreht und dort mit einem Kupferringe versehen, welcher ins Keilloch hineinragte, sodaß der Keil sich nur an die Stirnfläche des Ringes zu legen hatte. Um die Wirkung des Rückstoßes auf den Keil zu mildern und die Verunreinigung desselben durch Pulverrückstand zu hindern, sollte zwischen Ladung und Keil ein Spiegel, oder Boden von Gußeisen gelegt werden. Der Spielraum sollte durch einen um das Geschoß gelegten Pappspiegel beseitigt werden. Cavalli sprach hierbei die feste Ueberzeugung aus, daß Gußeisen allein zur Herstellung von Hinterladern geeignet sei, da es Veränderungen der Verschlußtheile durch längeres Schießen verhindere. Mehrere nach Cavalli's Vorschlägen gefertigte und in der piemontesischen Artillerie versuchte Röhre hatten bedeutende Schußzahlen ohne Nachtheil ausgehalten.

Die Art.=Prüf.=Comm., welche die Vorschläge im Mai 1843 begutachtete, hielt den Verschluß für viel weniger einfach, als den Wahrendorff'schen Kolbenverschluß und meinte beide Constructionen seien so nahe mit einander verwandt, daß einer der Constructeure die Idee vom Andern haben müsse. — Die Herstellung des Keillochs sei ferner sehr schwierig und das Projekt daher nicht weiter zu verfolgen, da die Hinterladung so wie so schon bei den Wahrendorff'schen Geschützen geprüft werde.

Obgleich die Versuche mit letzteren Geschützen nicht zur Einführung derselben führten, hatten sie doch das hochwichtige Resultat: Die Construction eines relativ einfachen, im Wesentlichen kriegsbrauchbaren Verschlusses ergeben, wodurch alle gegen die Hinterladung an sich bestehenden Bedenken und Abneigungen beseitigt wurden.

Die Art.-Prüf.-Comm. hatte bisher, theils in Projekten, theils durch Anschauung, theils durch Versuche kennen gelernt: gezogene Hinterlader, sowie glatte mit Kolben- und mit Keilverschluß, endlich bleiumhüllte Geschosse für gepreßte Führung, — darin waren alle, bei späterer thatsächlicher Construction des preußischen Systems angewendeten Elemente enthalten, so daß es nur eines geringen Anstoßes durch weitere Versuchsresultate bedurfte, um den einzuschlagenden Weg ganz bestimmt anzuzeigen.

Zweiter Abschnitt.

Versuche mit gezogenen Hinterladungsgeschützen bis zur ersten Einführung derselben 1850—1860.

Erstes Kapitel.

Feststellung der Construction der Röhre, der Geschosse und der Zündvorrichtung.

Jene neuen Versuchsresultate wurden bald durch die von Wahrendorff und Cavalli gemeinschaftlich fortgesetzten Arbeiten und Versuche herbeigeführt. Der wichtigste von ihnen gethane Schritt war die Uebertragung der Gestalt der Geschosse der gezogenen Gewehre und ihrer Umdrehungsbewegung auf die Geschütze. Ihre ersten Versuche mit den gezogenen Geschützen und Langgeschossen fanden bekanntlich 1846—1847 statt.[1] Es mag auffallen, daß dabei die bisher bei den glatten Hinterladern angewendete Bleihülle und gepreßte Geschoßführung gegen Flügelführung mit Spielraum aufgegeben wurde. Wie es scheint, hat die bisher mangelhafte Befestigung der Bleihülle Bedenken für die Beibehaltung derselben bei Langgeschossen erregt.

In Preußen gaben die Nachrichten über jene Versuche im Jahre 1850 den Anstoß zur Construction gezogener Kanonen.[2] Prinz Adalbert veranlaßte im Februar 1850 eine gutachtliche Aeußerung der Art.-Prüf.-Comm. über diese Frage und über die Art, wie ihr näher zu treten sei. Mit dem Referate wurde der Major Teichert betraut, der schon die früheren Versuche mit den glatten Hinterladern ausgeführt hatte. — Das Gutachten betonte die Wichtigkeit der Frage für die Küsten und Marine-Artillerie, sowie für alle diejenigen Fälle des Ernstgebrauchs, in denen es auf directes Treffen kleinerer Ziele auf größere Entfernungen ankomme. Es hieß ferner: Die Anlehnung an die cylindrokonischen Geschosse des Zündnadelgewehres, sowie die gepreßte Führung derselben sei vortheilhaft; die Hinterladung sei um so zweifelloser zu versuchen, als der Wahrendorff'sche Verschluß sich schon bewährt habe. Nach dem Urtheile Cavalli's seien gußeiserne Röhre, und nach den von ihm mit Spitzgeschossen erlangten Resultaten sei die Anwendung einer Percussionszündung zu versuchen, um das Zerspringen der Geschosse zu regeln.

Das Resümé des Gutachtens war Folgendes:

„Der Wahrendorff'sche Verschluß ist geeigneter als der Cavalli'sche Keil-Verschluß.

„Die Cavalli'schen Geschosse mit Flügeln und Spielraum müssen ungleiche Schußweiten ergeben und das Rohr stark angreifen. Ein mit fletschbarem Metall umgebenes, ohne Spielraum zu schießendes Geschoß ist jenen vorzuziehen.

„Die Versuche werden wahrscheinlich erhebliche Vortheile in Betreff der Schußweiten, der Trefffähigkeit, sowie der Zerstörungskraft der Geschosse ergeben.

„Zur Führung des bleiüberzogenen Geschosses werden 4 bis 6 Züge genügen, das Blei darf nur nicht abgestreift werden.

„Die von früheren Versuchen vorhandenen Wahrendorff'schen Hinterlader — je ein 6Pfdr., 12Pfdr., 24Pfdr. werden sich zur Ausführung der Versuche eignen."

Man erkennt, wie in diesem Resümé vielfach auf die früheren Versuche und Erfahrungen zurückgegriffen wurde, so daß die nunmehrigen Versuche nicht das Betreten eines ganz

neuen Weges, sondern das Fortschreiten auf einem schon eingeschlagenen bezeichnen. Nachdem jene Anträge im Allgemeinen
genehmigt worden, sollten zunächst Vorversuche mit dem 12pfdgn.
Rohre stattfinden, um eine Grundlage über die Einrichtung der
Züge zu gewinnen. Die speciellen Vorschläge waren:[3]
4 Züge, Dralllänge 3,1 m. = 26 Kaliber, cylindrokonische
Hohlgeschosse von 1,85 Kaliber Länge, mit Bleimantel, auf dessen
Oberfläche sich 4 Längenangüsse für die Form der Züge passend,
befinden. Das Mundloch sollte einen hölzernen Percussions-
zünder erhalten; die Ladung sollte von 480 gr. auf 1,85 k.
gesteigert werden.

Das Allg. Kriegs-Dep. änderte und vervollständigte diese
Vorschläge in folgender Art: Es sind 6 Züge von geringer
Tiefe anzuwenden; die Ladung ist nur bis auf 1,4 k. zu steigern,
die Längenangüsse auf dem Bleimantel erschweren das Einsetzen
der Geschosse und müssen fortfallen. Besser ist Anbringung von
ringförmigen Wulsten. Die Geschosse sind womöglich noch zu
verlängern; zwischen dem Laderaum und dem gezogenen Theile
der Seele ist ein einfacher konischer Uebergang anzuwenden.

Diese ungemein sachgemäßen Aenderungen haben sich in der
Folge durchweg bewährt.

Zunächst wurde die Maschine zum Ziehen des Rohres construirt, wobei der damalige Zeughausbüchsenmacher Berndt in
höchst verdienstvoller Weise, ebenso wie bei den ganzen späteren
Versuchen mitwirkte.

Bei den im März 1851 begonnenen Vorversuchen hielt sich
das Rohr vollkommen gut, die Geschosse schlugen stets mit der
Spitze durch die Scheibe und explodirten beim Aufschlage. Damit
war der eingeschlagene Weg als richtig erwiesen.

Zur Prüfung eines schlankeren Dralles von 4,7 und 6,2 m.
Länge wurde, um keine Zeit durch Bestellung neuer eiserner
Röhre in Schweden zu verlieren, die Herstellung zweier bronzener
Röhre beantragt, welche indeß mit dem Bemerken abgelehnt
wurde, die Bronze sei wegen zu großer Weichheit nicht an-
wendbar. —

Während der Fertigung zweier neuer, eiserner Röhre wurden
mit dem ersten Rohre die Versuche mit 5 verschiedenen Geschoßconstructionen bei verschiedenen Ladungen fortgesetzt, deren Ergeb-

nisse die Feststellung der Geschoßlänge von 23,5 cm. (fast 2 Kaliber) war.

Die beiden neuen Röhre hatten 53 und 80 Kaliber Drall erhalten. Die Versuche begannen im April 1852. Es kam dabei der horizontal verschiebbare Aufsatz zur Anwendung. Die Röhre hielten sich im gezogenen Theile auch bei Anwendung von Kartätschen gut, dagegen entstanden am Schlitze des elastischen Ringes Ausbrennungen im Ladungsraum. — Die Trefffähigkeit war im hohen Maße befriedigend, so daß die Dralllängen zweckmäßig erschienen. Dennoch wurden zur Lösung der Drallfrage weitere Versuche beantragt.

Dieselben nahmen in den Jahren 1853 bis 1856 größere Ausdehnung an. Neben den 12pfdgn. Röhren wurden 6pfdge. und 24pfdge. in die Versuche gezogen. Zur Feststellung der inneren Rohrconstruction wurden die Zugtiefen von 1,3; 1,6 und 2 mm. und folgende Dralllängen versucht. Beim 6Pfdr.: 33,5, 51,5 und 67 Kaliber, beim 12Pfdr.: 26, 39,5, 52, 66,3 und 78 Kaliber; beim 24Pfdr. 63, 93 und 126 Kaliber. Außer eisernen Röhren wurden seit 1853 aptirte bronzene 6Pfdr. und 12Pfdr. versucht, bei welchen trotz Anwendung von Schmiermitteln der nachtheilige Einfluß der Verschmutzung in so hohem Grade eintrat, daß man dieses Material vorläufig wieder fallen ließ. Um den Einfluß der Rohrlänge auf Trefffähigkeit und Anfangsgeschwindigkeit zu ermitteln, wurde 1854 mit einem 12pfdgn. Rohre geschossen, welches drei Mal um je 36,6 cm. verkürzt wurde.

An den Geschossen wurden sehr verschiedene Spitzenformen — ogivale, vorn abgestumpfte, konische von verschiedenem Kegelwinkel, halbkugelförmige — versucht, um die Trefffähigkeit zu verbessern, und die constante Seitenablenkung zu beseitigen. — Beide Zwecke wurden nicht erreicht. —

Einfach cylindrische Geschosse hatten eine constante Seitenablenkung nach links. An den Bleimänteln wurden verschiedene Anordnungen der Wulsten geprüft, wobei auch die Länge des Führungstheils auf ein Minimum reducirt wurde, indem man hoffte, dadurch die Reibung in der Seele zu vermindern. Es wurde ferner der Versuch gemacht, die Bleimäntel durch Papierspiegel zu ersetzen, welche die Geschosse in ähnlicher Weise wie bei dem Zündnadelgewehr aufnehmen und führen sollten. —

Diese Spiegel zeigten sich als nicht haltbar. Die Versuche gaben in den meisten Richtungen und besonders auf dem mehr theoretischen Gebiete der Geschoßfrage, auf welchem bis heute keine genügende Aufklärung gewonnen worden ist, negative Resultate. Dieselben trugen im Jahre 1854 dazu bei, den Widerstand einer Minorität hervorzurufen, welche von den gezogenen Geschützen überhaupt Nichts wissen wollte, und nach dem Ausscheiden des General-Inspecteurs, Prinzen Adalbert von Preußen, eine feste Stütze an dessen Nachfolger, dem General von Hahn fand. Jener Widerstand wurde außerdem durch die mit den Demontirgeschossen damals erlangten günstigen Resultate unterstützt. General von Hahn verhielt sich fortgesetzt sehr ablehnend und spröde gegen die Seitens der Art.-Prüf.-Comm. über die gezogenen Geschütze gefällten Urtheile und die daran geknüpften Anträge.

Er befürwortete dieselben niemals und stellte mehrfach die Gewährung der Mittel zur Fortsetzung der Versuche „der Erwägung des Allg. Kriegs.-Dep. anheim."

Unter diesen Umständen war die im Frühjahr 1855 erfolgte Ernennung des Generalmajors Encke zum Präses der Art.-Prüf.-Comm. ein großes Glück für den Fortgang der Versuche. Mit voller Ueberzeugung und ganzer Energie trat dieser Officier für die gezogenen Geschütze ein.

Auf Grund der bei den Demontirversuchen erlangten Resultate schlug die Art.-Prüf.-Comm. schon 1854 die Annahme des 12Pfdrs. vor, die aber noch nicht genehmigt wurde.

Aus den Versuchen des Jahres 1856 gewann man endlich die Ueberzeugung, daß die mangelhafte Trefffähigkeit, besonders beim 6Pfdr. und 24Pfdr., weder durch Aenderungen der Geschosse noch der Drallconstruction zu verbessern sein werde, vielmehr eine Vermehrung der Züge versucht werden müsse. Das geschah im Jahre 1857 und damit trat ein bedeutsamer Wendepunkt im Gange der Versuche ein.

Im Jahre 1857 wurden 12 Züge beim 6Pfdr. und 24Pfdr., sowie wiederum verschiedene Geschoßformen bei allen drei Kalibern versucht und Ermittelungen über die lebendige Kraft der Geschosse u. s. w. angestellt. Die Resultate waren folgende:

Die Vermehrung der Züge hatte eine Verminderung der Elevation, eine stabilere Geschoßachse und eine erhebliche Steigerung der Trefffähigkeit bewirkt. Für den 24Pfdr. war die beste

Combination 2,125 k. Ladung und 63 Kaliber Dralllänge; für den 6Pfdr.: 0,56 k. Ladung und 57,5 Kaliber Drall. Die Trefffähigkeit war durch bessere Befestigung des Bleimantels gesteigert. Der letztere hatte bisher bis an den Geschoßboden gereicht und war dabei oft abgeflogen; jetzt wurde er unten durch den Bodenreifen festgehalten.

An diese Versuche schlossen sich im Herbste 1857 die bekannten in Schweidnitz ausgeführten Versuche, zu denen auch von glatten Geschützen die schweren 12Pfdr., die kurzen und langen 24Pfdr., die 25pfdgn. und 50pfdgn. Haubitzen, sowie die 25pfdn. Bombenkanonen herangezogen wurden. Die Versuche erstreckten sich vornehmlich auf directes Breschiren mit Voll- und Hohlgeschossen auf kleinen Entfernungen und auf indirectes Breschiren aus größerer Entfernung; sie werden später ausführlich besprochen werden.

In dem über diese Versuche erstatteten Berichte sagte die Art.-Prüf.-Comm.: „Es möge nunmehr die Allerhöchste Genehmigung zur Einführung dieser gezogenen Geschütze eingeholt werden. Obgleich der Verbesserung noch fähig, sind sie schon jetzt zu einem so hohen Grade von Vollkommenheit gediehen, daß sie für viele Fälle des Krieges einen unersetzlichen Gebrauch gewährleisteten."

Die Gen.-Insp. trat dies Mal den Anträgen bei, und die Allerhöchste Cabinets-Ordre zur Einführung wurde unter dem 18. Februar 1858 durch den damaligen Prinz Regenten, den jetzigen Kaiser Wilhelm erlassen. Vorläufig gelangten nur die 12Pfdr. und 24Pfdr. und zwar aus Eisen zur Einführung. —

Das 6pfdge. Kaliber befand sich noch im Versuchsstadium, worüber noch Folgendes zu erwähnen ist.

Der General Encke hatte schon im Frühjahr 1855 die Beschaffung eines 6pfdgn. Gußstahlrohres angeregt, indem er andeutete, dieses Material müsse von besonderem Vortheil sein, da es bei gleichem Gewicht eine für die Trefffähigkeit sehr vortheilhafte größere Rohrlänge zulasse, sehr haltbar sei u. s. w.

Anfänglich erfuhr der Vorschlag einige Opposition, da das 6pfdge. Kaliber überhaupt nicht für wirksam genug gehalten wurde, um die Kosten des Gußstahles darauf zu verwenden. Bald drang indeß die Ansicht von den Vortheilen dieser Röhre für die Feld-Artillerie durch, obgleich man sehr vorsichtig bemerkte, es könne sich empfehlen, jedem Armee-Corps nur eine solcher Batterien zum Beschießen feindlicher Reserven auf großen Entfernungen beizugeben.

Die Art.-Prüf.-Comm. motivirte nun den Antrag auf Herstellung eines Gußstahlrohres näher mit dem Hinweise, daß der Einfluß einer großen Rohrlänge noch gar nicht, ferner die Geeignetheit des 6pfdgn. Kalibers für das gezogene System nur unvollkommen ermittelt, und der Einfluß einer so spiegelglatten Seele, wie sie der Gußstahl verspreche, ganz unbekannt sei. — Zweifellos werde durch letztere, sowie durch die große Rohrlänge die Trefffähigkeit sehr begünstigt werden.

Das beantragte Rohr sollte 28 Kaliber totale Länge und 8 Centner Gewicht haben.

Der General von Hahn befürwortete den Antrag nicht und meinte, er sei erst opportun, wenn die Versuche mit den andern Kalibern zum Abschlusse gekommen seien, und überdies erscheine die Wirkung des 6pfdgn. Kalibers überhaupt nicht als genügend. —

Das Allg. Kriegs-Dep. indeß ordnete im October 1855 die Aufstellung der Rohrzeichnung an. —

Das Rohr mit 6 Zügen von 1 mm. Tiefe und 51,5 Kaliber Drall, kam im Sommer 1856 mit Ladungen und Geschossen von verschiedenem Gewicht zum Versuch. Das leichteste Geschoß, circa 7 k. schwer, kam später fast unverändert zur Annahme. Die Trefffähigkeit des Geschützes war bis 1500 m. vollkommen befriedigend, doch erachtete man die Vermehrung der Züge für nothwendig. Diese wurde, wie oben erwähnt, 1857 geprüft.

Auf Grund der günstigen Ergebnisse sprach die Art.-Prüf.-Comm. im December 1857 sich dahin aus, sie beabsichtige in den Kreis ihrer Betrachtungen die Frage zu ziehen: ob das Modell dieses Rohres sich für den Feldgebrauch eigne.

Die Gen.-Insp. wies Versuche mit diesen leichten, für den Feldgebrauch in Aussicht genommenen Geschützen wiederum rundweg mit dem Bemerken von der Hand, es lägen augenblicklich andere, höchst dringliche Versuche zur Erledigung vor.

Dieses Urtheil wurde zugleich mit dem Antrage auf Einführung der schweren gezogenen Kanonen in die Defension abgegeben. Es war ein eigener Widerspruch, die Ueberlegenheit der schweren gezogenen Geschütze über die glatten anzuerkennen, und sie für die leichten Kaliber zu verneinen. Logisch war wohl die Folgerung, daß nunmehr die Versuche mit gezogenen Feldgeschützen die allerbringlichsten sein mußten. — Das Allg. Kriegs-Dep. genehmigte diese Versuche, welche dann im Frühjahr 1859 zum Abschluß kamen."

Die Rohrzeichnungen für die eisernen 12- und 24 Pfdr. wurden schon im Mai 1858 aufgestellt; für den eisernen 6 Pfdr. erst nach den Versuchen mit den Gußstahlröhren im März 1859. Im Jahre 1861 fand eine Umzeichnung statt, woher die Bezeichnung C/61 rührt. Für jene Röhre wurde im Januar 1858 auch, nachdem bei Schweidnitz ein eiserner 24 Pfdr. gesprungen war, ein Entwurf für Gußstahl aufgestellt, welcher indeß vorläufig unbenutzt blieb.

Die Kaliber wurden nunmehr durch Abrundung der Maße zwischen den Feldern, wie folgt bestimmt:

Beim 6 Pfdr. von 3,52" auf 3,50" (9,15 cm.)
" 12 Pfdr. " 4,57" " 4,60" (12,03 cm.)
" 24 Pfdr. wurde 5,70" (14,91 cm.) beibehalten.

Bei Annahme des Metermaßes wurden jene Maße nominell abgerundet auf 9, 12 und 15 cm.

Gleichzeitig mit den Zeichnungen der Röhre wurden die der Geschosse abgeschlossen.

Die Construction war die bis auf den heutigen Tag vorhandene der Granaten mit dickem Bleimantel, welche inzwischen nur unwesentliche Aenderungen erfahren hat.

Die Percussionszündvorrichtung bestand bis zum Jahre 1857 in einem ins Mundloch der Granate eingesetzten hölzernen Zünder mit Piston und einer Durchbohrung, welche schlagröhrartig mit Pulver geschlagen war. Das Piston stand über das vordere Ende des Geschosses hervor und wurde mit einem Zündhütchen — wie beim Gewehre — versehen. Da letzteres durch ungeschickte Behandlung sehr leicht zur Explosion kommen konnte, so war bei den Schweidnitzer Versuchen das Piston so weit versenkt worden, daß es über das vordere Ende des Mundlochs nicht hervorragte.

Im Jahre 1858 wurde dieses Zünderholz durch ein Messingstück ersetzt, welches eingeschraubt wurde und dessen Piston ebenfalls um 2,6 mm. unter die Geschoßspitze versenkt war. Das

Funktioniren der Zündvorrichtung war gänzlich von dem Auftreffen der Geschosse abhängig; daher gab es viele Blindgänger.

Im Winter 1858/59 wurde die heutige Percussionszündvorrichtung unter dem Namen „bewegliche Zündvorrichtung" versucht und im Juni 1859 wurde sie angenommen.

Zweites Kapitel.

Rückblick und Ansichten über den Werth der gezogenen Festungs-Geschütze.

I. Rückblick auf den Gang der Versuche.

Der Beginn und Verlauf der vorstehenden Versuche läßt die bemerkenswerthe Thatsache erkennen, daß die Construction und Einführung des Hinterladungsgeschützes in Preußen keine durch zufälligen äußeren Anstoß bewirkte gewesen ist, dieselbe vielmehr von langer Hand vorbereitet und der Abschluß in der eigenartigen Entwickelung folgerichtig begründet war — die vorhergegangene Prüfung von glatten Hinterladern, in Verbindung mit der Existenz gezogener Hinterladungsgewehre, — wies von vornherein den Weg zu den gleichartigen Geschützen. —

Diese Thatsache führt die ungemeine Wichtigkeit der Ueberlieferung vor Augen, welche in ihren weiteren Folgen von unberechenbarem Einflusse sein kann. In großen Fragen bestimmen die ersten Schritte der Entwickelung den Gang der letzteren für Jahre, wenn nicht für immer; daher die oft unersetzlichen Nachtheile, welche früher oder später eintreten müssen, wenn jener Anfang ein grundsätzlich falscher war, denn die Entwickelung vermag dann niemals die hohe Stufe, wie im andern Falle zu erreichen. —

Daher andrerseits die Thatsache, daß die Ueberlegenheit eines auf dem richtigen Wege gefundenen Systems zweifellos früher oder später zur Geltung kommen muß, eine Thatsache, welche von den in Preußen von vornherein eingeführten Hinterladungswaffen durch drei Kriege in das volle Licht gesetzt worden ist. Die Betrachtung des Verlaufs der Versuche in den Einzelheiten ergiebt in Kurzem Folgendes:

1. Die Rohrconstruction.

Die Construction der angenommenen eisernen Röhre lehnte sich in den äußeren Abmessungen, den Metallstärken — soweit die Verschlußeinrichtungen keine Aenderungen bedingten, unmittelbar an die der glatten eisernen Röhre an. Dies war bei den verhältnißmäßig kleinen Ladungen zulässig; es liegt hierin aber auch ein Hauptgrund für die Annahme so kleiner Ladungen bei diesem ersten System. Zur Feststellung der inneren Rohreinrichtung war man lediglich auf den Weg der Versuche angewiesen, da es an jeglicher Grundlage dabei fehlte. Die ersten Einrichtungen waren mehr oder weniger willkührliche Griffe. Die unbekannte, aber als sehr hoch angenommene Gasspannung führte zur Annahme verhältnißmäßig großer Ladungsräume, in denen die Ladung bis zu mäßiger Größe gesteigert wurde. —

Die Zahl und Construction der Züge wurde ebenso willkührlich gegriffen, die Vorzüge und die Nothwendigkeit einer größeren Zahl, besonders für die schweren Kaliber wurde erst spät erkannt. — Diese Frage kam erst im nächsten Zeitabschnitt zu einem gewissen Abschluß.

Die Dralllänge war ebenso willkürlich angenommen; ihre Bestimmung machte große Schwierigkeiten. Daß das schließlich gefundene Verhältniß das beste gewesen wäre, läßt sich nicht behaupten. Der Kolbenverschluß, für die Haltbarkeit des Rohres wohl der zweckmäßigste, hatte noch keine genügende Dichtung. Die durch den Schlitz des elastischen Ringes mittelbar verursachten Ausbrennungen an der Seelenwand wurden mit Recht als ein großer Mangel dieser Hinterladungs-Geschütze bezeichnet.

2. Die Geschoßconstruction.

Die Versuche hatten sich auf Bestimmung der besten Geschoßlänge, der zweckmäßigsten Spitzen- und Bodenform, der Schwerpunktslage, der Länge des Führungstheils u. s. w., also auf alle hierbei in Betracht kommenden wesentlichen Elemente erstreckt.

Die Gesammtlänge von circa 2 Kaliber war auch durch das Gewicht der Geschosse bestimmt worden. Als beste Spitzenform war eine ziemlich stumpf ogivale, von nahezu $1/2$ Kaliber Länge gefunden; die beste Bodenform war die einfach glatte. Die weit nach vorn gerückte Schwerpunktslage hatte sich unter allen Umständen als unvortheilhaft ergeben. Der Schwerpunkt lag erheblich hinter der Mitte der Geschoß-Längenachse.

Der Bleimantel war in seiner Einrichtung und besonders auch in der Anordnung der Wulsten noch wenig durchgebildet. Seine Verbesserung war eine für längere Zeit offene Frage.

Die eingeführten gezogenen drei Kanonen sammt Munition waren somit von der Vollkommenheit noch weit entfernt. Sie bildeten eben nur den ersten Schritt auf dem Wege des neuen Systems und bezeichneten einen Abschluß, mit dem sich im Allgemeinen ohne Zweifel leben ließ, denn ihre Ueberlegenheit über die gleichen glatten Geschütze repräsentirte unter allen Umständen einen großen Fortschritt. Aber die Vervollkommnung in den Einzelheiten mußte erst beginnen. Die handelnden und schaffenden Personen waren darüber völlig im Klaren. Hatte doch die Art.-Prüf.-Comm. in ihrem letzten Berichte die Verbesserungsfähigkeit der Geschütze scharf hervorgehoben.

Es würde indeß gewagt sein, behaupten zu wollen, daß demnach die Einführung der Geschütze eine übereilte gewesen sei. Die Entwickelung welche gefolgt ist, lehrt nur, daß man sich nie einbilden darf, etwas nur relativ Vollkommenes geschaffen zu haben, daß das Bessere der Feind des Guten ist, und man nicht still stehen darf, sondern unabläßig versuchen und vervollkommnen muß. — Während dieser im steten Flusse bleibenden Entwickelung wird zuweilen ein Abschluß gemacht, das momentan Beste angenommen werden müssen. Den richtigen Zeitpunkt dafür zu wählen, sich nicht durch zu hoch gesteckte Ziele im zeitgerechten Abschluß hindern zu lassen, das ist das wahre „praktische Verhalten" in diesen Fragen. —

II. Ansichten über den Werth der gezogenen Festungs-Geschütze.

In der „Entwickelung der Feldartillerie"[5] sind ausführlich diejenigen Ansichten und Urtheile beleuchtet worden, welche über den Werth der gezogenen Geschütze im Allgemeinen und über den der gezogenen Feldgeschütze im Besonderen während der ganzen Entwickelung geäußert wurden.

Ueber den Werth und die Verwendbarkeit der gezogenen Geschütze für den Festungskrieg waren die Urtheile mehr zurückhaltend und weniger absprechend, aber dennoch im Allgemeinen nicht günstig. Im 38. Bande des Archivs⁶ wurde bemerkt: die gezogenen Geschütze würden in und vor Festungen nur in einzelnen Fällen Vortheile bieten, da mit ihnen das Schießen im hohen Bogen und ebenso der Rikoschetschuß unzulässig sei, Hohlgeschosse nur bedingungsweise gebraucht werden könnten, so daß der Ersatz der Mörser und Haubitzen nicht angängig sei. — In Folge dessen wären sie nur zum Demontiren, Breschiren und zum Beschießen von Sappenteten brauchbar, mithin nur in geringer Zahl einzuführen.

Rüstow bemerkte 1860,⁷ wenn Alles, was man von den gezogenen Geschützen sage, richtig sei, könnten sie im Festungskriege manche Vortheile gewähren; insbesondere wichtig sei bei einer vermehrten Wirkung ihre Erleichterung den glatten Geschützen gegenüber.

Viel klarer, sicherer und richtiger waren die Urtheile, welche die leitenden Personen von vornherein aussprachen. Die Art.-Prüf.-Comm. hob schon nach den ersten Versuchen die, aus der großen Trefffähigkeit der gezogenen Geschütze hervorgehende, hohe Bedeutung für das Treffen kleiner Ziele — Demontiren — hervor und bemerkte, daß mit Bezug auf Schußweite und Geschoßwirkung das 24pfdge. Kaliber im Stande sei, die Bombenkanonen zur Küsten-Vertheidigung zu ersetzen.

In einer 1860 ausgearbeiteten Denkschrift sprach die Commission aus: mit den vorhandenen drei gezogenen Geschützkalibern könne man mit Ruhe der Entwickelung der fremden Artillerie-Systeme entgegensehen. Selbst der Feld6Pfdr. leiste wohl das Doppelte des vielgerühmten französischen 4Pfdrs. Ob in Zukunft ein schwereres, als das 15 cm. Kaliber nöthig sein werde, sei fraglich.

Damit ist die Discussion über den Werth der gezogenen Festungsgeschütze an sich eigentlich geschlossen worden. Später traten viele Meinungsverschiedenheiten hervor, als es sich um Entscheidung der Frage handelte, ob und in wie weit die einzelnen gezogenen Kanonenkaliber zum Ersatz bestimmter glatter Geschütze und für specielle Zwecke geeignet seien.

Zur Klärung der Ansichten trugen in hohem Maße die Resultate der zu Jülich 1860 angestellten Versuche bei. Die bereitwillig dazu eingeladenen Officiere vieler europäischer Armeen überzeugten sich durch den Augenschein von der Wirksamkeit und

Brauchbarkeit der gezogenen Kanonen und trugen den günstigen Eindruck in alle Artillerien. — Von unmittelbar praktischen Folgen war dieser Umstand für die Ausrüstung der deutschen Artillerie. — Der deutsche Bundestag faßte die Ausrüstung der Bundesfestungen mit gezogenen Hinterladern, preußischen Systems, ins Auge, und die kleineren Artillerien führten dieselben ebenfalls mit geringen Aenderungen ein. Die preußische Regierung überließ im Interesse des deutschen Vaterlandes mit großer Liberalität das Ergebniß der zehnjährigen Versuche den einzelnen Staaten. Schon im April 1860 theilte das Allg. Kriegs-Dep. der Art.-Prüf.-Comm. Folgendes mit:

„Seine Königliche Hoheit der Prinz Regent hat sich im Allgemeinen Interesse und zur Erhöhung der Wehrkraft Deutschlands bereit erklärt, die Einführung des preußischen Systems gezogener Geschütze in die Bundesfestungen zu genehmigen, falls die Bundes-Versammlung diesen Antrag stellen sollte." —

Zur Orientirung der letzteren erhielt die Art.-Prüf.-Comm. den Auftrag, eine Denkschrift über die Geschütze auszuarbeiten.

Dritter Abschnitt.
Die Vervollkommnung der Constructionen und die Erweiterung des Systems von 1860—1870.

Erstes Kapitel.
Die Verbesserung der Constructionen in den Einzelheiten.

I. Kolbenverschluß und Preßspahnboden.

Zur Herbeiführung einer besseren Dichtung war durch den Commissionsrath Collenbusch die Anwendung eines Preßspahnbodens angeregt, welcher im Frühjahr 1859 versucht wurde. Die sehr günstigen Ergebnisse bewirkten schon im Winter 1859/60 die definitive Annahme dieses Liderungsmittels, bei dessen Verwendung im Großen sich indeß fortwährend Mängel — theilweise in der Fabrication begründet — herausstellten. Fortgesetzte Versuche führten zu keinem günstigen Abschluß, so daß 1861 die Bestellung von Preßspahnböden überhaupt aufhörte.

Als die Hauptübelstände des Verschlusses führte die Art.-Prüf.-Comm. im Januar 1862 an:
a) Stauchung des Kolbenkopfes und dadurch herbeigeführte Ladehemmung. Zur Beseitigung dieses Uebels wurde eine geringe Conicität des Kopfes angenommen.
b) Bei schlecht gefertigten, oder nicht richtig eingesetzten Preßspahnböden tritt ein Durchschlagen der Gase und in Folge dessen Ladehemmung ein.

Stärkere Dichtungsmittel — Lederpappe, Kupferböden — verursachten ebenfalls Klemmungen. —

Die Angelegenheit wurde besonders mit Rücksicht auf die Kolbenverschlüsse der Feldgeschütze so mißlich, daß man 1862 an die Umänderung der Röhre mit Kolbenverschluß in solche mit Keilverschluß, welcher damals in Versuch war, dachte.

Die Art.-Prüf.-Comm. war indeß der Ansicht, es handle sich vor Allem um Verwerthung des Vorhandenen; dazu sei in erster Linie die Beschaffung tadelloser Preßspahnböden und genaues Einpassen der Verschlußkolbenköpfe erforderlich. Ausbrennungen müßten durch Verlängern der Kolbenköpfe unschädlich gemacht werden.

1863 fanden ausgedehnte Versuche bei der Truppe mit Preßspahnböden von veränderter Construction statt, wobei die Ränder angefeuchtet wurden, was von besserem Erfolge war. —

Die Neubeschaffung von Röhren mit Kolbenverschluß wurde indeß im Juli 1862 bis zum Abschluß der Versuche mit dem Keilverschluß eingestellt. Die angeregte Aptirung der ersteren Röhre für Keilverschluß mißlang, indem ein so aptirtes eisernes 15 cm. Rohr einen Riß im Querloch erhielt. Der Kolbenverschluß mußte also beibehalten werden, und die Verbesserung der Preßspahnböden war durchaus nöthig. In Belgien war damals eine veränderte Construction derselben in Verbindung mit geringerem Spielraum des Kolbenkopfes mit sehr gutem Erfolge versucht worden, von welchen Versuchen man im Frühjahr 1864 Kenntniß durch den damaligen Capitän Nicaise erhielt. Die Veränderungen waren:
a) Erweiterung des hinteren Theiles der Seele bis zu der Stelle, wo der Kolbenkopf mit 0,15 mm. Spielraum eingepaßt wird. Die Beschädigung des Randes des

Preßspahnbodens beim Einsetzen, welche bisher sehr oft eingetreten war, wurde dadurch vermieden;

b) andere Abmessungen der Preßspahnböden, besonders schwächere Ränder.

Die im Laufe des Jahres 1864 mit diesen Modificationen bei einem 15 cm. Rohr angestellten Versuche ergaben sofort sehr günstige Resultate, in Folge deren im März 1865 die Erweiterung des Ladungsraumes der 15 cm. Röhre von 154,3 auf 159,5 mm und die Annahme der neuen Preßspahnböden mit 0,5—1 mm. größerem Durchmesser und mit einem Loch im Boden zur bequemen Handhabung angenommen wurde. In gleicher Weise fand das Nachbohren der 9 und 12 cm. Röhre statt und für die 9 cm. Gußstahlröhre der Feldartillerie wurden ähnliche Preß= spahnböden angenommen.

Damit war die Construction des Kolbenverschlusses zum Abschlusse gekommen; derselbe wurde durch den Keilverschluß C/64 verdrängt. Allein es ist bekannt, daß er in den Kriegen sich außerordentlich gut bewährt hat, so daß er nach dem Kriege 1870/71 allgemein für völlig kriegsbrauchbar bezeichnet worden ist.

II. Die Vermehrung der Zahl der Züge.

Im Juli 1859 wurde ein 9 cm. Rohr mit 18 Zügen versucht, welches eine Steigerung der Ladung zuließ und erheblich bessere Trefffähigkeit, als die Röhre mit 12 Zügen ergab. Jene Zugzahl wurde daher für das 9 cm. Kaliber angenommen und für das 12 cm. Rohr die Zahl von 24, für das 15 cm. Rohr die von 30 Zügen vorgeschlagen. —

Diese Zahlen wurden nach Versuchen im Winter 1860/61 angenommen. Bei der im Jahre 1861 vorgenommenen Um= zeichnung der Rohrzeichnungen wurden alle inzwischen vorgenom= menen Aenderungen berücksichtigt, daher für die Röhre mit Kolbenverschluß die Bezeichnung C/61.

III. Der Keilverschluß und die Keilzüge.

Im April 1860 bot der Mechanikus Kreiner ein gußeisernes 9 cm. Rohr mit Keilverschluß und sogenannten Keilzügen zum Versuch an.

Der Doppelkeil, mit einfach glatter Vorderfläche lehnte sich gegen einen, die Ladungsraumkante bildenden, mit einer Rinne versehenen und ins Keilloch hineinragenden Stahlring — ähnlich wie bei dem oben berührten Cavallischen Verschlusse. — Die dadurch bewirkte Dichtung war anfangs gut, wurde aber schnell schlechter, weil bei jedem Schusse auf dem Theile des Keiles, welcher den Seelenboden bildete, sich eine Pulverkruste ablagerte, die das Oeffnen allmälig erschwerte.

Die Versuche wurden nun von der Art.-Prüf.-Comm. fortgesetzt und Kreiner benutzte die Resultate derselben zur Verbesserung seines Verschlusses. Der Gang war Folgender:

Zur Vermeidung jener Ladehemmungen brachte er eine Ausdrehung im Vorderkeil an, und ging dann dazu, den Dichtungsring aus dem Rohrkörper in den Keil zu verlegen. — Er setzte in den Vorderkeil eine tellerförmig ausgedrehte Stahlplatte, deren innerer Rand ringförmig unterschnitten war, so daß er durch die Gasspannung zum Federn kam — ähnlich wie die später angenommene Kupferliberung. Der zugleich hinten conisch erweiterte Ladungsraum erhielt dort einen starken, äußerlich conischen Stahlring, welcher etwas in das Keilloch hineinragte, und sich unmittelbar gegen die Stahlplatte lehnte.

Bei den Versuchen stellten sich bald Ausbrennungen an der hinteren Fläche des Ringes und an der correspondirenden Stelle der Stahlplatte heraus. Nunmehr wurde die Stahlplatte cylindrisch ausgedreht, und in die Ausdrehung ein Kupferring gesetzt, welcher an seiner inneren Seite eine ringsherumlaufende Rille hatte. Mit solchen Ringen, deren einer 280 Schüsse aushielt — geschahen 600 Schüsse mit gutem Resultat; darauf wurde endlich die sogenannte Kupferliberung von dreieckigem Querschnitt geprüft.

Erwähnt sei hier noch, daß Kreiner die Patentirung seines Verschlusses beantragte, damit aber vom Handels-Ministerium mit dem Hinweis abgewiesen wurde, daß der Verschluß bis auf geringe Details schon 1859 von den Engländern Churich und Goddard angegeben und in England patentirt sei. Die Genannten hätten auch die Liberung mittelst metallener Ringe angegeben.

Bei der Art.-Prüf.-Comm. wurde zuerst (Herbst 1860) ein Gußstahl6Pfdr. mit Keilverschluß und Keilzügen geprüft. Zur

Vermeidung der Ladehemmungen kamen Preßspahnböden zur Anwendung.

Darauf erhielt ein bronzenes 12pfdgs. Rohr C/16 den Keilverschluß. Endlich wurde ein eiserner 6Pfdr. damit hergestellt. Nach den günstigen Ergebnissen der Versuche, erklärte die Art.-Prüf.-Comm. im März 1861 den Kreinerschen Keilverschluß für den besten der bis jetzt bekannten, und beantragte sie die Aptirung sämmtlicher bronzenen 12Pfdr. C/16 und C/42 für diesen Verschluß, wobei die hintere Ladungsraumkante mit einem Stahlring versehen werden sollte. Das Allg. Kriegs-Dep. veranlaßte indeß die Fortsetzung der Versuche, zunächst mit 16 9 cm. Stahlröhren, welche für Keilverschluß eingerichtet, seit December 1861 bei den Truppen versucht wurden.

Die Anträge auf Annahme des Kreinerschen Verschlusses geriethen wieder in den Hintergrund, als im November 1861 Wesener mit seinem Kegelverschlusse hervortrat.

Als dieser Verschluß aber bei den Gußstahl 8 cm. Röhren schlechte Resultate ergab, kam man im Sommer auf den Kreinerschen Keil zurück. Die Art.-Prüf.-Comm. hob seine Vorzüge gegen den Kolbenverschluß nochmals hervor, und beantragte im August 1862 seine Annahme für alle eisernen Röhre. — Dieser Antrag wurde verstärkt durch die günstigen Berichte der Truppen über die oben erwähnten 16-9 cm. Stahlröhre.

Die Versuche wurden indeß im Winter 1862/63 auf eiserne 9 cm., 12 cm. und 15 cm. Röhre ausgedehnt und nach deren Beendigung im Juni 1863 der Keilverschluß und die Keilzüge wirklich eingeführt.

VI. Die Munition.

1. Die Granaten.

Der mit den gezogenen Geschützen angenommene dicke Bleimantel der Granaten hatte sich im Verlaufe der Versuche nur wenig verändert. Die ihm zuerkannten Vorzüge waren:

Schonung der Seele beim Schießen, oder bei etwaigem Zerdrücken und Krepiren der Geschosse im Rohre; Erzeugung eines großen Umschwungsmoments des Geschosses und demgemäß einer sehr stabilen Drehachse. Aber auch seine Nachtheile waren offenbar. Er war sehr schwer, erschwerte daher die Munition im Allgemeinen, verlangte zum Haften eine besondere Einrichtung der Eisenkerne, welche die Geschosse beim Beschießen fester Ziele wenig haltbar machte, und die Höhlung zur Aufnahme der Sprengladung sehr beschränkte. Er trug zur Wirkung gegen feste Ziele daher nicht nur Nichts bei, sondern beeinträchtigte dieselbe im hohen Grade. Endlich war er sehr kostbar.

Aus diesen Gründen wurde im Jahre 1860 eine Verminderung des Gewichts des Bleimantels angeregt. Die demgemäß ausgeführten Versuche führten 1861 zur Annahme eines etwas schwächeren Bleimantels, welcher erleichtert war bei der 9 cm. Granate um 0,4 k., bei der 12 cm. um 1,08 k., bei der 15 cm. um 1,8 k.

Zugleich wurden 12 und 15 cm. Geschosse mit noch schwächeren Bleimänteln und größerer innerer Höhlung construirt und 1862 in Magdeburg gegen Erdziele verwendet. Die Ueberlegenheit über die Granaten bisheriger Construction war indeß nicht so bedeutend, daß man dieselbe hätte verlassen sollen.

2. Die Schrapnels.

Zu Schrapnels wurden anfänglich die Granaten benutzt. Sie erhielten auch die gewöhnlichen Percussionszündvorrichtungen, da der Richtersche Zünder noch nicht fertig war, und man in Folge der immerhin bedeutenden Wirkung dieser Aufschlagsschrapnels sich in ähnlicher Weise, wie bei den Feldschrapnels bestimmen ließ, von den bisher geltenden Ansichten über die Anwendung der Schrapnels abzugehen.

Nachdem die Richterschen Zünder im Jahre 1862 in sehr ausgedehnter Weise geprüft waren, beantragte auf Grund der erhaltenen günstigen Resultate die Art.-Prüf.-Comm. schon im Herbste 1862 die Einführung dieser Zünder für die Festungsgeschütze. — Die vom Allg. Kriegs-Dep. angeordnete Fortsetzung der Versuche ergab wiederum im Winter 1862/63 sehr günstige Ergebnisse. Die beantragte Einführung wurde aber durch die Gen.-Insp. der Art. verschoben und von Versuchen abhängig gemacht, welche 1863 bei den Truppen stattfanden und noch einige unbedeutende Mängel aufdeckten. Von den modificirten

Zündern wurde schon vor Düppel eine größere Zahl auf Distancen von 970—2000 m. mit gutem Erfolge angewendet.

Nachdem sie dann noch im Sommer 1864 bei den Schießübungen der Truppen gebraucht worden waren, wurde ihre Annahme im Januar 1865 definitiv befohlen. Mit diesen Zündern gelangten Ende 1865 auch die Schrapnels mit dünnem Bleimantel zur Annahme, mit welchen die Versuche 1864 begonnen hatten.

3. Die Percussionszündvorrichtung.

Die Mängel dieser Zündvorrichtung spitzten sich bald in der Materialfrage zu. Die eisernen Mundlochschrauben rosteten sehr stark, ebenso die Stahlnadeln.

Schon Ende 1861 wurden Vorschläge gemacht zum Verkupfern der Nadelbolzen und der Mundlochschrauben; es wurden ferner Nadeln aus hartem Messing, verzinkte Nadeln, Mundlochschrauben aus Zink vorgeschlagen. Mit diesen verschiedenen Combinationen fanden 1862 und 1863 Versuche statt. Die bis auf den heutigen Tag fortgesetzten Versuche mit den verschiedensten Materialien haben keine endgültige Construction geliefert.

Die Messingmundlochschrauben haben bekanntlich durch schiefen Aufschlag und einseitiges Eindrücken immer noch zahlreiche Blindgänger herbeigeführt. An den Zündschrauben sind ebenfalls constructive Mängel hervorgetreten (zu kurzes Gewinde, zu hoher Kopf mit zu starkem Halse), welche nach langjährigen Versuchen erst im Jahre 1873 zur Annahme einer modificirten Zündvorrichtung geführt haben.

Zweites Kapitel.

Die Umänderung des vorhandenen Materials zu gezogenen Geschützen.

I. Die Umänderung der glatten Röhre.

Das Verlangen nach möglichst schneller, billiger und reichlicher Ausrüstung der Festungen mit gezogenen Kanonen lenkte die Aufmerksamkeit auf die Verwerthung des vorhandenen Materials an glatten Geschützen. — Zuerst wurde die schon mehrfach versuchte Umänderung der Röhre angeregt.

Bei Gelegenheit einer Verhandlung über die Ausrüstung der Festungen wurde im März 1860 die Frage erwogen, ob die Aenderung der glatten eisernen 12pfdgn. und 24pfdgn. Röhre in gezogene nicht angängig sei. — Da der Kolbenverschluß damals sehr wenig befriedigte, so wurde vornehmlich der zu derselben Zeit vorgelegte Keilverschluß in Aussicht genommen. Die Art.-Prüf.-Comm. hielt die berührte Umänderung der eisernen Röhre, wegen nicht genügender Eisenstärken des Bodenstücks für nicht zweckmäßig, hob dabei hervor, diese glatten Geschütze mit ihren großen Munitionsvorräthen könnten vorläufig nicht entbehrt werden, und ihre Umänderung sei auch so kostspielig, daß man besser gleich neue Geschütze anschaffe; sie schlug dagegen die Umänderung der bronzenen Röhre, zunächst der 12pfdgn. vor. Trotz der gegen die Bronze immer noch bestehenden Bedenken, wurde die Aptirung je eines Rohres für Keil- und Kolbenverschluß angeordnet. Das letztere erhielt vor dem Kolbenkopfe bald so starke Ausbrennungen, daß der Versuch eingestellt wurde. Das erstere nahm an den Jülicher Versuchen Theil und bewährte sich recht gut.

Die darauf angeregte Aenderung der bronzenen 6Pfdr. in gezogene unterblieb, da die Metallstärken nicht ausreichend erschienen. Mit den 12pfdgn. Röhren wurden die Versuche 1861 und 1862 fortgesetzt und ihre Aptirung wurde im Juni 1863 zugleich mit der Einführung des Keilverschlusses ausgesprochen. Da die Versuche mit der Kupferliberung bei bronzenen Röhren noch kein ganz befriedigendes Resultat gegeben hatten, so erhielten die aptirten Röhre vorläufig eine volle Stahlplatte und zur Dichtung Preßspahnböden. Die Ladungsraumkante war noch ohne Stahlring.

Zur Aptirung wurden sofort die aus der Feldartillerie ausscheidenden 12pfdgn. Röhre C/42 und ein Theil der in der Defension vorhandenen Röhre C/16 herangezogen, während die 24pfdgn. erst im Winter 1863/64 umgeändert wurden.

An dieser Stelle muß noch die interessante Thatsache erwähnt werden, daß bei der Anregung zur Aptirung der glatten Röhre der einzige Versuch zur Einführung gezogener Vorderlader gemacht worden ist. Der Vorschlag ging von der Gen.-Insp. der Art. aus, welche, die bronzenen Röhre zur Hinterladung nicht geeignet haltend, die Umänderung der 12Pfdr. in Vorderlader vorschlug.

Die Art.-Prüf.-Comm. mußte einen Entwurf dazu — nach französischem Modelle im Mai 1860, vorlegen. Sie machte dabei darauf aufmerksam, daß man mit dieser Aptirung und der dazu eigenthümlichen Munition, zu deren Anfertigung Nichts vorhanden sei und über die man gar keine Erfahrungen habe, auf keinen Fall früher oder billiger zur Complettirung der Festungen gelangen könne, als mit Aptirung der Röhre in Hinterlader. Außerdem wisse man noch gar nicht, wie diese Röhre sich in Frankreich bewährten.

Die Gen.-Insp. wollte diese Gründe nicht gelten lassen und meinte, dieselben möchten theilweise auf einer zuweitgehenden Vorliebe für das bereits eingeführte Hinterladungssystem beruhen; das dürfe nicht hindern, einen Vorderlader zu versuchen. Auf diesen Vorschlag, welcher die Entwickelung auf unabsehbare Zeit verzögert haben würde, wurde glücklicherweise nicht eingegangen.

II. Die Umänderung der Laffeten.

Nachdem die Beschaffung der gezogenen Röhre im Jahre 1860 im vollen Gange war, handelte es sich um Beschaffung von Laffeten für dieselben. Mit Rücksicht auf Kostenpunkt und Schleunigkeit der Herstellung empfahl sich die Verwendung oder Umänderung der bisherigen Laffeten. Das Allg. Kriegs-Dep. forderte die Art.-Prüf.-Comm. im December 1860 zu Vorschlägen über die Verwerthung der Walllaffeten auf.

Die Comm. berichtete, in den bisherigen Walllaffeten könnten die gezogenen 9 cm. und 12 cm. Röhre nur 5—6°, die 15 cm. Röhre nur 7° Elevation erhalten, weil dann der Verschluß an die Wände, oder die über die Richtsohle hervorragende Richtspindel stoße; bei den 12pfdgn. und 24pfdgn. Belagerungslaffeten seien die Verhältnisse ähnliche und durch Aptirungen werde eine Elevationsfähigkeit von höchstens 11° zu erreichen sein, was den Schußweiten von 2860—3000 m. entspreche. — Da die bei 16° Elevation erreichbare Schußweite aber 3750 m. betrage und diese, sowie noch größere Schußweiten in Zukunft nöthig werden würden, so müsse die Elevationsfähigkeit der Laffeten bis zu 20° gesteigert werden, wozu Neuconstructionen entworfen werden müßten. Bei diesen sei sogleich die Verzichtung auf Anwendung tiefer Scharten ins Auge zu fassen, indem letztere die Verwendung der gezogenen Geschütze erheblich beschränkten. In Zukunft dürften nur flache oder besser gar keine Scharten zur Anwendung kommen. Die Gen.-Insp. der Art. bemerkte zu diesem Gutachten, es erscheine möglich die schmiedeeisernen Festungslaffeten No. I, II und III, vielleicht auch die hölzernen hohen Rahmen-Laffeten im angedeuteten Sinne zu aptiren. Der Versuch dazu sei um so mehr zu machen, als beide Laffetenarten nur flache Scharten beanspruchten.

Das Kriegs-Ministerium entschied darauf im Februar 1861.

a) Es ist die Aptirung der 12pfdgn. und 24pfdgn. hohen Rahmen-Laffete zu versuchen.

b) Die Walllaffeten sind mit kurzen Richtspindeln zu versehen, um die Elevationsfähigkeit bis auf mindestens 11° zu bringen.

c) Die Aptirung der 12pfdgn. Feldlaffeten ist gleichfalls in Betracht zu ziehen.

d) Die Neuconstruction von 6pfdgn., 12pfdgn. und 24pfdgn. Laffeten für Defension und Belagerungstrain und für Benutzung flacher Scharten ist zu entwerfen. Diese Laffeten sind womöglich analog der eisernen Laffete für die 25pfdge. Bombenkanone und die 50pfdge. Haubitze zu construiren.

Die Art.-Prüf.-Comm. erledigte nicht allein mit großer Beschleunigung diese Aufträge, sondern ging selbstständig noch weiter vor.

1. Die Aptirung der 12pfdgn. und 24pfdgn. hohen Rahmenlaffeten.

Die Lagerhöhe dieser Laffeten blieb unverändert 189 cm., ihre Elevationsfähigkeit wurde bis 15° gebracht, die Aptirung wurde nach längeren Versuchen angenommen.

2. Die Aptirung der 12pfdgn. und 24pfdgn. Wall- und Belagerungslaffeten.

Im März 1861 legte die Art.-Prüf.-Comm. eine vom Hauptmann Blume angegebene Aptirung je einer 12pfdgn. Wall- und Belagerungslaffete vor, welche durch Aufsetzen eines eisernen

Bocks, der später fast unverändert angenommen wurde, erreicht worden war. Die Elevationsfähigkeit betrug 15°; das Schild=zapfenlager lag 146 cm. (56") über dem Boden.

Daneben wurde eine billigere und leichter ausführbare Aptirung durch Anbringung eines Holzaufsatzes für 157 cm. Feuerhöhe vorgeschlagen, welche indeß für Belagerungslaffeten nicht anwendbar war, da sie die Benutzung des Marschlagers ausschloß.

Die mit den, nach beiden Vorschlägen umgeänderten Wall= und Belagerungslaffeten ausgeführten Fahr=Handhabungs= und Schießversuche lieferten günstige Ergebnisse, worauf im Frühjahr 1862 die Aptirung der Walllaffeten mit hölzernem Aufsatz, die der Belagerungslaffeten mit eisernem Bock verfügt wurde. Die 12pfdgn. Walllaffeten erhielten 157 cm.; die sämmtlichen übrigen Laffeten 173 cm. Feuerhöhe.

Die Elevationsfähigkeit war 10—11°. Die Aptirung wurde auf eine große Zahl 12pfdgr. Wall= und Belagerungslaffeten übertragen, welche durch das Ausscheiden glatter 12pfdgr. Röhre im Sommer 1862 disponibel wurden.

3. Die Aptirung der schmiedeeisernen Festungslaffeten No. I., II., III.

Diese Laffeten konnten nach einem Bericht der Art.=Prüf.=Comm. durch Verlegung des Richtwelllagers für eine Elevation bis zu 17° eingerichtet werden.

Das Kriegs=Ministerium ordnete indeß nur Versuche mit den Laffeten No. II. und III. an. Auf Grund der günstigen Resultate schlug die Art.=Prüf.=Comm. im Frühjahr 1862, mit besonderem Hinweis auf die Vereinfachung des Systems, die alleinige Fertigung dieser Laffeten für gezogene Geschütze vor, welche indeß im Hinblick auf die in Construction begriffene Gestell=Laffete abgelehnt wurde. Es erfolgte nur die Aptirung eines Theils der Laffeten No. II. und III., für 12 resp. 15 cm. Kanonen und für eine Lagerhöhe von 186 resp. 191 cm.

4. Die Aptirung der 12pfdgn. Feldlaffeten C/16, C/42 und C/56.

Dieselbe wurde zunächst durch Aufsetzen eines eisernen Bocks für eine Lagerhöhe von 157 cm. und für eine Elevation von

17—18° bewirkt. Da die Aptirung theuer und schwer herzustellen war, wurde ein hölzerner Aufsatz versucht, welcher demnächst angenommen wurde.

Drittes Kapitel.

Die mit dem aptirten Material bei Düppel und in den späteren Jahren gemachten Erfahrungen und Betrachtung der Aptirungen.

I. Die Erfahrungen von Düppel.

Die Belagerung von Düppel bot die erste Gelegenheit zum Gebrauche der gezogenen Geschütze vor dem Feinde und gewährte, besonders auf materiellem Gebiete, die Sammlung ausgedehnter und werthvoller Erfahrungen, welche für die noch in der Herstellung und Weiterbildung begriffenen Geschütze auf das Beste verwerthet werden konnten.

Auf Veranlassung der Gen.-Insp. der Art. wurden im Februar 1864 drei Mitglieder der Art.-Prüf.-Comm., der Oberst Neumann, sowie die Hauptleute Stumpf und Hoffmann nach dem Kriegsschauplatze entsendet mit dem Auftrage, theils die richtige Behandlung und Verwendung des Materials Seitens der wenig geübten Truppe zu überwachen, theils die Erfahrungen und sonst zu Tage tretenden besonderen Vorkommnisse zu sammeln und den Ursachen der letzteren möglichst auf den Grund zu gehen. — Diese Commission schickte fortlaufende Berichte nach der Heimath, welche die Grundlage für eine Anzahl bedeutsamer Verbesserungen und Aenderungen bildeten.

Es waren vor Düppel im Ganzen an gezogenen Geschützen thätig: 8-8 cm. und 36,-9 cm. Feldgeschütze; die Röhre der letzteren von Gußstahl C/61. Ferner 47-12 cm. Geschütze, sämmtlich bronzene, aptirte Röhre mit Keilverschluß und voller Stahlplatte. Zur Liderung wurden Preßspahnböden benutzt. 24-15 cm. Geschütze; aptirte Röhre mit Keilverschluß und Kupferliderung. Die 12 cm. Geschütze hatten aptirte 12pfdge. Feldlaffeten C/42 und C/56; die 15 cm. Geschütze aptirte Belagerungs-Laffeten C/31 mit eisernem Bock.

Das Verhalten war Folgendes:

1. Die Röhre. Die 9 cm. Röhre erhielten ringförmige Ausbrennungen im Ladungsraum unmittelbar vor dem Kolbenkopf.

Zur Beseitigung derselben wurden verlängerte Stahlansätze des Kolbenkopfes eingeführt. —

Die eisernen Verschlußthüren zersprangen sehr oft und wurden durch bronzene ersetzt.

Im Uebrigen hielten die Röhre, von denen mehrere schon die Schußzahl von 1600 erreichten, sich fast tadellos.

Die 12 cm. Röhre erhielten meist durch mangelhaftes Verhalten der Preßspahnböden und im Durchschnitt nach 500 Schüssen — einzelne sogar nach viel geringerer Schußzahl — so starke Ausbrennungen an der nicht mit Stahlring versehenen Ladungsraumkante, daß 15 Röhre zeitweise ganz unbrauchbar, 18 stark beschädigt wurden. Durch Einsetzen von Stahlringen wurden sie wieder hergestellt. — Im Uebrigen gaben diese Erfahrungen den Anlaß zur Annahme der Kupferliderung für alle aptirten Röhre.

Von den 15 cm. Röhren wurden bei dem guten Verhalten der Kupferliderung nur 8 zeitweise unbrauchbar, nach durchschnittlich 810 Schüssen.

Der Keilverschluß bewährte sich trotz geringer Verbiegungen der Keile vollkommen und war in der Bedienung bequem und einfach.

2. Die Laffeten. Die Feld-Laffeten gaben zu keinen Ausstellungen Anlaß.

Von 66 aptirten 12 cm. Feld-Laffeten C/42, welche zur Verwendung kamen, wurden 16 durch Zerbrechen oder Zerreißen der Wände ganz unbrauchbar. — Da diese Laffeten noch nicht zu entbehren waren, wurden sie durch ein verstärktes unteres Laffetenblech haltbarer gemacht.

Von aptirten 15 cm. Belagerungslaffeten C/31 waren 29 im Gebrauch. An zweien derselben erhielten die Laffetenwände, die schon alt und morsch waren, Risse. — Im Uebrigen bewährten sich diese Laffeten vollkommen.

3. Die Munition. An den Granaten stellten sich Uebelstände nicht heraus; ebensowenig an den als Schrapnels fertig gemachten Granaten.

Die Zündvorrichtung gab nur einen geringen Procentsatz an Versagern.

An Schrapnels wurden 340—12pfdge. mit Richterschen Zeitzündern verschossen. Letztere functionirten gut. Die Geschosse wurden für völlig kriegsbrauchbar erklärt.

Von den Granaten wurde ein Theil durch Einfüllen von sogenannten Brandern, als Brandgeschosse mit Vortheil verbraucht. Es trat indeß zuweilen ein frühzeitiges Krepiren der Geschosse ein, verursacht durch den Stoß der Kupferröhrchen gegen den Geschoßboden, bei der ersten Bewegung der Geschosse im Rohre.

II. Betrachtung der Aptirungen.

Wenn das aptirte Material durch die angedeuteten Verbesserungen auch gebrauchsfähiger wurde, so ist es doch niemals im wahren Sinne des Wortes kriegsbrauchbar geworden.

An den Röhren zeigte sich im Laufe der nächsten Jahre und besonders auch bei den Belagerungen von 1870/71 der ernste Uebelstand des Nachgebens der hinteren Keillochfläche in Folge nicht ausreichender Metallstärken, wodurch ein Verbiegen der Keile veranlaßt wurde, welches nicht selten das Zerspringen der Stahlplatten herbeiführte. Das Ausscheiden der aptirten Röhre ist daher im Jahre 1871 angeordnet worden.

Das gesammte aptirte Laffetenmaterial erwies sich in der Folgezeit auch als wenig kriegsbrauchbar.

Zum Theil entsprach seine Construction nicht den neueren Anforderungen, zum Theil konnte das hohe Alter der Laffeten keine Dauer mehr versprechen. Sie stammten größentheils aus den Constructionen von 1819, 1821 und 1832. Die aptirten hölzernen, hohen Rahmenlaffeten waren im Vergleich zu den übrigen Laffeten complicirt und schwerfällig. Beim Gebrauch zeigten sie so viele Uebelstände für die Bedienung und Handhabung, daß ihr Ausscheiden schon 1868 angeordnet wurde.

Bei den aptirten Wall-Laffeten war die Richtsohle nicht haltbar; bei mehreren Belagerungs-Laffeten brachen im letzten Kriege die Wände in Folge hohen Alters quer durch. — Das Ausscheiden dieser Laffeten ist gleichfalls 1871 angeordnet worden. Die schmiedeeisernen Festungslaffeten, nur in kleiner Zahl aptirt, blieben überhaupt nur kurze Zeit in den Beständen. Ihre complicirte Einrichtung war den neuen Verhältnissen in keiner Weise entsprechend.

Nach diesen Betrachtungen hat die Umänderung des alten Materials keinen, im Verhältniß zu den Kosten stehenden, Vortheil gehabt. Sie war aber durch die, in der sogenannten

„Conflictszeit" obwaltenden öconomischen Verhältnisse geboten, wenn die Ausrüstung der Festungen nur annähernd der sonstigen Wehrkraft des Staates gleich gemacht werden sollte. — Selbst bis zum Jahre 1870 war die Verwaltung nicht in der Lage, das aptirte Material durch neues zu ersetzen.

Viertes Kapitel.
Die Neuconstructionen.

Die im Laufe der Aptirungs-Versuche, sowie bei der Belagerung von Düppel mit dem aptirten Material gemachten Erfahrungen gaben eine feste Grundlage für die Neuconstructionen von Röhren und Laffeten, welche, seit längerer Zeit beabsichtigt, im Jahre 1864 endgültig entworfen und angenommen wurden.

I. Die Geschützröhre C/64.

Die Anregung zur Neuconstruction von Röhren gaben die Versuche mit dem Keilverschluß. Da die mit Kolbenverschluß versehenen Röhre für Keilverschluß nicht umgeändert werden konnten, mußte eine Neuconstruction entworfen werden. Sie kam zuerst zur Ausführung bei den oben erwähnten 16 9 cm. Gußstahlröhren. Obgleich sie sich hierbei bewährte, stand man von ihrer Einführung um so mehr ab, als der größte Theil der 9 cm. Röhre mit Kolbenverschluß für die Feld-Artillerie schon fertig, und dieser Verschluß inzwischen ausreichend verbessert war. Dagegen gelangte die Construction eines eisernen 9 cm. Rohrs mit Keilverschluß 1863 zur Einführung.

Die Construction eiserner 12 cm. und 15 cm. Röhre mit Keilverschluß wurde 1862 in Angriff genommen, 1863 ausgeführt und Ende dieses Jahres angenommen. Eiserne 12 cm. Röhre wurden damals aber nicht gefertigt, da man vorläufig mit den aptirten bronzenen ausreichte.

Als die Herstellung der eisernen 9 cm. und 15 cm. Röhre soeben begonnen, kamen beim Anschießen derselben mehrfache ernste Beschädigungen vor; es zersprangen sogar einige Röhre im Bodenstück. Auf Allerhöchsten Befehl wurde daher im

Frühjahr 1864 die Anfertigung dieser Röhre vorläufig eingestellt und im October 1864 überhaupt verboten.

Da diese Röhre für den neu zu bildenden Belagerungstrain bestimmt waren, mußten nun für diesen Constructionen in Bronze entworfen werden. Der Befehl dazu erging im März 1864; die Zeichnungen wurden für die 12 cm. Röhre im Mai, für die 15 cm. Röhre im September vorgelegt. Die Versuche kamen bald zu Ende, so daß die Einführung dieser Röhre unter der Bezeichnung C/64 im December 1864 erfolgte.

Da das bronzene 15 cm. Rohr nur für eine Ladung von 2,25 k. construirt, und für den Belagerungstrain nach den Düppeler Erfahrungen ein Rohr für stärkere Ladungen erwünscht war, so wurde im November 1864 die Construction eines Gußstahlrohres für 3 k. Ladung befohlen, welche erst 1865 zum Abschluß kam, indeß auch die Bezeichnung C/64 erhielt.

Alle diese Constructionen der Röhre mit Keilverschluß zeigten in der Folge größere, oder geringere Uebelstände, deren Beseitigung noch vielfache Versuche und Aenderungen nöthig machte. Letztere erfüllten nur zum Theil ihren Zweck. —

Viele Schwierigkeiten machten die an der Ladungsraumkante und der vorderen Keillochfläche entstehenden Ausbrennungen, welche die Erneuerung jener Kante durch Einsetzen von Stahlringen erforderlich machte. Die letzteren, anfangs lose eingesetzt, dann fest eingepreßt, endlich eingeschraubt, erfüllten den angestrebten Zweck in befriedigender Weise. — Diese Versuche kamen erst 1870 zu Ende.

II. Die Laffeten:

1. Die Gestell-Laffeten.

Die Anfang 1861 angeregte Erhöhung der Laffeten, führte im Sommer 1861 zur Vorlage eines vom Major Blume entworfenen Projectes einer sogenannten Gestell-Laffete, welche besonders zu schneller Aufstellung ohne Scharten, bei einer Feuerhöhe von 183 cm. geeignet sein sollte.

Die Laffete bestand aus einem höheren Untergestell mit 2 hohen Rädern, welches nur einer unbedeutenden Unterlage bedurfte, und einem eisernen Laffetenaufsatz — wie bei den schmiedeeisernen Laffeten No. I. und II. C/1849.

Nachdem diese Laffeten mit sogar 210 cm. Feuerhöhe bei der Truppe im Jahre 1862 geprüft waren, berichtete die Art.-Prüf.-Comm., diese Laffete sei eine wirklich ambulante Festungslaffete, schnell zu bedienen, leicht zu transportiren und aufzustellen, aber nur für 9 cm. und 12 cm. Röhre verwendbar.

Die im Jahre 1863 fortgesetzten Versuche deckten erhebliche Uebelstände für die Bedienung und zwar in Betreff der Regulirung des Rücklaufs durch die Bremsen auf. Der Bericht darüber hob indeß ganz besonders die Vorzüge dieser Laffeten in Bezug auf Deckung und mit Bezug auf den Wegfall der Scharten hervor, betonte das ambulante Element der Laffete und beantragte die Annahme derselben für die Belagerungs- und Defensions-Artillerie (September 1863). — In Folge der noch nicht geregelten Rücklaufs-Verhältnisse wurden indessen weitere ausgedehnte Versuche 1864 bei der Truppe ausgeführt, welche noch erhebliche Mängel beim Schießen an den Tag brachten. Nachdem darauf bezügliche constructive Aenderungen bewirkt waren, fanden 1865 wiederum Versuche bei den Truppen statt, deren Resultate gleichfalls in hohem Grade ungünstig waren. Die Laffete war entschieden nicht stabil genug; beim Schießen schlug sie öfter um und fiel vom Gestell herab.

Das Urtheil der Art.-Prüf.-Comm. lautete nun dahin: Die Aufgabe: bei **möglichst hoher Feuerhöhe** eine Laffete von möglichst kleiner Basis und geringer Tiefe herzustellen, sei sehr schwierig gewesen und daraus seien die Nachtheile der Laffete zu erklären, welche übrigens theilweise dem noch falschen Gebrauche Seitens der Truppen zuzuschreiben seien. — Die Laffete sei bei Anwendung schwacher Ladungen unbedingt brauchbar, bedürfe aber der Verbesserung. — Die Aenderungen wurden mehrfach ohne Erfolg versucht. Man ließ sich aber immer durch die große Feuerhöhe der Laffete, und ihre schnelle Aufstellung ohne Rahmen und Bettung bestechen und hielt sie für kriegsbrauchbar. Die Fertigung der Laffeten wurde indeß 1867 eingestellt und wurden die beiden, mit No. I. und II. bezeichneten Laffeten nur für das 9 cm. Rohr bestimmt, da auch der Gebrauch der 12 cm. Kanone darin zu bedenklich war.

Das Ausscheiden der Laffeten wurde schon 1868 in Aussicht genommen, ist aber noch nicht durchgeführt, wenn gleich die Laffeten auf nur einige Festungen concentrirt worden sind.

2. Die Belagerungs=Laffeten C/64.

Alle bisher gewonnenen Erfahrungen, sowie die klare Erkenntniß derjenigen Grundsätze, welche bei Herstellung einer Laffete für gezogene Festungsgeschütze zur Anwendung gelangen müssen, ließen kaum noch einen Zweifel, daß eine, der aptirten Belagerungs=Laffete mit eisernem Bock analoge Neuconstruction die am meisten kriegsbrauchbare, den neuen Verhältnissen am besten Rechnung tragende sei. — Als daher im Frühjahr 1864 die Beschaffung von 300 Laffeten für die gezogenen Kanonen des neuen Belagerungstrains angeordnet wurde, gab das Allg. Kriegs=Dep. den Befehl zur Construction der neuen Laffeten, die im Sinne der bewährten Erfahrungen und Grundsätze geschehen sollte.

Die danach entworfenen äußerlich übereinstimmenden Laffeten für alle drei Kaliber von gleicher Feuerhöhe (183 cm.) wurden im Laufe des Jahres 1864 versucht.

Die 12 cm. Laffete wurde darauf schon im Oktober, die 15 cm. Laffete am 31. Dezember 1864 definitiv eingeführt; die 9 cm. Laffete hielt in der ersten Construction nicht; der zweite Entwurf kam im Frühjahr 1865 zum Versuch und im Juni b. J. zur Einführung.

Diese neuen, ursprünglich für Belagerungszwecke construirten Laffeten kamen später bekanntlich auch für alle auf offenem Walle zu verwendenden Defensionskanonen zur Annahme. In der Detail=Anordnung wurden alle bisherigen Erfahrungen auf das Zweckmäßigste verwerthet. Die später eingeführten Kanonen (:kurze 15 cm. und 15 cm. Ring:) haben Laffeten derselben Construction erhalten. Bemerkenswerth ist noch die Annahme der Hemmkeile für diese erhöhten Laffeten.

Dieselben waren schon in den Jahren 1842 bei den Versuchen mit den glatten Hinterladern geprüft worden.

Obgleich diese Geschütze damals nicht zur Einführung kamen, schlug die Art.=Prüf.=Comm. 1845 doch die Annahme der Hemmkeile zur Vermeidung des Rücklaufs bei denjenigen Geschützen vor, welche mit starken Ladungen feuern, (Kanonen in Enfilir=, Bresch= und Contre=Batterien) oder auf sehr schmalen Wallgängen stehen.

Bei den ersten Versuchen mit den gezogenen Hinterladern kamen die Hemmkeile natürlich sofort wieder zur Anwendung und nun zur definitiven Einführung.

Fünftes Kapitel.
Die Erweiterung des Systems von 1864—1870.

Die Einführung und Einstellung der drei gezogenen Kanonenkaliber mußten zu der Frage führen, ob dieselben befähigt seien, nur die drei entsprechenden glatten Kanonen, oder noch andere glatte Geschütze, oder endlich das ganze System derselben zu ersetzen.

Diese Frage wurde thatsächlich, vor Allem in den entscheidenden Kreisen aufgeworfen, indeß von vornherein nicht in ihrem ganzen Umfange, vielmehr stückweise erörtert und beantwortet. Die Ansichten entwickelten sich vornehmlich in drei Richtungen.

Die erste ging darauf aus, durch die gezogenen Kanonen die glatten Kanonen und auch einige andere glatte Geschütze, besonders die leichten und mittleren Haubitzen, zu ersetzen, während der Ersatz der übrigen glatten Geschütze durch jene gezogenen, vorläufig und vielleicht für immer als unmöglich angesehen wurde. In diesem Sinne sprach sich die Gen.-Insp. mehrmals in den Jahren 1861 und 1862 aus.

Die zweite Richtung ging weiter, indem sie auch die schweren Haubitzen und die Bombenkanonen durch die gezogenen Kanonen zu ersetzen dachte.

Diese Richtung, sowie auch die erste, gründete sich auf die Befähigung der gezogenen Kanonen zu einem hohen Bogenschusse, der mit kleinen Ladungen und größeren Elevationen (bis 20°) eine den Haubitzen und Bombenkanonen überlegene Trefffähigkeit hatte und damit auch die Sprengwirkung der Geschosse vereinigte.

Diese Eigenschaft führte, wie in der „Entwickelung der Feld-Artillerie[1]" ausführlich besprochen worden, zunächst im Jahre 1862 und 1863, Versuche zur Ausbildung des hohen Bogenschusses für die 9 cm. Kanone und darauf das Ausscheiden der Feldhaubitzen herbei. —

Sie führte ferner zur Aufstellung der Schußtafeln für kleine Ladungen für die 12 cm. und 15 cm. Kanonen, zu dem Zwecke, hiermit den indirecten Schuß gegen wagerechte, wie senkrechte Ziele, in gleicher Ausdehnung zu ermöglichen, wie dies bei den glatten schweren Haubitzen und Bombenkanonen der Fall gewesen war.

Welcher Zwang damit dem Charakter der Kanonen angethan wurde, geht aus folgenden Zahlen hervor.

Auf 600 m. Entfernung erreichten die gezogenen 12 cm. und 15 cm. Kanonen mit den **kleinsten Ladungen** von 0,35 k. bezw. 0,8 k. die Einfallwinkel von 7^{12} und 5^{13} Grad; während für gleiche Schußweiten die 7pfdge. und 10pfdge. Haubitze **unter Anwendung der vollen Gebrauchs= ladung** Fallwinkel von 6^{13} und 6^{7} Grad ergaben und die 25pfdge. Haubitze und Bombenkanone, bei 1,5 k. Ladung Fall= winkel von 5^{10} Grad hatten. —

Die genannten glatten Geschütze ergaben bei Benutzung ihrer **kleinsten Gebrauchsladungen** auf 600 m. Ent= fernung sogar Fallwinkel von 15—24°. —

Die grundsätzliche Verwendung der kleinen Ladungen für die drei gezogenen Kanonen, wäre eine Verläugnung aller bis= herigen Constructionsgrundsätze gewesen, welche die Bestimmung der Rohrlänge von dem Hauptzwecke eines Geschützes, also von der Haupt=Gebrauchsladung abhängig machten; mithin für ein Geschütz mit kleiner Gebrauchsladung zur Erreichung stark ge= krümmter Bahnen, ein kurzes Rohr verlangten. — Das Fest= halten jenes Standpunktes hätte aber ferner die volle Verwerthung der Vorzüge der gezogenen Geschütze abgeschnitten.

Es konnte daher nicht ausbleiben, daß man von diesen Irrthümern zurückkam, sobald die Frage gründlich erwogen, und die Herstellung eines für den indirecten Schuß und zum Ersatz der schweren Haubitzen **besonders** geeigneten Geschützes in An= griff genommen wurde.

Die dritte Richtung der Ansichten verfolgte sogar den Ersatz der glatten Mörser durch die gezogenen Kanonen; ein Stand= punkt der von vielen, darunter namhaften, Artilleristen einge= nommen wurde, welche einfach erklärten, jedes gezogene Geschütz sei, vermöge der damit zu erreichenden stark gekrümmten Flug= bahnen nnd der minenartigen Wirkung seiner Geschosse, als Mörser zu gebrauchen.

Im Festhalten dieses Standpunktes wurde man durch die Vorversuche zur Construction der kurzen 15 cm. Kanone, sowie durch andere Versuche bestärkt, welche sich, wie z. B. in Baiern auf die Verwendung der gezogenen 15 cm. Kanone bis zu 45° Elevation erstreckt und verhältnißmäßig gute Resultate geliefert hatten. Man verkannte damit vollständig die Natur des Mörsers, die in Verwendung der relativ kleinsten Ladungen, in den relativ kürzesten Röhren zum Schießen der schwersten Geschosse ausgesprochen ist.

Die kleinsten Ladungen der gezogenen 12 cm. und 15 cm. Kanonen ergaben allerdings Ladungsquotienten ($1/_{41}$ und $1/_{34}$), welche hinter denen der glatten 25pfdgn. und 50pfdgn. Mörser, aber bei Anwendung der stärksten Ladungen ($1/_{26}$ und $1/_{32}$), zurückblieben. Allein jene kleine Ladung machte das Geschütz noch nicht zum Mörser. Unzweifelhaft war die große Rohrlänge für diese Verhältnisse nachtheilig.

Die Geschoßwirkung der 15 cm. Granate war ferner, sofern lebende Ziele in Betracht kommen, kaum größer, als die der 7pfdgn. Bombe und gegen feste Ziele geringer, als die der 25pfdgn. und 50pfdgn. Bomben, deren Sprengladungen, gegen 1—2 k. größer waren.

Dieser Standpunkt wurde endlich unhaltbar, als die Versuche mit der kurzen 15 cm. Kanone mehr Klarheit in die Frage brachten. Hatte dieses Geschütz schon den Unterschied zwischen langen und kurzen Kanonen wieder zur Geltung gebracht, so führte es in zweiter Linie zur Scheidung der kurzen Kanone vom Mörser.

Die vorstehenden Betrachtungen lassen erkennen, welchen Täuschungen man sich einerseits in Betreff der Leistungsfähigkeit der drei gezogenen Kanonen hingab, und wie wenig man andrerseits die Ausbildungsfähigkeit der gezogenen Geschütze begriff. Die Erkenntniß, daß folgerichtig ein System gezogener Geschütze entstehen müsse, welches nach Geschützart und Kaliber sich eng an das der glatten anzulehnen habe, fehlte ganz. Erst die Praxis und die Versuche sollten den richtigen Weg zeigen.

I. Die kurze 15 cm. Kanone und der 21 cm. Mörser.

1. Vorversuche.

Die Art.-Prüf.-Comm. warf im Juni 1864 die Frage auf: ob nicht die Einführung eines erleichterten, angemessen verkürzten 15 cm. Rohres, zum Gebrauch mit erheblich verminderten Ladungen für den indirecten Schuß zweckmäßig sei? Die Nothwendigkeit eines solchen Rohres wurde durch die Bedeutung begründet, welche diese Schußart in Zukunft erlangen müsse. Ein kleineres, als das 15 cm. Kaliber erschien als nicht wirksam genug. Nachdem die höheren Behörden den Entwurf zur Construction eines solchen Rohres befohlen hatten, wurden zunächst Vorversuche mit drei Arten verlängerter Granaten angestellt, da das Bestreben dahin ging, die durch die verminderten Ladungen herabgesetzte Wirkung, durch Steigerung der Geschoßwirkung wieder zu heben. Diese Geschosse hatten, bei zum Theil erheblich größerem Gewicht nur unerheblich größere Ladung, als die gewöhnlichen Granaten, gaben daher unbedeutende Wirkungssteigerung und trafen auch nicht besser. Sie wiesen auf die Nothwendigkeit der Construction anderer Geschosse hin.

Im April 1865 forderte die Gen.-Insp. von der Art.-Prüf.-Comm. eine Aeußerung über die Herstellung eines gezogenen Mörsers, welche nothwendig erscheine, um das Mörserfeuer in Bezug auf Trefffähigkeit in analoger Weise zu steigern, wie dies bei den Kanonen im Vergleich zu den glatten geschehen sei.

Die Commission beschloß diese Frage vorläufig mit der der kurzen 15 cm. Kanone zusammenzufassen und beantragte im Mai 1865 Vorversuche mit zwei, im gezogenen Theile auf 156,9 cm. und 78,5 cm. Länge abgeschnittenen 15 cm. Röhren und einem normalen 15 cm. Rohre von 228,84 cm. Länge des gezogenen Theils. —

Die Versuche sollten sich erstrecken auf Ermittelung der Anfangsgeschwindigkeiten, der Trefffähigkeit, des Verhaltens der Geschosse zur Bahntangente während der Flugbahn, beim Aufschlage und Eindringen in die Erde.

Die Anfangsgeschwindigkeiten wurden aus den erhaltenen Schußweiten errechnet.

Für den hohen Schuß kamen die Elevationen von 30° und 53½° und Ladungen von 0,75 k. — 0,3 k. zur Anwendung.

Die werthvollen Resultate waren folgende:

Die Trefffähigkeit der verschieden langen Röhre war bei den Ladungen, welche gleiche Anfangsgeschwindigkeit gaben, nahezu gleich. Die kleinen Ladungen verlangten Behufs Erhaltung der guten Trefffähigkeit einen stärkeren Drall, als größere.

Das starke Pendeln der Geschosse beim Schießen mit kleinen Ladungen und großen Elevationen hatte nur geringen nachtheiligen Einfluß auf die Trefffähigkeit. Dagegen trat bei kleinen Ladungen eine starke Verschmutzung des Rohrs und damit eine Verkürzung der Schußweiten ein. Die Geschosse drangen mit der Spitze zuerst in den Boden, wühlten sich darin vorwärts und blieben meist in horizontaler Lage stecken. Die Zündvorrichtungen funktionirten dabei ohne Tadel.

Aus diesen Ergebnissen war die Möglichkeit einer zweckmäßigen Construction, sowohl für eine kurze Kanone, als auch für einen Mörser abzuleiten. Die Commission, bestochen durch die erreichbare Mörserwirkung, verschob in ihren Folgerungen die ganze Angelegenheit etwas und schlug ein Geschütz vor, welches in gleicher Weise Mörser und Haubitze sein, demnach einen gezogenen Theil von 78,46 cm. Länge und 1,5 k. Gebrauchsladung erhalten und bis zu Elevationen von 75° zu gebrauchen sein sollte.

Eine Minorität der Commission vertrat aber eine wesentlich andere Ansicht, indem sie für den Mörsergebrauch die Erledigung der Laffetenfrage in den Vordergrund stellte, welche nur mit einem schweren Kaliber zu entscheiden sei, wozu ein 21 cm. Rohr vorgeschlagen wurde.

Wie schon erwähnt, war durch jene Anträge die ursprüngliche Frage der Construction einer kurzen Kanone verwischt, denn das vorgeschlagene 15 cm. Geschütz war — im Vergleich zu den betreffenden glatten Geschützen — eine sehr kurze Haubitze und ein viel zu langer Mörser.

Die höheren Behörden legten durch die getroffenen Entscheidungen die Angelegenheit klar, indem sie im Juni 1866 bestimmten, es sei eine kurze 15 cm. Kanone, von 156,9 cm. Länge des gezogenen Theils, für 1,5 k. Ladung und dafür eine Laffete von 45° Elevationsfähigkeit, und außerdem ein 21 cm. Mörser mit besonderer Laffete zu construiren. Damit gingen von nun an die Versuche auseinander.

2. Die Construction der kurzen 15 cm. Kanone.

Die vorstehend für die Construction dieses Rohres gegebenen Directiven lehnten sich eng an das glatte kurze 24pfdge. Rohr an. Der von der Commission aufgestellte Entwurf nahm in Betreff des Verschlusses und der inneren Rohreinrichtung im Allgemeinen das gezogene 15 cm. Rohr zur Grundlage. Zur Ermittelung des besten Dralles wurden zwei Röhre mit 5°, bez.

7° Drallwinkel vorgeschlagen. Die vorgeschlagenen Laffeten hatten die Einrichtung der Belagerungslaffeten C/64.

Behufs schneller Aenderung der Elevation erhielt eine Laffete eine Richtmaschine nach Art der Feldgeschütze, die andere eine in der österreichischen Artillerie gebräuchliche. Der im December 1866 eingereichte Versuchs-Entwurf beantragte Erschießen der Schußtafel für Ladungen von 0,25 k. — 1,5 k. und Elevationen bis zu 40°; Schießen mit scharf geladenen Granaten gegen Erd- und Mauerwerk, Prüfung der Laffeten in Bezug auf Haltbarkeit, Bedienung u. s. w., endlich Prüfung einer sogenannten verlangsamten Zündvorrichtung.

a) Die Feststellung der Rohrconstruction.

Zu dem im Monat Mai bis Juli 1867 stattfindenden Schußtafel-Versuche wurden, außer den beiden bronzenen Röhren mit 5° und 7° Drallwinkel, das früher schon benutzte, auf 156,9 cm. Länge des gezogenen Theils abgeschnittene, eiserne Rohr, und ein 15 cm. Rohr von normaler Länge herangezogen. Beide hatten 3½° Drallwinkel. Die Ergebnisse der Versuche und die daraus gezogenen Schlüsse waren folgende:

„Der größere oder geringere Drall ist ohne Einfluß auf die Geschwindigkeit der Geschosse, dagegen wächst mit seiner Größe die constante Seitenablenkung.

„Der für die Trefffähigkeit günstigste Drallwinkel scheint zwischen 3½ und 5° zu liegen.

„Die verkürzten Röhre verlieren gegen das lange an Trefffähigkeit merklich erst auf mittleren Entfernungen.

„Dieser Verlust muß durch Steigerung der Geschoßwirkung aufgehoben werden, d. h. es sind verlängerte Granaten mit dünnem Bleimantel anzuwenden.

„Bei Elevationen über 20° bleiben die Geschosse im Erdboden stecken. Die kurze 15 cm. Kanone kann dann als Mörser, aber nur in untergeordneter Weise gebraucht werden."

Der Ladungsraum hatte sich als etwas zu knapp erwiesen und sollte nachgebohrt werden.

Die Verschlüsse mit abgeschnittenen Ladelöchern waren für das Einsetzen der Kartuschen und Geschosse unbequem, daher sollte auf den Verschluß mit ganzen Ladelöchern, sowie mit festen Kurbeln zurückgegangen werden.

Die von der Art.-Prüf.-Comm. im Februar 1868 vorgeschlagenen weiteren Versuche, sollten mit Granaten von verschiedener Länge und zunächst mit dickem Bleimantel, mit verschiedenen Ladungen und mit Elevationen bis 30° ausgeführt werden.

Das Allg. Kriegs-Dep. hielt indeß zur Beschleunigung der ganzen Angelegenheit eine Abkürzung der Versuchsreihen für nothwendig und ordnete sogleich die Construction und Prüfung von Granaten mit dünnem Bleimantel und von drei verschiedenen Längen an. Von den, demgemäß entworfenen drei Modellen, kam das kürzeste, unter der Bezeichnung 15 cm. Langgranate nach ausgedehnten Trefffähigkeitsversuchen und nach den Stettiner Breschversuchen später zur Einführung. Diese wichtige Frage wird später im Zusammenhange besprochen werden. Aus ökonomischen Gründen wurde 1868 auch die Herstellung von gußeisernen Röhren angeregt. Es wurden zwei solche Röhre hergestellt, welche sich an die Construction der bronzenen Versuchs-Röhre anlehnten, je 24 Züge und 4° Drallwinkel erhielten.

Außerdem wurde auf Veranlassung des Allg. Kriegs-Dep. die Herstellung eines Rohres mit Kolbenverschluß und nur 12 Zügen bewirkt. Der Kolbenverschluß war durch die Zweifel angeregt, welche man über die genügende Dichtung der Kupferliderung bei kleinen Ladungen hatte. Durch 12 Züge von doppelter Breite glaubte man den Eintritt des Geschosses in die Züge zu erleichtern und die Bewegungen des Geschosses regelmäßiger zu machen. —

Ende 1868 waren nunmehr folgende Fragen zu lösen:

Ist der Drallwinkel von 4° der relativ beste, sowohl für die Langgranate, wie für die gewöhnliche Granate?

Ist die Zahl von 12 oder 24 Zügen die vortheilhaftere?

Ist das Eisen für diese Geschützröhre verwendbar und die Construction mit Kolben-, oder die mit Keilverschluß vorzuziehen?

Die Lösung der beiden ersten Fragen bedingte ausführliche Trefffähigkeitsversuche mit verschiedenen Ladungen; die der letzteren sollte durch einen Dauerversuch herbeigeführt werden.

Alle diese Versuche wurden seit December 1868 ausgeführt. Dabei kam zum ersten Male der Le Boulengésche Chronograph zur Verwendung und wurden zahlreiche Ermittelungen auf dem ballistischen Gebiete angestellt, welche später besprochen werden sollen.

Der Drall von 4° wurde als der vortheilhafteste erkannt; die Zahl von 12 Zügen ergab schlechtere Resultate, als die von 24. Demgemäß wurde die Schußtafel mit einem Rohr von 4° Drall und mit 24 Zügen erschossen.

Der Kolbenverschluß war für die Bedienung unbequemer, als der Keilverschluß; die Liderung war bei Letzterem auch für kleine Ladungen gut, so daß er zur Annahme kam.

Der Dauerversuch mit drei eisernen Röhren ergab, mit Ausnahme der Ausbrennung der Zündlöcher, so gute Resultate, daß die Anwendbarkeit des Eisens unbedenklich schien. Die Art.-Prüf.-Comm. hielt im October 1869 die Versuche für abgeschlossen und schlug die eisernen Röhre mit Keilverschluß, 4° Drall, 24 Zügen zur definitiven Einführung vor, welche im Februar 1870 befohlen wurde.

Ueber die inzwischen im December 1868 in Stettin und im November 1869 in Silberberg ausgeführten Breschversuche wird besonders gesprochen werden.

b) **Die Feststellung der Laffeten-Construction.**

Die 1866 entworfenen drei Laffeten, deren Elevationsfähigkeit i Folge der verschiedenen Richtmaschinen verschieden, nämlich $51^3/_4°$, $45^3/_4°$ und $34°$ war, bewährten ihre Haltbarkeit bei den Versuchen im Jahre 1867. Die Preußische Richtmaschine gestattete indeß einen schnelleren Elevationswechsel, als die Oesterreichische.

Von Einfluß auf die Construction der Laffeten wurde demnächst der im Oktober 1868 gefaßte Beschluß, den Mörsergebrauch der kurzen 15 cm. Kanone, und ihre Maximal-Elevation auf 30° zu beschränken. Dadurch wurde eine Vereinfachung und größere Haltbarkeit der Richtmaschine und eine Erleichterung der Laffete möglich. —

Diese Erleichterung war aber ganz besonders für den bequemen und vielseitigen Gebrauch des Geschützes erwünscht. Es wurde demgemäß eine erleichterte und verkürzte Laffete für 30° Elevation in zwei Exemplaren hergestellt; das eine mit preußischer, das andere mit österreichischer Richtmaschine. Ihr

Gewicht betrug nur circa 900 k. Ihre Achsen und Räder waren die der 12 cm. Belagerungslaffete C/64.

Diese Laffeten zeigten sich bei dem Schießen mit 1,5 k. Ladung und 30° sogleich als nicht genügend haltbar. — Daher wurden sofort im April 1869 zwei stärkere mit Achsen und Rädern der 15 cm. Belagerungslaffete hergestellt, welche einem Dauerversuche bis zu 800 Schüssen unterworfen wurden. Die sehr lange Richtspindel der österreichischen Richtmaschine erlitt dabei eine Verbiegung, sonst hielten die Laffeten. Diese Construction kam daher mit preußischer Richtmaschine 1870 zur Einführung.

3. Der 21 cm. Mörser.

Zu derselben Zeit, als die Gen.-Insp. die Frage zur Construction eines gezogenen Mörsers aufgeworfen hatte, war vom Major Wesener (Mai 1865) der Entwurf zu einem fahrbaren 21 cm. Mörser eingereicht worden. Die Motive dieses Entwurfs waren: Steigerung der Trefffähigkeit für das Mörserfeuer und der Geschoßwirkung behufs Zerstörung von sehr widerstandsfähigen Decken, sogar von Decks von Panzerschiffen auf größere Entfernungen. — Diese letzteren Zwecke waren offenbar nicht mit dem 15 cm. Kaliber zu erreichen, daher der Vorschlag zu dem 21 cm. Mörser, der mit einer Maximalladung von 2,5 k. eine Granate mit dünnem Bleimantel von 75 k. mit 7,5 k. Sprengladung unter Elevationen von 15 bis 40° schießen sollte.

Der Entwurf sollte von der Art.-Prüf.-Comm. begutachtet werden, blieb indeß bis zum Abschluß der Vorversuche mit den abgeschnittenen 15 cm. Röhren liegen und wurde dann nicht befürwortet, da, wie oben erwähnt, die kurze 15 cm. Kanone bis zu Erhöhungen von 75° als Mörser verwerthet werden sollte. Damit war offenbar die Wirkung der glatten schweren Mörser gegen feste Ziele theils nur unvollkommen, theils gar nicht zu ersetzen. —

Aus diesem Grunde reichten der Major Wesener und Hauptmann Roerdansz das Separat-Votum ein, in welchem sie auf sofortige Construction des 21 cm. Mörser drangen, und die Wichtigkeit der Herstellung einer haltbaren Laffete für Elevationen bis 60 und 75° betonten. Das Allg. Kriegs-Dep. ordnete im April 1866 die Construction des 21 cm. Mörsers an, der für 4 k. Ladung und mit einem gezogenen Theil von circa 0,75 m., also gegen 4 Kaliber Länge hergestellt werden sollte. Von Laffeten sollten zwei Constructionen, mit verschiedener Elevationsfähigkeit entworfen werden.

Die Art.-Prüf.-Comm. reichte im September 1866 die Entwürfe zu den Röhren und Granaten ein. Ein Rohr hatte einen Ladungsraum für Benutzung der kurzen Granate mit dickem Bleimantel, das andere für Benutzung einer $2^1/_2$ Kaliber langen Granate mit dünnem Bleimantel erhalten. Diese wog 80 k. und faßte 7,5 k. Sprengladung. Die Länge des gezogenen Theils betrug $4^1/_2$ Kaliber; die Zugzahl betrug 30; der Drall 7°. Im November 1866 wurde der Entwurf zu einer Laffete für Elevation von 15°—75° eingereicht.

Das Allg. Kriegs-Dep. genehmigte die Herstellung zweier bronzenen Röhre, sowie die der Laffete, befahl aber noch die Herstellung einer Laffete mit Richtkeil.

Im März 1867 reichte der Fabrikant Grüson den Entwurf zu einem 21 cm. Mörser aus Hartgußeisen (5° Drall) und mit einer den vorgenannten Laffeten ähnlichen, aber von Eisen, ein, von welchem ein Exemplar in Bestellung gegeben und zu den Versuchen herangezogen wurde.

Die beiden erstgenannten Mörser waren die im Kriege von 1870 zur Verwendung gekommenen Versuchs-Mörser.

Die Gewichtsverhältnisse aller drei Mörser waren folgende:

	bronzener Mörser.		Grüson'scher Mörser.
	I.	II.	
Rohrgewicht ohne Verschluß	3320 k.	3192 k.	4349 k.
Gewicht des Verschlusses	269,5 „	258,5 „	321,25 „
Gewicht der Laffete mit Transporträdern	4014,5 „	4014,5 „	5023,5 „
Gewicht der Protze	550,5 „	550,5 „	1192,5 „
Summa	8154,5 k.	7970 k.	11097,75 k.

Der erste Orientirungsversuch mit dem bronzenen Mörser No. I wurde im Juli und August 1867 ausgeführt. Er sollte Auskunft geben über die Trefffähigkeit der beiden Granatsorten bei verschiedenen Elevationen und Ladungen, über die Schußweiten und Eindringungstiefen, über ihr Verhalten während des Fluges, besonders bei den Elevationen von 60 und 75° und bei verschiedener Schwerpunktslage. Die Erprobung der Laffete lief damit zusammen. —

Von den Resultaten sind hier folgende zu erwähnen.

Die größte mit 4 k. Ladung und 30° Elevation erreichte Schußweite war für die Langgranate 4073 m., für die kurze 3663 m.

Die von der Langgranate ausgeworfenen Trichter bei 3 und 4 k. Ladung und 30 und 45° Elevation hatten Tiefen bis zu 1,85 m. und Weiten bis 3,1 m.

Die übrigen Ergebnisse über das Verhalten und die Eigenschaften der Geschosse werden später besprochen werden.

Auf Grund dieser Ergebnisse wurde im December 1867 der Entwurf für die weiteren Versuche zunächst für den schon versuchten Mörser No. I und den Grüson'schen aufgestellt. — Dieser Entwurf war nach einem weitgehenden Plane entworfen, und erfuhr durch die nach und nach gewonnenen Ergebnisse mehrfache Abänderungen. Die kurzen Granaten mit dickem Bleimantel wurden von den weiteren Versuchen ausgeschlossen und als größte Ladung wurden 3 k. festgesetzt. Diese Herabsetzung schien zur Erleichterung des später anzunehmenden Geschützes durchaus nothwendig und andererseits zulässig, da die mit 4 k. erreichbaren großen Schußweiten, nicht für erforderlich und zum Beschießen kleiner Ziele überhaupt nicht für geeignet gehalten wurden. Durch die nächsten Versuche wurde der Drall für das zweite bronzene Rohr, auf 9° bestimmt. Das Rohr trat dann sogleich in die Versuche, bei denen seit Ende 1868 der Chronograph von Le Boulengé ebenfalls die ausgedehnteste Verwendung fand. Die Vergleichsversuche mit den drei Mörsern wurden mit den Ladungen von 1, 1,5, 2 und 3 k. und den Elevationen von 30, 45 und 60° ausgeführt. — Schon im Juni 1869 beantragte die Art.-Prüf.-Comm. eine Abkürzung des ursprünglichen Versuchsprogramms, indem sie anführte, es sei jetzt schon klar, daß mit Rücksicht auf die Gewichte von den drei Mörsern keiner zur Einführung gelangen könne. Die Trefffähigkeits-Ermittelungen seien bald abgeschlossen und bliebe dann nur die Feststellung der Geschoßwirkung übrig. Diese wichtige Frage könne und müsse durch Beschießen bombensicherer Eindeckungen von größter Widerstandsfähigkeit und durch Schießen gegen die Verdecke gepanzerter Schiffe gelöst werden. Der erstere Zweck verlange als Ziel festes altes Mauerwerk. Das Allg. Kriegs-Dep. bestimmte dazu die Werke der aufgegebenen Festung Silberberg, wo diese Versuche, von denen noch ausführlich gesprochen werden wird, im November 1869 zur Ausführung kamen.

Die Trefffähigkeits-Versuche mit verschiedenen Granat-constructionen, über die noch besonders berichtet werden wird, wurden bis zum Sommer 1870 fortgesetzt; der Schlußbericht, im Juli 1870 eingereicht, gab folgende Ergebnisse an. —

Die versuchten Drallwinkel ließen keinen scharfen und gesetzmäßigen Einfluß auf die Trefffähigkeit erkennen. Der stärkere Drall war günstiger für schwächere Ladungen und große Elevationen; gab bei allen Elevationen größere constante Seitenablenkungen und geringere Eindringungstiefen der Geschosse, als der schwächere.

Die Elevation von 45° gab kleinere Längen- aber größere Breitenstreuungen, als die von 30°. Jene erschien daher zum Beschießen von nicht sehr schmalen Zielen vortheilhafter, als diese.

Die Eindringungstiefen der Geschosse nahmen mit der Elevation und der Ladung zu. Bei 3 k. Ladung und 60° war sie so groß (über 1,6 m.), daß die minenartige Wirkung der Geschosse nicht mehr zu Tage trat.

In Betreff der Röhre und Laffeten stellte sich Folgendes heraus:

Das Grüson'sche Rohr hatte in den hinteren Keillochkanten feine Risse erhalten, die zwar in der Folge ohne Nachtheil blieben, aber dieses Material doch nicht zur Einführung empfahlen. Die Parallelzüge dieses Rohres waren den Keilzügen nachzustellen, da sie weniger gleichmäßige Geschoßgeschwindigkeiten herbeiführten. Der Grüson'sche Mörser war überhaupt zu schwer und unbequem für die Bedienung. Auch für die bronzenen Mörser war eine Gewichtsverminderung absolut nothwendig.

Der Doppelkeilverschluß mit Kupferliderung hatte befriedigt.—

Die Laffeten hatten sich gut gehalten; die Schraubenrichtmaschine war der Keilrichtmaschine vorzuziehen, da sie viel schnelleren Wechsel der Elevation gestattete.

Die gründliche Erwägung dieser Resultate führte die Art.-Prüf.-Comm. zu dem Vorschlage, es sei ein erleichterter Mörser für 2 k. Ladung, im Allgemeinen nach den bisherigen Grundsätzen, zu construiren und dafür die 21 cm. Langgranate C/69 anzuwenden. Der Vorschlag zur Construction des erleichterten Mörsers war schon länger vorbereitet und gründlich diskutirt worden. Schon zu dem Berichte über den Orientirungsversuch vom December 1867 hatte der Hauptmann Trautmann ein Separatvotum eingereicht, welches nachwies, daß die Versuchs=mörser keine Mörser, sondern kurze Haubitzen seien.

Im Vergleich zu den glatten Mörsern war bei ihnen das Geschoßgewicht auf das dreifache, die Geschwindigkeit auf das doppelte gestiegen und daraus ein sehr hohes Gewicht der Geschütze entstanden. Als Bombenkanonen oder Haubitzen waren sie viel zu kurz. Zum Zerstören bombensicherer Eindeckungen konnten die großen Gebrauchsladungen gar nicht in Betracht kommen, da z. B. bei 2 k. Ladung und 30° Elevation, die Schußweite 2180 m. betrug, wobei die Trefffähigkeit gegen kleine Ziele nicht genügte. Die Ladung von 1,5—2 k. sollte daher für den gezogenen Mörser als Maximum angesehen werden.

Hauptmann Trautmann schlug einen Mörser für 1,5 k. Ladung und 141 m. Anfangsgeschwindigkeit vor, dessen Gewicht circa 1250—1500 k. sein würde. —

Dieser Antrag hatte zunächst nur die Herabsetzung der Ladung auf 3 k. für die weiteren Versuche zur Folge. —

Im Juni 1868 legte Hauptmann Trautmann den Entwurf zu einem erleichterten 21 cm. Mörser in zwei Constructionen und für eine erleichterte Granate vor. — Die Röhre waren für 2 k. und 1,5 k. Ladung construirt, circa 1687,5 k. und 1325 k. schwer; die Länge des gezogenen Theiles sollte $5^1/_2$ Kaliber, der Drall 7 und 10° betragen.

Die erleichterte Granate, für die vorgeschlagenen Ladungen haltbar genug, sollte leer ca. 42 k. wiegen und 7,75 k. Spreng=ladung fassen. —

Die Laffeten sollten Elevation von 0° bis 75° gestatten; im Ganzen 1000 bis 1100 k. wiegen. Dieser Entwurf wurde innerhalb der Art.=Prüf.=Comm. zunächst einer besonderen Begut=achtung unterworfen, welche anerkannte, daß die Schußweite von ca. 2250 m. bei 2 k. Ladung und 30° und 60° Elevation genüge und demnach ein erleichterter Mörser für 2 k. annehm=bar sei. —

Darauf beantragte die Art.=Prüf.=Comm. im Juli 1869 die Herstellung eines solchen, indem sie bestimmt annahm, daß von den schweren Versuchsmörsern keiner zur Einführung ge=langen könne, daher zur Beschleunigung der Angelegenheit eine entsprechende Umconstruction nöthig sei. — Auch die Gen.-Insp. befürwortete den Antrag; allein das Allg. Kriegs-Dep. lehnte ihn ab, indem es die Entbehrlichkeit der Ladung von 3 k. vorläufig für nicht begründet erachtete und ihre Unzulässigkeit erst durch weitere Erfahrungen beim Schießen mit hohen Elevationen auf näheren Entfernungen bewiesen wissen wollte. Diesen Beweis konnten die bevorstehenden Versuche in Silberberg liefern, worauf es möglich werden konnte, an eine endgültige Neuconstruction zu gehen. Bei den weiteren Versuchen auf dem Schießplatze zeigte sich nun, daß die minenartige Wirkung der Granaten bei Eindringungstiefen über 1,6—1,9 m. merklich abnimmt und bei geringeren Tiefen die Trichterweiten zunehmen.

Es zeigte sich ferner bei schwachen Ladungen die ausreichende Durchschlagskraft der Geschosse gegen leichtere Eindeckungen. Bei den Silberberger Versuchen aber wurden die mit Erddecke versehenen Gewölbe durch die Mörsergranaten bei 3 k. Ladung nicht zerstört.

Die Zerstörung bombensicherer Räume konnte demnach für die Construction des gezogenen Mörsers nicht mehr maßgebend sein, und eine Verminderung der Ladung von 3 auf 2 k. erschien nicht allein zulässig, sondern zur Erleichterung des Geschützes sogar nothwendig. Die dabei zu erreichende größte Schußweite von ca. 2410 m. galt für alle Fälle des Belagerungskrieges als ausreichend.

Diesen Antrag stellte die Art.-Prüf.-Comm. in dem oben erwähnten Schlußberichte vom 23. Juli 1870, indem sie auf den im Juli 1869 eingereichten Entwurf zu einem erleichterten Mörser hinwies. Das Allg. Kriegs-Dep. befahl nun unter dem 29. Juli 1870 die schleunige Herstellung von 10 Mörsern dieses Vorschlages, welche vor Allem noch während des bevorstehenden Krieges zur Verwendung kommen sollten.

Die ersten Mörser dieser Art (erleichterte Mörser C/70) wurden schon Mitte September 1870 fertig. —

Die Art.-Prüf.-Comm. stellte sofort die Schußtafel für dieselben auf. Es wurde indeß ausgesprochen, die Versuche zur endgültigen Feststellung der Rohr- und Geschoßconstruction sollten nach dem Kriege fortgesetzt und dabei die Ladung von 3 k. noch nicht ausgeschlossen werden.

II. **Granaten mit dünnem Bleimantel und Langgranaten.**

Es ist schon oben erörtert worden, wie man die Vor- und Nachtheile des dicken Bleimantels aufgefaßt und versucht hatte, den letzteren zu erleichtern. Nachdem die Versuche kein entscheidendes Resultat gegeben, regte der General v. Kunowski im Jahre 1862 die Anwendung eines dünnen Bleimantels nach der in England eingeführten Methode an. Es war der auf die glatte Mantelfläche des Geschosses durch Verzinkung befestigte Mantel, welcher die Vergrößerung der inneren Höhlung und Vermehrung der Kugelfüllung bei Schrapnels ohne weiteres mit sich brachte.

Anfänglich tauchten Zweifel darüber auf, ob es möglich sein werde, die Befestigungsmethode sicher zu beherrschen, und ob der Bleimantel wirklich fest genug haften werde. Man befürchtete auch häufige Beschädigungen der Seele durch im Rohre krepirende Geschosse. Diese Bedenken wurden indeß schnell beseitigt und und dann sofort für die im Versuch befindlichen 8 cm. Kanonen Granaten mit dünnem Bleimantel hergestellt. Die während des Jahres 1863 ausgeführten Versuche ergaben im Allgemeinen günstige Treffresultate, so daß sie 1864 in ausgedehnter Weise fortgesetzt wurden. Bei einem im November 1864 in Magdeburg mit Feldgeschützen ausgeführten Breschversuche kamen auch 8 cm. Granaten mit dünnem Bleimantel zur Anwendung.

Der Schlußbericht führte an, die Trefffähigkeit der neuen und alten Granaten sei zwar gleich gut, aber die letzteren gäben doch erheblich mehr Sprengstücke, als erstere, so daß sie für den Feldkrieg entschieden vorzuziehen seien. Dagegen seien Schrapnels mit dünnem Bleimantel und gegen feste Ziele, auch dergleichen Granaten ohne Zweifel vortheilhafter, als Geschosse mit dickem Bleimantel. Es wurden demnächst 12 cm. Granaten mit dünnem Bleimantel gefertigt und 15 cm. Granaten in Aussicht genommen; die Versuche kamen indeß nicht vorwärts.

1. 15 cm. Langgranaten.

Bei den Versuchen mit den abgeschnittenen 15 cm. Röhren wurden, wie oben besprochen, verlängerte Granaten mit dickem Bleimantel versucht, welche dem Zwecke nicht entsprachen.

Um den kurzen 15 cm. Kanonen eine ausreichende Wirksamkeit zu verleihen und sie zu befähigen, die schweren Haubitzen und 25pfdgn. Bombenkanonen wirklich zu ersetzen, hielt die Art.-Prüf.-Comm. in ihrem Berichte vom Jahre 1867 die Einführung einer verlängerten Granate für unbedingt nöthig, worauf das Allg. Kriegs-Dep. im April 1868 die Construction von verlängerten Granaten mit dünnem Bleimantel anordnete. Es wurden drei Modelle entworfen, deren Länge 2,41; 2,75 und 2,98 Kaliber betrug.[3]

Diese Thatsache bezeichnet einen wichtigen Schritt in der Entwickelung der Geschoßfrage. Der seit 17 Jahren eingenommene Standpunkt wurde endlich verlassen.

Die Geschwindigkeitsmessungen ergaben, daß bei 1,5 k. Ladung die angestrebte Geschwindigkeit von 251 m. von dem leichtesten der drei vorerwähnten Modelle (No. I) erreicht wurde.

Diese Granate war der gewöhnlichen Granate in Bezug auf Trefffähigkeit fast durchweg überlegen und kam in Bezug auf Eindringungstiefen in den gewachsenen Boden ihr gleich. Sie gab allerdings weniger Sprengstücke, als letztere, mußte aber mit mehr als doppelt so großer Sprengladung gegen feste Ziele viel mehr leisten. Die Granate No. I wurde darauf um ein Geringes erleichtert, so daß sie fast genau das Gewicht der gewöhnlichen Granate erhielt und dann fast ausschließlich weiter versucht.

Die Granate II war zu schwer; ihre Anwendung bei einer Ladung, welche nur 248,8 m. Geschwindigkeit gab, führte einen Bruch einer Laffetenwand herbei. Sie wurde daher nur noch zu einigen Vergleichsversuchen herangezogen. Auf ihre Einführung und noch mehr auf die der noch schwereren Granate No. III mußte verzichtet werden.

Die Wirkung der Versuchs-Granaten No. I gegen feste Ziele, wurde dann bei den Versuchen in Stettin, im December 1868, m Vergleich zu der der gewöhnlichen Granaten, geprüft. Ihre Ueberlegenheit war bedeutend.[4] Die kurze 15 cm. Kanone wurde dadurch befähigt, viele Aufgaben, welche bisher der langen 15 cm. Kanone zufielen, zu übernehmen; sie konnte ferner die glatte 25pfdge. Haubitze und Bombenkanone ohne Zweifel ersetzen.

Bei den weiteren Vergleichsversuchen gab die Granate No. I

beim kurzen 15 cm. Rohre für die stärkeren Ladungen, und beim langen Rohre überhaupt, bessere Treff-Resultate, als die gewöhnliche Granate.

Sie wurde demnach im Juli 1869 unter dem Namen 15 cm. Langgranate C/69 für die kurze Kanone als alleiniges Geschoß, für die lange zum Ersatz der gewöhnlichen Granate eingeführt, so daß letztere nicht mehr gefertigt werden sollte.

Bei dem Silberberger Breschversuch im November 1869 kam die Langgranate ausschließlich zur Verwendung.

Erwähnt sei noch, daß die Granate haltbar genug war, um bei den bedeutend verstärkten Ladungen der später construirten 15 cm. Ringkanonen ohne Weiteres benutzt zu werden. Sie ist für diese Geschütze ebenfalls, allerdings mit Hartbleimantel, angenommen worden.

2. Die 21 cm. Langgranaten.

Neben diesen Versuchen mit den 15 cm. Granaten, liefen Versuche mit verlängerten Granaten für den 21 cm. Mörser. —

Schon der vom Major Wesener für dieses Geschütz aufgestellte Entwurf hatte eine Granate mit dünnem Bleimantel in Aussicht genommen.

Bei dem von der Art.-Prüf.-Comm. im September 1866 aufgestellten Versuchs-Entwurf war auf die, für die 21 cm. Kanone damals bestimmte Granate mit dickem Bleimantel und auf eine $2^1/_2$ Kaliber lange Langgranate mit dünnem Bleimantel Rücksicht genommen.

Beide wurden bei den Versuchen im Sommer 1867 in verschiedenen Beziehungen in Vergleich gestellt.

Die lange Granate gab bessere Treffresultate, als die kurze. Die Eindringungstiefen in den gewachsenen Boden waren bei beiden nahezu gleich, die ausgeworfenen Trichter waren bei der Langgranate erheblich größer, als bei der kurzen. —

Von ungemeinem Interesse und bisher unbekannte Erscheinungen darbietend, war das Verhalten der Geschosse während des Fluges bei sehr hohen Elevationswinkeln (60—75°). Die Geschosse begannen hierbei während des aufsteigenden Astes eine Pendelung, indem sie, vom Geschütz aus gesehen, mit der Spitze nach rechts aus der Schußebene abwichen. Die Pendelung voll=

zog sich sehr langsam, und während des kurzen Ueberganges der Flugbahn von dem aufsteigenden zum niedersteigenden Aste, lag das Geschoß fast ganz horizontal und quer zur Schußebene, mit der Spitze nach rechts in der Luft. Beim Niedersinken in den absteigenden Ast suchte es dann die Pendelung nach unten und links fortzusetzen, also wieder in die Bahnebene und zugleich mit seiner Längenachse unter die steil abwärts geneigte Bahntangente zu kommen. Zuweilen gelang dies, und dann kam das Geschoß mit der Spitze zuerst zu Boden: zuweilen gelang dies aber nicht, indem der von unten wirkende Luftwiderstand, dessen Resultante die Geschoßachse vor dem Schwerpunkte schneidet, die vordere Geschoßhälfte hob. Das Geschoß fiel dann mit dem Boden zuerst zur Erde. Die Seitenablenkung war in beiden Fällen sehr groß; in letzteren war die Seitenstreuung bedeutend und die Eindringungstiefe gering.

Bei den 15 cm. Granaten waren ähnliche Pendel-Erscheinungen beobachtet worden. Um sie noch deutlicher zur Erscheinung zu bringen und ihnen dadurch näher auf den Grund kommen zu können, wurden sowohl 15 cm. wie 21 cm. Granaten mit Bleieinguß, ein Mal im vordern Theile, das andere Mal am Boden versehen, wodurch der Schwerpunkt im ersten Falle vor die Mitte der Geschoßlängenachse, im zweiten noch mehr nach hinten gerückt wurde.

Bei den 21 cm. Granaten wurde der Schwerpunkt im ersten Falle um 2,9 mm. vor die Mitte der Geschoßachse; im zweiten 49,2 mm. hinter dieselbe gelegt.

Die so eingerichteten 15 cm. Granaten zeigten beim Schießen keine scharf und wesentlich verschiedenen Erscheinungen. Wohl aber trat bei den 21 cm. Granaten mit vorgerücktem Schwerpunkt eine Pendelung nach links ein.

Es lag nun nahe, eine Geschoßconstruction zu entwerfen, deren Schwerpunkt gleichsam eine neutrale Lage hatte, und dadurch den Ausschlag der Pendelungen auf ein Minimum zu reduciren. Die Lösung dieser Frage ergab sich bei näherer Erwägung aber als sehr schwierig, wenn nicht als unmöglich. Das Vorrücken des Schwerpunktes erforderte z. B. gradezu einen massiven vorderen Geschoßtheil.

Da nun zur Erreichung einer großen Durchschlagskraft die Elevationen über 60° für nicht entbehrlich angesehen wurden, so wurden sogenannte symmetrische Granaten construirt. Dieselben hatten an beiden Enden eine gleiche Geschoßspitze. Durch verschiedene Eisenstärken war dabei der Schwerpunkt um 14 mm. resp. 11 mm. nach beiden Seiten aus dem Mittelpunkt gerückt. Diese Granaten sollten unter allen Umständen mit einem spitzen Theile zu Boden kommen und große Eindringungstiefen geben. Sie zeigten aber eine sehr geringe Trefffähigkeit und besonders große Längenabweichungen, so daß von ihrer Einführung abgesehen werden mußte. —

Eine drei Kaliber lange Granate wurde wegen zu hohen Gewichts (105,3 k.) und zu geringer Trefffähigkeit ebenfalls aufgegeben. Weitere Schwierigkeiten machte die verhältnißmäßig geringe minenartige Wirkung der verlängerten Granate mit 7,25 k. Sprengladung. Die Ursache dazu wurde in zu geringer Wandstärke, also zu geringer Widerstandsfähigkeit der Wandung gesucht. Nachdem diese verstärkt, die Sprengladung um 1,30 k. verringert war, blieb die minenartige Wirkung dieselbe, und wurde theilweise sogar besser. Unter diesen Umständen erschien es gerechtfertigt, statt jener Granate, die inzwischen für die 21 cm. Küstenkanonen eingeführten Langgranaten von 2½ Kaliber Länge, mit circa 5 k. Sprengladung anzunehmen, und dies um so mehr, als sie bei den Vergleichsversuchen in Bezug auf Trefffähigkeit jener verlängerten Granate nicht nachstand.

III. Schrapnels mit dünnem Bleimantel.

Gleichzeitig mit den Granaten mit dünnem Bleimantel wurden 1863 Schrapnels mit diesem Bleimantel versucht; die bis 1865 fortgesetzten Versuche führten zur Annahme der Schrapnels. — Das Nähere hierüber, sowie über die Schrapnelzünderfrage ist in der Entwickelung der Feld-Artillerie besprochen.

IV. Brand- und Leuchtgeschosse.

Als Brandgeschosse wurden zum ersten Male bei Düppel Granaten mit sogenannten Brandern verwendet. Letztere waren kupferne Röhrchen mit Brandsatz geschlagen, welche mit dem oberen Theile der Sprengladung eingefüllt bei der Explosion der Granate umher geschleudert wurden und sehr intensiv, 1—2 Minuten lang brannten. Sie sinken beim Transport der

Geschosse allmälig auf den Geschoßboden und bewirken beim Abfeuern durch den Gegenstoß gegen letzteren frühzeitiges Krepiren der Granaten. In Folge dessen sind Versuche mit besonders construirten Brandgeschossen, bisher aber ohne Resultat, angestellt worden.

Die Benutzung des elektrischen Lichts und der Leuchtraketen hat die Anwendung besonderer Leuchtgeschosse für gezogene Geschütze in den Hintergrund gedrängt.

Es haben zwar kurze Versuche in dieser Beziehung stattgefunden, dieselben sind aber ohne Erfolg geblieben, und die Nothwendigkeit oder Zweckmäßigkeit solcher Geschosse muß überhaupt bezweifelt werden. Sie würden immer nur mit kleinen Ladungen, auf geringen Entfernungen zu verwerthen sein und vom Terrain und der Umgebung, in die sie fallen, ebenso abhängig bleiben, wie die älteren Leuchtgeschosse. —

V. Die verlangsamte Zündvorrichtung.

Die große Empfindlichkeit der Percussionszündvorrichtung führt beim Einschlagen in feste Ziele die Explosion der Granaten oft herbei, bevor ihre lebendige Kraft ganz zur Geltung gekommen, d. h. bevor das Geschoß die volle Eindringung erlangt hat. Dieser Umstand hatte schon im Jahre 1862 die Prüfung einer sogenannten verlangsamten Zündvorrichtung, aber ohne Erfolg, veranlaßt.

Die Frage gewann erhöhte Bedeutung für die mit kleinen Ladungen, bezw. kleinen Geschwindigkeiten, zu verfeuernden Granaten der kurzen 15 cm. Kanonen. Da diese bis zum Moment der Explosion noch weniger tief eindringen können, als Granaten mit großer Geschwindigkeit, so mußte ihre Leistung sehr vermindert werden und die große Sprengladung der Langgranaten großentheils unverwerthet bleiben.

Daher wurden schon bei den Stettiner Versuchen verlangsamte Zündvorrichtungen geprüft, bestehend in einer verlängerten und verstärkten Bolzenkapsel, in deren unteres Ende ein Satzstück eingepreßt war, welches durch die Zündpille zunächst entzündet wird, und durch seine Brennzeit die Entzündung der Sprengladung verzögern sollte. Bei diesen Versuchen trat das frühzeitige Krepiren der scharfgeladenen Granaten mit der ge=

wöhnlichen Zündvorrichtung deutlich hervor, denn ihre Eindringungstiefen waren fast durchweg geringer, als die der ungeladenen mit gleicher Geschwindigkeit verschossenen Granaten, und der Unterschied wuchs mit der Abnahme der Geschwindigkeit. — Das Bedürfniß einer verlangsamten Zündvorrichtung war daher augenscheinlich; die im Versuch befindliche war aber noch nicht zweckentsprechend, denn sie funktionirte unregelmäßig und verzögerte nicht immer die Explosion. Die Versuche in dieser Frage wurden daher 1869 auch bei den gezogenen Mörsern fortgesetzt, deren Geschosse unter gewissen Umständen beim Eindringen in Erdziele ebenfalls so früh krepirten, daß die minenartige Wirkung nicht zum vollen Austrage kam.

Es kamen dann verlangsamte Zündvorrichtungen bei den Silberberger Versuchen zur Anwendung. Sie verzögerten die Explosion beim Breschiren zwar oft, aber nicht immer, so daß die Aufgabe noch ungelöst blieb.

Endlich wurden diese Zündvorrichtungen bei den Graudenzer Versuchen 1873 benutzt, wobei sie vielfach in befriedigender Weise, aber im Allgemeinen noch nicht so sicher funktionirten, daß ihre Construction als abgeschlossen angesehen werden könnte. —

Sechstes Kapitel.
Betrachtung des Materials und seiner Entwickelung.
I. Die Geschützröhre.
1. Die äußeren Verhältnisse und Abmessungen der Röhre.

Die Metallstärken, äußeren Formen und Abmessungen der glatten Geschütze wurden, wie früher erwähnt, im Allgemeinen, und mit den durch den Verschluß und den Ladungsraum bedingten Aenderungen auf die ersten gezogenen eisernen Röhre C/61 übernommen.[5] Die Einrichtung des Verschlusses und des Ladungsraumes für die langen Geschosse bedingten im Allgemeinen eine größere Gesammtlänge der Röhre, welche relativ am schärfsten bei den kurzen Röhren und vor Allem bei den Mörsern hervortreten mußte.

Mit der Aptirung der älteren bronzenen Röhre übernahm man deren Haupt=Abmessungen ebenfalls für die bronzenen gezogenen. Da das aptirte 12 cm. Rohr das der Feld=Artillerie war, so fiel es von vornherein in Bezug auf Länge ganz aus dem System der eigentlichen Festungsgeschütze heraus, und das ist noch heute der Fall.

Auch die Stahlconstructionen entfernten sich von jenen Verhältnissen nicht.

Das gezogene kurze 15 cm. Rohr lehnte sich eng an das gleichnamige glatte an. Da alle bisherigen Erfahrungen für seine Construction verwerthet werden konnten, war dieselbe von vornherein so zweckmäßig, daß sie fast unverändert eingeführt wurde. Anders war es mit dem 21 cm. Mörser. Die Unkenntniß über die Gasspannungs=Verhältnisse, besonders bei so hohen Geschoßgewichten, führte zu einer überaus starken Metallconstruction, von der man in der Construction des erleichterten Mörsers C/70 zwar zurückkam, ohne indeß die richtigen Constructions=Verhältnisse eines gezogenen Mörsers gefunden zu haben.

2. Die Seelenlänge.

Die Seelenlänge, ein Haupt=Element für die ballistische Leistung des Geschützes, muß bei den glatten und gezogenen Geschützen in der Weise in Vergleich gestellt werden, daß bei ersteren die Länge vom Geschoßlager bis zur Mündung, bei letzteren die des gezogenen Theils berücksichtigt wird, also die Längen, welche das Geschoß im Rohre durchläuft. Als Vergleichsmaßstab ist dabei die Länge nach Kalibern anzunehmen.

Nach diesen Gesichtspunkten beurtheilt ergeben sich folgende Verhältnisse der Seelenlängen:

von den eisernen Röhren C/61 sind die 9 cm. Röhre ungefähr 3 $1/2$ Kaliber länger, die 12 cm. Röhre gegen 3 Kaliber kürzer, die 15 cm. Röhre gegen 2 Kaliber länger, als die gleichnamigen glatten Röhre.

Von den späteren Neuconstructionen sind die 9 cm. Stahl= resp. Bronzeröhre ungefähr 9 resp. 3 $1/2$ Kaliber länger; die 12 cm. Bronzeröhre gegen 6, die 15 cm. Röhre nahezu 1 bis 1 $1/2$ Kaliber kürzer geworden, als die betreffenden glatten; während die kurzen 15 cm. Röhre gleiche Länge bekommen haben.

Die 9 cm. und 15 cm. Röhre haben demnach den Charakter der langen Kanonen am besten bewahrt; die 12 cm. Kanone hat davon, und besonders im Vergleich zu dem schweren glatten 12Pfdr., erheblich verloren. Diese Einbuße ist bei der 12 cm. Kanone C/73 noch um 1 Kaliber gewachsen. Bei dem Mörser war die Seelenlänge im Vergleich zu. der der schweren glatten Mörser erheblich gewachsen. Daß dies für die gute Trefffähigkeit nothwendig sei, war nicht nachgewiesen. Allerdings war damals die Ansicht herrschend, diese Geschütze müßten länger sein, als die gleichen glatten, weil man voraussetzte, die Erzeugung einer stabilen Drehachse mache es nothwendig, daß die Geschosse im Rohre selber schon einen gewissen nicht zu kleinen Theil einer ganzen Umdrehung vollenden. Diese Ansicht hat, wie spätere Versuche ergeben haben, nur eine bedingte Berechtigung.

Von höherer Wichtigkeit ist das Verhältniß, in welchem die Länge des gezogenen Theils zu der Größe der Ladung steht. Beide Elemente sind, wie früher erwähnt, im hohen Grade abhängig von einander. Das Verhältniß ist bei den gezogenen Geschützen ein anderes, als bei den glatten.

Da bei jenen keine Pulvergase durch den Spielraum verloren gehen, so findet ein länger dauernder Nachschub, d. h. eine größere Geschwindigkeitszunahme der Geschosse in den vorderen Rohrtheilen statt. — Da ferner bei den gezogenen Kanonen die Ladungen absolut erheblich kleiner sind, als bei den glatten, so ist in Bezug hierauf die Seelenlänge also sehr groß. Sie ist aber ziemlich zweckmäßig gegriffen, denn die späteren Geschwindigkeits-Messungen haben thatsächlich gezeigt, daß bei den vorhandenen Röhren die Geschwindigkeitszunahmen in den vorderen Rohrtheilen schon an der zweckmäßigen Grenze steht.

Der Unterschied in der Länge des gezogenen Theils beim bronzenen und eisernen 12 cm. Rohre beträgt z. B. 62,4 cm. und der Unterschied der Anfangsgeschwindigkeiten ist 14,8 m., also für den cm. Länge nur 0,24 m. Bei dem 15 cm. Rohre wurde die Zunahme der Geschwindigkeit in den vorderen Rohrtheilen von nur 0,19 m. per cm. gefunden.

Diese Zunahmen sind offenbar so gering, daß eine größere Seelenlänge nicht mehr zweckmäßig sein würde. Die letztere kommt aber in anderer Weise für die Trefffähigkeit in Betracht, so daß sie größer werden kann, als die Geschwindigkeit es grade bedingt. Andrerseits ist ein Unterschied von einigen Kalibern in der Seelenlänge ohne große Bedeutung, wie dies aus dem Vergleich der Trefffähigkeits-Angaben für die 9 cm., 12 cm. und 15 cm. Röhre von verschiedener Länge hervorgeht.

Es ist demnach in diesen Verhältnissen, wie bei den glatten Geschützen ein gewisser Spielraum gegeben.

3. Die innere Einrichtung der Röhre.

Der Schwerpunkt der Construction der gezogenen Geschütz= röhre liegt in der inneren Einrichtung der Seele, in der An= ordnung der Zahl und der Windung der Züge.

In der Anordnung der Züge hat sich bald der Werth der Keilform herausgestellt, durch welche der Spielraum, der durch das Abschleifen der führenden Theile der Wulste zwischen diesen und den nicht führenden Flächen der Züge entsteht, fortlaufend aufgehoben wird.

Die Zahl der Züge ist, wie die Versuche gelehrt haben, vom entscheidensten Einfluß auf die gute Führung der Geschosse, denn sie bedingt die Größe der in den Geschoßwulsten erzeugten führenden Flächen. Ist die Summe derselben zu gering, so überspringt das Geschoß von vornherein die Züge, oder schlottert während des Durchganges. Von Einfluß ist natürlich hierbei die Zahl und Anordnung der Wulste. Ist diese festgestellt, so wird andrerseits die nothwendige Zahl der Züge durch die Größe der Geschwindigkeit, durch das Geschoßgewicht, also auch durch die Größe des Kalibers bedingt. Je größer diese Ele= mente, desto mehr Züge sind nothwendig, um das Geschoß vor dem Ueberspringen derselben zu wahren.

Es ist erklärlich, daß bei so vielen mitwirkenden Elementen noch kein festes Gesetz für die Zahl der Züge gewonnen ist. Für jeden einzelnen Fall mußte durch Versuche die günstigste Zahl ermittelt werden, und das wird auch ferner noch geschehen müssen.

Die Zahl der Züge ist, wenn die Breite derselben bestimmt ist, andererseits von Einfluß auf das leichte gleichmäßige Ein= treten der Geschosse in den gezogenen Theil. Eine große Zahl ist mit Bezug hierauf als vortheilhaft erkannt worden.

Von höchstem Einfluß auf die Trefffähigkeit ist endlich die Dralllänge der Züge;[6] ihre Bestimmung hat stets die ausgedehntesten Versuche nothwendig gemacht. —

Sie bedingt in Verbindung mit der Geschwindigkeit die Umdrehungsgeschwindigkeit der Geschosse und dadurch die Festigkeit der Geschoßachse während des Fluges.

Die Ansichten über das zulässige, oder nothwendige Maß der Stabilität der Drehachse sind sehr verschieden gewesen und sind es noch. Ein hohes Maß verlangt einen starken Drall. Ein solcher ist insofern nachtheilig, als er dem, aus dem Ladungsraum mit großer, einfach fortschreitender Geschwindigkeit in den gezogenen Theil eintretenden Geschosse die Annahme der drehenden Bewegung erschwert. Dies tritt in noch höherem Maße ein, wenn das angewendete Pulver sehr schnell verbrennt, also seine Gase sehr schnell entwickelt. Es entsteht dann das excentrische Eintreten und eine pendelnde Bewegung der Geschosse in der Seele, welche beide für die Trefffähigkeit sehr nachtheilig sind. —

Diese Verhältnisse lassen also einen zulässig geringen Drallwinkel als vortheilhaft erscheinen.

Ein hohes Maß von Stabilität der Drehachse hält dieselbe bekanntlich in der ursprünglichen Richtung der Seelenachse lange fest; das Geschoß kann sich dabei mit seiner Längenachse nur schwer in die Bahntangente legen, die Richtung der Luftwiderstandscomponente bildet mit ersterer bald einen großen Winkel und damit wachsen die Pendel-Ausschläge und die daraus hervorgehenden Unregelmäßigkeiten der Flugbahn.

Mit der Krümmung der Flugbahn steigern sich diese Uebelstände und, wie früher angedeutet, folgt bei den sehr stark gekrümmten Bahnen der Mörsergranaten (Elevation über 65°) die Geschoßachse nicht mehr der Bahntangente, so daß das Geschoß mit dem Boden zuerst zur Erde kommt.

Diese Verhältnisse riefen ebenfalls das Verlangen nach nur wenig stabiler Drehachse, also nach geringem Drall wach.

Ein solcher bewirkt aber, wie es zahlreiche Versuche dargethan, das sogenannte Flattern der Geschosse; die zu wenig stabile Drehachse ist der Wirkung des Luftwiderstandes und allen andern störenden Einflüssen in hohem Grade unterworfen.

Man kann bei dem heutigen Stande dieser Frage annehmen, daß der zulässig stärkste Drall in Verbindung mit der größten Umdrehungsgeschwindigkeit der Geschosse, also eine stabile Drehachse, angestrebt werden muß.

Aus den bisher nur durch Versuche festgesetzten Längen des Dralls ist ein Schluß auf Gesetzmäßigkeit derselben nicht zu machen. — Die erforderlichen Angaben über dieselben und die damit zusammenhängende Umdrehungsgeschwindigkeit der Geschosse enthält nachstehende Tabelle:

Geschützröhre.	Dralllänge in		Anfangs- geschwin- digkeit	Zahl der Umdre- hungen in der ersten Secunde.
	Kalibern.	m.	m.	
9 cm. Eisen- und Stahlrohr.	51,4	4,7	312	66,4
12 cm. Eisen, C/61.	52,2	6,3	298	47,3
12 cm. Bronze, C/64.	39,1	4,7	282	60
15 cm. Eisen, C/61.	61	9,15	297	32,4
15 cm. Bronze, C/64 und Stahl.	52,7	7,85	312	39,8
Kurze 15 cm.	45	6,7	253	37,7
15 cm. Ring.	55	8,2	485	59,1
21 cm. Mörser C/70.	26	5, 3		

Hieraus ist eine gewisse Willkürlichkeit in der Bestimmung verschiedenen Dralles sogar für dasselbe Kaliber zu erkennen.

In Bezug auf die Umdrehungsgeschwindigkeiten sei bemerkt, daß die Geschütze, bei denen sie relativ groß sind, auch die beste Trefffähigkeit haben.

Damit könnte die Frage: welche Drehungsgeschwindigkeit ist die beste? als beantwortet angesehen werden. Sie ist dies in der That, aber nur in gewissem Sinne, denn es darf nicht vergessen werden, daß nach vorstehenden Erörterungen hierbei die Anfangsgeschwindigkeit, das Kaliber und die Geschoßconstruction zur Bestimmung des richtigen Verhältnisses mitwirken. Da diese

Elemente gesetzmäßig noch nicht festgestellt sind, bleibt jene Frage für jeden einzelnen Fall immer noch durch Versuche zu lösen. —

4. Die Gewichte der Röhre.

Die Anlehnung der gezogenen Geschützröhre in Betreff der äußeren Abmessungen an die glatten, hat in den Gewichten nur geringe Abweichungen von denen der letzteren bewirkt. Die Unterschiede, hauptsächlich durch die Verschlußeinrichtungen bewirkt, sind aus den betreffenden Tabellen (1 und 13) zu entnehmen. Danach sind die gezogenen Röhre im Durchschnitt nur wenig schwerer, als die gleichartigen glatten; theilweise (die 15 cm. Röhre) sogar etwas leichter, als letztere.

Andere Verhältnisse treten aber bei dem Vergleich der Quotienten hervor, welche sich ergeben, wenn das Rohrgewicht in Geschoßgewichten ausgedrückt wird. Da die Granaten $2^1/_2$ bis 3 Mal so schwer, wie die Vollkugeln der betreffenden glatten Kanonen sind, so liegt jener Quotient vielfach erheblich unter der Hälfte der für die letzteren vorhandenen Quotienten. —

Der Vergleich zeigt aber auch, wie sehr schwer der 21 cm. Mörser C/70 construirt ist. Mit dem glatten 25pfdgn. und 50pfdgn. Mörser verglichen, ist sein Quotient doppelt so groß, als bei diesen; dagegen steht er ungefähr in dem richtigen Verhältniß zu dem Quotienten der 25pfdgn. Haubitze, wodurch der Haubitzcharakter des 21 cm. Mörsers dargethan wird.

II. Die Laffeten.

1. Die Constructionsverhältnisse.

Der Entwickelungsgang der Laffeten zeigt folgende Aenderungen, welche alle als Fortschritte zu bezeichnen sind.

a. Steigerung der Elevationsfähigkeit.

Die letztere war bei den bisherigen Kanonenlaffeten ungefähr gewesen:

Bei Feldlaffeten 13—15°; bei Walllaffeten 11—14°; bei hölzernen hohen Rahmenlaffeten 11—12°; bei schmiedeeisernen Laffeten 4—14°. Durch die Aptirungen dieser älteren Laffeten war das Maß jener Elevationsfähigkeit im Allgemeinen wieder

wieder erreicht worden. Bei den neu construirten Laffeten wurde
es um 5—10°, bei der kurzen 15 cm. Laffete sogar um mehr
als 15° überschritten.

Die Kanonenlaffeten hatten im Durchschnitt die Elevations=
fähigkeit der alten Haubitzlaffeten.

Diese Vermehrung ist von erhöhter Bedeutung, weil bei
den glatten Geschützen die Maximal=Erhöhungen, wegen zu ge=
ringer Trefffähigkeit gegen gewöhnliche Ziele fast niemals zur
Anwendung kam, (die Kanonen gebrauchten für 1500 m. Ent=
fernung durchschnittlich nur 5—6° Elevation) während sie bei
den gezogenen Kanonen mit voller Wirksamkeit bis zu 3750 m.
und für Bombardementszwecke bis zu noch größeren Entfernungen
verwendbar ist. Die Vermehrung der Elevationsfähigkeit war
daher eine Nothwendigkeit für die volle Ausnutzung der neuen
Geschütze.

b. Anwendung der großen Feuer=(Lager=)Höhe.

Der Werth derselben war schon bei Construction der eisernen
Festungslaffeten C/49 erkannt. Ihre Uebertragung auf die
Laffeten der gezogenen Geschütze wurde eine Nothwendigkeit, um
die Scharten in Wegfall bringen und die Deckung vermehren
zu können. Die ersteren boten ein scharf markirtes, weithin
sichtbares und leicht zerstörbares Ziel, so daß ein Kampf aus
ihnen verwerflich wurde. Sie beschränkten außerdem die Wirk=
samkeit der neuen Geschütze im hohen Grade und setzten, bei der
großen Trefffähigkeit derselben, Geschütz und Mannschaften der
schnellen Vernichtung aus. —

Die Art.=Prüf.=Comm. hob diese Verhältnisse schon im
Jahre 1860 hervor und kam später mehrfach darauf zurück.
Wie früher erwähnt, traten die Vorzüge der hohen Laffeten
bei Düppel sehr einleuchtend an den Tag, so daß ihre allgemeine
Annahme zweifellos war. Bei den Gestell=Laffeten war man
in Vermehrung der Feuerhöhe über das zweckmäßige Maß
hinausgegangen.

c. Die Vereinfachung der Construction.

Sie liegt vornehmlich in dem Aufgeben der complicirten
Rahmen= und in der Annahme der einfachen Räderlaffeten. Für
die bisherigen hohen Laffeten und Vorderladungsgeschütze war

der Rahmen zur Erleichterung des Ladens und der Bedienung eine Nothwendigkeit gewesen, in letzterer Beziehung besonders wegen des Vorbringens der Laffete nach dem Laden. Bei den Hinterladern war das Laden von einer Stellung auf der Laffete selber bequem zu erreichen und das Vorbringen der Geschütze, durch Anwendung von Hemmkeilen, entbehrlich. Diese letzteren gewährleisteten das Festhalten der Richtung nach dem Schusse in nahezu gleichem Maße wie der Rahmen.

Alle Bedenken gegen die Abschaffung der Rahmen schwanden endlich durch die übeln Erfahrungen der dänischen Artillerie in den Düppeler Schanzen. Die Bewegungsfähigkeit der dort befindlichen Rahmenlaffeten wurde bei der Beschießung durch die Masse der von den Brustwehren herabgeworfenen Erde fast ganz aufgehoben. Da das Entfernen derselben zuletzt nicht mehr überall stattfand, so konnte beim Sturme die Seitenrichtung nicht genommen werden, und die mit Kartätschen feuernden Geschütze schossen theilweise mit ganz falscher Richtung.

Wer diese Verhältnisse kennen gelernt hatte, mußte zu einer völligen Verwerfung der Rahmenlaffeten für den Festungskrieg gelangen.

Die Erfahrungen, besonders die des Krieges von 1870/71 haben über die Vorzüge der Belagerungs-Laffeten C/64 das beste Urtheil gefällt. Dieselben bilden unzweifelhaft ein System von kaum zu übertreffender Einfachheit, großer Haltbarkeit und völliger Kriegsbrauchbarkeit.

d. Die Vereinfachung des Systems.

Die Nothwendigkeit derselben war offenbar, denn zu den vorhandenen Constructionen konnten unmöglich noch neue treten. Die Vereinfachung wurde zunächst durch Ausschließung eines Theils der älteren Laffeten von der Aptirung angebahnt, und dann durch einheitliche Construction der neuen Laffeten durchgeführt.

2. Die Gewichte der Laffeten.

Mit den Belagerungslaffeten C/31 verglichen, zeigen die Laffeten C/64 nur unbedeutende Gewichts-Unterschiede. (Siehe Tabelle 14).

Die 12 cm. Laffete ist etwas leichter, die 15 cm. Laffete etwas schwerer geworden. Sehr bedeutend sind aber die Gewichtserleichterungen gegen die eisernen Festungslaffeten C/49; ein Verhältniß, welches sehr g e g e n diese Rahmenlaffeten spricht.

Das Gewicht der 21 cm. Mörser=Laffete dagegen steht wieder außer allem Verhältniß zu dem der Laffeten der glatten Mörser. Es nähert sich dem der Festungslaffeten C/49 für die schweren Haubitzen und Bombenkanonen, so daß dieses Geschütz auch hierin von der Mörsernatur weit entfernt ist.

III. Die Granaten.

Hervorragend ist der Fortschritt, welcher mit der Annahme der Langgranaten mit dünnem Bleimantel geschah. Im Festungskriege sind die Granaten fast ausschließlich zum Zerstören fester Ziele bestimmt. Gegen lebende Ziele sind die Geschosse größeren Kalibers um so weniger zu verwerthen, da sie nicht mehr Sprengstücke, als die kleineren Kalibers geben. — Die Granate ist daher in den meisten Fällen nur Träger der Spreng= ladung; die Vermehrung derselben mußte also angestrebt werden und sie wurde in hohem Maße erreicht. Die Versuche mit Langgranaten erweiterten die Kenntnisse auf dem Gebiete der Geschoßconstruction bedeutend nach allen Richtungen hin. Zu= nächst wurde dabei die Frage der zweckmäßigsten Geschoßlänge, wenigstens für das preußische Geschützsystem, gelöst. Alle späteren Versuche haben gezeigt, daß jene über 2½ Kaliber hinaus nicht vortheilhaft für die ballistischen Eigenschaften der Geschosse ist und auch keine entsprechende Mehrleistung der minenartigen Wirkung, wohl aber eine unzweckmäßige Vermehrung des Ge= schoßgewichts herbeiführt.

Ferner wurde die Anordnung der Wulsten in ein wesentlich anderes Stadium gebracht. Die Verschiebung der Wulsten möglichst nach vorn und hinten, wurde als zweckmäßig erkannt und die Aufmerksamkeit auf die einzelne und summarische Breite der Wulsten gelenkt. Bei Anordnung der vorderen Wulsten wurde auf gute Anlehnung derselben an die Fläche des Ueber= gangsconus und auf erleichtertes Eintreten der Geschosse in den gezogenen Theil Bedacht genommen.

In welcher eingehenden Weise die Lage des Geschoßschwer= punktes in die Untersuchungen gezogen wurde, ist oben ausführ= lich besprochen worden.

IV. **Die Zündvorrichtungen und Schrapnelzünder.**

In der Construction der Zündvorrichtungen trat ein Fortschritt nicht ein. Die Verbesserungs-Versuche kamen, wie oben erwähnt, erst 1873 zum Abschluß.

Für die Schrapnelzünder wurden, abgesehen von dem modificirten Zünder für die Feldschrapnels, erhebliche Fortschritte gemacht in Bezug auf gleichmäßige Herstellung der Satzsäulen mit Berücksichtigung der Tages-Temperatur, der Luftfeuchtigkeit ꝛc. und ferner in Bezug auf Schutz der Satzsäule bei längerer Aufbewahrung gegen atmosphärische Einflüsse.

Siebentes Kapitel.
Gußeisen oder Bronze?

Neben der kostbareren und weicheren Bronze fand das billigere und härtere Gußeisen von jeher ausgedehnte Verwendung zur Herstellung von Geschützröhren. In Preußen waren bei Beginn des vorigen Jahrhunderts schon viele gußeiserne Röhre vorhanden, großentheils in Schweden gegossen, dessen Eisen schon damals eines verdienten Rufs genoß.[7]

Nach dem siebenjährigen Kriege hatte Friedrich der Große viele gußeiserne Röhre in einheimischen Gießereien (Berlin, Kietz, Gleiwitz) fertigen lassen. Diese Röhre zeigten durchweg gegen das Ausschießen eine größere Dauerhaftigkeit, als die bronzenen, was bei dem vielfach mangelhaften Gusse von schlecht legirter Bronze erklärlich war. Wie sehr jene Ueberlegenheit des Gußeisens anerkannt wurde, geht aus Scharnhorst's Urtheile hervor, welches lautet:[8]

„eine gute eiserne Kanone ist unverwüstlich!" —

Scharnhorst zog die gußeisernen Röhre den bronzenen vor, erkannte aber auch ihren Hauptfehler, indem er andeutete, von Zeit zu Zeit hielten eiserne Röhre sehr starke Ladungen, ohne die geringsten Beschädigungen aus und sprängen dennoch später unerwartet bei gleichen Ladungen.

---

[7]) Die reichhaltigen Quellen über diesen Gegenstand siehe am Ende des Werkes.

In ähnlicher Weise sprach der Leitfaden von 1818 und 1829 sich günstig über eiserne Röhre aus, indem er ihnen eine Dauerhaftigkeit über 3000 Schüsse hinaus zusprach.

Diese Urtheile hatten eine Berechtigung, da durch interessante Dauerversuche mehrfach die große Haltbarkeit eiserner Röhre nachgewiesen war. Rouvroy führt die Versuche an, welche in dieser Beziehung 1782 in Sevilla und 1785 bei Douay ausgeführt worden sind. Bei ersterem Versuch hielten 24 pfdge. Röhre 5124 Schüsse aus.

Das unvermuthete Zerspringen eiserner Röhre war schon im vorigen Jahrhundert in allen Artillerien vorgekommen, und man wurde dadurch um so mehr überrascht, als man durch vorhergegangene Gewaltproben eine gewisse Sicherheit dagegen zu haben glaubte. Das Urtheil wurde noch unsicherer, als bei den Proben selbst Röhre von untadelhafter Beschaffenheit ohne auffindbare Ursache zersprangen. Um die Garantie zu erhöhen, setzte man darauf noch schärfere Anschießproben fest.[9]

Die starken Probirladungen waren im Anfange dieses Jahrhunderts überall im Gebrauch. In England und Rußland beschoß man die Röhre mit Ladungen bis zu kugelschwerem Gewicht.[10]

Aehnlich war es in Schweden, wo später General Helvig die Proben mit verstärkter Vorlage (Cylinder bis zu 6 Kaliber Länge) einführte. — Trotz dieser Proben kam bei geprüften Röhren das unvermuthete Zerspringen bei Anwendung gewöhnlicher Ladungen immer noch vor.

Die gewonnenen Erfahrungen und Thatsachen gaben keine Grundlage für sichere Schlußfolgerungen, da sie zu verschiedenartiger Natur und widersprechender Art waren. Weder das Maß der Haltbarkeit, noch die Dauer der eisernen Röhre war danach zu bestimmen.

Der Weg der Versuche mußte nach zwei Richtungen gehen; es mußte die Dauer der Röhre bei fortgesetztem Schießen mit Gebrauchsladungen, also durch Dauerversuche, und ferner ihre Haltbarkeit durch verschärfte Anschießproben festgestellt werden.

Ueber die Dauer der eisernen Röhre waren nur vereinzelte Versuche angestellt worden; die ersten werthvollen Erfahrungen darüber gewann man bei den englischen Belagerungen in Spanien.

Es hatten z. B. im Jahre 1812 vor Badajoz 16 - 24 Pfdr. je 1249 Schüsse, und vor San Sebastian 6 - 18 Pfdr. je 1575 Schüsse mit ⅛ kugelschweren Ladungen gethan, ohne zu zerspringen. Darauf wurde in Lüttich 1817 ein wirklicher Dauerversuch mit eisernen Röhren ausgeführt. Ein 12 Pfdr. wurde mit 2411 Schüssen, ein 6 Pfdr. mit 1981 Schüssen belegt. Die französische Artillerie führte ähnliche Versuche bei La Fère in den Jahren 1820 und 1821 aus.

I. Versuche mit gußeisernen Geschützröhren.

In Preußen war man genöthigt, der Frage der gußeisernen Geschützröhre nach dem Jahre 1815 ernste Aufmerksamkeit zuzuwenden, da die Ausrüstung der Festungen große Beschaffungen erforderte, welche mit Rücksicht auf die finanzielle Lage des Staates fast ausschließlich in gußeisernen Geschützen bewirkt werden sollten. Die Bedenken gegen dieselben wurden aber durch mehrere bei den Schießübungen in den Jahren 1817, 1818 und 1822 vorgekommene Unglücksfälle so ernst, daß man vor Beschaffung eiserner Röhre sich einer gründlichen Prüfung derselben nicht entziehen konnte. — Die demgemäß im Jahre 1822 begonnenen Versuche wurden mit reichen Mitteln in ausgedehnter Weise ausgeführt. Der Verlauf der bis in die neueste Zeit fortgesetzten Versuche läßt mehrere Abschnitte unterscheiden.[11]

1. Versuche mit Sayner Geschützröhren 1822—1830.

Das oeconomische Interesse ließ die Heranziehung der heimischen Industrie zur Geschoßfabrication ganz besonders erwünscht erscheinen, daher wurden die ersten Versuche fast ausschließlich mit auf der Sayner Hütte gegossenen Röhren angestellt. Die Versuche erstreckten sich gleichzeitig auf scharfe Anschieß- und Gewaltproben und auf Dauerversuche mit gleichartigen Röhren. Die ersten Versuche waren Gewaltproben mit 12 Pfdrn. von verschiedener Metallstärke, bei Anwendung von Ladungen von 5,6 bis 14,2 k. Da diese Proben trotz günstiger Resultate keinen Maßstab für die wahre Dauer der Röhre lieferten, so wurden Dauerversuche daran geknüpft. In Koblenz wurden 1823—1824 zwei 12 Pfdr. in kurzer Zeit mit je 3000

Schüssen belegt. Außer den sehr stark ausgebrannten Zündlöchern hatten die Röhre keine bedenkliche Zerstörung erlitten, ein Resultat, welches in hohem Grade überraschte und schon 1825 die Lieferung von Röhren für die Festungen bewirkte. Jene beiden Röhre wurden indeß im Jahre 1826 per Achse nach Berlin geschafft, wo sie bei der Art.-Prüf.-Comm. in Gebrauch genommen wurden. Dabei sprang das eine Rohr nach dem dritten, das andere nach dem fünften Schusse mit der Gebrauchs= ladung. Ohne sich von dem Zustande der Zündlöcher dieser Röhre kurz v o r dem Zerspringen genaue Kenntniß verschafft zu haben, suchte man für das letztere drei Erklärungen. —

Man meinte:

a) Wenn die Ladungen die Grenze der Elasticität des Eisens überschreiten, wird die Cohäsion desselben geändert und geschwächt. Dauert das Schießen längere Zeit, so kann jene Schwächung so groß werden, daß dann eine gewöhnliche Gebrauchsladung zur Sprengung des Rohres genügt.

b) Durch fortgesetztes Schießen allein kann die Cohäsion so geändert werden, daß zuletzt bei gewöhnlicher Ladung das Zerspringen erfolgt.

c) Bei lange fortgesetztem Schießen tritt im Innern des Eisens ein Zustand der Oxydation ein, welcher allmälig zu einer Zerstörung führt. Daher werden Röhre, wenn sie in längeren Pausen fortgesetzt mit je 100 Schuß belegt werden, bei viel geringerer Schußzahl zerspringen, als jene in Coblenz beschossenen, die ihre Schüsse eigentlich hintereinander abgaben.

Obgleich gegen diese letztere Annahme das Vorhandensein von mehr als 100 Jahre alten und noch brauchbaren Röhren sprach, ordnete das Kriegs-Ministerium doch die Herstellung von 6 gleichen 12pfdgn. Sayner Röhren an, welche auf die Dauer, und zwar 12 Monate lang in jedem Monat mit 150 Kugelschüssen bei 2,35 k. Ladung beschossen werden sollten.

Bei dem im Jahre 1829 begonnenen Beschießen von vier Röhren zersprangen drei schon nach 31, 32 und 132 Schüssen. Eine besondere, zur Untersuchung gebildete Commission hob die Thatsache hervor, daß immer nur solche Röhre gesprungen seien, welche von Koblenz zu Lande nach Berlin transportirt worden seien, welche also möglicherweise durch die lang andauernden Vibrationen ihr Cohäsions-Vermögen verloren hätten.

Bei den darauf vorzunehmenden neuen Versuchen, sollten daher auch zwei Röhre beschossen werden, welche den Transport von Koblenz nach Berlin und zurück zu Wasser gemacht hatten. — Für diese Versuche wurden je 2 - 12pfdge. Röhre in Lüttich, Finspong, Lauchhammer und Sayn bestellt. Die Ladung sollte für die beiden nach Berlin transportirten Röhre 1,85 k., für die übrigen 2,35 k. betragen. Die Röhre sollten jeden Monat mit je 150 Schüssen belegt werden.

Die Art.-Prüf.-Comm. stellte im Jahre 1829 eine Vorschrift auf, in der alle historischen Daten über die Haltbarkeit und das Zerspringen eiserner Röhre zusammengetragen waren. Die Arbeit führte zu dem Schlusse, daß sichere Kriterien für die Dauer und Haltbarkeit eiserner Röhre noch nicht existirten. Die Denkschrift schloß mit folgendem Satze:

„Da man in früherer Zeit aus der augenblicklichen Haltbarkeit eines eisernen Geschützes gegen wenige starke Ladungen, auf seine Brauchbarkeit und Dauer bei fortgesetztem Schießen mit gewöhnlichen Ladungen schloß, so muß man geglaubt haben, daß die Eigenschaften des Gußeisens, welche das Zerspringen beim Schießen verhindern, durch das Schießen selber nicht verändert werden, so lange die Ladungen unter der starken Probeladung bleiben:

„Die Erfahrung lehrte das Irrige dieser Meinung und bringt zu dem Schlusse:

a) daß das, was das Zerspringen der eisernen Geschütze verhindert, entweder veränderlich ist, oder
b) daß es verschiedene Eigenschaften sind, welche einmal gegen die wenigen starken Probeschüsse, und ein andermal gegen fortgesetztes Schießen in Thätigkeit kommen.

„Mag das Eine oder das Andere stattfinden, so viel ist gewiß, daß seit 1812 (nach unseren Nachrichten) die Forschungen über Haltbarkeit der eisernen Geschütze, sich nicht mehr auf das Erkennen bleibender Eigenschaften, oder einer einzigen Eigenschaft beschränkt haben, und auch in Zukunft nicht beschränken können, — sondern daß diese Forschungen einen viel zusammengesetzteren Charakter angenommen haben und nur durch besondere

Versuche und längere Zeitabschnitte gründlich zu Ende geführt werden können."

Der Versuch mit den 8 - 12Pfdrn. fand in Koblenz von Juli 1829 bis Oktober 1830 statt.

Ein Rohr zersprang beim 49., eins beim 1111. Schusse mit 2,35 k. Ladung; die übrigen hielten 1650 Schüsse aus, ohne zu zerspringen. Zu gleicher Zeit wurden in Sayn 5 - 12pfdge. Röhre gesprengt.

Trotz der mit den Sayner Röhren erlangten günstigen Ergebnisse wurde die weitere Ausbildung des Geschützgusses noch für nöthig erachtet, und dann im Jahre 1831 erklärt, die Sayner Hütte vermöge ebenso gute eiserne Röhre, wie das Ausland zu liefern, der Geschützguß müsse aber noch dahin vervollkommnet werden, daß man sicher zu beurtheilen vermöge, ob ein Rohr gut, oder nicht gut gegossen sei.

Auf diese Vervollkommnung konnte man damals in Preußen ebensowenig warten, wie auf die Herstellung eiserner Röhre überhaupt verzichten, wenn die in großer Zahl einzuführenden neuen Geschütze (kurze 24Pfdr., 25pfdge. Haubitzen) bald zur Einstellung gelangen sollten. — Man war daher zu großen Bestellungen in Finspong gezwungen. —

2. Die Prüfung und der Guß schwedischer Geschützröhre 1830—1847.

Zur Gewinnung eines bestimmten Urtheiles über die schwedischen Röhre waren, wie vorher erwähnt, 2-12pfdge. Röhre 1828 bis 1829 in Coblenz geprüft worden. Außerdem wurde 1831 in Finspong ein Dauerversuch ausgeführt, mit 2 kurzen 24Pfdrn., bei 1,8 k. Ladung bis zu 800 Schüssen, und mit 2-25pfdgn. Haubitzen bei 2,30 k. Ladung mit Vollkugeln bis zu 300 Schüssen. — In beiden Fällen waren die Resultate günstig, worauf die große, oben erwähnte, Bestellung erfolgte.

An diese Versuche schloß sich dann ein Dauerversuch mit 2 langen 24Pfdrn., welche 1831—1832, 12 Monate lang, mit je 150 Schüssen (also jedes mit 1800 Schüssen) bei 3,75 k. Ladung belegt wurden.

Dabei trat keine bedenkliche Erscheinung ein, und zuletzt wurde 1834 ein Rohr mit Gewalt gesprengt.

Diese günstigen Ergebnisse wurden aber zu der nämlichen Zeit durch andere ungünstige Erfahrungen mit schwedischen Röhren wieder zu nichte gemacht.

Im Jahre 1833 sprangen nämlich in kurzer Zeit 1-50pfdgr., 1-25pfdgr. Mörser, und bei der Schießübung in Glogau ein langer 24Pfdr. unerwartet bei 3,75 k, Ladung — nach überhaupt 138 Schüssen — wobei 7 Mann getödtet und 3 Mann verwundet wurden.

Die Gen.-Insp. schrieb darauf an das Kriegs-Ministerium: leider sei bei der augenblicklichen Lage des Staates die Verwendung der vorhandenen eisernen Geschützröhre nicht zu entbehren, da mehrere feste Plätze fast ausschließlich mit solchen ausgerüstet seien. Aber das in dieselben jetzt gesetzte Mißtrauen müsse beseitigt werden. Dazu sei die Gebrauchsladung vorläufig so weit als thunlich herabzusetzen, die Schußtafel für die herabgesetzten Ladungen aufzustellen, die Beschießung einiger Röhre mit der herabgesetzten Ladung bis zu 2000 Schüssen und dann die Sprengung einiger Röhre vorzunehmen. Vorläufig seien eiserne Röhre nicht mehr zu bestellen, dagegen die bronzenen in vermehrter Zahl zu fertigen. —

Das Kriegs-Ministerium trat diesen Vorschlägen bei. (December 1833.) Die auf alle eisernen Röhre ausgedehnte Herabsetzung der Ladungen war nicht unbeträchtlich. Sie ging beim 12Pfdr. von 2,35 auf 1,75 k., beim kurzen 24Pfdr. von 2,35 auf 1,4 k., beim langen von 4,65 auf 2,35 k., bei der 7pfdgn. Haubitze von 0,7 auf 0,4 k., bei der 25pfdgn. von 2,35 auf 1,4 k., beim 25pfdgn. Mörser von 1,05 auf 0,8, beim 50pfdgn. von 2,35 auf 1,4 k.

Mit diesen Ladungen fanden ausführliche Versuche statt, um Kenntniß über die nunmehr verminderte Wirksamkeit des ganzen Geschützsystems zu erhalten. Daran schlossen sich Dauer- und Sprengversuche mit neuen schwedischen und älteren preußischen Röhren, deren Resultate das große Mißtrauen gegen das Eisen wieder etwas milderten.

Wichtig waren aber mehrfache Maßnahmen, durch welche die dem Zerspringen der Röhre vorhergehenden Merkmale frühzeitig und sicher erkannt werden sollten.

Bei dem im Jahre 1833 gesprungenen beiden Mörsern war vor dem Zerspringen die Rißbildung an den Zündlöchern bemerkt worden. Diesen Anzeichen wendete man bei den soeben erwähnten Sprengversuchen erhöhte Aufmerksamkeit zu, und zugleich wurde bestimmt, daß bei den neuen eisernen Röhren das Zündloch direct in das Eisen gebohrt werden und nach größeren Ausbrennungen erst ein kupferner Zündlochstollen zur Anwendung kommen sollte. —

Zur Beobachtung und Untersuchung der Seele gab Major Hartmann 1843 den Stückseelenspiegel an. —

Im Uebrigen wurde der durch die Herabsetzung der Ladungen angestrebte Zweck erreicht; im nächsten Jahrzehnt kamen Unfälle mit eisernen Röhren nicht mehr vor.

Auch ein im Jahre 1838 mit einer 25pfdgn. und 50pfdgn. Bombenkanone angestellter Dauerversuch verlief günstig. Die Röhre hielten bei 3,75 k. resp. 7 k. Ladung 992 resp. 1041 Schüsse aus.

So hob sich denn das Vertrauen zum Gußeisen und seit 1845 erfolgten wieder größere Bestellungen von kurzen 24Pfdrn., 25pfdgn. Haubitzen und Mörsern in Finspong, wobei das Bodenstück eine rein cylindrische Gestalt und der Seelenboden eine halbkugelförmige Abrundung erhielt. Die Frage über die Haltbarkeit der gußeisernen Röhre blieb aber eine offene, und der Eisenguß wurde in Preußen gänzlich vernachlässigt; die Kenntniß desselben ging fast ganz verloren, ein Nachtheil, der sich empfindlich fühlbar machte, als im Jahre 1848 für die neu zu bildende Marine die Armirung, und zwar aus ökonomischen Gründen, in eisernen Geschützen, womöglich durch die inländische Industrie beschafft werden sollte.

Der Beweis, daß man im Stande sei, brauchbare Röhre zu gießen und das daß inländische Eisen zum Geschützguß verwendbar sei, mußte nun erst wieder geliefert werden.

3. Die Wiederaufnahme des Gusses eiserner Röhre.

In Folge eines Antrages der Gen.-Insp. vom October 1848 wurden in Sayn 5—12Pfdr. und ein langer 24Pfdr., und in Gleiwitz mehrere 12Pfdr. gegossen.

Die Art.-Prüf.-Comm. wollte anstatt dieser Röhre, lange 24pfdge. versucht wissen, indem sie bemerkte, die ungenügende

Haltbarkeit eiserner Röhre sei bisher immer nur bei langen Röhren größeren Kalibers hervorgetreten.

Die zu lösenden Fragen seien jetzt: die Feststellung der Zuverlässigkeit der inländischen Röhre und des Einflusses der verlängerten Kartuschen, welche bekanntlich eine Entlastung des Rohres, in Bezug auf Gasdruck herbeiführen sollten.

Die vorgeschlagenen ausgedehnten Schußproben, Gewaltproben und Dauerversuche wurden vom Kriegs-Ministerium im Frühjahr 1850 mit dem Bemerken abgelehnt, bei der augenblicklichen politischen Lage sei dazu weder Zeit noch Geld vorhanden. Dennoch wurde die Wiederaufnahme des Gusses eiserner Röhre in der neu angelegten Geschützgießerei auf das Entschiedenste in's Auge gefaßt. Der Director der Gießerei, Hauptmann Schür, hatte in Schweden und Lüttich den Eisenguß auf das Eingehendste studirt und wurde nicht allein von den höheren Behörden für diese Angelegenheit besonders angeregt, sondern er selber ergriff sie mit ebensoviel Interesse, als Ernst und Geschicklichkeit und erwarb sich in der Folge hervorragende Verdienste auf diesem Gebiete.

Nachdem die Gen.-Insp. 1852 den Guß eiserner Röhre in der Geschützgießerei ohne Erfolg beantragt hatte, erhielt die Angelegenheit einen neuen Impuls, als 1854 für den deutschen Bund in Gleiwitz und Sayn eiserne Röhre gegossen wurden und diese die Proben mit gutem Erfolg aushielten.

Nach langen Verhandlungen wurde endlich im Jahre 1857 der Guß von Proberöhren (2—12Pfdr.) auf der Geschützgießerei genehmigt, welche mit drei in Sayn, und zwei in Lüttich gegossenen 12pfdgn. Röhren zusammen geprüft werden sollten.

Bei dem angestellten Sprengversuch (November 1858) hielt das eine Spandauer Rohr am besten. Es zersprang nach langsamer Steigerung der Ladung und Vermehrung der Vorlage beim dreiundachtzigsten Schusse, wobei die letzten drei Schüsse mit 5,25 k. Ladung und sechs Kugeln geschehen waren.

Darauf wurden zwei Röhre mit je 1000 Schüssen bei Anwendung der Gebrauchsladung und einer verstärkten Ladung belegt, ohne daß sie zersprangen. Das verwendete Sayner Eisen wurde als das beste erkannt und kam nun ausschließlich zur Verwendung.

In Folge des allgemein günstigen Verhaltens der eisernen Röhre — auch im Auslande — war schon seit 1850 erwogen worden, ob es gerechtfertigt sei, die früher angeordnete Herabsetzung der Ladungen noch aufrecht zu halten. Es wurde bemerkt, jene Maßregel erscheine wohl für Kanonen, nicht aber für die Haubitzen und Mörser begründet, deren innere und äußere Construction dem Zerspringen wenig Vorschub leistete. Mit Bezug auf die seit 1847 angenommene geringere Verkohlungsstufe des Holzes für das Pulver und die daraus folgende geringere Offensivität des letzteren, wurde eine Erhöhung der Ladung für unbedenklich erachtet.

Diese Erörterungen bewirkten 1856 die Wiederannahme der Ladung von 2,35 k. für die 25pfdge. Haubitze, von 1,85 k. für den kurzen 24Pfdr.; und im Jahre 1859 für den 50pfdgn. Mörser die Erhöhung von 1,4 auf 1,85 k. und für den 25pfdgn. Mörser von 0,85 k. auf 1,1 k.

Neben diesen Versuchen und Erörterungen entwickelten sich die Ansichten über den Werth des Gußeisens selbstständig weiter.

Im 24. Bande des Archivs meinte Hauptmann Neumann: das Maß der Haltbarkeit gußeiserner Röhre sei immer noch als unbekannt anzusehen.

Im 30. Bande des Archivs wurde das Gußeisen gerühmt und bemerkt, wenn nur ein Mal die Möglichkeit zur Fertigung guter eiserner Röhre bewiesen sei, dürfe das Beste gehofft werden. —

Immerhin machte man in den fünfziger Jahren erhebliche Fortschritte auf diesem Gebiete, durch genaue Controle des Gußverfahrens, durch zweckmäßige Anordnung der Prüfungs-Methode, durch sorgfältige Behandlung und Beobachtung eiserner Röhre. Die Verbesserung der Rohrconstruction und die Annahme verlängerter Kartuschen gaben mehr Sicherheit gegen Unfälle.

Somit wuchs das Zutrauen zum Gußeisen wieder. Es hieß, dieses Material käme in Bezug auf Haltbarkeit der Bronze nahe und übertreffe dieselbe in allen anderen Beziehungen.

Diese Sachlage erklärt es, daß man für die Fertigung der ersten gezogenen Geschützröhre ohne Bedenken zum Gußeisen griff.

4. Die Benutzung des Eisens für die gezogenen Geschützrohre 1859.

Die Materialfrage der gezogenen Geschützrohre wurde durch mehrere Umstände in mehr zufälliger Weise auf den Weg des Eisens gedrängt. In ersterer Linie war der Umstand von Einfluß, daß die ersten glatten Hinterlader eiserne Röhre waren, demnächst war es die Erklärung Cavalli's, wonach eine Unveränderlichkeit der Verschlußtheile bei Hinterladern nur durch Anwendung von Eisen erreichbar sein sollte. Ferner die thatsächliche Fabrikation aller ersten gezogenen Geschütze in Schweden aus Gußeisen; endlich das Vorurtheil über die zu geringe Dauer bronzener, gezogener Röhre.

Auf diese Weise wurde in Preußen die Benutzung des Gußeisens von vornherein für die gezogenen Versuchsröhre herbeigeführt. Als ein unbestreitbarer Vorzug dieser Röhre war die Unveränderlichkeit der Verschlußtheile und die geringe Abnutzung der Züge anzusehen.

Dieser Vorzug beförderte auch das Bestreben, diese Röhre in eigenen Fabriken herzustellen, wodurch wiederum der Anstoß zur Wiederaufnahme des Eisengusses in der Königlichen Geschützgießerei gegeben wurde. Die im Jahre 1858 mit den dort gegossenen Röhren angestellten Versuche hatten gezeigt, daß der Eisenguß soweit praktisch beherrscht wurde, daß ohne Bedenken der Bedarf an gezogenen Röhren auf den heimischen Fabriken gegossen werden könne, dies um so mehr, als keine Unfälle mit gezogenen Versuchsröhren vorgekommen und die angenommenen Ladungen relativ geringe waren. Zur Vorsicht mahnte nur das erste, bei den Schweidnitzer Versuchen vorgekommene Zerspringen eines 15 cm. Rohres bei Benutzung von Vollgeschossen. Dasselbe bewies, daß man an der Grenze der Ladungen und der Haltbarkeit stehe. Die Umstände blieben nun dem Eisen günstig, so lange der Kolbenverschluß beibehalten wurde; sie änderten sich beim Uebergange zum Keilverschluß.

Das erste vom Kolben- zum Keilverschluß umgeänderte 15 cm. Rohr zerriß im Keilloch.

Die durch Gewaltprobe erfolgte völlige Sprengung dieses Rohres führte zum ersten Male auf die Erscheinungen des Abreißens des Bodenstücks, auf die Wichtigkeit der Größe der

Zerreißfläche u. s. w. — Momentan wurde dadurch die Stimmung für den Kolbenverschluß wieder günstiger; das Vertrauen in das Eisen aber sehr erschüttert. Noch mehr geschah dies durch das bei mehreren Röhren eintretende schnelle Ausbrennen der Zündlöcher in einem bedenklichen Grade, wodurch die schon auf 800—1000 Schuß herabgesetzte Gebrauchsdauer der Röhre noch vermindert wurde, da es für unzulässig erachtet wurde, den Ersatz des Zündloches durch einen kupfernen Zündlochstollen zu bewirken. Hierzu kamen endlich mehrfache Unfälle beim Anschießen der ersten eisernen 9 cm. und 15 cm. Röhre mit Keilverschluß, in Folge dessen, wie oben erwähnt, im October 1864 durch Allerhöchste Cabinets-Ordre die Fertigung eiserner gezogener Röhre überhaupt verboten wurde. Damit trat nicht allein die Bronze, sondern auch der Gußstahl für die schweren Röhre auf den Schauplatz. Das Gußeisen sollte trotzdem noch einmal erscheinen. Es geschah, als es sich um schnelle und billige Beschaffung der kurzen 15 cm. Röhre handelte.

Wie oben erwähnt, hatten die Versuche mit kurzen 15 cm. Röhren überwiegend mit gußeisernen Röhren stattgefunden. Drei Röhre waren einem Dauerversuche bis zu 1000 Schüssen mit der Gebrauchsladung unterworfen worden und hatten daneben noch 314, resp. 230, resp. 822 Schüsse mit kleinen Ladungen gethan. Die Röhre hielten sich mit Ausnahme der Zündlöcher tadellos. Von besonderem Werthe war die völlige Beibehaltung ihrer Trefffähigkeit, in Folge der Unveränderlichkeit der Seele in allen Theilen. Die Zündlöcher aber erhielten starke Ausbrennungen,[11a] welche zur Beschränkung der Gebrauchsdauer der Röhre auf 800 Schüsse mit voller Ladung führten, trotzdem jene Röhre noch bis auf 2208, 1551 und 1809 Schüsse weiter beschossen wurden, ohne daß ein Rohr zersprungen wäre.

Das eine Rohr wurde noch einem Gewaltversuche unterworfen, bei dem es die Ladungen von 2,5 k. bei einfacher Geschoßvorlage ohne zu zerspringen aushielt.

Im Kriege von 1870/71 kam eine größere Zahl schnell hergestellter gußeiserner, kurzer 15 cm. Röhre bei Belagerungen zur Verwendung. Darunter waren mehrere nicht ganz tadellose, anfänglich zurückgewiesene Röhre, die man aber unter dem Drange der Ereignisse schließlich nicht entbehren konnte. —

Von diesen Röhren zersprang eins im Keilloch; mehrere andere wurden durch starke Ausbrennung des Zündlochs völlig unbrauchbar. Diese letzteren Ausbrennungen stellten sich nach dem Kriege auch bei weniger gebrauchten Röhren in so bedenklicher Ausdehnung heraus, daß die Fertigung gußeiserner kurzer 15 cm. Röhre 1872 ebenfalls ganz eingestellt wurde.

II. Die Untersuchungs-Methoden, Anschieß-Vorschriften u. s. w. für gußeiserne Röhre.

Die vorstehende Darstellung hat gezeigt, wie trotz aller Vorsichtsmaßregeln und trotz wirklicher Fortschritte im Eisenguß, die Anwendung des Gußeisens fortwährend Einschränkungen unterworfen werden mußte.

Es ist nicht uninteressant, die Ansichten zu verfolgen, welche sich über den Werth und die Methode der Untersuchung und der Anschießproben entwickelten.

Wie oben erwähnt, wurden bis in die zwanziger Jahre fast überall Gewaltproben vorgenommen.

In Preußen wurde in der Abnahme-Vorschrift von 1821 eine verschärfte Anschießprobe vorgesehen. Jedes eiserne Rohr sollte mit 10 Schüssen bei $1/_2$ kugelschwerer Ladung belegt werden. — Die Fehlerhaftigkeit einer so starken Anstrengung aller Röhre wurde bald eingesehen, und daher in der Instruction vom Jahre 1831 Folgendes festgesetzt:

Die langen eisernen Röhre sollten mit vier Schuß bei $5/_{12}$ kugelschwerer Ladung, die kurzen 24Pfdr. mit 4 Schuß bei $1/_3$ kugelschwerer Ladung belegt werden. Der erste und vierte Schuß sollte mit einer Kugel, der zweite mit zwei Kugeln, der dritte mit einer Kugel und $1 1/_2$ kugelschwerer Kartätsche geschehen. — Beim Auftreten feiner Risse am Zündloch oder am Seelenboden sollte jedes Rohr ausscheiden.

Im Jahre 1833 wurde mit dieser Anschießprobe eine Control- und Gewaltprobe verbunden. Dieser Probe sollten bei einer größeren Lieferung 5% der Röhre unterworfen werden. Sie bestand für jedes Rohr aus zehn Schüssen. Je einer davon geschah z. B. beim langen 24Pfdr. mit 7,5 k. Ladung; beim kurzen und beim 12Pfdr. mit 4,7 k. Ladung. Ging dabei ein Rohr zu Bruche, so wurde die ganze Lieferung des betreffenden

Kalibers verworfen. Im anderen Falle wurden die übrigen Röhre der gewöhnlichen Anschießprobe unterworfen.

Die der Control- und Gewalt-Probe unterworfenen Röhre wurden nicht eingestellt, sondern wieder eingeschmolzen. Bei der im Jahre 1843 in Finspong bewirkten größeren Bestellung wurde die Untersuchung der Röhre noch verschärft. Die dort commandirten Officiere mußten den Guß überwachen, die Wasserprobe controliren, das specifische Gewicht, dessen Einfluß auf die Haltbarkeit damals erkannt wurde, ermitteln. Als Minimum desselben wurde 7,20 bestimmt.

Zu gleicher Zeit begann die Beobachtung der Zündlöcher mit dem Stückseelenspiegel. Das Verschrauben der Zündlöcher mit Zündlochstollen wurde bei alten wie neuen Röhren verboten. Man hielt die Zündlöcher bis zu 1000 Schüssen für brauchbar.

Im Jahre 1845 wurden die Schießbücher eingeführt.

Für die letzte im Jahre 1847 in Schweden gemachte größere Bestellung an Geschützröhren wurde bestimmt, daß wenn nur ein Rohr bei der gewöhnlichen Schießprobe spränge, die ganze Lieferung verworfen werden sollte.

Für die gezogenen Geschütze mußte ein anderer Modus der Anschießprobe angenommen werden. Die Verschlußeinrichtungen konnten offenbar nicht einer Probe, mit einer über die Gebrauchsladung weit hinausgehenden Ladung unterworfen werden, denn ihre Construction und Haltbarkeit war darauf nicht berechnet und brauchte dies auch nicht sein. Außerdem zeigten die ersten Unfälle mit eisernen Röhren mit Keilverschluß, daß man sich weniger gegen die Schwäche des Keiles, als vielmehr gegen die des Metalls um das Keilloch sichern müsse.

Die Vorschriften für die Abnahme und das Anschießen gezogener Geschützröhre sind daher nach veränderten Grundsätzen aufgestellt worden. Der Hauptwerth wird auf die Untersuchung und Abnahme nach der Fertigung der Röhre gelegt, während das Anschießen mit einer geringen Schußzahl mit der größten Gebrauchsladung erfolgt. —

III. Die Anwendung der bronzenen Röhre.

Wenn man nach 1815 die Vorzüge des Eisens für die Geschützfabrikation entschieden hervorhob, so verschloß man sich doch nicht gegen die der Bronze.

Bei Besprechung der in Preußen mit bronzenen Röhren (1810, 1823, 1827, 1830) ausgeführten Versuche, hob ein Aufsatz des Archivs[11b] hervor, daß bronzene Röhre durch längeres Feuer zwar stark litten, tiefe Kugellager erhielten, selbst Risse bekommen hätten, aber niemals ein plötzliches Zerspringen erfolgt sei. —

Die Dauer der bronzenen Röhre, deren Guß oft sehr mangelhaft war, mußte bei den damaligen starken Ladungen relativ gering sein. Bedeutende Kugellager zeigten sich öfter schon nach 100 Schüssen.[12] Ebenso traten zuweilen sehr schnell Erweiterungen des Ladungsraumes ein.

Um die bronzenen Röhre selbst mit tieferem Kugellager noch gebrauchen zu können, wurde im Jahre 1833 das Nachbohren des Seelenbodens um ein gewisses Maß gestattet, wodurch die Kugel an eine andere Stelle gelagert wurde. Diese Maßregel galt vornehmlich für die langen 24Pfdr.

Nach Einführung der eisernen Geschütze in den dreißiger Jahren wurden bronzene Röhre fast nur für den Belagerungstrain, und zwar nur schwere 12Pfdr. und lange 24Pfdr. gegossen.

Wie sich demnächst während der Versuche mit gezogenen Geschützen, die Urtheile über die Bronze und das Gußeisen wandelten, ist in der „Entwickelung der Feld-Artillerie" ausführlich dargelegt. —

Das Vorurtheil gegen die Bronze wurde erst überwunden durch die seit 1860 in den Vordergrund tretende finanzielle Frage der schleunigen Beschaffung gezogener Röhre. — Mit Aptirung der glatten bronzenen Röhre war der Weg gebahnt.

Das ungenügende Verhalten der eisernen Röhre mit Keilverschluß stellte seit 1864 die Bronze mit Entschiedenheit in den Vordergrund. Noch mehr trat dies seit 1866, nach den mit Gußstahlröhren gemachten unangenehmen Erfahrungen ein, so daß im Jahre 1870 die Bronze, auch mit Rücksicht auf den Kostenpunkt, als das zweckmäßigste Material für Festungs- und Belagerungs-Geschütze galt. —

Achtes Kapitel.

Die Entwickelung der Ballistik in Praxis und Theorie.*)

I. Die Schußtafeln.

Der Schußtafelversuch für die drei gezogenen Kanonen wurde 1860 ausgeführt, und in den folgenden Jahren ergänzt durch die Versuche für die 8 cm. Kanone, sowie für die neu entworfenen Rohrconstructionen und ausgedehnt auf die Schrapnels u. s. w. — Das Ergebniß der Versuche waren die Allgemeinen Schußtafeln für gezogene Geschütze vom J. 1865 (Nachtrag dazu von 1867), deren Aufstellung durch den damaligen Hauptmann Willerding und den als Rechner beschäftigten Oberfeuerwerker Prehn in einer wahrhaft mustergültigen Weise bewirkt wurde. Die Tafeln wurden in einer Vollständigkeit aufgestellt, wie sie noch niemals, und damals auch noch bei keiner andern Artillerie vorhanden war. Sie enthielten für jedes Geschütz, neben der Gebrauchsladung, eine größere Zahl kleiner Ladungen, dazu neben den Elevationswinkeln die Einfallwinkel, die Endgeschwindigkeiten und die Trefffähigkeits-Tabellen für senkrechte und wagerechte Ziele.

Die Herstellung dieser Schußtafeln, sowie aller späteren, erfolgte mittelst der von Willerding für die Schußtafeln vom Jahre 1859 benutzten graphischen Darstellung,[18] welche sich von selbst darbot, da die sehr umfassenden Versuchsresultate der neuen Geschütze so augenscheinliche und überzeugende Gesetzmäßigkeiten zeigten, daß jegliche Bedenken gegen die Methode schwinden mußten. — Andererseits wäre die Verarbeitung des Versuchsmaterials, in der für den Dienst erforderlichen kurzen Zeit, auf dem Wege der Rechnung gar nicht zu bewältigen gewesen. Es handelte sich aber darum, den mathematischen Werth der graphischen Methode zu untersuchen. Die Schärfe, mit der die Curven gezogen wurden, gestattete eine Differenziirung ihrer Linien und

---

*) Anmerkung. Die nachstehenden Angaben verdanken wir großentheils den gütigen Mittheilungen des Feuerwerks-Premier-Lieutenants a. D. Herrn Prehn, welcher der betreffenden Entwickelung theils sehr nahe gestanden, theils sie durch seine verdienstvollen Arbeiten in hohem Maße gefördert hat.

daraus integrirend, Schlüsse zu ziehen. — Das Differenzial drückt sich aus durch die scharf ziehbare Tangente.

Die für eine beliebige Entfernung abgelesene Elevation erlaubt daher die Berechnung der Anfangsgeschwindigkeit. Diese Aufgabe hatte bisher keine Rechnung gelöst; jetzt diente sie zur Berechnung der Anfangsgeschwindigkeiten für die neuen Schußtafeln.

Die Einfallwinkel wurden nach einer schon früher gebräuchlichen Methode ermittelt. Dieselbe besteht darin, daß man, von der Anschauung der Schwenkung der Flugbahnen [14] ausgehend, die Fallwinkel in eine einfache Beziehung zu der Differenz je zweier aufeinanderfolgenden Entfernungen und ihrer Erhöhungswinkel bringt, soweit man nämlich die Cosinus dieser Winkeldifferenzen als unerheblich verschieden von der Einheit betrachten darf. Durch fortgesetzte Anwendung jener Differenziirungsmethode gelang dann auch die Herleitung der Endgeschwindigkeiten. —

Die auf diese Weise errechneten Anfangs- und Endgeschwindigkeiten ergaben sich später als etwas zu groß, weil man damals die Existenz des Abgangsfehlers nicht kannte. Da dieser im Allgemeinen nach oben gerichtet ist, so waren die durch den Nullpunkt geführten Kurven zu schlank gezeichnet, woraus sich zu große Zahlen ergeben mußten.

Bei dem im Jahre 1869 für die kurze 15 cm. Kanone ausgeführten sehr gründlichen Schußtafelversuche, wurden die Anfangsgeschwindigkeiten mittelst des Chronographen von Le Boulengé genau gemessen, und wurde ferner die Größe und Richtung des Abgangsfehlers durch zahlreiche Ermittelungen festgestellt.[15]

Für den erleichterten Mörser C/70 wurde kurz vor Ausbruch des Krieges eine vorläufige Schußtafel aufgestellt.

Die im Jahre 1869 erfolgte Einführung des Metermaßes erforderte eine gänzliche Umrechnung der Schußtafeln. Mit derselben sollte zugleich eine Correctur der Geschwindigkeiten und eine sorgfältige Controle der bisherigen Tafeln erfolgen, wozu die nöthigen Versuche in den Jahren 1870—1873 ausgeführt wurden.

II. Praktische und theoretische Arbeiten zur Feststellung der Trefffähigkeit.

Die in dieser Beziehung von Otto ausgeführten, früher besprochenen, Arbeiten wurden für den praktischen Gebrauch wenig nutzbar gemacht, weil sie nur auf dem Wege schwieriger Rechnungen verwerthet werden konnten. — Auch hier trat die graphische Interpolation im hohen Grade erleichternd ein, indem sie die Resultate verschiedener Versuche sehr sicher verbinden konnte. Sie erfordert allerdings zur Aufstellung der Tafeln der mittleren Abweichungen die sorgsamste Festlegung der die Versuchsresultate verbindenden Curve, wenn nicht die größte Verwirrung entstehen soll. —

Auch hier führte das geniale Zugreifen Willerdings zu etwas Brauchbarem.

Die Wahrscheinlichkeitsrechnung lehrt in ihrer Anwendung auf die Artillerie, daß eine das Profil eines Trefferberges darstellende Curve ein Bild für die Zunahme der Wahrscheinlichkeit ist, mit welcher ein gewisse Male wiederholter Schuß nach gewissen Procentsätzen in gewisse Grenzen fallen muß. Sie lehrt ferner, daß die für die halbe Anzahl oder 50% Treffer sich ergebenden Grenzen, als Maßstab für die Zeichnung dieser Curven benutzt werden können. Dieser Maßstab ist in Wirklichkeit für jeden einzelnen Fall durch die mittlere Abweichung erschossen, deren doppelte Größe ja die Hälfte der Schüsse enthält.

Es ist ferner erwiesen, daß bei möglichst häufiger Wiederholung des Versuches die Wahrscheinlichkeit vorliegt, daß jene Grenze der 50% Treffer noch etwas enger werde, als sie beim einzelnen Versuche hervortritt. Demnach wird sie — die doppelte mittlere Abweichung — wahrscheinlich richtig erhalten, wenn sie mit dem sogenannten Wahrscheinlichkeitsfactor multiplicirt wird.

Auf diese Weise sind in den Trefffähigkeitstabellen die für 50% Treffer erforderlichen Zielhöhen und Längen angegeben.

Zur Berechnung der für Ziele von bestimmten Abmessungen, wie sie meist gegeben sind, zu erwartenden Procente, sind demnächst die Wahrscheinlichkeitsfactoren aufgestellt worden.'

III. Die Arbeiten zur Auflösung des ballistischen Problems und die neueren ballistischen Formeln.

Die durch die Linearinterpolation gegebene, überraschend leichte Weise der Ermittelung wichtiger Zahlen forderte zu einer Controle derjenigen Zahlen auf, welche die Folgerungen mathematischer Ueberlegungen waren.

Der damalige Oberfeuerwerker Prehn stellte sich daher die Aufgabe, die ballistische Gleichung des Generals Otto auf die gezogenen Geschütze anzuwenden.

Die Otto'schen Gleichungen waren vor dem Auftreten der gezogenen Geschütze wohl nie benutzt worden; sie werden es vielleicht in Zukunft nie mehr, weil die directe Berechnung der nach Otto „leider" variablen Constanten aus ihnen unmöglich ist, und sie in ihrer Ausdehnung jeden Rechner tödten müssen.

Wie erwähnt hatten Otto dabei die wichtigsten Grundlagen, nämlich gute, zuverlässige Schießergebnisse, wie die gezogenen Geschütze sie darboten, und annähernde Kenntniß der Anfangsgeschwindigkeiten nicht zu Gebote gestanden. Diese Angelegenheit lag für die betreffenden Arbeiten also jetzt viel günstiger. Eine andere Anregung zur Weiterbildung der ballistischen Frage erhielt Prehn durch die 1863 veröffentlichte Arbeit des Hauptmanns Roerdansz: Ballistik, abgeleitet aus graphischen Darstellungen u. s. w.

Alle bestehenden ballistischen Gleichungen hatten die Form

$$y = x \, \text{tg} \, \alpha - \frac{g \, x^2}{2 \, c^2 \cos \alpha} - \left\{ \ldots \right\}$$

worin die Klammer in unendliche Reihen aufgelöst war, welche Otto in den auf das quadratische Luftwiderstandsgesetz gestützten „Neuen ballistischen Tafeln" summirt hatte. Die Klammer drückte also das Maß aus, um welches das Geschoß für jede Abscisse sich unter der Parabel befindet.

Die große Zahl der Versuchsresultate legte es nahe, für die durch die graphische Methode ermittelten Anfangs-Geschwindigkeiten und für die dem Versuche entsprechenden, als Schußweiten gegebenen Abscissen, die Ordinaten der Parabeln zu berechnen und sie durch einen analytischen Ausdruck, welcher eine Größe für den Luftwiderstand enthalten mußte, zu verbinden.

Diese von Prehn unternommenen äußerst mühevollen Rechnungen, welche vorläufig sich als eine Abkürzung der Otto'schen Gleichung charakterisirten, bildeten die Grundlage der neuen ballistischen Formeln. Prehn hat dieselben ausführlich in dem 1864 veröffentlichten Buche „**Die Ballistik der gezogenen Geschütze**" entwickelt. Die aus der Otto'schen abgeleitete, abgekürzte Gleichung enthält nur die dritte Potenz der Abscisse, wodurch sie bequem genug ist, um alle ballistischen Folgerungen mittelst sehr einfacher Rechnungen zu geben.

Die Prehn'schen Formeln konnten erst seit dem Jahre 1868 durch die mit dem Chronographen ausgeführten Geschwindigkeitsmessungen einer Controle unterzogen werden, welche die schon früher berührte Thatsache aufdeckte, daß die berechneten Geschwindigkeiten etwas zu groß angegeben waren. —

Spätere auf sehr große, bisher nicht benutzte Anfangsgeschwindigkeiten basirte Erfahrungen zeigten, daß alle aus der Annahme eines **quadratischen Luftwiderstands-Gesetzes** hervorgegangenen Gleichungen für größere Entfernungen durchaus unbrauchbar seien. Die von Prehn entwickelte Gleichung

$$y = x \, \text{tg} \, \alpha - \frac{g \, x^2}{2 \, c^2 \cos^2 \alpha} - \frac{g \, x^3}{b \, c^3 \, K \cos^3 \alpha}$$

bewahrheitete sich täglich mehr.

Da sie bei bekannter Anfangsgeschwindigkeit die Berechnung von K direct gestattet, versuchte Prehn sie von der Eigenthümlichkeit des Geschosses zu befreien und K zunächst als Funktion der Anfangsgeschwindigkeit auszudrücken. Darauf wurde versucht, auch letztere auszuscheiden und die Resultate jeder Geschwindigkeit aus jedem Geschütze auf eine einzige Zahl A zurückzuführen, welche in geringem Grade von der Form der Geschoßspitze, sonst aber von der Beschaffenheit und Dichtigkeit der Luft abhängig ist.

Die Herleitung des neueren Standpunktes der Ballistik ist von Prehn niedergelegt in der Arbeit „**Ueber die bequemste Form des Luftwiderstandsgesetzes.**" — Der Verfasser weist darin an Geschwindigkeits- und Flugzeiten-Messungen die von Le Boulengé, von Bashforth ausgeführt worden sind, nach, daß innerhalb der sichern Messungsgrenzen es gleichgültig sei, welches Luftwiderstandsgesetz bis zur sechsten Potenz der Geschwindigkeit der Interpolation zu Grunde gelegt wird, daß daher die für die bequemsten Rechnungsformen vortheilhafteste Potenz zu wählen sei, welches vorläufig die vierte sein soll. Sie gestattet die sicherste Rechnung a priori, denn die Zugrundelegung der von Prehn gewählten Form des Gesetzes giebt durch directe Integrirung die bisher aufgestellte Gleichung dritten Grades, d. h. die ballistische Gleichung in **geschlossener Form**.

Hierdurch scheint eine Basis gefunden zu sein, auf der eine Ballistik für wissenschaftliche Forschungen aufgebaut werden kann, welche der Praxis mit Sicherheit und Leichtigkeit genügt.

IV. Arbeiten zur Ergründung der inneren Ballistik.

Diese Arbeiten hatten in den gezogenen Hinterladern ohne Spielraum eine viel festere Basis, als in den Spielraumsgeschützen. — Die hierdurch begründeten Unterschiede in der Behandlung und Entwickelung der Fragen der inneren Ballistik sind näher dargelegt in dem „**Versuch über die Elemente der inneren Ballistik der gezogenen Geschütze** ꝛc. **von M. Prehn. 1866.**"

Es handelte sich nach Einführung der gezogenen Geschütze wieder um die Entwickelung in zwei Richtungen, nämlich um:

Bestimmung der Beschleunigung der Geschwindigkeit im Rohre;

Directe Messung der Pulverkraft (Gasspannung).

Die Resultate der früher erwähnten Neumann'schen Versuche wurden durch den russischen General Majewski durch Rechnung zu verallgemeinern versucht. Er wendete den Grundsatz der Proportionalität der verschiedenen Kaliber in Bezug auf Seelenlänge, Geschoßgewicht, Größe der Ladung bei Gleichheit der Geschwindigkeiten an. — Prehn betrat denselben Weg in dem vorher erwähnten Buche, indem er den praktischen Beweis für die Proportionalität in jenen Elementen brachte. Ein entschieden praktisches Resultat konnten die Versuche nach Neumann'scher Methode, welche in den sechziger Jahren von der belgischen Artillerie fortgeführt wurden, nicht haben, obgleich an die Stelle des ballistischen Pendels ein elektroballistischer Apparat getreten war.

Der einzig vorwärts bringende Weg war die unmittelbare Bestimmung der Geschoßgeschwindigkeiten an verschiedenen Stellen der Seele ohne jede Rechnung, d. h. durch Messung mit einem entsprechenden Apparat. — Diese empfindliche Lücke füllten die

Chronographen von Le Boulengé und Navez-Leurs aus. Sie gaben allerdings nur die Möglichkeit die Geschwindigkeit außerhalb des Rohres zu messen. Das aber genügte, denn man hatte zur Messung der Geschwindigkeit an verschiedenen Stellen der Seele nur nöthig, die Seelenlänge der Röhre successive zu verkürzen, um eine beliebige Reihe von Messungen zu erhalten. Diese Versuche führte die Art.=Prüf.=Comm. zuerst mit drei verschieden langen 15 cm. Röhren aus und dehnte sie später auf andere Röhre aus, bei denen zuletzt der gezogene Theil ganz abgeschnitten wurde, so daß die Geschoßgeschwindigkeit am Uebergangsconus ermittelt wurde.

Diese Versuche gehören zu den fruchtbarsten für die neuere Artillerie, da sie gleichzeitig die Grundlage für eine rationelle Pulver=Vergleichung und für Construction kurzer gezogener Röhre bilden.

Die directe Messung der Pulverkraft — Gasspannung — wurde von zwei ausländischen Officieren, dem Oesterreicher Uchatius und dem Amerikaner Rodman — durch Construction besonderer Apparate versucht. Bei beiden soll das Pulvergas auf einen an der Seelenwand angebrachten Cylinder wirken, welcher mit einem Meißel in Verbindung gebracht ist, der durch den Gasdruck in eine Bronze= oder Kupferplatte getrieben wird. Aus der Länge des darin erzeugten Schnittes, — soll nach Vergleichung mit einer vorher berechneten Scala die Größe der treibenden Kraft in Atmosphären berechnet werden.

Die in der Scala angegebenen Schnittlängen werden durch den Druck einer bekannten Last erzeugt.

Die zu dieser Bestimmung verwendeten mechanischen Kräfte, können als Repräsentanten der Pulverkraft nicht angesehen werden. Die Angaben der Apparate werden daher wissenschaftlich angezweifelt, sie können keine absolut richtigen Werthe liefern. Praktisch werden die Apparate aber vielfach benutzt, da sie immerhin zur Vergleichung geeignete Zahlen geben.

Die Nothwendigkeit, die Gasspannungs= und Geschwindigkeits=Verhältnisse der Geschosse genauer zu erkennen, trat mit dem Auftreten der Panzer=Geschütze gebieterisch in den Vordergrund. Das preußische Geschützpulver hatte bis 1868 allen Anforderungen genügt, bis bei den in jenem Jahre ausgeführten

Panzerversuchen sich herausstellte, daß bei einer Ladungssteigerung über gewisse Größen hinaus, die Geschwindigkeits-Curve den bisherigen Gesetzen (die Geschwindigkeiten gleich schwerer Geschosse verhalten sich wie die $1,8^{te}$ Wurzeln aus den Ladungsgewichten) nicht mehr folgte. Es wurde als wahrscheinlich angesehen, daß ein Theil der Ladung durch die Höhe der anfänglichen Gasspannung zu einem festen Kuchen zusammengepreßt wird und nicht rechtzeitig zur völligen Verbrennung kommt.

Diese Anschauung hatte schon in Amerika zur Fabrikation des sogenannten prismatischen Pulvers von Rodman und in England zur Herstellung sehr grobkörnigen (Pebble-) Pulvers geführt. Beide Sorten waren fest genug, um jenem Zusammenpressen zu widerstehen und ihre Form gestattete doch eine schnelle Verbreitung der Flamme und der Verbrennung durch die ganze Ladung.

Das Geschoß setzt sich dabei, während der Verbrennung in Bewegung, vergrößert den Verbrennungsraum und vermindert somit die ersten Spannungen der sehr großen Ladungen.

Dieser Weg sicherte also die Anwendung der letzteren und damit die Erreichung großer Geschwindigkeiten ohne Ueberanstrengung der Röhre. Aber es handelte sich um Ermittelung der besten Pulversorten; hierzu gehörten Messungen der Gasspannungen und der Geschwindigkeiten.

Die Versuche mit abgeschnittenen verschieden langen Röhren gaben allerdings keine directen Resultate über die Vorgänge der Verbrennung im Ladungsraume, aber sie lassen ohne großen Aufwand schnell die beste Pulversorte erkennen.

Geben nämlich verschiedene Pulversorten, in Ladungen, deren Gewicht lediglich nach der in einem normal langen Rohre zu erreichenden Geschwindigkeit (Normalgeschwindigkeit) bemessen werden darf, in einem kurzen Rohre verschiedene Geschwindigkeiten, so ist jene die beste, welche aus dem kurzen Rohre die geringste Geschwindigkeit giebt, oder umgekehrt. —

Die auf diesem Wege erlangten Kenntnisse über die Leistungen verschiedener Pulversorten führten im nächsten Zeitabschnitt zur Annahme des prismatischen Pulvers für die 15 cm. Ringkanone.

V. Rückblick.

Die vorstehenden Ausführungen lassen deutlich erkennen, in welcher Weise das jüngere Geschlecht unmittelbar auf den Schultern des älteren steht, und welche Erleichterungen den neueren Arbeiten durch zahlreiche, zuverlässige Versuchsresultate, sowie durch vervollkommnete Messungs-Apparate zu Theil geworden sind.

Die Meister der glatten Geschütze hatten die schwierige Arbeit gehabt die Bahn zu brechen, das jüngere Geschlecht hatte die leichtere Mühe, dieselbe zu ebnen.

Von hervorragender Bedeutung für die artilleristischen Fortschritte ist der Chronograph geworden. Das Instrument ist der eigentliche Kraftmesser des Geschützes. Es mißt die Leistung des letzteren unter allen verschiedenen Bedingungen. Es giebt den directen Einfluß, den die Aenderung einer Bedingung auf die Leistung ausübt. — Es giebt ferner den unmittelbaren Vergleich der Leistungsfähigkeit verschiedener Kaliber.

Daraus lassen sich feste Grundlagen gewinnen für jede Neuconstruction im Großen, für die Anordnung der inneren Seelentheile in den Einzelheiten; der Gang aller Versuche gewinnt an Einfachheit und Sicherheit. Die Messung der Geschwindigkeiten in größerer Entfernung vom Geschütz giebt die Erkenntniß der ballistischen Eigenschaften der Geschosse. —

Die Behandlung der Ballistik im engeren Sinne ist bedeutend vereinfacht worden, die Zuverlässigkeit der Resultate demnach gewachsen.

Neuntes Kapitel.
Die Wirkung des Systems und seine Gewichtsverhältnisse.
I. Die Wirkung.*)
1. Die größten und die Gebrauchs-Schußweiten.

Die größten Schußweiten der drei langen Kanonen sind durch die Schußtafeln auf 3750 m., für die kurze 15 cm. Kanonen auf 4300 m., für den 21 cm. Mörser C/70 auf nur 2480 m. bestimmt worden.

---

*) In die nachstehenden Betrachtungen über die Wirkung, werden die nach 1870 entworfenen Neuconstructionen der Kürze halber gleich mit hineingezogen.

Für die 15 cm. Kanone ergab sich schon bei Düppel die Nothwendigkeit einer größeren Schußweite, welche zur Annahme der Ladung von 3 k. führte, wodurch die Schußweite von 5660 m. erreicht wurde. Die Grenzen für die drei Kanonen wurden übrigens durch die Elevationsfähigkeit der Laffeten gegeben. Die wirksamen Gebrauchs-Entfernungen dehnen sich im Durchschnitt und mit Berücksichtigung der Verhältnisse des Ernstfalles bis gegen 1880 m. aus.

2. Die Trefffähigkeit.

Die Angaben über die Trefffähigkeits-Verhältnisse enthält Tabelle 17. — Daraus ist folgendes abzuleiten:

a) Die Trefffähigkeit gegen aufrechte Ziele ist bei den vier Kanonen bis 1000 m. Entfernung nahezu einander gleich. Darüber hinaus tritt die Ueberlegenheit der 15 cm. Kanone, demnächst auch die der kurzen 15 cm. Kanone hervor, welche letztere der ersteren bis gegen 1500 m. fast gleich bleibt, während die 12 cm. Kanone C/64 erheblich zurücktritt. (Die 12 cm. Kanone C/61 schießt etwas besser als die letztere.) — Auf 2000 m. stehen die 12 cm. und kurzen 15 cm. Kanonen wesentlich gegen die 15 cm. Kanonen zurück, woraus der für die Trefffähigkeit nachtheilige Einfluß der kurzen Rohrlänge, in Verbindung mit dem der geringeren Geschwindigkeit zu erkennen ist.

b) Gegen horizontale Ziele tritt die überlegene Trefffähigkeit der kurzen 15 cm. Kanone hervor, welche sie sich bis auf die größten Entfernungen wahrt.

Die 12 cm. Kanone tritt auch hier am weitesten zurück. — Jene Ueberlegenheit der kurzen 15 cm. Kanone zeigt sich noch schärfer bei Anwendung kleiner Ladungen.

c) Dieselbe wird besonders klar durch einen Vergleich der Trefffähigkeit bei Zugrundelegung eines größeren Einfallwinkels, wie er beim indirecten Schusse nöthig wird. Es gebraucht z. B. auf 940 m. Entfernung zur Erzielung eines Fallwinkels von ca. 7° und zur Erreichung von 50% Treffern:

	Ladung	Zielhöhe	Zielbreite
Die bronzene 12 cm. Kanone	0,6 k.	1,5 m.	0,8 m.
Die 15 cm.	dto.	1 k.	1,3 m.	0,8 m.
Die kurze 15 cm.	dto.	1,1 k.	1,1 m.	0,7 m.

wobei die Endgeschwindigkeiten betragen 182 m., resp. 183 m., resp. 196 m.

d) Die Trefffähigkeit des 21 cm. Mörsers ist bei 30° Elevation und entsprechender Ladung gegen horizontale Ziele bis zu 2000 m. Entfernung fast genau so groß, wie die der Kanonen, wenn diese die volle Gebrauchs=ladung und die entsprechend kleineren Elevationen an=wenden — Auf größerer Entfernung (3000 m.), wo der Mörser stärkere Ladungen anwendet, sinken seine Abweichungen unter die Größe der bei den langen Kanonen vorhandenen.

e) Auch die kurze 15 cm. Kanone hat bei 30° Elevation und entsprechend verringerter Ladung bis zu 4000 m. Entfernung durchschnittlich größere Abweichungen, wie der 21 cm. Mörser bei gleicher Erhöhung.

Aus diesen Verhältnissen gehen die Vortheile hervor, welche die Anwendung kurzer Röhre beim Gebrauch kleiner Ladungen und hoher Elevationen hat.

3. Die mechanischen Leistungen der Geschosse.

A. Gegen Mauerwerk.

Aus den Tabellen 18 und 19 lassen sich unter Berück=sichtigung der Verschiedenheiten der Auftreffwinkel, des Mauer=werks u. s. w., sowie unter Weglassung von Schüssen mit ganz abweichender Wirkung folgende allgemeine Schlüsse ableiten.

a) Die Eindringungstiefe wächst bei demselben Geschütz und Geschoß mit der Geschwindigkeit, d. h. mit der leben=Kraft.[16]

b) Im Allgemeinen ist die Eindringungstiefe geladener Geschosse geringer, als die ungeladener, und zwar um so mehr, je kleiner die Auftreffgeschwindigkeit ist.

c) Unter sonst gleichen Umständen tritt die größere Wir=kung der größeren Sprengladung sehr deutlich hervor.

d) Aus a und c ergiebt sich die große Ueberlegenheit der Geschosse größeren Kalibers bei gleicher Auftreffgeschwindigkeit. Dieselbe bleibt auch bestehen, so lange bei geringer Geschwindigkeit, die lebendige Kraft nicht kleiner wird, als bei kleineren Kalibern. Dies zeigt sich z. B. bei der kurzen 15 cm. und der 12 cm. Kanone C/73, wenn beide die Gebrauchsladungen anwenden.

e) Die Ueberlegenheit des größeren Kalibers kommt sogar noch, wenn die lebendige Kraft absolut geringer wird, als bei einem kleineren Kaliber, in Folge der größeren Sprengladung innerhalb gewisser Grenzen zum Ausdruck. — So leistet die kurze 21 cm. Kanone per Schuß noch beinahe soviel, wie die 15 cm. Ringkanone bei fast dreifacher lebendiger Kraft des Geschosses.

f) Die Wirkung verschiedener Kaliber bei gleicher Geschoßgeschwindigkeit steht im Allgemeinen im Verhältniß zu ihren Geschoßgewichten. — Das Geschoß des größeren Kalibers erschüttert aber die Mauer mehr, als das des kleineren, so daß bei längerem Schießen das größere Kaliber überlegen wird, und dies um so mehr, als bei sonst gleichen Verhältnissen auch seine Trefffähigkeit besser ist.

g) In Betreff der günstigeren Bildung von weiten offenen Trichtern durch Langgranaten mit größerer Sprengladung verweisen wir auf die historische Scizze über die Entwickelung der kurzen 15 cm. Kanone Seite 26.

h) Die 21 cm. Granaten vermögen gemauerte Gewölbdecken von gebräuchlicher Stärke nicht zu durchschlagen.

B. Gegen Erdziele.

Die Tabellen 20 und 21 führen zu folgenden Schüssen:

a) Bei sonst gleichen Verhältnissen kommt die größere lebendige Kraft in der größeren Eindringungstiefe gegen Erdziele jeder Art zum deutlichen Ausdruck. — Die Größe der Einfallwinkel kommt dabei selbstverständlich in Betracht.

b) Ungünstig für das Eindringen in wagerechte Ziele ist

das, selbst bei größeren Elevationen (30°), stattfindende Fortwühlen der Geschosse in horizontaler Richtung. —

c) Die Abmessungen der ausgeworfenen Trichter hängen bei sonst gleichen Verhältnissen theils von der Ein= dringungstiefe, theils von der Größe der Spreng= ladung ab.

Bei zu großen Eindringungstiefen kommt die minen= artige Geschoßwirkung oft ebensowenig zu Tage, wie bei zu geringer Sprengladung. So warfen beim Silberberger Versuch die 21 cm. Granaten, bei 2,2 m. Eindringungstiefe, Trichter -von nur 3 m. Weite und 1 m. Tiefe aus, während bei flachen Einfallwinkeln und geringerer Eindringungstiefe die Trichterabmessungen größer wurden.

Eine größere Eindringung als 1,6 m. ist für 21 cm. Granaten im Allgemeinen nicht vortheilhaft, weil die Pulvergase dann die Erde nicht vollständig fortzuschleu= dern vermögen, sondern sie nur senkrecht empor heben, worauf sie großentheils in den Trichter zurückfällt.

d) Aus diesen Verhältnissen ergiebt sich, daß für ein be= stimmtes Kaliber die Ladungssteigerung über eine ge= wisse Grenze hinaus nicht mehr vortheilhaft ist, denn entweder ist sie bei feststehender Entfernung und Ele= vation nicht auszubeuten, oder giebt sie bei verringerter Elevation zu geringe Eindringungstiefen. —

Es ergiebt sich hieraus ferner, daß die Geschoß= wirkung der gezogenen Mörser, besonders für kleinere Entfernungen, nicht in einem entsprechenden Verhältniß zu der der glatten Mörser gewachsen ist. —

C. Gegen lebende Ziele.

Die Sprengwirkung der Granaten größeren Kalibers ist im Allgemeinen nicht gegen lebende Ziele bestimmt. Da die Zahl der Sprengstücke nicht im Verhältniß zu der Masse des Eisens steht. Es liefert im Durchschnitt die 9 cm. Granate 35—40 Sprengstücke, die 12 cm. Granate nur 20—30; die 15 cm. Granate gegen 53, darunter sind indeß viele sehr kleine Eisen= und Bleistücke. — Die 12 cm. Langgranate liefert nur 24, die 15 cm. Langgranate nur 21—27 wirksame Sprengstücke.

4. Die Brandwirkung.

Dieselbe beruht zunächst in der Sprengladung der Granaten, und außerdem in der Zündkraft der Brander, deren Benutzung indeß fraglich geworden ist.

II. Die Gewichts-Verhältnisse.

Die nöthigen Angaben darüber sind in der Tabelle 14 enthalten. — Das schwerste Geschütz war demnach im Jahre 1870 die 15 cm. Kanone mit ca. 80 Centner Gewicht.

Zehntes Kapitel.
Vergleich der gezogenen und glatten Geschütze in Bezug auf Wirkung und Gewichts-Verhältnisse.

I. In Bezug auf die Wirkung.*)

Zur richtigen Beurtheilung der nachstehenden Verhältnisse muß vorweg Folgendes bemerkt werden:

Die gezogenen Kanonen und der 21 cm. Mörser schießen Granaten vom $2\frac{1}{2}$ — 3fachen Gewicht der Vollkugeln resp. Bomben der betreffenden glatten Geschütze. — Die 15 cm. Granate hat sogar beinahe das Gewicht der 25pfdgn., die 21 cm. Granate erheblich mehr, als das Gewicht der 50pfdgn. Bombe.

Die Ladungsquotienten sind indeß bei den Kanonen auf 33%, beim 21 cm. Mörser C/70 auf 66% der bei den glatten Geschützen bestehenden Quotienten gesunken. Der Mörser C/70 würde hiernach im richtigen Verhältniß zur 25pfdgn. Haubitze stehen.

Die Geschoßgeschwindigkeiten an der Mündung sind in Folge vorstehender Verhältnisse bei den vier gezogenen Kanonen im Durchschnitt auf 60% der der glatten Kanonen gesunken.

1. Die größten und die Gebrauchsschußweiten.

Die größten mit den glatten Geschützen überhaupt erreichbaren Schußweiten (3200—3600 m.) waren bei der äußerst

---

*) Anmerkung. Bei den folgenden Vergleichen wird immer, wenn nicht ausdrücklich anders bemerkt wird, die Anwendung der Gebrauchsladung berücksichtigt.

geringen Trefffähigkeit nur für Bombardementszwecke zu verwerthen. Bei entsprechender Einrichtung der Laffeten kann die 15 cm. Kanone die doppelte Schußweite mit viel größerer Trefffähigkeit erreichen, während alle Geschütze auf 3750 m. Entfernung Ziele von mäßigen Abmessungen sehr sicher treffen. Die größte Schußweite der glatten schweren Mörser steht gegen die des 21 cm. Mörsers C/70 nur wenig zurück. Die wirksamen Gebrauchsschußweiten sind bei den gezogenen Geschützen mindestens auf das Doppelte der glatten Geschütze gestiegen.

2. Die Trefffähigkeit.

a) Die Trefffähigkeit der glatten Kanonen gegen aufrechte Ziele wird von den vier gezogenen Kanonen auf 3 bis 4 fach größerer Entfernung erreicht. Die mit ersteren beim Demontiren auf 300 m. erhaltenen Trefferprocente (siehe Tabelle 9 A.) erreicht z. B. die 9 cm. Kanone auf 900 m., die 12 cm. Kanone auf 1000 m., die kurze 15 cm. Kanone auf 1000—1100; die 15 cm. Kanone auf 1200 m. Entfernung.

b) Dieses Verhältniß stellt sich noch günstiger beim Beschießen horizontaler Ziele. Das vom glatten kurzen 24 Pfdr. hierbei mit Granaten auf 800 m. erreichte beste Resultat, hat die 15 cm. Kanone auf 2500 m., die kurze 15 cm. Kanone auf ca. 4000 m. Aehnlich gestaltet sich das Verhältniß zwischen letzterem Geschütz und den schweren Haubitzen, sowie den Bombenkanonen. So giebt die kurze 15 cm. Kanone gegen die üblichen Rikoschet-Ziele (siehe Tabelle 9 B) auf mehr als 4000 m. Entfernung die gleiche Trefferzahl wie der kurze 24 Pfdr. auf 450—600 m. und die 25pfdge. Haubitze auf 450 m. Entfernung.

c) Bei 30° Elevation hat der 25pfdge. Mörser auf 800 m. Entfernung die $1\frac{1}{2}$—2 fachen Längen- und 15 fachen Seitenabweichungen, und der 50pfdge. Mörser auf 1100—1200 m. die 4 fachen Längen- und 10 fachen Seitenabweichungen des 21 cm. Mörsers auf den gleichen Entfernungen.

Die Produkte aus den mittleren Längen- und Seitenabweichungen sind beim 25pfdgn. Mörser für 800 m. noch 5 Mal und beim 50pfdgn. Mörser für 1100 m. noch 4 Mal so groß wie beim 21 cm. Mörser für 2000 resp. 3000 m. Entfernung. —

3. Die mechanischen Leistungen der Geschosse.

A. Gegen Mauerwerk.

a) Die Eindringungstiefen der ungeladenen Granaten verhalten sich zu den der Vollkugeln der glatten Kanonen, beim 12Pfdr. = 3 : 2; bei der kurzen 15 cm. und der 15 cm. Kanone = 2 : 1.

Die geladenen Granaten der kurzen 21 cm. Kanone haben selbst bei kleinen Ladungen doppelt so große Eindringungstiefen, wie die Vollkugeln und Bleibomben der 25pfdgn. Haubitzen und Bombenkanonen bei voller Ladung.

b) Die bei allen Geschossen der gezogenen Geschütze noch hinzutretende Sprengwirkung steigert die Ueberlegenheit in nicht zu schätzender Weise.

B. Gegen Erdziele.

a) In verticale Erdziele bringen die Granaten der gezogenen Kanonen doppelt so tief, und oft noch mehr ein, wie die Vollkugeln der glatten Kanonen.

b) In horizontale Erdziele bringt unter sonst gleichen Verhältnissen die Granate der kurzen 15 cm. Kanone auf doppelt so großen Entfernungen eben so tief ein, wie die Bombe des 25pfdgn. Mörsers und nahezu eben so tief, wie die des 50pfdgn. Mörsers auf einfacher Entfernung. — Die Trichtertiefen sind dabei einander nahezu gleich.

c) Bei Anwendung kleinerer Ladungen sind bis auf dreifach größeren Entfernungen, die Eindringungstiefen der 21 cm. Mörser-Granaten 3—4 Mal so groß, wie die der 25pfdgn. und doppelt so groß, wie die der 50pfdgn. Bomben.

d) Die von den 21 cm. Granaten im gewachsenen Boden ausgeworfenen größten Trichter haben im Durchschnitt

die 1½fache Tiefe der von den 50pfdgn. Bomben er=
zeugten, aber eine nur wenig größere obere Weite, als
diese. Beim Schießen gegen aufgeschüttete Erde, wird
die letztere aber auch 1½ Mal so groß, wie bei den
50pfdgn. Bomben.

e) Im Durchschnitt ist somit die Wirkung der 15 cm.
Langgranate der der 25pfdgn. Bombe gleich, und die
der 21 cm. Granate 1½ Mal so groß, wie die der
50pfdgn. Bombe; ein Verhältniß, welches ungefähr den
betreffenden Sprengladungen entspricht.

C. Gegen lebende Ziele.

Die 9 cm., 12 cm. und 15 cm. Granaten mit dickem
Bleimantel liefern im Mittel 2½—3 Mal so viele Spreng=
stücke, wie die 7pfdgn., 25pfdgn. und 50pfdgn. Bomben. — Die
12 cm. und 15 cm. Langgranaten geben aber kaum 1½—2 Mal
so viele wie die letzteren.

4. Die Brandwirkung.

In der Brandwirkung stehen die gezogenen Kanonen den
glatten insofern voran, als ihre Granaten alle zu zünden ver=
mögen. Die Vollkugeln mußten hierzu erst glühend gemacht
werden, zündeten dann aber viel sicherer, als jene. —

Den Hohlgeschossen der glatten Geschütze stehen die der
gezogenen Geschütze in der Brandwirkung nicht voran, vielmehr
oft nach, da sie beim Durchschlagen fester Ziele zu früh crepiren.
— Auch die Brandgranaten und Brandbomben hatten in vielen
Fällen eine sicherere Wirkung, als jene.

II. In Bezug auf die Gewichts-Verhältnisse.

Der Vergleich der Gesammtgewichte der Geschütze ist in
der Tabelle 14ᵃ gegeben. Es geht daraus hervor, daß durch=
gängig das 12 cm. Geschütz in allen Laffeten erheblich leichter
geworden ist, als das betreffende glatte Geschütz, was haupt=
sächlich in dem leichten Rohre C/64 seinen Grund hat. Die
übrigen Kanonen sind durchweg schwerer geworden, als die be=
treffenden glatten Geschütze in Wall=, Belagerungs= und hölzernen
hohen Rahmen=Laffeten; dagegen sehr bedeutend leichter, wenn

für die glatten Geschütze, die eisernen Festungs-Laffeten nebst Untersatz und sämmtlichem Zubehör berechnet werden. Es liegt auch hierin ein großer Vorzug der Laffeten C/64.

Das Gewicht des 21 cm. Mörsers C/70 steht außer allem Verhältniß zu dem der glatten schweren Mörser; es correspondirt mit dem Gewichte der 25pfdgn. Haubitze. Dagegen stellt sich das Verhältniß der kurzen 15 cm. Kanone im Vergleich zu den Gewichten der 25pfdgn. Haubitzen und Bombenkanone, deren Ersatz sie unmittelbar bewirkt hat, sehr günstig. Sie ist nicht schwerer, als die 25pfdge. Haubitze in Belagerungs-Laffete C/31 und 17 Centner resp. 46 Centner leichter, wie einerseits die 25pfdge. Haubitze, andererseits die 25pfdge. Bombenkanone und die 50pfdge. Haubitze in der eisernen Laffete C/49. —

Die höchsten summarischen Gewichte der glatten Geschütze, abgesehen von den Festungslaffeten C/49 (24Pfdr. $77^{3}/_{4}$ Centner, 25pfdge. Bombenkanone 100 Centner) stehen denen der gezogenen (15 cm. Kanone 81 Ctr., 21 cm. Mörser C/71 100 Centner) nahezu gleich.

III. Resumé des Vergleichs.

1. In Bezug auf die Wirkung.

Im Vergleich zu den glatten Geschützen, können die gezogenen:
für Bombardementszwecke auf doppelten Entfernungen gebraucht werden;
gegen Ziele von mäßiger Ausdehnung die wirksamen Gebrauchs-Entfernungen auf mindestens die doppelte Größe ausdehnen, so daß sie den vierfachen Flächenraum beherrschen;
gegen kleine aufrechte Ziele, welche eine hohe Trefffähigkeit verlangen, auf 3—4facher Entfernung und gegen derartige horizontale Ziele auf noch größerer Entfernung gebraucht werden.

Die Granaten der gezogenen Kanonen erreichen gegen Mauerziele im Durchschnitt die doppelten Eindringungstiefen der Vollkugeln der glatten Kanonen.

Die für jene hinzutretende Sprengwirkung läßt eine Schätzung der summarischen Wirkung kaum zu.

In ähnlicher Weise gestalten sich die Verhältnisse beim Schießen gegen Erdziele.

Der 21 cm. Mörser leistet indeß gegen gemauerte Gewölbdecken nicht mehr, als die glatten Mörser und gegen Erde nicht das doppelte Maß der Leistungen des 25pfdgn. Mörsers. —

Gegen lebende Ziele kann die Wirkung der Granaten der gezogenen Geschütze das doppelte des mit den wirksamsten runden Hohlgeschossen erreichbaren Maßes geben, ganz abgesehen von der Wirkung der Schrapnels, die kaum in Vergleich zu stellen ist.

2. In Bezug auf die Gewichtsverhältnisse.

Die Gesammtgewichte der gezogenen Kanonen sind von denen der glatten nur wenig verschieden, wenn für beide die Belagerungslaffeten berücksichtigt werden; sie stellen sich für jene aber erheblich günstiger, wenn für die glatten Kanonen die hohen eisernen Laffeten C/49 in Rechnung kommen.

Der 21 cm. Mörser muß als auf gleicher Stufe mit den 25pfdgn. Haubitzen stehend, betrachtet werden.

Elftes Kapitel.
Das praktische Schießen.
I. Aufstellung allgemeiner Gebrauchs-Regeln.

Die ersten Gebrauchsregeln wurden im Jahre 1860 für die drei eingeführten Kanonen in einer, von der Art.-Prüf.-Comm. bearbeiteten Schrift aufgestellt, betitelt: „Die Eigenthümlichkeiten der drei Kaliber gezogener Geschütze in Bezug auf ihre Anwendung in und vor Festungen." — Die Grundlage dazu hatte das durch alle bisherigen Versuche erlangte Material gegeben. Es sollte geeignet sein:

Die 9 cm. Kanone zum Ersatz der glatten 6Pfdr., 12Pfdr. und 7pfdgn. Haubitzen; die 12 cm. Kanone zum Ersatz der schweren Haubitzen und Bombenkanonen. Im Uebrigen sollte der Gebrauch der drei gezogenen Kaliber zu einander sich in ähnlicher Weise regeln, wie dies bei den glatten Kanonen der Fall gewesen war. —

Für die kurze 15 cm. Kanone wurde mit ihrer Einführung im Jahre 1870 eine sehr ausführliche Gebrauchs-Anweisung bearbeitet, welche in gründlichster Weise ihre Leistungsfähigkeit mit der der glatten Geschütze und der schon eingeführten gezogenen Kanonen in Vergleich stellte. — Es wurde nachgewiesen, daß die kurze 15 cm. Kanone geeignet sei, die schweren Haubitzen und 25pfdgn. Bombenkanonen, sowie unter Umständen den 25pfdgn. Mörser vollkommen zu ersetzen, wenn auch die Sprengwirkung ihrer Langgranaten nicht immer der der 28 cm. Granaten gleich komme.

Zu den vorhandenen gezogenen Kanonen sollte die kurze 15 cm. Kanone ergänzend zwischen das 12 cm. und 15 cm Kaliber treten und somit je einen Theil der bisher denselben zugewiesenen Aufgaben übernehmen. In allen Fällen, wo es auf stärker gekrümmte Flugbahnen ankommt (indirecter und Rikoschet-Schuß) sollte sie mit Ueberlegenheit die 15 cm. Kanone ersetzen.

Für den erleichterten Mörser C/70 wurde eine kurze vorläufige Gebrauchs-Anweisung bei Ausbruch des Krieges 1870 aufgestellt.

II. Die größten Schußweiten und die wirksamen Gebrauchs-Entfernungen.

Die größten Schußweiten wurden durch die Elevationsfähigkeit der Laffeten in den früher besprochenen Grenzen gehalten. Sie sollten im Allgemeinen nur für Bombardementszwecke oder gegen Ziele von entsprechender Ausdehnung angewendet werden.

Die wirksamen Gebrauchs-Entfernungen sollten gegen Ziele von mäßiger Ausdehnung und gegen Truppen nicht über 1880 m. ausgedehnt werden.

Gegen Ziele von geringen Abmessungen werden sie mit Rücksicht auf die zu erreichenden besonderen Zwecke noch erheblich verengt (z. B. für das Demontiren). Es wird davon bei Besprechung der einzelnen Schußarten noch die Rede sein.

Für den Schrapnelschuß giebt die Brennzeit des Zünders die Grenzen des Gebrauchs, im Durchschnitt auf 2100—2200 m., — für die kurze 15 cm. Kanone auf nur 1500 m.

III. Die Schußarten für besondere Zwecke.

Die für das glatte Geschützsystem bestehende Eintheilung der Schüsse wurde ohne Weiteres auf das gezogene System übertragen.

A. Directe Schüsse.[17]

1. Der Enfilirschuß.

Seine Anwendung mit voller Gebrauchsladung wurde auf 2250—3000 m. ausgedehnt. Am geeignetsten sind mit Bezug auf die Geschoßwirkung die schweren Kaliber anzusehen.

2. Der Demontirschuß.

Die große Trefffähigkeit der gezogenen Kanonen ließ von vornherein ihren Hauptwerth für das Demontiren erkennen. Die ersten Vergleichsversuche erstreckten sich daher auf das Demontiren, wobei Entfernungen bis circa 1400 m. zur Anwendung kamen. — Die Resultate wurden vervollständigt durch die bei Jülich ausgeführten Versuche gegen bekleidete Erdscharten, gegen Sappenteten und gegen Sandsackbrustwehren. Damals wurde schon betont, daß die Entfernung von 900 m. für Demontirzwecke eher zu den kleinen, als zu den großen zu rechnen sei. — Mit der durch die Keilzüge bewirkten Verbesserung der Trefffähigkeit wurden als zweckmäßige Demontir-Entfernungen 900 bis 1200 m. angenommen. Die kleinere Entfernung sollte immer vorgezogen, die größere nöthigenfalls bis 1400 m. ausgedehnt werden. Zum Demontiren der Geschütze selber wurde die 9 cm. Kanone, in der Richtung der Schartenmitte feuernd, als ausreichend angesehen. Gegen Erdscharten und schwächere frisch aufgeschüttete Erdbauten sollte die 12 cm. Kanone, gegen alle festeren, auch Mauer-Ziele, die 15 cm. Kanone verwendet werden. Zum Zerstören von Erdzielen trat später die kurze 15 cm. Kanone mit ihren Langgranaten in den Vordergrund.

Das früher nicht gelungene systematische Abkämmen der Brustwehren wurde jetzt durch einen Versuch mit der kurzen 15 cm. Kanone als ausführbar bewiesen.[18] Es gelang durch 9 Treffer, einen 1 m. tiefen Durchbruch in einer Lehmbrustwehr von 5,6 m. Stärke, und durch 18 Treffer einen 1,2 m. tiefen Durchbruch in einer gleichen Sandbrustwehr herzustellen. —

Die Benutzung von Sandsäcken zur Ausbesserung demontirter Brustwehren ist von sehr zweifelhaftem Werth, da jede krepirende Granate die Säcke sehr weit wegschleudert. Nur wenn letztere sehr groß sind, wird dies verhindert.

3. Der directe Breschefchuß.

Die für das Breschiren mit glatten Geschützen ermittelte zweckmäßigste Methode wurde für die gezogenen unverändert angenommen. Festzustellen blieben aber die Wirkungen der einzelnen Geschütze an sich und im Vergleich zu einander unter verschiedenen Verhältnissen. Außerdem waren diejenigen Aenderungen zu ermitteln, welche die Art und Größe der Wirkung der Percussionsgranaten in den Einzelheiten des Brescheschießens erforderlich machten.

Die Leistungen der einzelnen Geschütze wurde bei allen Versuchen durch das Verfeuern von scharf und blindgeladenen Granaten, mit verschiedenen Ladungen und Auftreffwinkeln gegen verschiedenes Mauerwerk ermittelt. Die in den Tabellen 18 und 19 enthaltenen Zahlen geben hierüber, wenn auch noch kein vollständiges, so doch ein genügendes Material. Der erste orientirende Versuch fand, wie schon erwähnt, bei Schweidnitz 1857 statt.

Es wurde eine Mauer breschirt, welche im Durchbruch 1,75 m. stark war. Zur Bildung des horizontalen Schnitts von 4 m. Länge gebrauchte die 15 cm. Kanone 14 scharfe und 1 blinde Granate; zur Bildung eines Verticalschnitts, welcher auf einen 2,5 m. starken Strebepfeiler traf, 7 Schüsse. — Auf den ☐m. der Fläche des Horizontalschnitts kamen mithin ungefähr 2 Schüsse.

Im Uebrigen stellte sich die Wirkung der Granaten als eine unerwartete und der der Vollgeschosse als bedeutend überlegen heraus. Die gezogene 15 cm. Kanone erreichte die gleiche Wirkung mit der halben Schußzahl, als der glatte 24 Pfdr. mit Vollkugeln. Letzterer brauchte beinahe so viel Schüsse, als die gezogene 12 cm. Kanone. —

Im Uebrigen stellte sich von Neuem heraus, daß verschiedene Kaliber zur Erreichung der gleichen Wirkung nahezu gleiche Eisenmassen gebrauchen.

Die Versuche bei Jülich 1860 waren Folgende:

Breschiren einer freistehenden Ziegelmauer von 2,1 m. Stärke am Durchbruch, auf 64,3 m. Entfernung, durch 4-15 cm. Kanonen bei 2 k. Ladung.

Der 18,8 m. lange Horizontalschnitt wurde durch 92 Treffer

vollendet, also pro ☐m. der Schnittfläche waren 2,33 Schüsse nöthig.

Breschiren der Dechargenmauer einer Bastionsface von 11,9 m. Höhe, 3,8 m. Dicke im Durchbruch und 8,5 m. Stärke in den Strebepfeilern, durch 4-15 cm. Kanonen mit 2 k. Ladung und unter 80° horizontalem Auftreffwinkel auf 100 m. Entfernung. Die Bresche von 13,9—14,9 m. Breite wurde erzeugt durch 294 Schüsse, wovon nöthig waren:

112 zur Bildung des Horizontalschnitts, 76 zum Durchbruch der Strebepfeiler, 22 zum Wegräumen des Schutts, 32 zur Bildung der Verticalschnitte, 52 zum Einschießen der Reversmauer, der Pfeilerreste u. s. w.

Auf den ☐m. der Schnittfläche kamen daher (incl. der Schuttschüsse) 4 Schüsse.

Demontiren von 3 gemauerten Scharten, welche im Mauerwerk 3,9 m. stark waren, durch 3-12 cm. Kanonen auf 300 m. Entfernung mit 1,05 k. Ladung.

Die Zerstörung wurde durch 48 Schüsse vollständig bewirkt.

Schließlich wurde die Wirkung der 9 cm. Kanone beim Breschiren ermittelt.

Die aus diesen Resultaten gezogenen Schlüsse waren folgende:

die gezogenen schweren Geschütze haben Glänzendes geleistet, wie es glatte nie erreichen konnten;

die 9 cm. Kanone leistet Genügendes gegen nicht zu starkes Mauerwerk; aber sie gebraucht zu viele Schüsse und zu viel Zeit zur Erreichung einer gewissen Wirkung;

die 12 cm. Kanone demontirt gemauerte Scharten in schwächerem Mauerwerk durch wenige Schüsse und breschirt die stärksten Mauern in kurzer Zeit;

die 15 cm. Kanone genügt den höchsten Anforderungen, welche beim Breschiren von festem und starkem Mauerwerk gestellt werden können. —

Für die Methode des Breschirens ergeben sich folgende Regeln:

Es ist, wie bisher, durchaus nöthig, den Horizontalschnitt völlig zu durchbrechen, bevor die Verticalschnitte in Angriff genommen werden. Der Horizontalschnitt muß von vornherein eine gewisse Höhe in sich erhalten, damit bei fortschreitendem

Durchbruch die Granaten nicht an seinen, sich nach innen verengenden Flächen anschlagen und zu früh crepiren.

Bei sehr starkem Mauerwerk ist aus diesem Grunde die Bildung von zwei Horizontalschnitten über einander vortheilhaf welche später in einen einzigen sich vereinigen.

Von Zeit zu Zeit muß der im Horizontalschnitt liegende Schutt weggeschossen werden, damit die Granaten auf freies Mauerwerk gesetzt werden können.

Die Versuche bei Magdeburg 1862 und 1864 bezweckten einen Vergleich von 9 cm. Granaten und 8 cm. Granaten mit dickem und dünnem Bleimantel. Für die Ausbildung des Breschcschusses waren sie von untergeordnetem Werthe.

Die Versuche in Stettin 1868.[17]

Sie sollten die Leistungsfähigkeit der kurzen 15 cm. Kanone im Vergleich zu der der 15 cm. Kanone, unter Anwendung von gewöhnlichen und Langgranaten feststellen. Das Ziel war eine anliegende Ziegelmauer, im Durchbruch 1,61 m. stark. Die Entfernung betrug 37,5 m. Es schossen:

Die 15 cm. Kanone mit gewöhnlichen Granaten, 3 k. Ladung, 349,9 m. Geschwindigkeit; die kurze 15 cm. Kanone mit gewöhnlichen Granaten bei 1,975 k. Ladung und 251,1 m. Geschwindigkeit, und mit Langgranaten bei 1,5 k. Ladung und 251,1 m. Geschwindigkeit. Zur Bildung eines horizontalen Schnittes von 3,7 m. Länge gebrauchte die lange Kanone 16, die kurze mit gewöhnlichen Granaten 19, und mit Langgranaten 15 Schüsse, — pro ☐m. Schnittfläche also 2,6 Schüsse. —

Außerdem wurde noch ermittelt, ob für das Breschiren es vortheilhafter sei, den Horizontalschnitt in der Weise zu bilden, daß die Mauer zunächst an einer Stelle völlig durchbrochen und diese Oeffnung dann in gleicher Tiefe seitlich erweitert wird, oder ob die bisher übliche gleichmäßige Vertiefung des Schnitts in der ganzen Länge vorzuziehen ist.

Jene Manier war 1864 bei Magdeburg mit 8 cm. und 9 cm. geprüft worden. — Sie erzeugte allmälig einen tiefen spitzen Trichter, an dessen Seiten die Granaten oft crepiren, bevor sie in das Mauerwerk eindringen können. In der Tiefe des Trichters sammelten sich viele Sprengstücke, welche das

Eindringen der Geschosse beeinträchtigen und bei gewisser Trichtertiefe kam die Sprengwirkung der Geschosse nach der Seite nicht mehr zur Geltung.

Die aus den Resultaten gezogenen Schlüsse waren:

Die kurze 15 cm. Kanone ist bei Anwendung der Gebrauchs= ladung und von Langgranaten auf nahen Entfernungen gegen Mauerwerk mittlerer Stärke und Güte der 15 cm. Kanone mit 3 k. Ladung und gewöhnlichen Granaten überlegen. Jene ist daher dieser beim Breschiren auf nahen Entfernungen in den meisten Fällen vorzuziehen.

Die lange Kanone ist dagegen auf größere Entfernungen und gegen Mauerwerk von größerer Stärke und Festigkeit in Folge der größeren lebendigen Kraft ihrer Geschosse überlegen.

Die ältere Methode zur Bildung des Horizontalschnitts ist beizubehalten. —

Aus den Ergebnissen aller vorstehend besprochenen Versuche waren folgende Regeln für die Verwendung der einzelnen Ge= schütze zum Breschiren und für die dabei zu befolgende Methode abzuleiten. Das schwere Kaliber hat in allen Fällen die Ueber= legenheit über das leichtere und ist unter schwierigen Verhältnissen den letzteren entschieden vorzuziehen.

Unter weniger schwierigen Verhältnissen und auf nahen Distancen kann das leichtere das schwere Kaliber ersetzen, be= sonders wenn es nicht auf Zeitersparniß ankommt. Bei schwie= rigen Transportverhältnissen ist jenes sogar vorzuziehen.

In den meisten Fällen werden hiernach die 12 cm. und kurzen 15 cm. Kanonen zur Anwendung kommen können.

Die Methode des Breschirens ist im Allgemeinen so beizu= behalten, wie sie für die glatten Geschütze ermittelt war. Die Breite der Bresche muß im Allgemeinen 20 m. sein.

Bei der Bildung des Horizontalschnittes bestimmt sich die Entfernung der einzelnen Schüsse von einander nach der Größe der von den einzelnen Geschossen gebildeten Trichter.

Beim Schrägschießen und gegen festes Mauerwerk müssen mehrere Schüsse auf dieselbe Stelle gesetzt werden, bis der Ein= bruch der Mauer wirklich erfolgt ist. —

Die Zerstörung von Mauerresten und Strebepfeilern, sowie das Herabschießen der Erde, erfolgt nach den bisherigen Regeln. —

Die Schwierigkeiten des Breschirens wachsen im hohen Grade mit der Mauerdicke. An der oberen und unteren Fläche des Horizontalschnitts kommt eine größere Zahl von Granaten unvermeidlich zu früh zum Krepiren und in dem tiefer werdenden Schnitte bleibt mehr und mehr Schutt liegen, in welchem ebenfalls Geschosse frühzeitig crepiren. Dieser Schutt verlangt zum Wegräumen besondere Schüsse. Aus diesen Gründen dürfen von der Wirkung eines einzelnen Schusses, oder von der Bildung einer Bresche von geringen Abmessungen des Horizontalschnitts auf größere Verhältnisse nur vorsichtige Schlüsse gezogen werden.

Jene Verhältnisse sind durch Anwendung von Langgranaten mit großer Sprengladung bedeutend günstiger geworden, da dieselben weite offene schuttfreie Trichter bilden und dadurch das Fortschreiten der Bresche wesentlich begünstigen.

Es ist ungemein schwierig, die bei verschiedenen Breschversuchen erreichten Wirkungen mit einander in Vergleich zu stellen, da viele dabei in Betracht kommenden Verhältnisse nicht gleich zu machen sind, und ihr Einfluß sehr schwer in Rechnung zu stellen ist. —

Aus diesem Grunde muß es vorläufig als unzulässig angesehen werden, die Resultate des bei Jülich mit 4-15 cm. Kanonen ausgeführten zweiten Versuches zur Herstellung der 13,9—14,9 m. breiten Bresche mit derjenigen zu vergleichen, welche wie früher (S. 128) erwähnt, mit langen glatten 24Pfdrn. erreicht wurden. Diese gebrauchten nämlich pro ☐m. Schnittfläche nur 2, jene dagegen 4 Schüsse.

Ein wesentlich anderes Resultat wurde z. B. bei den im Fort Gravelles bei Paris von der französischen Artillerie ausgeführten Versuchen erreicht.[20]

Dort wurde auf 70 m. Entfernung eine 10 m. breite Bresche in einer am Durchbruch 2,80 m. starken Mauer durch 304 Schüsse aus dem glatten 24Pfdr. mit 6 k. Ladung erzeugt, (also mit 3648 k. Eisen nnd 1824 k. Pulver) und eine gleiche Bresche durch 304 Schüsse aus dem gezogenen 12Pfdr. mit 1,2 k. Ladung (3404 k. Eisen und 516 k. Pulver incl. der Sprengladungen). — Bemerkenswerth ist die Differenz in dem Gewicht des Pulvers.

B. Indirecte Schüsse.

1. Der Rikoschetschuß.

Nach den letzten, für den Rikoschetschuß glatter Geschütze aufgestellten Regeln sollte die höchste Elevation 15° betragen, die kleinste durch den Geschoß-Aufschlag am Fuße der nächsten Traverse bestimmt werden. — Bei der gebräuchlichen Traversirung der Wallgänge kann das unmittelbar neben der deckenden Traverse stehende Geschütz in den oberen Theilen nur mit einem Fallwinkel von gegen 20° getroffen werden, während der Fuß der nächsten Traverse gegen 10—12°, und die halbe Höhe derselben gegen 5—6° Fallwinkel gedeckt ist. — Hielt man an den obigen Bedingungen fest, so konnte bei einer für das Rikoschetiren geeigneten Entfernung von 1200 m. das erstgenannte Geschütz überhaupt nur von der kurzen 15 cm. Kanone mit 0,5 k. Ladung, der Fuß der nächsten Traverse vom 9 cm. bei 0,2 k. Ladung, vom 12 cm. bei 0,5 k. Ladung, vom 15 cm. bei 0,8 k., vom kurzen 15 cm. bei 0,85 k. Ladung getroffen werden. Die Endgeschwindigkeiten dabei waren 144 m., 166 m., 163 m. und 185 m. Hieraus ergiebt sich, daß für diesen hohen Rikoschet mit Vortheil überhaupt nur die kurze 15 cm. Kanone und allenfalls die 15 cm. Kanone verwendbar ist, welche dabei für 50% Treffer eine Ziellänge von 19,4 m. verlangt.

Erweitert man die Entfernung aber bis zu 1800 m., so können die 4 genannten Geschütze die Ladung von 0,4 k., 0,9 k., 1,9 k. und 1,4 k., bei Endgeschwindigkeiten von 200 m., 220 m., 251 m. und 201 m. anwenden, wobei für 50% Treffer eine Ziellänge von 22 bis 25 m. nöthig ist. — Daher mußte zweifellos diese größere Entfernung vorgezogen werden, denn die größere Wirkung des einzelnen Schusses glich die etwas geringere Treffähigkeit vollkommen aus.

Fordert man endlich einen Fallwinkel von nur 5° bis 6° so erreichen die 9 cm., 12 cm. und 15 cm. Kanonen denselben schon auf 1500 m., die kurze 15 cm. auf 1200 m. Entfernung, bei Anwendung der Gebrauchsladung, also mit erheblich größerer Geschoßgeschwindigkeit und Treffähigkeit, wie im vorigen Falle. — Dieser flache Rikoschet verdiente daher ebenfalls besondere Beachtung.

Die vorstehenden Erwägungen führten dazu, die kurze

15 cm. Kanone ihrer günstigen Einfallwinkel und Geschoßwirkung wegen in erster Linie für das Rikoschetiren zu empfehlen und die dafür zweckmäßige Entfernung bis 1800 m. auszudehnen.[21]

2. Der indirecte Schuß zum Zerstören von Mauerwerk.

Die Grenze für die Anwendbarkeit des indirecten Schusses war gegeben durch eine gewisse Größe des Einfallwinkels, in Verbindung mit der zugehörigen verringerten Ladung, Trefffähigkeit und lebendigen Kraft der Geschosse. — Die letztgenannten Factoren waren für gleiche Einfallwinkel bei den gezogenen Geschützen erheblich wirksamer, als bei glatten. Es standen nunmehr für die weitere Ausbildung und Ausbeutung des Schusses zwei Wege offen. Entweder konnte für die bisher gebräuchlichen, oder mäßig vergrößerten Entfernungen der indirecte Schuß mit gezogenen Geschützen mit größerem und schnellerem Erfolge zur Anwendung kommen, wobei ein Spielraum gegeben war, je nachdem mehr Werth auf die Trefffähigkeit — bei kleinerer Entfernung — oder mehr Werth auf lebendige Kraft der Geschosse — bei größerer Entfernung — gelegt wurde. — Oder es konnte andererseits zur Vergrößerung jenes Einfallwinkels die Entfernung, allerdings unter Verlust eines Theiles der Trefffähigkeit, bedeutend vergrößert werden. —

Der erste Weg hielt die Anwendung der Schußart in engeren Grenzen, indem er den Hauptwerth auf wirkliches regelrechtes Breschiren mittelst Schnittschießens legte; er verschärfte und erschwerte also die Lösung der Aufgabe. Der zweite Weg vereinfachte dieselbe, indem er sie in einem mehr regellosen „Demoliren" suchte.

Die preußische Artillerie betrat den ersten Weg und verfolgte ihn während des in Rede stehenden Jahrzehntes bis 1870.

a. Der indirecte Brescheschuß.

Der nächste Schritt mußte sein: festzustellen bis zu welcher Entfernung bei mäßig großen Fallwinkeln die erhöhte Trefffähigkeit der gezogenen Kanonen mit Vortheil für den indirecten Schuß zu verwerthen sei.

Wie früher erwähnt, fand der betreffende Versuch bei Schweidnitz — noch neben den glatten Geschützen statt.

Die 9 cm., 12 cm. und 15 cm. Kanonen schossen gegen eine verdeckte Eskarpemauer auf 1016 m. Entfernung mit voller Ladung (0,56; 1,125 und 2,125 k.) und einem Fallwinkel von $4^1/_8°$. Man schloß aus den Resultaten: „es können auf jener Entfernung mit diesen Geschützen die widerstandsfähigsten, verdeckten Mauern herabgeschossen werden, wenn die Ladung nicht zu sehr vermindert werden muß."

Der Bericht sagt ferner: Der Erfolg sei als einer „ohne Gleichen" anzusehen. Die Wirkung der Granaten war eine überraschend hohe gewesen. Die Kenntniß der Profile wurde für den Ernstfall als erforderlich erachtet. Im Uebrigen wurden keine Schlüsse weiter gezogen; dagegen wurde die weitere Ausbildung des Schusses dringend empfohlen. Schon im Jahre 1860 fanden daher neue Versuche bei Jülich statt. Hier schossen 2 bronzene 12 cm. Kanonen auf 910 m. Entfernung gegen ein verdeckt liegendes gemauertes Blockhaus, und vier eiserne 12 cm. Kanonen auf 940 m. gegen ein verdeckt liegendes Reduit. Die Verhältnisse waren so gewählt, daß die Ladung beinahe auf die Hälfte der Gebrauchsladung (0,55 k.) reducirt werden mußte. —

Der tiefste Treffpunkt verlangte im ersten Falle einen Fallwinkel von 6° 50'; im zweiten Falle einen solchen von 4° 53'. —

Im ersten Falle wurde das Blockhaus durch 8 Treffer, (von 32 Schuß) im zweiten das Reduit durch 47 Treffer (von 64 Schuß) unhaltbar.

Ein anderer Versuch fand längs eines Grabens gegen eine mit Geschütz- und Gewehrscharten versehene freistehende Mauer, auf 590 m. Entfernung mit 6—12 cm. Kanonen bei voller Ladung statt. (Einfallwinkel $2^4/_{16}°$.) Es sollte dadurch die Frage gelöst werden, ob es möglich sei, unter diesen Verhältnissen wirklich einen horizontalen Schnitt auf $1/_3$ der Mauerhöhe zu legen, wenn Entfernung und Profilverhältnisse genau bekannt sind, was als nothwendig angenommen wurde.

Nach 115 Schüssen, wovon 90 Mauertreffer — stürzte die Mauer ein.

Man schloß:

„Die gezogenen Kanonen leisten im indirecten Schusse gegen

Mauerwerk selbst bei Anwendung kleiner Ladung ungleich mehr, als die bisher dazu gebrauchten besten glatten Geschütze (25pfdge. Haubitzen und Bombenkanonen). Die erst begonnene Ausbildung dieser Schußart ist weiter fortzusetzen. Insbesondere ist festzustellen bis wie weit man die Elevationen resp. die Entfernung steigern darf. Wenn nicht zu geringe Wirkung des Schusses eintreten soll, wird man nicht viel unter 900 m. schießen dürfen."

Die Jülich'er Versuche regten zunächst ähnliche Versuche in anderen Artillerien an. So fanden in Oesterreich bei Verona 1862 Versuche gegen verdeckte Mauern statt. In Frankreich wurden im Jahre 1863 bei la Fère Versuche mit der 12 cm. Kanone auf Entfernungen von 300, 600 und 1000 m. ausgeführt.[22]

In Preußen begnügte man sich vorläufig mit den erlangten Resultaten, stellte für alle drei Kanonen die Schußtafeln für kleine Ladungen auf und kam erst nach Construction der kurzen 15 cm. Kanone auf das praktische Gebiet der Frage zurück. — Die Theorie des Schusses wurde in ihrer bisherigen Form übernommen und in den Schußtafeln von 1865 niedergelegt.

Inzwischen änderten die Urtheile über die Bedeutung des indirecten Schusses sich mehr und mehr zu seinen Gunsten. Man konnte sich nicht länger der Folgerung entziehen, daß die bisher als ausreichend angenommene Deckung der Mauerbauten ferner nicht genügend sei. An entscheidender Stelle wurde seit 1862 darauf Bedacht genommen, den neuen Mauerbauten größere Deckung zu geben.

Auf Grund der Jülicher Versuchsresultate wurde für die neuen Mauerbauten eine Deckung des Cordons gegen 7° Fallwinkel angenommen, und den vorhandenen Hohlbauten diese Deckung so weit als thunlich durch Erhöhung der vorliegenden Deckungen zu geben versucht.

Auch in weiteren Kreisen griffen diese Ansichten Platz. Der General von Prittwitz sprach 1865 aus:[28] Mit gezogenen Geschützen könne das Breschiren oder Demoliren bis zu 1880 m. Entfernung und 20 oder 30° Fallwinkel ausgedehnt werden. — Dieses Breschiren und Demoliren aus großer Ferne sei ein bedeutender Vortheil für den Angreifer, da er dadurch die letzten schwierigsten Stadien des Festungskrieges günstiger gestalten und abkürzen könne.

Der schon mehrfach erwähnte, mit der kurzen 15 cm. Kanone im November 1869 bei Silberberg ausgeführte Versuch,²⁴ sollte feststellen, ob aus größerer Entfernung mittelst indirecten Schusses ein wirkliches Schnittschießen möglich sei, wenn Beobachtung und Correctur nur vom Geschütz aus erfolgt. — Von vielen Seiten und besonders von Ingenieuren wurde diese Möglichkeit bezweifelt und daraus weiter gefolgert, daß dieser Schuß zwar aus der Ferne, aber erst in den letzten Stadien des Angriffs, wenn der Angreifer im Besitz der Glaciskrete sei, angewendet werden könne, so daß eine wirkliche Bedrohung des Vertheidigers durch Zerstörung seiner Mauerbauten in den ersten Stadien des Angriffs nicht eintreten werde.

Das Ziel bildete eine Bruchsteinmauer von großer Härte, deren Stärke in der Höhe des Durchbruchs 3,15 m. und in der Schußrichtung von $57\frac{1}{8}°$ zur Mauerflucht gemessen, 3,92 m. betrug. Für 670 m. Entfernung kam bei einem Fallwinkel von $6\frac{1}{16} - 6\frac{3}{16}°$ die geringe Ladung von 0,9 k. mit 176,4 m. Endgeschwindigkeit des Geschosses zur Anwendung. Der horizontale Schnitt erhielt eine Länge von 5 m. Bei dem sehr ungünstigen Wetter und den sonstigen localen Verhältnissen erforderte seine Herstellung 6 Schießtage zu je 2—4 Stunden, und in Summa 225 Schüsse; die Verticalschnitte erforderten noch 68 Schüsse. Die Bresche war bei einer Böschung von 35° vollständig gangbar.

Die Aufgabe war mithin gelöst, trotz der durch die kleine Ladung und Geschoßgeschwindigkeit bedingten geringen Treffähigkeit und Eindringungstiefe. Man schloß, daß ähnlich ungünstige Verhältnisse im Ernstfall wohl nur selten vorkommen würden, daher die Möglichkeit des indirecten Breschirens im Allgemeinen zweifellos sei, und dabei weder die Beobachtung des einzelnen Schusses am Ziele, noch die genaue seitliche Verlegung der Treffpunkte um bestimmte Maße nöthig werde. Eine Beobachtung der Schüsse am Ziele sei bei unbekannten Profilverhältnissen von vornherein nöthig, bei bekannten Profilverhältnissen indeß nur wünschenswerth, um den wirklichen Durchbruch der Mauer zu erkennen oder die Seitenrichtung gegen etwa stehen gebliebene Strebepfeiler u. s. w. zu bestimmen. Die untere Grenze der Anwendbarkeit des indirecten Schusses wurde für die kurze 15 cm. Kanone auf 600 m. Entfernung mit 0,75 k. Ladung und 158,5 m. Endgeschwindigkeit der Geschosse angenommen. Es wurde ferner erkannt, daß im Allgemeinen gegen starkes Mauerwerk die größere Entfernung mit größerer lebendiger Kraft der Geschosse, der kleineren mit großer Treff=fähigkeit vorzuziehen sei. —

Die vorstehend kurz angedeuteten Folgerungen waren in dem Berichte der, aus Artillerie= und Ingenieur=Officieren gebildeten, Versuchs=Commission mit sorgfältigen Einschränkungen ausgesprochen worden. Sie fanden die Billigung der entscheiden=den Artillerie=, nicht aber die der Ingenieur=Behörden. — Die Erklärung des von diesen eingenommenen Standpunktes erfordert das Zurückgreifen auf einige andere Verhältnisse des indirecten Schusses.

b) Der Demolitionsschuß.

Wie oben erwähnt, war seit dem Jahre 1863 eine Er=höhung der Deckung der Mauerbauten, besonders der großen Reduits, welche bis dahin nur gegen Sicht gedeckt waren, in der Weise angenommen, daß der Kordon derselben gegen 7° Fallwinkel gedeckt wurde. Im Jahre 1869 wurde die Frage von Neuem einer Erörterung unterworfen, indem die Art.=Prüf.=Comm. zu einem Gutachten darüber aufgefordert wurde, welchen Grad von Deckung gegen den indirecten Schuß Flankirungs=Anlagen erhalten müssen, um sie wenigstens vor einer schnellen und leichten Zerstörung zu sichern. Unter der Annahme, daß gegen eine gegebene Zielhöhe 50 % Treffer erreicht werden können, wurde für den tiefsten Treffpunkt als Minimum gefordert bei einer Zielhöhe von 3,1 m., die Deckung gegen 15 Grad; bei einer Zielhöhe von 1,6 m. die gegen 11° Fallwinkel. — Die Deckung des Kordons sollte in beiden Fällen 7° betragen. Hierbei war zum ersten Male die Deckung des tiefsten Treff=punktes zur Sprache gekommen, welche insofern sehr wichtig ist und für jeden Fall in Betracht gezogen werden muß, als durch sie die Höhe der treffbaren Fläche bestimmt wird. Wird andrerseits die treffbare Fläche und die Deckung des Kordons als bestimmt angenommen, so wird die Deckung des tiefsten Treffpunktes mit der Entfernung der Mauer von der Deckung verändert. — Nach den Versuchen mit der kurzen 15 cm. Kanone, welche auf 1500 m. Entfernung bei 1,4 k. Ladung mit guter Trefffähigkeit Fallwinkel von ca. 9° giebt, forderte die Art.-Prüf.-Comm. für den Kordon der Reduits eine Deckung von 9°. Wurden diese Bedingungen erfüllt, so ergab sich eine so nahe an den Wallgang herangeschobene und eine so tiefe Lage des Reduits, daß dasselbe zur Bestreichung des Wallganges nicht mehr befähigt war.

Andrerseits war eine Zerstörung der Mauerbauten unter diesen Verhältnissen nicht durch regelrechtes indirectes Breschiren, sondern nur durch Demoliren möglich. Diese Möglichkeit konnte nicht bestritten, es mußte nur erwogen werden, ob das dazu erforderliche Munitionsquantum im Verhältniß zu dem erreichbaren Zwecke stand. Von artilleristischer Seite wurde daher die Anwendung dieses Demolitionsschusses in vielen Fällen für angängig erachtet, während die Ingenieure sich gegen diese Annahme sehr ablehnend verhielten.

Das Ingenieur-Comité gab in Betreff des Silberberger Versuchs keinen Buchstaben mehr zu, als was dort bewiesen war. Demnach hielt es die Annahme für noch nicht bewiesen, daß das indirecte Breschiren aus der Ferne und ohne directe Beobachtung am Ziele selber über einen Fallwinkel von 6° hinaus möglich sei. Die Resultate sollten daher keine Veranlassung zu einer Erhöhung der bisher angewendeten Deckung der Mauerbauten geben. — Der damalige Generalmajor Klotz veröffentlichte im 67. Bande des Archivs 1870 einen Aufsatz: „Ueber die Anwendung des indirecten Brescheschusses bei dem Angriff der Festungen", worin er ungefähr Folgendes ausführte.

Die in Betreff des indirecten Schusses bei Schweidnitz und Jülich erlangten günstigen Resultate hätten Illusionen erweckt, welche schon durch die Belagerung von Düppel gestört worden seien, denn man habe dort den indirecten Schuß gegen die Blockhäuser nicht anzuwenden versucht. Jedenfalls finde das indirecte Breschiren eine Grenze im Fallwinkel von 7 Grad, und wenn eine neuere Strömung glaube, diese Schußart bis zu Fallwinkeln von 11, 15 ja 20 Grad mit ausreichender Wirkung anwenden und demnach den directen Brescheschuß ganz entbehren zu können, so sei das ein falscher Weg. Die für die großen Fallwinkel erforderlichen großen Entfernungen machten die Beobachtung im

Kriege unmöglich, und die geringe Trefffähigkeit lasse die Wirkung zweifelhaft, um so mehr, da in vielen Fällen die Kenntniß der Profile fehle u. f. w. Demnach sei heute wie zu Vauban's Zeit, das Herunterschießen des Mauerwerkes eine nutzlose Zeit- und Munitionsverschwendung. Die Anwendung des indirecten Brescheschusses habe nur Nachtheile; er könne nur gegen ganz schlecht eingerichtete Festungen Anwendung finden; in anderen Fällen müsse er nur Illusionen erwecken.

Dieser Standpunkt begnügte sich also mit der augenblicklichen Sachlage, verschloß sich gegen die nicht nur möglichen, sondern der Verwirklichung nahen artilleristischen Fortschritte und läugnete die Folgerungen, welche die Artilleristen auf streng wissenschaftlicher Grundlage aus den Schußtafeln und Trefffähigkeits-Tabellen zogen. Die nächste Folge dieser verneinenden Haltung war die Anordnung von Schießversuchen, welche die Möglichkeit der Demolirung von Kasematten auf großen Entfernungen und mit Fallwinkeln von 10° und darüber darthun sollten. Diese Versuche fanden erst nach dem Kriege statt. —

C. Das Schießen mit Mörsern.

Aus den früheren Erörterungen geht zur Genüge hervor, in welchen Richtungen die Versuche zur Feststellung der Leistungsfähigkeit des 21 cm. Mörsers liefen.

Die Orientirungsversuche ließen schon erkennen, daß in Bezug auf Schußweite und Trefffähigkeit dieses Geschütz dem 50pfdgn. Mörser, den es ersetzen sollte, weit überlegen war. — Dagegen ließen Eindringungstiefe und Sprengwirkung der Granaten von vornherein zweifelhaft, ob in diesen Beziehungen die Ueberlegenheit über den glatten Mörser ebenfalls vorhanden sei. — Noch zweifelhafter war die Wirkung gegen gemauerte Gewölbdecken.

Die Lösung dieser Zweifel sollte durch die Versuche erfolgen, welche im November 1869 in der aufgegebenen Festung Silberberg ausgeführt wurden.

Das Ziel bestand in einem Kasemattencorps, dessen Gewölbe aus Ziegelsteinen mit darüber befindlicher 0,4 m. starker Lage von Granit und Gneiß bestand. Die Kasematten hatten 4,7 m. Spannung; die Erddecke war über dem Dosbanenrücken 0,6 bis

1,9 m. stark, an einzelnen Gewölben war sie ganz entfernt. Der Mörser schoß auf 2815 m. mit $51^{12}/_{16}{}^0$ Elevation.

Die Resultate waren: Trefffähigkeit gut; von 100 Geschossen trafen 82 das relativ kleine Ziel; die Wirkung der Geschosse war gegen Erde gering, theils der sehr großen Eindringung wegen, gegen die Gewölbe war die Wirkung gleich Null.

Dieses letztere Resultat, machte die Annahme einer starken Ladung für den Mörser hinfällig und entschied die Anträge auf Herstellung des erleichterten Mörsers C/70.

Die Versuche hatten bis dahin erkennen lassen, daß mit Bezug auf Trefffähigkeit die Elevation von 30° die beste sei, sie gab auch die größten Trichter.

Die für jenen Mörser im Juli 1870 aufgestellten Gebrauchs-regeln beschränkten sich daher auf eine kurze Andeutung dieser Verhältnisse.

Zwölftes Kapitel.
Organisation und Ausbildung.
I. Die Organisation.

Die Reorganisation der Armee im Jahre 1860 berührte die Festungs-Artillerie in folgender Weise: Durch die Allerhöchsten Kabinets-Ordres vom 29. Juni und 31. Juli 1860 wurde befohlen:

Alle Artillerie-Regimenter erhalten eine zweite Festungs-Abtheilung zu vier Compagnien. Zunächst werden zum 1. October die Abtheilungen für die Regimenter Nr. 1, 3, 4, 7 und 8 formirt. Die bisherigen Artillerie-Regimenter erhalten wieder die Bezeichnung „Brigade". Die combinirte Festungs-Artillerie-Abtheilung wird aufgelöst.

Die Kopfstärke der Compagnien wird von 116 Mann auf 100 herabgesetzt.

Durch Allerhöchste Kabinets-Ordre vom 1. Mai 1862 wurde für die Art.-Prüf.-Comm. eine besondere Versuchs-Compagnie gebildet. —

Als mittelst Allerhöchster Kabinets-Ordre vom 16. Juni 1864 der neue Plan für die Organisation der Artillerie befohlen wurde, erging auch der Befehl zur Formirung der vier noch fehlenden zweiten Festungs-Abtheilungen bei der 2., 5., 6. und der Garde-Brigade. — Die Formirung sollte aber erst eintreten, wenn die Mittel dazu flüssig seien. Dies geschah am 1. April 1865, und am 1. October 1865 wurden die Stäbe für 9 Festungs-Artillerie-Regimenter errichtet.

Auf diese Entwickelung waren die vor Düppel gemachten Erfahrungen nicht ohne Einfluß gewesen. Die dorthin entsendete Commission hatte ausdrücklich den Wegfall von Hilfsmannschaften für die Bedienung der gezogenen Geschütze und eine Vermehrung der Festungs-Artillerie verlangt.

Als nach dem Kriege von 1866 die Formirung der drei neuen Armeecorps Nr. 9, 10 und 11 beschlossen war, wurde in der bezüglichen Kabinets-Ordre vom 27. September 1866 die Errichtung der Festungs-Artillerie-Abtheilung Nr. 9, sowie die einer dritten Abtheilung beim 4. Festungs-Artillerie-Regiment, und die Vermehrung der Abtheilungen der Regimenter Nr. 7 und 8 um je eine Compagnie befohlen.

Im Juli 1867 hob der General von Hindersin in einem an Se. Majestät den König gerichteten Berichte die zu geringe Stärke der Festungs-Artillerie für die Küstenvertheidigung hervor, worauf unter dem 23. December 1867 die Bildung der Festungs-Artillerie-Abtheilung Nr. 10 aus den überzähligen Compagnien der Regimenter Nr. 7 und 8, sowie die Absonderung der dritten Abtheilung des Regiments Nr. 4, unter dem Namen Hessische Festungs-Artillerie-Abtheilung Nr. 11, befohlen wurde. Aus diesen beiden Abtheilungen wurde am 19. Mai 1871 das Regiment Nr. 15 formirt.

II. Die Ausbildung.

1. Die Elementar-Ausbildung.

Der Elementar-Ausbildung traten in diesem Zeitraume die Schwierigkeiten, welche der Uebergang vom glatten zum gezogenen Geschützsystem für die Feld-Artillerie mit sich brachte, in noch höherem Grade entgegen, denn jener Uebergang dauerte für die Festungs-Artillerie viel länger und brachte für eine Reihe von Jahren eine so große Zahl von glatten und gezogenen Geschützen verschiedenster Construction neben einander, daß die sichere Aus=

bildung des Mannes beinahe zur Unmöglichkeit wurde. Die Ausbildung wurde noch lückenhafter, da die in der Reserve befindlichen Mannschaften zum Theil die gezogenen Geschütze überhaupt nicht, zum Theil die später angenommenen Constructionen nicht kannten.

In ähnlicher Weise war die Ausbildung der Officiere erschwert und lückenhaft durch den fortwährenden Wechsel derselben zwischen Feld- und Festungs-Artillerie, wobei bekanntlich die letztere fast durchweg als ein unangenehmer Uebergang angesehen wurde, mit dem Mancher sich wohl auf die bequemste Weise abzufinden suchte.

3. Die Schießübungen.

Die Schießübungen wurden zunächst in unveränderter Weise abgehalten. Mit den gezogenen Geschützen wurde gegen bestimmte Ziele auf bekannte Entfernung geschossen; dabei wurden die Treffer angezeigt und darauf die Correcturen basirt. — Im Allgemeinen handelte es sich hierbei darum, den Gebrauch und die Behandlung der Geschütze beim Feuer kennen zu lernen, und die Wirkung und Trefffähigkeit vor Augen zu führen, während die Ausbildung der Officiere in Beobachtung, Correctur und die Feststellung der Einschieß-Methode ganz unbeachtet blieb.

Die nach Düppel delegirten Mitglieder der Art.-Prüf.-Comm. deuteten in ihren Berichten zuerst an, daß das nicht so weiter gehen könne, und sowohl ein anderer Modus für die Abhaltung der Schießübungen, als die Errichtung einer Schießschule nothwendig sei, um die Officiere in der schwierigen Kunst des Schießens rationell heranzubilden, was durch die kurzen jährlichen Schießübungen nicht möglich, aber unbedingt erforderlich sei, wenn die große Wirksamkeit der gezogenen Geschütze annähernd ausgebeutet werden solle. —

Die Nothwendigkeit dieser Ausbildung wurde durch den Feldzug 1866 schlagend bewiesen. Derselbe zeigte, daß der Gebrauch der Geschütze im Wesentlichen falsch gewesen war, weil die Anschauungen über die Leistungsfähigkeit unrichtig und unklar waren, und er zeigte ferner die ungenügende Kenntniß im praktischen Schießen.

Die Artillerieschießschule trat nunmehr 1867 ins Leben.

In demselben Jahre wurden für die Schießübungen „Directiven" aufgestellt, welche schon seit 1865 vorbereitet waren und zum ersten Male der rationellen Ausbildung im Schießen mit den gezogenen Geschützen Rechnung trugen. Für die Reihenfolge und die Zwecke der Uebungen wurde die Eintheilung getroffen in:
A. Einleitendes Belehrungsschießen,
B. Unterrichtsschießen,
    a) Elementarschießen,
    b) kriegsmäßiges Scharfschießen.

Der Zweck des Schießens sub A und B a war Belehrung und Veranschaulichung der Wirkung für die unteren Chargen; der Zweck des Schießens ad B b Uebung im schnellen Einschießen auch auf unbestimmte Entfernungen. Das Telegraphiren der Schüsse wurde nunmehr verboten. —

Zur gründlichen Orientirung auf dem Gebiete des praktischen Schießens wurde auf Veranlassung der Gen.-Insp. ein zweckmäßiges Buch: „Anleitung zur Correctur beim Schießen aus gezogenen Geschützen" bearbeitet.

Der Einfluß, den einerseits die Art.-Schieß-Schule, andrerseits die veränderte Abhaltung der Schießübungen auf die Ausbildung der Officiere hatten, war binnen kurzer Zeit ein sehr bedeutender und brachte schon im Kriege 1870/71 werthvolle Früchte.

3. Die Uebungen im Festungs- und Belagerungsdienste.

Die wesentlich veränderte Bewaffnung, die ernstere Auffassung aller militärischen Verhältnisse seit dem Regierungs-Antritt des jetzigen Kaisers Wilhelm, bewirkten auch eine Aenderung in den Bestimmungen über die Uebungen im Festungsdienste. Im März 1861 wurde durch Allerhöchste Kabinets-Ordre die neue Instruction genehmigt. Demnach sollte jährlich eine Uebung der Garnison, über alle Zweige des Festungskrieges sich erstreckend, stattfinden.

Die Artillerie sollte daran sich mit der vollständigen Armirung gegen den gewaltsamen Angriff, und unter Umständen auch mit der gegen den förmlichen betheiligen und daran sollten sich Darstellungen einiger Momente des Festungskrieges knüpfen. Endlich sollte in größeren Festungen, wo die Stärke und Zusammen-

setzung der Garnison es ermöglichten, jährlich ein Festungs=
Manöver stattfinden.

Nach diesen Bestimmungen wurden nun die Uebungen mit
größerer Gründlichkeit abgehalten. Für die Artillerie hatten sie
erhöhte Wichtigkeit, aber auch größere Schwierigkeit, da die
Armirung der Festungen in Folge der allmäligen Einstellung
gezogener Geschütze in fortwährender Umbildung begriffen war
und die Grundsätze über die Aufstellung und Verwendung dieser
Geschütze noch keine klaren und festen waren. — Die Berichte
über diese Uebungen wurden einer sorgfältigen und scharfen
Kritik Seitens der höheren Behörden unterworfen, wodurch
allmälig ein besseres Verständniß und feste Grundsätze erzielt
wurden. — Dieses Resultat veranlaßte die Gen.=Insp. im Jahre
1868 zur Aufstellung „Vorläufiger Directiven für die praktische
Belehrung der Festungs=Artillerie im Belagerungs= und Ver=
theidigungskriege." Diese Directiven ordneten besondere Uebungen
für die Festungs=Artillerie an. — Aus dem gesammten Personal
an Officieren, Unterofficieren und Mannschaften eines Platzes
sollte eine Angriffs= und eine Vertheidigungsgruppe gebildet
werden. Die einzelnen Persönlichkeiten sollten dann mit dem
ihrem Range entsprechenden Aufgaben betraut und so auf jeder
Seite das Gebiet des Krieges in einem gewissen Rahmen nach
allen Richtungen hin detaillirt bearbeitet werden.

Diese Directiven blieben bis 1873 in Gültigkeit.

Dank diesen rastlosen Bestrebungen hatte die Festungs=
Artillerie im Jahre 1870 die Schwierigkeiten des Uebergangs=
stadiums äußerlich im Wesentlichen zwar überwunden, aber ihr
innerer Gehalt war ein wenig befriedigender.

Einem großen Theile der Officiere fehlte noch das richtige
Verständniß für den Gebrauch und die Wirkung der gezogenen
Geschütze. Durch die erhebliche Vermehrung der Cadres war das
Unterofficier=Personal sehr zersplittert worden und enthielt es
viele junge Elemente von geringer Dienstzeit.

Alle Mißstände sollten in schreiender Weise im Kriege 1870
an den Tag treten.

Dreizehntes Kapitel.
Die Ausrüstung der Festungen und des Belagerungstrains.

Wie früher besprochen, herrschte bei der Einführung der drei gezogenen Kanonenkaliber keine volle Klarheit über die Leistungsfähigkeit derselben und über ihre Geeignetheit zum Ersatz der glatten Geschütze, besonders der Haubitzen, Bombenkanonen und Mörser. Man hielt die Verwendung glatter Geschütze neben den gezogenen theils für nothwendig, theils für vortheilhaft. Außerdem zwangen öconomische Rücksichten zu einer langsamen und allmäligen Einstellung der neuen Geschütze, so daß die Umwandlung der Ausrüstung der Festungen und des Belagerungstrains sich naturgemäß weniger nach theoretischen Erörterungen, als vielmehr nach praktischen Rücksichten vollzog.

I. Die Ausrüstung der Festungen.

Schon im Januar 1859 wurde in Spandau die Fertigung einer größeren Zahl von 12 cm. und 15 cm. Röhren nebst Munition begonnen, deren Einstellung in die Festungen nach einem gewissen Plane erfolgen sollte. — Die Art.-Prüf.-Comm. stellte im Frühjahr 1860 das Verhältniß, in dem die Kaliber unter sich zur Einstellung gelangen sollten, dahin fest, daß die 9 cm. Kanone in überwiegender Zahl (66%—75%) die 15 cm. Kanone in geringer Zahl (33%—25%) einzustellen sei.

Gegen diese Vorschläge reichte der Präses der Commission General Encke ein Separatvotum ein, in welchem er hervorhob, man habe mit Rücksicht auf Beweglichkeit zu viele 9 cm., mit Bezug auf Wirkung zu viele 15 cm. Kanonen beantragt und dürfe auch auf die 12 cm. Kanonen nicht verzichten.

Die von Encke vorgeschlagenen Sätze: 40% — 9 cm. 45% — 12 cm. und 15% — 15 cm. Kanonen wurden höheren Orts angenommen und darauf zur Ermittelung des Bedarfs für die einzelnen Festungen Special-Commissionen gebildet, welche folgende Directiven erhielten:

„Die glatten Geschütze sind allmälig zu vermindern und als Flankengeschütze gegen den gewaltsamen Angriff beizubehalten.

„Gegen den förmlichen Angriff sind glatte Geschütze nur noch so lange zu verwenden, als es an gezogenen fehlt. —

Ausgenommen sind indeß die Mörser, welche durch letztere nicht ersetzt werden können.

„Die 9 cm. Kanone soll alle glatten Geschütze bis 12Pfdr. incl. und 7pfdge. Haubitzen ersetzen. Die 12 cm. und 15 cm. Kanonen ersetzen alle schweren Geschütze; insbesondere sind die Bombenkanonen bald ganz zu entfernen.

„Im Allgemeinen sind die gezogenen Geschütze nach denselben Grundsätzen, wie die gleichnamigen glatten zu verwenden.

„Da der Geschützkampf größere Verluste an Material, als bisher, kosten wird, sind größere Reserve=Vorräthe ($^1/_3$) anzusetzen.

„Die Munitions=Ausrüstung kann etwas geringer werden, als die bisherige (pro 9 cm., 600 Granaten und 50 Schrapnels pro 12 cm. und 15 cm. je 500 Granaten)."

Die im März 1861 gebildeten Local=Commissionen hatten demnach zu ermitteln:

a) den Bedarf an gezogenen Geschützen gegen den gewaltsamen, wie gegen den förmlichen Angriff,
b) den dadurch zulässigen Fortfall an glatten Geschützen,
c) den Bedarf an Bedienungsmannschaften,
d) den Bedarf an Material für die Armirung der Küsten.

In Folge der im November 1861 beendeten Arbeiten der Commissionen schieden zunächst viele fremdländische Geschütze aus. So in Coblenz viele französische 8Pfdr. und 10Pfdr., 8½"ge und 10pfdge. Mörser.

Im Oktober 1861 wurde die Art.=Prüf.=Comm. beauftragt: „**Allgemeine Grundsätze für das anzunehmende Verhältniß der Geschützarten und Kaliber in der Armirung der Festungen aufzustellen.**"

Die sehr gründliche Bearbeitung dieser Frage ging im Januar 1862 ein. Im Allgemeinen nahm sie die vorstehenden Directiven zur Grundlage.

Um zu bestimmten Zahlen für die einzelnen Kaliber zu gelangen, wurde die Durchführung eines Angriffs gegen einen Platz nach Cormontaigne und nach Polygonaltracé unter der Voraussetzung für nöthig erachtet, daß die gezogenen Geschütze den Kampf gegen die ersten Batterien des Angreifers **von vornherein aufnehmen sollen**.

Aus der Durchführung eines solchen Angriffs ergab sich die Armirung für eine größere Festung auf 160—170; für eine kleinere auf 120 Geschütze, von denen 76 % gezogene Kanonen (40 % 9 cm., 24 % 12 cm., 12% 15 cm.) 24 % glatte Mörser sein sollten.

Die Gen.-Insp. der Art. wich von diesen Ansichten insofern ab, als sie zum Beschießen des ferneren Vorterrains die Bombenkanonen für wirksamer erachtete, als die gezogenen Kanonen und das Ausscheiden der Haubitzen niemals für zulässig hielt.

Nach den vorstehenden Grundsätzen wurde die Ausrüstung mit gezogenen Geschützen mit einer großen Energie betrieben, welche um so höher anzuerkennen ist, als damals, in der sogenannten Conflictszeit, die Mittel für die Militär-Verwaltung in hohem Maße beschränkt waren. — Man half sich allerdings großentheils durch Aptirungen der glatten und Beschaffung neuer eiserner Röhre.

So, wurden 1863 schon 200 Stück 12pfdge. Röhre aptirt und in Spandau 200-9 cm. und 50-15 cm. Röhre aus Gußeisen mit Keilverschluß neu gefertigt.

Wie aus früherer Darstellung bekannt, wurden die Laffeten für diese Geschütze ebenfalls ausschließlich durch Aptirung vorhandener Laffeten beschafft. — In den Jahren 1862 und 1863 wurden 500-12pfdge. Wall- und 100-12pfdge. Belagerungslaffeten aptirt. Dazu traten seit 1864 mehr als 800 Gestelllaffeten No. I, 160 Gestelllaffeten No. II, 360 eiserne Kasemattenlaffeten und circa 70 aptirte eiserne Festungslaffeten No. III.

Die Beschaffung und Aptirung schritt so schnell vorwärts, daß 1866 alle fremden 5½"gen und 6"gen und die preußischen 10pfdgn. Haubitzen C/19 ausscheiden konnten.

1868 wurden in der Geschützgießerei 200-12 cm. und 100-15 cm. Röhre fertig, welche schon die Armirung aller detachirten Forts ausschließlich mit gezogenen Kanonen möglich machten.

Im Februar 1868 wurden aus der Armirung gegen den gewaltsamen Angriff alle glatten schweren 12Pfdr. entfernt. Im Sommer 1869 schieden alle Stein- und Schaftmörser, sowie die 3Pfdr. und 4Pfdr. aus.

Die Ausfallbatterien waren durchweg mit gezogenen Geschützen bewaffnet.

Der Schwerpunkt der Vertheidigungsfähigkeit der Festungen lag damals schon in den gezogenen Kanonen. — Der Rest der noch vorhandenen schweren, glatten Geschütze sollte mit der Einführung der kurzen gezogenen 15 cm. Kanone ausscheiden, was erst nach dem Kriege 1870/71 geschehen konnte.

Die Munitions-Ausrüstung wurde in analoger Weise bewirkt, d. h. es wurde zuerst für die neu eingestellten gezogenen Kanonen das jedesmalige Munitionsquantum beschafft und dasselbe nach und nach für alle Geschütze erhöht.

Ein neuer Entwurf für die Munitionsausrüstung aller Defensions-Geschütze wurde 1864 aufgestellt. In demselben wurde die Schußzahl von 500 für die gezogenen Kanonen als nicht genügend anerkannt. Die Erhöhung derselben war für den Augenblick aus Mangel an Mitteln nicht ausführbar und fand erst 1868 statt, indem jedes Geschütz mit 700 Schüssen ausgerüstet wurde. Die Schrapnels aller glatten Geschütze, mit Ausnahme für den kurzen 12Pfdr. schieden nun aus und 1869 wurde fast der ganze Vorrath an 3pfdgn., 6pfdgn., 12pfdgn. und 24pfdgn. Vollkugeln sowie an concentrischen Granaten und Bomben, sowie ein großer Theil der Kartätschkugeln verkauft.

In der Laffeten-Ausrüstung trat eine Vereinfachung nur dadurch ein, daß mit einem Theile der ausscheidenden glatten Geschütze zugleich die zugehörigen Laffeten besonderer Construction ausschieden.

Immerhin war die Ausrüstung der Festungen im Jahre 1870 noch eine äußerst verwickelte, welche einer Vereinfachung dringend beburfte.

II. Der Belagerungstrain.

Bei der ersten Erwägung über die Einstellung gezogener Kanonen in den Belagerungstrain, beantragte die Art.-Prüf.-Comm. im Januar 1859 die Ueberweisung von 30-12 cm. und 20-15 cm. Kanonen, zugleich aber eine Verstärkung des Trains um 10-25pfdge. Bombenkanonen und 8-50pfdge. Haubitzen, wogegen ausscheiden sollten 20 lange 24Pfdr., 30 schwere 12Pfdr. und 6-25pfdge. Haubitzen.

Die höheren Behörden legten indeß mehr Werth auf das beweglichere 12 cm., als auf das wirksamere 15 cm. Geschütz, so daß 10-15 cm. und 40-12 cm. Kanonen eingestellt wurden. Im Uebrigen blieb es bei der bisherigen Ausrüstung.

Allein schon im December 1860 hielt die Art.-Prüf.-Comm. den völligen Ersatz der glatten Kanonen durch gezogene für unbedenklich und erklärte sie außerdem, letztere vermöchten sogar theilweise die Zwecke der schweren Haubitzen und Bombenkanonen zu erfüllen, so daß eine Reduction dieser Geschütze zulässig sei.

Die demgemäß vorgeschlagene Zusammensetzung des Trains wurde von den höheren Behörden mit geringen Modificationen genehmigt und demnächst eine neue Ausrüstungs-Nachweisung für den Belagerungstrain aufgestellt — officiell als die von 1863 bekannt — wonach derselbe bestand aus: 40 - 15 cm., 60 - 12 cm., 20 - 9 cm. Kanonen, 8 - 25pfdgn. Bombenkanonen, 16 - 25pfdgn. und 8 - 50pfdgn. Haubitzen, 23 - 50pfdgn., 25 - 25pfdgn. und 40 - 7pfdgn. Mörsern. Dazu traten 50 Zündnadelwallbüchsen.

An Munition behielten die glatten Geschütze die bisherige Ausrüstung von je 500 resp. 600 Wurf, während für die gezogenen vorläufig nur je 500 Granaten — für die 9 cm. Kanone 600 Granaten und 100 Schrapnels — gegeben werden konnten.

Als die Belagerung von Düppel begann, hatte die Herstellung der gezogenen Kanonen für den Belagerungstrain kaum begonnen. Daher war man auf aptirte 15 cm. und 12 cm. Kanonen angewiesen. Die Erfahrungen jener Belagerung ließen die Vermehrung der gezogenen Geschütze als durchaus nothwendig erkennen.

Unmittelbar nach dem Falle von Düppel — im Mai 1864 — trat auf Befehl des Kriegsministers eine Commission von höheren Artillerie-Officieren der Truppe, des Kriegsministeriums, der Art.-Prüf.-Comm. und der technischen Institute zusammen, um zu berathen, in welcher Weise die Neubeschaffung der noch fehlenden gezogenen Geschütze nebst Zubehör am schnellsten zu bewirken sei, wobei für den Belagerungstrain die Zahl der gezogenen Kanonen auf 60 - 15 cm., 100 - 12 cm. und 40 - 9 cm. Kanonen gebracht, und ihre Munitions-Ausrüstung auf je 1000 Granatschuß und 100 Schrapnelschuß erhöht werden sollte.

Der Belagerungstrain bestand also aus 200 gezogenen Kanonen und 120 glatten Geschützen (incl. 40 - 7pfdgn. Mörsern), sowie aus 20 Raketen-Gestellen. Die gezogenen Kanonen erhielten sämmtlich neue Laffeten C/64. — Für die 15 cm. Kanonen waren auf Grund der unangenehmen Erfahrungen, die man bei Düppel dem Rolf Krake gegenüber gemacht hatte, je 100 Gußeisen = Vollgeschosse zum Gebrauch gegen Panzerfahrzeuge angesetzt.

Die Ausrüstungs=Nachweisung für diesen Belagerungstrain wurde officiell im November 1865 herausgegeben.

Von diesem noch in der Bildung begriffenen Train wurden im Jahre 1866 50 - 12 cm. Kanonen mobil gemacht, welche der Armee nach Böhmen folgten, aber nicht zur Verwendung kamen.

Der Belagerungstrain war somit seit 1860, abgesehen von den leichten Mörsern, um 80 Geschütze vermehrt worden. Diese Vermehrung, in Verbindung mit dem Ersatz aller glatten Kanonen durch gezogene, repräsentirte eine erhebliche Steigerung der Leistungsfähigkeit, welche wohl die Ansicht erwecken konnte, es könne der Train dem Bedürfniß der nächsten Zukunft genügen. — Diese Ansicht war indeß eine irrthümliche. — Der Stärke= berechnung des Belagerungstrains hatte immer noch der Angriff auf eine Festung ohne detachirte Forts zu Grunde gelegen. Daher tauchten bald Zweifel auf, infolge deren die beiden Gen.= Inspectionen der Artillerie, sowie das Ingenieur=Corps sich 1869 veranlaßt sahen, eine Commission aus Artillerie= und Ingenieur=Officieren zu bilden, welche den Auftrag erhielt, die Verhältnisse des neueren Angriffskrieges im Allgemeinen zu erörtern, und im Speciellen einen Schulangriff gegen eine neuere Festung mit detachirten Forts, etwa von der Art und Größe Magdeburgs durchzuführen und daraus die erforderliche Stärke eines Belagerungstrains zu ermitteln.

Die Commission löste ihre Aufgabe mit großer Gründlichkeit und fand mit bemerkenswerther Voraussicht die leitenden Gesichts= punkte und Grundzüge für den neueren Festungsangriff. Die von ihr verfaßte Arbeit kam leider erst kurz vor Ausbruch des Krieges zur Vorlage, so daß sie von der Festungs=Artillerie zu den Belagerungen nicht mehr verwerthet werden konnte. — Sie bildete aber für die, sofort nach dem Kriege wieder aufgenommenen Arbeiten und für die Zusammensetzung des neuen Belagerungs= trains eine sehr werthvolle Grundlage.

Vierzehntes Kapitel.

Rückblick auf die Entwickelung in der Zeit von 1860—1870.

Das Jahrzehnt stellt eine fortlaufende Reihe von Versuchen dar, unternommen zur Vervollkommnung des Bestehenden und zur Lösung neuer Fragen.

Der dadurch gewonnene Standpunkt ist durch folgende Ergebnisse gekennzeichnet.

1. Die Construction des Materials.

Für die äußere Geschützrohr-Construction waren neue Grundsätze nicht gefunden. — Die Anlehnung an die Construction der glatten Geschütze hatte auch die Annahme einer einheitlichen Construction verhindert.

Der Kolbenverschluß war durch den Keilverschluß verdrängt worden. Die innere Rohrconstruction war auf dem Wege der Erfahrung für jeden einzelnen Fall in zweckmäßiger Weise gelöst. Allgemein gültige, theoretisch fest begründete Grundsätze waren indeß noch nicht gewonnen.

Auf den Einfluß der Größe des Ladungsraumes war man aufmerksam geworden; die Frage blieb aber noch zu erforschen.

In ähnlicher Weise wurde dem Verhältniß des Uebergangsconus eine ernste Aufmerksamkeit zu Theil. Die Bronze hatte als Material zu Geschützröhren das Uebergewicht erlangt, während das zu Anfang des Abschnitts herrschende Gußeisen so gut wie verworfen war. —

Die Laffeten mit großer Feuerhöhe und ohne Rahmen waren für alle Rohrgeschütze angenommen.

Die Steigerung der Geschoßwirkung hatte in der Annahme der Langgranaten mit dünnem Bleimantel und großer Sprengladung, allerdings nur für ein Geschütz, Ausdruck gefunden. Diese Annahme bezeichnet aber einen wesentlichen Fortschritt der Entwickelung.

Die Zündvorrichtung war im Wesentlichen unverändert geblieben. Dagegen hatte der neu construirte Schrapnelzünder schon bedeutsame Verbesserungsstadien durchlaufen.

2. Die ballistischen Eigenschaften der Geschütze und Geschosse, die Leistungsfähigkeit des Systems; die Gebrauchsregeln.

Zahlreiche Versuche hatten dieses Gebiet erweitert und erhellt. Die Trefffähigkeits-Verhältnisse waren für alle in Betracht kommenden Combinationen praktisch ermittelt, theoretisch festgestellt und in den Schußtafeln niedergelegt.

Das Schießen mit kleinen Ladungen und großen Elevationen hatte ganz neue Anschauungen über ballistische Verhältnisse geschaffen, welche rückwirkend von großem Einfluß auf Geschoß und Geschütz-Construction wurden.

Für die Beurtheilung der absoluten Leistungsfähigkeit der Geschütze, sowie für alle ballistischen Fragen war durch den Chronographen eine feste Grundlage gewonnen. Die ballistischen Gesetze erfuhren dadurch eine für den Gebrauch unentbehrliche Vereinfachung und ausreichende Genauigkeit.

Die Gebrauchsregeln für die einzelnen Geschütze und Schußarten waren klar und bestimmt entwickelt. Eine ungemeine Bedeutung hatte die Weiterbildung des indirecten Schusses gewonnen; seine Wirksamkeit äußerte schon einen tiefgreifenden Einfluß auf die Festungsbauten. Verhältnißmäßig wenig klar waren die Ansichten über den Ausbau des Systems und die zu seiner zweckmäßigen Zusammensetzung noch nothwendigen Glieder. An solchen waren neu hinzugetreten die kurze 15 cm. Kanone und der 21 cm. Mörser.

Die Construction der ersteren war gelungen, das Geschütz füllte eine Lücke voll und zweckmäßig aus.

Der Mörser dagegen hatte sich mühsam aus unklaren und zum Theil unrichtigen Constructions-Grundsätzen zu einer Form herausgearbeitet, welche zuletzt der richtigen sich zwar ziemlich näherte, aber noch nicht als abgeschlossen betrachtet werden durfte. Die Stellung, welche die schweren Haubitzen und Bombenkanonen im System der glatten Geschütze, im besonderen die Stellung, die sie zu den Kanonen einnahmen, war durch die Discussion soeben erst angeregt und durch den Entwurf einer 21 cm. Haubitze in eine einigermaßen greifbare Form gebracht worden. Der Zwiespalt der hierüber herrschenden Ansichten trat praktisch dadurch hervor, daß jene glatten Geschütze thatsächlich noch im Belagerungstrain vorhanden waren.

Wenngleich ihr Ersatz durch die kurzen 15 cm. Kanonen angeordnet war, so war dies allenfalls ein Ersatz in Bezug auf die absolute Wirkung der Geschütze, nicht aber in Bezug auf die, für das gezogene System erforderliche relative Wirkung der einzelnen Geschütze zu einander.

Mit dem Jahre 1870 trat ein Stillstand in den Versuchen ein. Man glaubte einen gewissen Abschluß erreicht zu haben. Derselbe war für die Kanonen allerdings vorhanden; aber er hatte nur so lange Berechtigung, als man an den kleinen Ladungsquotienten festhielt. Der unvermuthet dazwischen tretende Krieg mit seinen reichen Erfahrungen gab aber einen mächtigen Anstoß zu neuen Anschauungen; er versetzte die Entwickelung in ein neues Stadium.

3. Organisation und Ausbildung.

In organisatorischer Hinsicht bezeichnete die feste Formation der Festungs=Artillerie=Regimenter und die Vermehrung der Cadres einen großen Fortschritt, wenn derselbe auch noch zu jung war, um im Kriege sich schon fühlbar zu machen. —

Die Ausbildung hatte noch mit dem langsamen Uebergange vom glatten zum gezogenen Geschützmaterial zu kämpfen.

Die große Leistungsfähigkeit des Systems, vor Allem die große Schußweite und Trefffähigkeit äußerte einen durchgreifenden Einfluß auf die artilleristischen Grundsätze des Festungskrieges. —

Der eigentliche Kampf der Artillerie konnte auf 3—4fach größerer Entfernung, als bisher durchgefochten werden, und die große Trefffähigkeit gestattete dabei, behufs Ausnutzung des Terrains einen größeren Spielraum in der Lage der Batterie. Im Allgemeinen wurden für sie die Entfernungen von 900 bis 1200 m. als geeignet angesehen. — Die starre Form des Vauban'schen Angriffs war damit durchbrochen.

Allmälig entwickelte sich auch die Ansicht über die Noth=wendigkeit, den Angriff in zwei Stadien durchzuführen. Es erschien, einer thatkräftigen und intakten Vertheidigungs=Artillerie gegenüber, nicht möglich, den Angriff sogleich auf der gewünschten Entscheidungs=Entfernung zu eröffnen; vielmehr wurde es nöthig, durch vorbereitendes Feuer aus entfernterer Aufstellung den Gegner zu erschüttern; es entstanden die Bezeichnungen „Ein=leitungs= und Bombardements=Batterien." —

Vierter Abschnitt.

Die Entwickelung von 1870—1875.

Erstes Kapitel.

Die Leistungen der Festungs-Artillerie im Kriege, die dabei gemachten Erfahrungen und die daraus abgeleiteten Folgerungen und Vorschläge.

Der Festungskrieg erlangte im französischen Feldzuge eine ungeahnte Ausdehnung und eine Vielseitigkeit, wie sie bisher niemals vorgekommen war. Fünfzehn feste Plätze von verschiedenster Anordnung, Größe, Ausrüstung wurden unter den verschiedensten Umständen cernirt, beschossen oder förmlich belagert.

Von preußischer Seite waren zuletzt für Belagerungszwecke 800 Geschütze in Frankreich. Dazu trat noch eine große Zahl von Belagerungsgeschützen der süddeutschen Artillerie 2c.

Die von preußischer Seite nach Frankreich geschickte, indeß nicht ganz verbrauchte Zahl von Schüssen und Würfen beträgt 973,901.

Die vorstehend genannte Geschützzahl übertraf die Stärke des bereit stehenden Belagerungstrains um mehr als das doppelte.

Um sie zusammen zu bringen, mußte aus der Armirung fast aller Festungen — auch der Küstenplätze — ein großer Theil der Ausrüstung entnommen und zu besonderen Belagerungstrains zusammengezogen werden.

So kamen zuletzt Geschütze aus den östlichen Grenz- und Küstenfestungen zur Belagerung von Paris.

Eine besondere Gunst der politischen Lage machte diese Entblößung vieler Festungen möglich.

Von den durch die Kriegsformation aufgestellten 164 Festungs-Compagnien waren zuletzt 107 Compagnien bei Belagerungen, oder als Besatzung eroberter Festungen in Frankreich. — Viele dieser Compagnien waren mit einem Theile des Materials bei drei, vier oder fünf Belagerungen thätig.

Ein Theil der letzteren, im strengsten Winter unter sehr schwierigen Witterungs- und Terrain-Verhältnissen stattfindend, legte den Truppen ungewöhnliche Strapazen auf und forderte von ihnen hervorragende Leistungen. —

Die Erfolge der Belagerungs-Artillerie waren überall mehr oder minder bedeutend.

Die Ursachen dazu lagen theils beim Angreifer, theils beim Vertheidiger.

Für den Angreifer fiel vor Allem das bessere Verständniß des Festungskrieges und die Ueberlegenheit des Geschützsystems über die französischen Vorderlader vortheilhaft ins Gewicht.

Beim Vertheidigen war vielfach Mangel an Energie und Verständniß für den neueren Festungskrieg Ursache des schnellen Unterliegens; in größerem Maße aber die ungenügende Ausrüstung der Festungen, besonders mit Personal und die locale Einrichtung der Festungen, welche dem Bedürfniß der neuen Waffen nicht entsprach und den Wirkungen der gezogenen Geschütze nicht mehr gewachsen war. Es war in vielen Fällen ein ungleicher Kampf, in den die, seit Jahrhunderten unverändert gebliebene Vauban'sche Festung sich mit einer neuen, wirksameren Waffe einließ.

Die Wirkung der preußischen Belagerungsgeschütze war trotzdem eine relativ mäßige gewesen. — Dieselben hatten einen nur kleinen Theil von dem geleistet, was sie absolut hätten leisten können. — Die Ursache dazu lag in den Organisations-Verhältnissen der Festungs-Artillerie.

Dieselben brachten einerseits einen großen Theil, aus der Reserve und Landwehr eingezogener, älterer Offiziere und Mannschaften zur Verwendung, denen die gezogenen Geschütze ganz fremd waren, andererseits überwiesen sie der Belagerungs-Artillerie viel junge Linien-Officiere, welche mit dem Gebrauch und der Behandlung des Materials auch nur ungenügend vertraut waren.

I. Die Erfahrungen des Krieges.

A. An dem Material.

Das Material wurde im Durchschnitt bedeutenden Anstrengungen unterworfen. Besonders für Bombardementszwecke wurden oft in kurzer Zeit sehr große Schußzahlen unter hohen Elevationen erforderlich.

Ein ungefährer Maßstab für die Leistungen der Belagerungs-Geschütze läßt sich aus der Thatsache gewinnen, daß vor Straßburg allein ca. 197,000 Schüsse geschahen, während die gesammte deutsche Feld-Artillerie während des ganzen Krieges nur gegen 350,000 Schüsse gethan hat.

1. Geschützröhre.

Obgleich das Verhalten der Geschützröhre gegen das eigene Feuer insoweit ein befriedigendes war, daß man dieselben als kriegsbrauchbar bezeichnen konnte, traten doch die Mängel des Keilverschlusses in scharfer Weise hervor. — So viel nach dem Kriege dienstlich festgestellt werden konnte, wurden zeitweise unbrauchbar:

durch Ausbrennungen der vorderen Keillochfläche 20-12 cm., 69-15 cm., 5 kurze 15 cm. Röhre, zusammen 94 Röhre;

durch Beschädigungen des Verschlusses, welcher ausgetauscht werden mußte, 25-12 cm., 6-15 cm., 1 kurzes 15 cm. Rohr, zusammen 32 Röhre. Bei 5-12 cm. Röhren verbog der Verschluß sich so stark, daß ein Ersatz nothwendig wurde.

Diesen Zahlen gegenüber stehen nur 13 Röhre, welche durch feindliches Feuer dauernd demontirt wurden.

Eine Hauptursache der Ausbrennungen war die nachlässige oder fehlerhafte Behandlung der Verschlüsse, welche daraus hervorgeht, daß bei einem Theil der Röhre die Ausbrennungen schon nach 200 bis 300, bei einem anderen Theile erst nach 700 bis 900 Schüssen aufgetreten sind.

Das Durchbiegen der Keile bei 12 cm. und 15 cm. Röhren hatte seinen Grund in der nicht ausreichend starken Construction. Dasselbe verursachte auch das Zerspringen einer größeren Zahl von Stahlplatten, welche bei dem durchgebogenen Keile schließlich eine hohle Auflage bekommen. —

Durch dieses Zerspringen, sowie durch Ausbrennungen, wurde eine sehr bedeutende Zahl von Stahlplatten unbrauchbar.

Von glatten Röhren kamen nur Mörser zur Verwendung. 13 schwere Mörser wurden durch Abspringen der Schildzapfen oder Zerspringen des Kessels gänzlich unbrauchbar. Theilweise lag die Schuld in der zu schwachen Construction der Schildzapfen, theilweise in dem mangelhaften Guß und der schlechten Legirung der Bronze.

2. Die Laffeten.

Im Ganzen wurden 61 Laffeten C/64 oder aptirte Laffeten durch feindliches Feuer mehr oder minder demontirt, während durch eigenes Feuer nur ganz geringe Beschädigungen eintraten, welche in einem theilweisen Lösen der Laffetenbleche, Abspringen der Niete, Lockern der Schrauben bestanden.

Ernstlicher war das Verbiegen der Achsen und der Richtspindeln bei den 15 cm. Laffeten, beim anbauernden Feuer mit hohen Elevationen.

Im Ganzen erwiesen sich die Laffeten C/64 als völlig kriegsbrauchbar. Dagegen brachen zwei aptirte 15 cm. Laffeten in den Wänden quer durch.

An den hölzernen, wie eisernen Mörserlaffeten zerbrachen und barsten theils einzelne Wände, theils die Vorderriegel, theils die Richtkeile. Auf diese Weise wurden 21 Laffeten unbrauchbar. Dies war ein Beweis, wie wenig, trotz aller Anstrengungen die Construction einer guten Mörser-Laffete bisher gelungen war.

3. Munition.

Die Granaten verloren hin und wieder die Bleimäntel bald nach dem Verlassen des Rohres. In größerer Zahl kamen Krepirer im Rohre vor, wodurch u. A. 9 Röhre verschiedenen Kalibers völlig oder zeitweise unbrauchbar wurden.

Die Zündervorrichtungen zeigten keine ernstlichen Mängel, wenngleich stellenweise die Blindgänger einen höheren Procentsatz erreichten.

Die Richter'schen Zeitzünder, durch längere Aufbewahrung angegriffen, functionirten theilweise recht unregelmäßig, befriedigten indeß im Allgemeinen.

Die neuen Bombenzünder C/69 functionirten überraschend gleichmäßig und sicher. — Sie waren allerdings ganz neu gefertigt.

B. Die Leistungen des Systems.

1. Die mechanischen Leistungen.

Ueber die Leistungen des einzelnen Schusses und Geschosses sind von den Franzosen während der Beschießung von Paris sorgfältige Aufzeichnungen gemacht, welche interessante Aufschlüsse geben.[1]

Die 15 cm. Granaten gaben auf verschiedenen Entfernungen

mit verschiedenen Fallwinkeln Eindringungstiefen in den gewachsenen Boden bis zu 1,5 m., in aufgeschütteten schweren Boden bis 3 m., in Sandboden bis zu 1,8 m.

Freistehende Mauern aus festen Bruch- oder Quadersteinen wurden bei einer Stärke von 1—1,2 m. von den 15 cm. Granaten durchschlagen.

Die 9 cm. Granaten gaben Trichter von 0,6 m. Tiefe. Stirnmauern von Kasematten, von ähnlicher Beschaffenheit, wie die vorgenannten und von 1,25 m. Stärke, wurden ebenfalls selbst auf den größten Entfernungen von den 15 cm. Granaten durchschlagen.

In anliegendem Mauerwerk gaben auf Entfernungen von 1800—4000 m. die 15 cm. Granaten und Langgranaten Trichter von 0,5—0,8 m. Tiefe und von einem äußeren Durchmesser von 1, bezw. 1,5 m. Feste Kasemattengewölbe von 0,75 m. Stärke und mit 0,8 m. Erddecke wurden von keinem Geschoß durchschlagen. Dagegen waren Hohltraversen mit Gewölben von 2,5 m. Spannung, 0,6 m. Stärke und mit 2,5 m. Erddecke nicht genügend gegen 15 cm. und 21 cm. Granaten geschützt.

Unterkunftsräume mit horizontaler Decke aus Eisenbahnschienen, Bohlen und Erddecken bis zu 2,5 m. Stärke wurden öfter durchschlagen. Dasselbe geschah bei Blindagen mit horizontaler Decke aus Eichenbalken von 30 cm. ☐ und mit 1 m. starker Erddecke.

Blindagen mit geneigten Wänden, bestehend aus Balken von 30—40 cm. ☐ und Erddecke bis zu 1,5 m. wurden fast stets von 15 cm. Granaten durchschlagen.

Für alle dergleichen Eindeckungen scheinen demnach mindestens 3 m. starke Erddecken nöthig zu sein.

Die Brandwirkung ist theils durch Granaten mit eingefüllten Brandern, theils ohne Anwendung der letzteren erzielt worden.

Der Gebrauch der ersteren mußte vor Paris, wegen zu vieler Krepirer, eingestellt werden. Die Brandwirkung der gewöhnlichen Granaten war in vielen Fällen sehr unsicher und verzögerte sich oft lange Zeit. So bei der Beschießung von Soissons.

2. Die größten Schußweiten.

Die von den Einleitungsbatterien, oder für reine Bombardementszwecke angewendeten Schußweiten hielten sich fast ausnahmslos nahe der bisher festgestellten obersten Grenze, d. h. 3750 m. Dieselbe wurde viel häufiger berührt, als bis dahin angenommen worden war.

In vielen Fällen war sogar eine Ueberschreitung derselben erwünscht oder nothwendig, welche indeß bei der bestehenden Einrichtung der Laffeten nur durch Herausnehmen der Richtmaschine möglich wurde. Zu dieser Maßregel war man, natürlich auf Kosten der Haltbarkeit der Laffeten, vor Paris mit den 15 cm. Kanonen in größerem Umfange genöthigt. —

Auch die Schußweiten der kurzen 15 cm. Kanonen und 21 cm. Mörser waren zuweilen nicht ausreichend.

3. Die Gebrauchsschußweiten.

Die eigentlichen Gefechtsdistancen, auf denen der Artilleriekampf erfolgreich (von Demontir- und Rikoschetbatterien) durchgefochten werden sollte, lagen im Allgemeinen in den bisher dafür bestimmten Grenzen von 900—1200 m.

Diese letztere erwies sich thatsächlich für das Demontiren, als die größte zulässige, wenngleich die tiefen französischen Scharten, als leicht treffbare und zerstörbare Ziele, zuweilen eine größere Entfernung als genügend wirksam haben erscheinen lassen. Ein treffliches Beispiel für die Vortheile einer kleinen Demontir-Entfernung liefert die Belagerung von Schlettstadt, wo die Batterien, auf nur 675—900 m. angelegt, die feindliche Artillerie schnell zum Schweigen brachten, indem sie am ersten Tage 20 Geschütze und 22 Scharten mehr oder minder demontirten.[2]

Bei Straßburg waren die zuerst angelegten Demontirbatterien im Durchschnitt 1125—1650 m. von den Zielen entfernt und mußten später näher herangelegt werden.

In mehreren anderen Fällen, in denen die Batterien in Folge der eigenthümlichen Terrain-Verhältnisse den Kampf auf noch größere Entfernungen durchführen sollten, gelang dies nicht, oder nur nothdürftig.

4. Besondere Schußarten.

a) der directe Breschschuß.

Er kam bei der Belagerung von Soissons mit 15 cm. Kanonen auf 1650 m. Entfernung mit einer Schußrichtung von 45° gegen die Flucht einer anliegenden Mauer zur Anwendung, welche oben 1,25 m., unten 3 m. stark war. Die Batterie dominirte so, daß sie das Mauerwerk bis auf den Fuß sah. — Bei der großen Entfernung fand selbstverständlich kein regelrechtes Breschiren, sondern ein Demoliren statt. Mit ungefähr 1000 Schüssen wurde eine gangbare Bresche von 34 m. oberer Breite erzeugt.[3]

b) Der indirecte Schuß zum Zerstören von Mauerwerk.

Derselbe wurde, zum ersten Male in der Kriegsgeschichte, vor Straßburg in fünf verschiedenen Fällen angewendet. Vier mal davon kamen die zuerst fertig gewordenen kurzen 15 cm. Kanonen zur Anwendung. In zwei Fällen wurde nur ein Demoliren, in drei dagegen ein wirkliches Breschiren beabsichtigt.

Das erste Demoliren fand mit 15 cm. Kanonen gegen die beiden Schleusen zu beiden Seiten der Lünette 63 statt, welche die Anstauung der Gräben der Angriffsfront bewirkten.[4] — Die Entfernung betrug ca. 1800 m., die Ladung war die Gebrauchsladung, der Fallwinkel betrug ca. 7°.

Obgleich nach mehrtägigem Schießen eine Wirkung nicht bemerkt wurde, waren die Schleusen doch, wie nach der Capitulation sich zeigte, sehr erheblich beschädigt und nur durch unausgesetzte Bewachung und Ausbesserung mit Sandsäcken, vor Zerstörung gerettet worden.

Die zweite Demolition wurde gegen das Reduit der Lünette 44 versucht.*) Dasselbe hatte eine Deckung, welche einen Fallwinkel von $11 - 11\frac{1}{2}°$ verlangte, um das Mauer-

---

*) Eine ausführliche Darstellung dieses Schießens, sowie des nachfolgenden indirecten Breschirens ist gegeben im 6. Beihefte des Militair-Wochen-Blatts von 1872. Diese Darstellung ist auf Grund der vom Verfasser eingereichten dienstlichen Berichte verfaßt worden.

werk auf der halben Höhe zu treffen. Die kurzen 15 cm. Kanonen wurden auf 866 m. Entfernung mit 0,7 k. Ladung gebraucht, wobei sie einen Fallwinkel von $11\,^{12}/_{16}\,°$ erzielten. Das Reduit wurde in seiner rechten Hälfte von oben herab, bis zur Höhe der Gewehrscharten, d. h. fast 3 m. hoch zerstört, die Kasematten waren dort geöffnet. —

Das indirecte Breschiren wurde nach der bei den Silberberger Versuchen festgestellten Methode ausgeführt. — Es wurde demnach an dem bisherigen Grundsatze festgehalten, den Horizontalschnitt auf $^1/_3$ der Mauerhöhe — von unten gerechnet — zu legen.

Die unmittelbare Beobachtung der Bresche war in zwei Fällen nicht, im dritten nur zeitweise möglich. — Daher war die Bildung des Horizontalschnitts und die Erkennung seines Durchbruchs sehr schwierig. —

Breschiren der rechten Face der Lünette 53.

Die Entfernung betrug ca. 780 m. Der verlangte Fallwinkel war $7\,^{12}/_{16}\,°$, die angewendete Elevation $7\,^2/_{16}\,°$, die Ladung 0,85 k., die Schußrichtung zur Mauerflucht: $55°$. Die Mauer bestand aus Quadern von rothem Sandstein, war oben 1,3 m., unten 1,9 m. stark.

Das Schießen dauerte 4 Tage, es geschahen ca. 1000 Schüsse. Die Bresche war oben 33,6 m. breit, hatte $35°$ Fall, es waren somit pro m. Breschbreite 80 Schüsse nothwendig gewesen.

Breschiren der rechten Face des Bastions 11.

Die Entfernung betrug 780 m., die angewendete Ladung war 1,3 k., die Elevation betrug $4\,^6/_{16}$—$4\,^7/_{16}$; der Fallwinkel: $4\,^{12}/_{16}\,°$. Die Mauer war 8,3 m. hoch, oben 1,66 m., unten 3,75 m. stark, und trug noch eine 1,3 m. hohe Tablett=Mauer.

Die nach 18 Stunden mit 600 Schüssen erzeugte Bresche hatte eine Breite von 32,7 m. und war gangbar; pro m. Breschbreite waren 20 Schüsse gebraucht worden.

Der Horizontalschnitt war scharf und regelrecht auf $^1/_4$ von unten erzeugt, und nach Bildung der Verticalschnitte war die Mauer in zwei großen Portionen herabgestürzt.

Breschiren der linken Face des Bastions 12.

Die Entfernung betrug 715 m., die Elevation $3\,^9/_{16}\,°$; der Fallwinkel $3\,^{14}/_{16}\,°$; die Ladung 1,3 k.

Die Mauer-Abmessungen waren ähnlich wie bei Bastion 11. — Die nach 30 Stunden mit 465 Schüssen erzeugte Bresche hatte eine obere Breite von 17,8 m., war aber noch nicht gangbar, als die Kapitulation erfolgte. Pro m. Breschbreite waren bis dahin gebraucht 36 Schüsse. Vertical- und Horizontalschnitte waren mit außerordentlicher Genauigkeit geschossen. Die Verhältnisse des vorstehenden Breschirens waren in zwei Fällen ziemlich günstige, für den dritten Fall aber entschieden schwierige und sogar schwieriger gewesen, als die bei den Silberberger Versuchen vorhandenen, welche damals als ungewöhnliche bezeichnet wurden.

Die rein technisch-artilleristische Leistung war daher jedenfalls als eine anzusehen, welche die Erwartungen, die man hegen durfte, mehr als erfüllte. Es muß indeß bemerkt werden, daß ihre Erreichung großentheils durch die unmittelbare Verwerthung aller, kaum 10 Monate vorher bei Silberberg gemachten Erfahrungen möglich wurde, wozu noch der günstige Umstand trat, daß die das Schießen vor Straßburg leitende und die Erfahrungen verwerthende Persönlichkeit, dieselbe wie beim Silberberger Versuch war. Das für den Artilleristen und die artilleristische Entwickelung wichtige Resultat war: die thatsächliche Erzeugung von Breschen aus der Ferne und ohne unmittelbare Beobachtung am Ziele, und ferner die Beschießung resp. Demolirung mit größeren als bisher für zulässig angesehenen Fallwinkeln (8 resp. $11^{12}/_{16}°$).

Für den weiteren Kreis des Festungskrieges war von Bedeutung, daß die Breschlegung den Ingenieur-Arbeiten bedeutend vorauseilte, denn diese gelangten erst am 27. September zum Beginn der Grabendescente, während die zugehörige Bresche schon am 24. Mittags fertig war, und daß die frühzeitige Breschlegung einen erheblichen Druck auf den Commandanten ausgeübt und die Capitulation entschieden beschleunigt hatte.[5]

Erwähnt sei hier noch das Beschießen der Kurtine 2—3 des Forts d'Issy mit kurzen 15 cm. Kanonen aus der Batterie Nr. 19 (de chalêts).

Die Entfernung betrug 1600 m., die Profilverhältnisse waren derartig, daß die kurzen 15 cm. Kanonen bei Anwendung der Gebrauchsladung und mit einem Fallwinkel von 8^{13} Grad, die Mauer bis 0,6 m. vom Fuße trafen. Es erfolgte eine

Demolirung zweier Kasemattenblöcke ohne daß — bei dem Mangel an nachstürzender Erde — eine wirkliche Bresche entstand. In der oben erwähnten französischen Veröffentlichung über die Wirkungen der deutschen Geschütze bei Paris, ist angenommen worden, es habe diesseits die Bildung einer Bresche in bestimmter Absicht gelegen. — Diese Annahme ist falsch, der Verfasser hat selber jenes Feuer dirigirt; dasselbe wurde nur zeitweise, von einigen Geschützen, wenn die übrigen Gefechtszwecke es gestatteten, ausgeführt. Die Absicht war dabei nur, die Schildmauern einiger Kasematten zu öffnen. Als dies geschehen und die Verbauung der Gewölbe durch Sandsäcke erkannt wurde, wurde das Feuer nicht weiter fortgesetzt, denn die Bildung einer Bresche hatte keinen Zweck, da höheren Orts bestimmt ausgesprochen war, es solle ein Sturm auf die Forts überhaupt nicht stattfinden. Hätte die bestimmte Aufgabe vorgelegen, eine gangbare Bresche zu erzeugen, so würde dieselbe sicher in den 17 Tagen, während welcher die Batterie thätig war, gelöst worden sein.

c. Der Schrapnelschuß.

Derselbe hat während der Belagerungen nur eingeschränkte Verwendung gefunden. Dies muß als ein Fehler bezeichnet werden, da in vielen Fällen, in denen der Kampf mit feindlichen Geschützen auf größerer Entfernung und darum unentschieden geführt wurde, gerade der Schrapnelschuß geeignet war, das feindliche Feuer wenigstens zeitweise durch Vertreibung der Bedienung zum Schweigen zu bringen. —

Ein Fall, welcher hierzu einen schlagenden Beweis liefert, ist am vierten Tage der Beschießung von Soissons vorgekommen.[6]

d. Der Kartätschschuß

ist nirgends zur Anwendung gekommen.

C. Die Leistungsfähigkeit der einzelnen Geschütze.

Die 9 cm. Kanone hat die ihr zugewiesenen Aufgaben gut gelöst und sich besonders vor Straßburg als ein treffliches ambulantes Geschütz, welches zuletzt bis in das Kouronnement avancirte, bewährt. Sie war dort im Stande, bisher nicht sichtbare Geschütze zu demontiren und Schuß um Schuß die auf den Brustwehren für Schützen hergestellten Sandsackscharten mit Erfolg zu zerstören. —

Die 12 cm. Kanone befriedigte am wenigsten. In Bezug auf Trefffähigkeit, Schußweite und Geschoßwirkung standen ihre Leistungen in keinem richtigen Verhältniß zu den Gewichts=verhältnissen.

In ganz ähnlicher Weise entsprach die 15 cm. Kanone dem Bedürfniß nur in beschränktem Maße. —

Hervorragend waren dagegen die Leistungen der kurzen 15 cm. Kanone, welche allerdings die Langgranate mit großer Sprengladung schoß. Dieses Geschütz wurde von allen Seiten auf das Günstigste beurtheilt. —

Das Gleiche war mit dem 21 cm. Mörser der Fall, wenngleich der Mangel seiner geringen Schußweiten fühlbar hervortrat.

Die glatten französischen Mörser hatten größere Schuß=weiten, als der 21 cm. Mörser. Die schweren glatten Mörser, auf mittleren Entfernungen angewendet, ergaben überall eine befriedigende, theilweise sogar eine bedeutende Wirkung, besonders im Vergleich zu dem sehr schweren 21 cm. Mörser mit seiner erheblich schwereren Munition.

D. Die Organisation.

Die Festungs=Compagnien mußten sich von der Stärke von 86 Köpfen auf 400 Mann (in zwei Compagnien formirt) complettiren. Dieser Umstand erforderte ein weiteres Zurück=greifen in die Landwehr um so mehr, als die Cadres der Festungs=Artillerie überhaupt erst im Laufe des Jahrzehnts von 1860—1870 vermehrt worden waren. — Man war gezwungen, sofort bis auf die ältesten Jahrgänge (1854) zurück zu greifen und, da auch das nicht ausreichte, Unterofficiere und Mann=schaften aus der Reserve der Feld=Artillerie und zwar beinahe bis zur Hälfte der Gesammtstärke einzustellen.[7]

Die eingezogenen Officiere der Reserve und Landwehr waren ebenfalls fast ausschließlich bei der Feld=Artillerie aus=gebildet, da die Festungs=Artillerie bisher nur sehr wenige Ein=jährig Freiwillige eingestellt und zu Officieren ausgebildet hatte. Von den älteren eingezogenen Officieren und Mannschaften waren viele noch nie mit gezogenen Geschützen in Berührung gekommen.

Von den Linien=Officieren waren viele, in Folge des steten

Wechsels zwischen Feld= und Festungs=Artillerie mit den Verhältnissen der letzteren auch nicht genügend vertraut. Die jüngeren standen meist zum ersten Male bei der Festungs=Artillerie.

Dazu kam endlich, daß bei der Mobilmachung die Feldbatterien auf Kosten der Festungs=Artillerie mit Officieren complettirt wurden, so daß die größeren Manquements bei letzterer waren.

Alle diese Verhältnisse bewirkten mangelhafte Behandlung und fehlerhaften Gebrauch des gesammten Materials, schnellen Verbrauch desselben u. s. w. Da diese Verhältnisse vorausgesehen wurden, sandte das Kriegsministerium zur Belagerung von Straßburg mehrere besonders geeignete Officiere als Instructoren, welche theils in den Batterien die Controle über Behandlung und Verwendung der Geschütze ausüben mußten, wobei allerdings merkwürdige Thatsachen aufgedeckt wurden, theils für besondere Aufgaben des Schießens verwendet wurden.

Zweifellos war, daß eine Aenderung in der Organisation der Festungs=Artillerie unumgänglich nothwendig sei.

E. Der Belagerungstrain.

Wie schon erwähnt, war die Stärke des Belagerungstrains hinter dem Bedürfniß zurückgeblieben. Es ist schon früher erörtert, daß an maßgebender Stelle vor dem Kriege seine ungenügende Stärke erkannt worden war; die Zeit hatte nicht gestattet, die nöthigen Anträge zu formuliren, die übrigens keine schnelle Verwirklichung gefunden haben würden, da einerseits die Mittel dazu fehlten, andererseits vielfach die Bedeutung des Festungskrieges, nach den Erfahrungen von 1866, nicht erkannt oder zugestanden, und die Ausdehnung die er gewinnen sollte, fast nirgends geahnt wurde.

Der gesammte bereit gestellte Belagerungstrain, mit Ausnahme der schweren Haubitzen und Bomben=Kanonen, welche man mit Recht zu Hause ließ, also 288 Geschütze,[8] wurde sogleich nach Straßburg geschickt. Er erfuhr bald eine Verstärkung von 71 Geschützen aus Rastatt, welche großentheils auf dem rechten Rheinufer in Thätigkeit traten. Ferner kamen 10 kurze 15 cm. Kanonen, die ersten fertig gewordenen, und die beiden 21 cm. Versuchs=Mörser hinzu.

Demnächst wurden 50-12cm. Kanonen zur Cernirung von Metz aus der Heimath herangezogen. —

Dann wurde ein kleiner Train von 28 Geschützen für Toul formirt, der später nach Soissons, la Fère und Paris ging.

Nach dem Falle von Straßburg wurde der dort verwendete Train theils nach Schlettstadt, Neubreisach und Belfort gesandt, theils nach Diedenhofen. Vor letzterer Festung traten aber noch Geschütze aus der Heimath auf, besonders kurze 15 cm. Kanonen und 21 cm. Mörser.

Für die Belagerung von Paris wurde schließlich ein großer Train aus der Armirung der Festungen zusammengestellt. —

Wie schon erwähnt, waren beim Ende des Krieges auf französischem Boden 800 Belagerungsgeschütze und zwar 80-9 cm., 300-12 cm., 223-15 cm., 58 kurze 15 cm. Kanonen, 12-21 cm. Mörser, 40 glatte 15 cm., 25-23 cm. und 43-28 cm. Mörser; sowie die 20-23 cm. Bombenkanonen des Belagerungstrains, welche aber nicht zum Schusse kamen.

Völlig ungenügend war die Stärke und Zusammensetzung der Stäbe für den Belagerungstrain, sowie die Vorbereitung derselben gewesen. Bestimmungen darüber hatten im Frieden kaum existirt. — Als nun der Belagerungstrain im August 1870 mobil gemacht und nach Straßburg geschickt wurde, was verhältnißmäßig schnell geschah, fehlten die Stäbe, über deren Zusammensetzung erst Bestimmungen getroffen wurden und deren Ernennung durch Allerhöchste Cabinetsordre geschehen mußte.

Die designirten Officiere, in allen Theilen der Monarchie zerstreut, mußten darauf erst mobil gemacht werden. So kam es, daß der Stab der Belagerungs=Artillerie erst vor Straßburg eintraf, nachdem der Train und die Truppen längst dort waren und die Einleitung des Angriffs schon begonnen hatte.

Die dabei begangenen Fehler waren nur noch theilweise wieder gut zu machen. Auch über die Stärke und Formation der dem Belagerungscorps zuzuweisenden Festungs=Artillerie bestanden keine Bestimmungen; es fehlte daher die zweckgemäße Gliederung derselben.

Die 29 vor Straßburg befindlichen Festungs=Compagnien bildeten nur einen einzigen Regimentsverband.

Die daraus hervorgehenden Uebelstände bedürfen keiner weiteren Auseinandersetzung. —

Um schließlich die beim Angriff befolgten artilleristischen Grundsätze zu berühren, sei erwähnt, daß es schwer ist, darüber etwas zu sagen. Jene Grundsätze waren vor dem Kriege nur von wenigen Berufenen durchgearbeitet. Der darauf basirte Entwurf für den Angriff war den Truppen und Officieren noch nicht bekannt; er war noch keiner läuternden Discussion unterworfen worden. Die Verwendung der Belagerungsartillerie zeigt daher ein Gemisch von bisher herrschenden Regeln, mit neuen durch die Umstände und unmittelbare Erfahrungen aufgedrungenen Formen. Den Einleitungsbatterien wurde hier und da der Zweck der eigentlichen Kampfbatterien auf Entfernungen zugewiesen, welche den entscheidenden Kampf unmöglich machten; während die eigentlichen Kampfbatterien zuweilen im Sinne von Einleitungs- und Bombardementsbatterien gebraucht wurden.

Am Planmäßigsten in der ganzen Durchführung war der Gebrauch der Artillerie bei der Belagerung von Straßburg. Beim Angriff der meisten kleinen Festungen trat der Zweck des Bombardements fast durchweg in den Vordergrund. Der Angriff von Belfort litt von vornherein an Unsicherheit, weil die materiellen und personellen Mittel, selbst zur Cernirung, ungenügend waren.

Die Erfahrungen auf dem Gebiete des Belagerungskrieges bestehen daher nur in Bruchstücken, deren Werth indeß sehr hoch anzuschlagen ist. —

II. Die Vorschläge zur Abänderung und Verbesserung.

Anfang Februar 1871, unmittelbar nach Abschluß des Waffenstillstandes wurden die bei Belagerungen thätig gewesenen höheren Artillerie-Officiere von der Gen.-Insp. aufgefordert, über ihre Erfahrungen zu berichten und die erforderlichen Vorschläge zu Abänderungen zu machen.

Aus den Berichten gingen die vorstehend besprochenen Thatsachen hervor, und die darauf gegründeten Vorschläge waren im Wesentlichen folgende:

A. Aenderungen des Materials.

1) Der Doppelkeilverschluß ist durch einen einfachen Keil mit Broadwellring zu ersetzen. Bei Anwendung des

letzteren werden die Ausbrennungen der Ladungsraumkante vermieden. Kommen sie aber am Liderungsringe vor, so sind sie durch Wechsel desselben leicht zu beseitigen.

2) Da der Gußstahl keine besonderen Vorzüge vor der Bronze gezeigt hat, so sind auch die 15 cm. Kanonen fortan aus Bronze herzustellen.
3) Die Achsen der 15 cm. Laffeten müssen verstärkt werden.
4) Die Laffetenbleche müssen besser befestigt werden.
5) Die Construction der glatten Mörser-Laffeten muß verbessert werden.
6) Ueber den Werth der Brandgranaten gingen die Urtheile auseinander. Die Brander wurden allgemein verworfen. Im Uebrigen wurde theils die Construction einer besonderen Brandgranate für nothwendig, theils die Zündkraft der gewöhnlichen Granaten für ausreichend gehalten.

B. Steigerung der Leistungsfähigkeit des Systems.

Obgleich die mit dem Geschützsystem erreichten Erfolge bedeutende waren, hatte dasselbe doch in manchen Fällen und Beziehungen den gestellten Anforderungen nicht genügt. Die Gesammtrichtung der Ansichten drängte daher, ähnlich wie in Bezug auf die Feldgeschütze, auf eine Wirkungssteigerung hin. Klar und scharf in ihrer Allgemeinheit kam diese Richtung in den Vorschlägen noch nicht zum Ausdruck; sie warf sich vielmehr nur auf einige Geschützkaliber.

Vor Allem wurde die Construction einer verstärkten 15 cm. Kanone für starke Ladungen verlangt, welche geeignet sein sollte, feindliche Artillerie bis zu 4500 m. Entfernung mit gewissem Erfolge zu bekämpfen und Bombardements bis zu 7500 m. auszuführen. — Die Anwendung von Ladungen bis zu 8 k. wurde schon angedeutet.

Ferner wurde von vielen Stimmen die Construction einer Haubitze oder kurzen Kanone von 21 cm. Kaliber beantragt. Sie sollte den indirecten Schuß gegen Mauerwerk unter schwierigen Verhältnissen, und das Zerstören der Hohltraversen übernehmen.

Der 21 cm. Mörser C/70 mit seiner geringen Schußweite, sollte für stärkere Ladungen eingerichtet werden. —

Die Urtheile über die schweren, glatten Mörser lauteten befriedigend und verlangten fast durchweg den vorläufigen Beibehalt dieser Geschütze. — Die bei den Vorschlägen zum Ausdruck gekommenen Mängel des Systems waren demnach kurz gefaßt:

Zu kleine Ladungen und Schußweiten der Kanonen;

Fehlen eines Geschützes; welches die schweren Haubitzen oder Bombenkanonen ersetzen kann;

Fehlen einer zweckmäßigen wirksamen Mörserconstruction.

C. Aenderung in der Organisation.

1) Gänzliche Trennung der Feld- von der Festungs-Artillerie, auch in den Officiercorps.
2) Vermehrung der Cadres der Festungs-Artillerie und der Etatsstärken.
3) Einstellung von Einjährig-Freiwilligen in die Festungs-Artillerie in gleichem Verhältniß, wie bei der Feld-Artillerie, und besondere Ausbildung derselben zu Reserve-Officieren für erstere.

D. Aenderungen in der Zusammensetzung des Belagerungstrains.

1) Der Train muß bedeutend verstärkt werden.
2) Die 9 cm. Kanone ist beizubehalten; ihre Zahl kann aber herabgesetzt werden.
3) Die Urtheile über den Werth der 12 cm. Kanone waren sehr getheilt. Theils wurde eine Vermehrung, theils eine Verminderung, theils der gänzliche Wegfall derselben vorgeschlagen. —
4) Die kurze 15 cm. Kanone muß in großer Zahl eingestellt werden. Sie kann einen Theil der 15 cm. Kanonen ersetzen und auch manche Aufgaben übernehmen, die bisher der 12 cm. Kanone zufielen.
5) Der gezogene Mörser muß ebenfalls in größerer Zahl eingestellt werden.
6) Glatte Mörser sind vorläufig im Belagerungstrain nicht zu entbehren. —
7) Die Organisation der höheren Stäbe für die Belagerungs-

trains muß im Frieden genau festgestellt und vorgesehen werden.

8) Dem Belagerungstrain ist bei der Mobilmachung eine besondere Intendantur, sowie eine Feld-Eisenbahn-Abtheilung zuzuweisen.

9) Für den Fuhrendienst ist ein besonderer militärisch organisirter Fuhrenpark von 300—400 Leiterwagen bereit zu stellen.

10) Ueber die Zutheilung und Formation der Festungs-Compagnien zu einem Belagerungstrain von bestimmter Geschützzahl müssen feste Bestimmungen aufgestellt werden.

Schließlich sei erwähnt, daß eine vollständige Umarbeitung der bisher gültigen Grundsätze für den Angriff von Festungen allgemein als erforderlich angegeben wurde. — Angedeutet wurde, daß die Einleitung des Angriffs durch eine starke Artillerie-Aufstellung aus größerer Ferne erfolgen müsse, während der eigentliche Kampf, wie bisher festgestellt, auf 900—1200 m. durchzuführen sei. —

Die vorstehend besprochenen Thatsachen und Erfahrungen gaben die auf dem ganzen Gebiete der Festungs- und Belagerungs-Artillerie vorhandenen Mängel in ihrem ganzen Umfange an. Sie zeigen, wie trotz aller im Frieden geleisteten Arbeit und getroffenen Anordnungen, die Forderungen des Ernstfalles immer höhere sind, als man vorauszusetzen gewohnt ist. Daraus mag die Lehre abgeleitet werden, daß man im Frieden Nichts, was eine Vervollkommnung bezweckt, etwa in dem Gedanken unterlassen darf, das bestehende „Gute" sei für den Krieg gut genug. — Wenn man im Frieden den Willen hat und dahin arbeitet, stets auf der Höhe der Zeit zu stehen, so wird man im Kriege nur befähigt sein, das eben Nothwendige — nicht aber das Beste zu leisten.

Zweites Kapitel.
Die Neuconstructionen und die Abänderungen des bestehenden Materials.

Die General-Inspection richtete schon am 16. April 1871 ein Schreiben an das Allg. Kriegs-Dep., worin ungefähr folgendes ausgeführt wurde:

Bei der Belagerung von Paris haben die 15 cm. Kanonen feindliche Geschützaufstellungen bis zu 4500 m. Entfernung bekämpfen und mit 30° Elevation und 3 k. Ladung zu Bombardements-Zwecken verwendet werden müssen. Sie haben diese Aufgaben nur in beschränkter Weise und unter Schädigung des Materials durchzuführen vermocht. — Bei künftigen Belagerungen werden ähnliche Kampfverhältnisse wiederkehren, zuweilen Regel werden, daher muß ihnen durch Construction eines geeigneten Geschützes Rechnung getragen werden. Dazu wird das 15 cm. Kaliber geeignet sein, welches unter Anwendung von Langgranaten und starken Ladungen, eine erhöhte Trefffähigkeit erhalten und bei Elevationen von über 20° gegen 7500 m. Schußweite geben muß.

Es ist ferner zu bemerken, daß bei den Belagerungen von Straßburg und von Paris die zahlreichen Traversen und Hohltraversen der Werke nicht haben gestört werden können, so daß sie bis zum letzten Momente den danebenstehenden Geschützen Deckung gegen Flankenfeuer gewährten. Man wird in Zukunft an eine mehr systematische schnelle Zerstörung dieser Deckungen denken und dazu ein geeignetes Geschütz construiren müssen, wozu eine 21 cm. Haubitze ins Auge zu fassen sein würde.

Ein solches Geschütz ist nach den, im Kriege bei Ausführung des indirecten Schusses gegen verdeckt liegendes Mauerwerk, gemachten Erfahrungen aber auch nothwendig, da die kurze 15 cm. Kanone hierzu, bei höherem Grade von Deckung zu viel Zeit gebraucht. Diese Haubitze würde auch bei Elevationen über 20° den im Kriege verwendeten 21 cm. Mörser ersetzen können, da dessen Wirkungen, als Mörserwirkungen in engerem Sinne nicht angesehen werden können.

Das Allg. Kriegs-Dep. erklärte sich in seiner Verfügung vom 1. Mai 1871 mit der Construction einer verstärkten 15 cm. Kanone einverstanden und befahl die schleunige Aufstellung der Entwürfe, zunächst zu einem Bronzerohr mit Laffete. — Ueber die ablehnende Antwort in Betreff der 21 cm. Haubitze wird später gesprochen werden.

I. Die 15 cm. Ring-Kanone.

Die Art.-Prüf.-Comm. legte im Juni 1871 den Entwurf für die Rohr- und Laffetenconstruction vor.

Für die Rohr-Construction waren die Erfahrungen benutzt, welche eine schon im Versuch befindliche lange 15 cm. Küstenkanone und die kurzen 15 cm. Marine-Ring-Kanonen — bei 5,5 k. Ladung prismatischen Pulvers bisher geliefert hatten. Zunächst wurde ermittelt, daß zur Erreichung der beabsichtigten großen Schußweiten auf die Elevation von 30° nicht verzichtet werden könne, indem mit derselben schon eine Ladung von 4,5—5 k. combinirt werden mußte, während für geringere Elevationen eine für die Gewichtsverhältnisse ungünstige Ladungssteigerung hätte eintreten müssen. Der Versuch mit geringeren Ladungen auszukommen, mußte um so mehr gemacht werden, als das Rohr zunächst aus Bronze hergestellt und prismatisches Pulver nicht in Aussicht genommen werden sollte.

Die Vorschläge waren folgende: Bronzenes Rohr, für 4,5—5 k. Ladung Geschützpulver; gezogener Theil 15 Kaliber lang; Dralllänge 9,7 m. = 65 Kaliber (2° 46′ Drallwinkel). — Verschluß: einfacher Keil mit Broadwellring; Rohrgewicht circa 61 Ctr. Geschoß: Langgranate; Laffete: nach Art der Laffeten C/64 mit verstärkten Rädern und Achsen. Elevationsgrenze + 30°. — Gewicht gegen 1700 k.

Es sollten zwei Röhre gefertigt werden, davon eins blos vorgebohrt und in den inneren Einrichtungen erst nach den Erfahrungen mit dem ersten Rohre zu bestimmen; ferner zwei Laffeten, eine aus Holz, die andere aus Eisen. Die Vorschläge wurden genehmigt. Inzwischen war durch die Krupp'sche Fabrik, welche von den Bestrebungen der Art.-Prüf.-Comm. Kenntniß hatte, ein 15 cm. Stahlrohr C/64 durch Nachbohren und Einziehen einer neuen Seele in ganz ähnlicher Weise aptirt worden, wie das von der Art.-Prüf.-Comm. vorgeschlagene Rohr. Es hatte eine Dralllänge von 65 Kaliber und einen Ladungsraum für 4,75 k. prismatischen Pulvers erhalten und wurde zu Vorversuchen im August 1871 herangezogen. Es kam dabei gewöhnliches Geschütz-, grobkörniges und prismatisches Pulver, in Ladungen von 3—5 k. zur Anwendung. Die Resultate waren folgende: Bei 3,75 k. Ladung gewöhnlichen und grobkörnigen Pulvers übersprang das Geschoß die Züge; die Trefffähigkeit war schlecht. Die dabei erreichten Geschwindigkeiten waren für den angestrebten Zweck nicht ausreichend.

Der Unterschied des Verhaltens des gewöhnlichen und prismatischen Pulvers sprach sich deutlich darin aus, daß bei der Steigerung der Ladung von 3,6 auf 5 k. die Geschwindigkeit bei ersterem Pulver nur um 12, bei letzterem dagegen um 63 m. wuchs. Demnach wurde das gewöhnliche Geschützpulver von den ferneren Versuchen ausgeschlossen, ebenso das grobkörnige, obgleich es Eigenschaften zeigte, die zur ferneren Prüfung aufforderten, wozu aber jetzt keine Zeit vorhanden war.

Die Versuche mit dem bronzenen Versuchsrohr No. I begannen im Oktober 1871. Sie erstreckten sich in erster Linie auf Ermittelung der Trefffähigkeit, der Geschoßgeschwindigkeit und der Haltbarkeit des Rohres bei Ladungen von 5—6,5 k. prismatischen Pulvers und Elevation bis $34\tfrac{1}{2}°$. Die Ergebnisse waren folgende: Das Rohr hatte sich besonders in den Abmessungen des Ladungsraumes und auch in den äußeren Durchmessern des hinteren Rohrtheiles bedeutend verändert. In Folge dessen hatte die Trefffähigkeit und die Geschwindigkeit nicht gesetzmäßig mit der Steigerung der Ladung zugenommen. Die zunehmende Größe des Verbrennungsraums hatte die Geschwindigkeit erheblich vermindert. — In den Verschluß- und hinteren Rohrtheilen waren Veränderungen nicht eingetreten. —

Ebenso hielten die Laffeten die Anstrengungen vollständig aus. Eine Richtspindel verbog sich bei Anwendung von $34\tfrac{1}{2}°$ Elevation; ein Uebelstand, dem leicht abzuhelfen war.

Die Art.-Prüf.-Comm. zog folgende Schlüsse:

Die Schußweite von 7500 m. ist mit der Langgranate bei einer Geschwindigkeit von 475 m. und einer Elevation von 35° zu erreichen. Die Laffeten gestatten diese Elevation; bedenklich wäre es aber über sie hinauszugehen. Die Ladung wird zwischen 6,2 und 6,5 k. liegen müssen. Die Dralllänge von 65 Kalibern und die Zahl von 24 Zügen erscheint zweckmäßig.

Die Herstellung eines haltbaren Rohres aus gewöhnlicher Bronze selbst bei bedeutender Gewichtsvermehrung muß bezweifelt werden. Das noch in Arbeit befindliche Rohr No. II kann, ebenso wie ein inzwischen bestelltes Rohr aus Phosphorbronze, allerdings um den Ladungsraum etwas verstärkt und dann mit Ladungen von 6,2 k. aufwärts probirt werden; die Haltbarkeit bleibt indeß so sehr in Frage gestellt, daß jetzt schon die Herstellung eines Stahl-Ring-Rohres vorgeschlagen werden muß.

Die innere Einrichtung desselben ist die des versuchten bronzenen, das Gewicht wird 60 Ctr. sein.

Die Vorschläge wurden genehmigt; für die Stahlrohr=
construction sollte festgestellt werden, ob es möglich sei, das Zündloch durch das Metall direct nach dem Ladungsraume, oder nach dem Keil zu bohren, und durch diesen rechtwinklig gebrochen fortzusetzen. Zur Lieferung der Versuchsröhre sollte die Krupp'sche Fabrik und der Bochumer Verein herangezogen werden. Dadurch wurde eine Materialsprobe in den Versuch gebracht, welche es erforderlich machte, drei Röhre zu bestellen, nämlich bei beiden Fabriken je eines mit Zündung von oben durch den Keil und bei der Krupp'schen Fabrik noch eins mit directer Zündung nach dem Ladungsraum.

Außerdem wurde die Herstellung einer dritten Laffete in Eisen bewirkt. —

Im September 1872 wurde für das neue Geschütz die Bezeichnung 15 cm. Ringkanone C/72 angenommen.

Bei den ersten, mit den drei Versuchsröhren im September und Oktober 1872 angestellten Versuchen trat eine, gegen früher auffallend geringe Trefffähigkeit hervor, welche einestheils auf nicht gleichmäßige Fertigung des prismatischen Pulvers zurück=
zuführen war, anderentheils in der mangelhaften Geschoßführung ihren Grund hatte. Zur Verbesserung derselben wurde zunächst die Vermehrung der Zugzahl von 24 auf 36 bei einem sofort zu fertigenden neuen Rohre, sowie die Herstellung von Granaten mit 6 Wulsten des Weichbleimantels, sowie endlich die Anwendung von Granaten mit Hartbleimantel beantragt.

Ueber die Geschoßversuche wird später gesprochen werden. Hier sei nur erwähnt, daß die im Januar und Februar 1873 vorgenommenen sehr ausgedehnten Versuche, die Annahme der gewöhnlichen Langgranaten C/69 mit Hartbleimantel herbeiführten, deren Wulstenanordnung aber noch festzustellen blieb.

Die Annahme von 36 Zügen blieb bei dieser Granate nicht erforderlich, so daß man auf 24 Züge zurückging. Der Drall von 65 Kaliber Länge ergab sich nach den Resultaten der langen 15 cm. Ringröhre mit 70 Kaliber Dralllänge, als der beste. Das im Keil gebrochene Zündloch erwies sich als ganz unzu=
lässig. Das durch den Keil einfach horizontal geführte Zündloch mit Kugelverschluß zeigte sich ebenfalls als unzweckmäßig. Ver=

schluß und Liberung waren tadellos. Zur Fortsetzung der Versuche wurde daher vorgeschlagen:

Benutzung von Röhren mit 24 Zügen von 65, 60 und 55 Kaliber Dralllänge, mit schräg durch den Keil geführtem Zündloch, wie bei den Feldgeschützröhren. Ferner die Anwendung von Langgranaten mit Hartbleimantel von verschiedener Wulstenanordnung, sowie die Prüfung von neu zu construirenden Schrapnels. Um über die beste Dralllänge ganz sichern Aufschluß zu erhalten, wurden noch drei lange 15 cm. Ringröhre mit Dralllängen von 40, 45 und 50 Kaliber geprüft. Aus den Versuchen ergab sich:

Die Dralllänge von 55 Kaliber zeigte sich als die beste; sie wurde angenommen. Die Langgranate C/69 mit Hartbleimantel und besonderer Wulstenanordnung kam zur Einführung. An den Laffeten wurden Richtmaschinen mit Richtsohle und ohne solche geprüft. Bei diesen war die Richtspindel direct mit dem Rohr verbunden. Eine Prüfung dieser Anordnungen wurde fortgesetzt und schließlich die eiserne Laffete mit fester Verbindung der Richtschrauben mit dem Rohre angenommen.

II. Der 21 cm. Mörser und die kurze 21 cm. Kanone.

Die von der Gen.-Insp. unter dem 16. April 1871 auf Grund der Kriegserfahrungen angeregte Construction einer 21 cm. Haubitze, war schon vor dem Kriege eingehend erwogen worden.

Nach den 1867 gegebenen ersten Anregungen, kam sie wieder zur Sprache, nachdem die kurze 15 cm. Kanone bei den Stettiner Versuchen die Zerstörung der Hohltraversen nicht erreicht hatte. Zur gründlichen Lösung dieser Frage sollte nunmehr auf dem Tegeler Schießplatze eine normale Hohltraverse erbaut und durch die 15 cm. Kanone und den 21 cm. Mörser beschossen werden. Das letztere Geschütz sollte dabei nach dem Vorschlage der Art.-Prüf.-Comm. nicht als Mörser, sondern mit geringer Elevation als Haubitze für den indirecten Schuß benutzt werden.

Das Allg. Kriegs-Dep. lehnte diese Verwendung aber ab und befahl die Benutzung von 30° behufs Erzielung der reinen Mörserwirkung gegen die Decke der Traverse. Mit dem demgemäß im Winter 1869/70 aufgestellten Versuchs-Entwurf ging ein Separatantrag ein, worin es hieß:

„Die Verwendung des Mörsers ist zwecklos; seine Treff=
fähigkeit gegen ein so kleines Ziel ist zu gering und die Silber=
berger Versuche haben schon bewiesen, daß er gegen Gewölbe
mit Erddecke wirkungslos ist. Solche Bauwerke sind daher
womöglich durch den indirecten Schuß zu zerstören, wozu die
kurze 15 cm. Kanone nicht immer genügen wird, so daß ein
21 cm. Geschütz, wie es in fremden Artillerien schon existirt,
construirt werden muß. —

„Dabei könnte eine Combination von Mörser und Haubitze
angestrebt werden, die stärkere Ladung der letzteren müßte für
die Construction maßgebend sein; eine besondere Mörserconstruction
würde auf diese Weise vermieden."

Demgemäß wurde die Verwendung des Mörsers mit 6—7°
Elevation zum indirecten Schusse nochmals beantragt und höheren
Ortes mit dem Bemerken genehmigt, die Nothwendigkeit des
21 cm. Geschützes müßte aber noch durch weitere Versuche
nachgewiesen und eine Combination von Mörser und Haubitze
dürfte schon jetzt als nicht zweckmäßig bezeichnet werden.

Der im Frühjahr 1870 ausgeführte Versuch ergab: [9]

„Die kurze 15 cm. Kanone kann, selbst unter günstigen
Verhältnissen und mit bedeutendem Munitionsaufwande, eine
normale Hohltraverse nicht sicher zerstören." —

Die Fortführung des Versuchs wurde durch den Krieg
unterbrochen. — Die Frage der 21 cm. Haubitze blieb also
offen, fand aber durch die Erfahrungen des Krieges den durch
die Gen.=Insp. gekennzeichneten praktischen Boden.

Allein das Allg. Kriegs=Dep. erkannte in der erwähnten
Verfügung vom 1. Mai 1871 die Nothwendigkeit jenes Geschützes
noch nicht an, indem es bemerkte, das Zerstören verdeckten
Mauerwerks durch den indirecten Schuß, würde durch ein solches
Geschütz allerdings schneller, als durch die kurze 15 cm. Kanone
zu erreichen, aber mit großen Schwierigkeiten in Betreff des
Munitionstransportes verbunden sein. — Dagegen würden die
Hohltraversen bei ihrer neueren verstärkten Einrichtung schwerlich
durch die 21 cm. Haubitze zerstört werden und im Nothfalle
reiche dazu der 21 cm. Mörser aus. —

Demnach· sei die Einstellung dieses letzteren Geschützes in
größerer Zahl in den Belagerungstrain beabsichtigt, und die
Versuche zum Abschluß der Construction seien sofort wieder auf=

zunehmen. Da die im Kriege zur Verwendung gekommenen Versuchsmörser für 4 k. Ladung, zu unbeweglich, die erleichterten Mörser für 2 k. Ladung von zu geringer Wirkung gewesen seien, sollte eine in der Mitte liegende Construction für 3 k. Ladung ins Auge gefaßt und über diese Ladung noch hinausgegangen werden, wenn die Gewichte des Geschützes es gestatteten.

Die Gen.-Insp. verlangte darauf nochmals eine Aeußerung der Art.-Prüf.-Comm. über die Nothwendigkeit oder Entbehrlichkeit der 21 cm. Haubitze. Dabei wurde darauf hingewiesen, daß die kurze 15 cm. Kanone zur Herstellung der Bresche in der Lünette 53 von Straßburg mittelst des indirecten Schusses 4 Schießtage (ungefähr 48 Stunden) gebraucht habe, eine Zeit, welche in vielen Fällen werde abgekürzt werden müssen, was nur durch Anwendung eines größeren Kalibers möglich werde. Eine 21 cm. Haubitze könne sich innerhalb der Gewichte halten, welche die glatten 25pfdgn. Bombenkanonen und 50pfdgn. Haubitzen hatten, und alle Transportverhältnisse seien jetzt so viel besser gegen früher, daß der Verwendung eines so schweren Geschützes in geringer Zahl bei Belagerungen kein Bedenken entgegen stehen könne.

Schließlich sei zu erwägen, was der 21 cm. Mörser bei Belageruungen zu leisten und ob er eine 21 cm. Haubitze wirklich zu ersetzen vermöge.

Die Art.-Prüf.-Comm. schlug in Verfolg der Verfügung des Allg. Kriegs-Dep. im Juli 1871 einen Mörser für 3,5 k. Ladung mit einer Maximalschußweite von 3750 m. vor.

Ueber die Wirksamkeit desselben sprach sich die Vorlage auf Grund aller im Frieden und im Kriege erreichten Resultate ausführlich aus. Es wurde die im Vergleich zu dem glatten 50pfdgn. Mörser vorhandene hohe Treffähigkeit hervorgehoben, daneben aber die nur unbedeutend größere minenartige Wirkung der Geschosse und die Unfähigkeit des 21 cm. Mörsers zum Zerstören gewölbter Hohlbauten betont.

Zur Beleuchtung dieser Verhältnisse wurde angeführt, daß auf der Plattform des Schlosses von Belfort wohl 500-21 cm. Granaten krepirt seien, ohne die Gewölbe im Geringsten zu beschädigen. Wenn daher der Mörser geeignet sei zu Bombardements, unter Umständen zur Zerstörung von Hohltraversen, so müßte doch darauf Bedacht genommen werden, gut gedeckte Hohlbauten durch den indirecten Schuß zu zerstören. Der Mörser, der große Elevationen nicht verwerthen könne und meist mit 35° Elevation auskomme, brauche dazu keine eigentliche Mörser= laffete, könne vielmehr eine Räderlaffete erhalten. Er habe thatsächlich schon überwiegend die Natur einer Haubitze und es sei zweckmäßig, ihn durch Benutzung eines längeren Rohres und stärkerer Ladungen, vollständig zu einer solchen zu machen, da man dann für alle Zwecke größere Wirkungen und ein wirk= sames Geschütz für den indirecten Schuß erhalte, welches absolut nothwendig sei. Denn die neuen Mauerbauten verlangen so große Einfallwinkel, (die obere Etage der Saillant=Kaponniere 15°) daß an ihre Zerstörung durch die kurzen 15 cm. Kanone kaum zu denken sei. Man spare mit jenem Geschütz vor allem Zeit, welche in den neuen Kriegen von sehr großer Bedeutung ist. Würde der Mörser, wie er jetzt projectirt sei, eingeführt, so würde ein in seiner Gestalt und Leistungsfähigkeit unvollkom= menes Geschütz angenommen.

Die Art.=Prüf.=Comm. schlug demnach neben der befohlenen Construction eines 21 cm. Mörsers für 3,5 k. Ladung, die einer 21 cm. Haubitze für 4,5 k. Ladung vor. —

Die Gen.=Insp. trat diesen Vorschlägen durchweg bei und beantragte die sofortige Construction der 21 cm. Haubitze und die Einstellung der Versuche mit dem Mörser. Das Allg. Kriegs=Dep. blieb indeß bei seinen früheren Ansichten stehen, indem es den Mörser im Landkriege für wirksam genug, für den Küstenkrieg für unentbehrlich hielt und die Annahme der 21 cm. Haubitze erst von den schwebenden Schießversuchen des 21 cm. Mörsers gegen die normale Hohltraverse abhängig machen wollte.

Diese Versuche (Juli 1871) ergaben Folgendes:

Der 21 cm. Mörser hatte mit ca. 27° Elevation, 1,1 k. Ladung auf 970 m. Entfernung die Hohltraverse stark beschä= digt, aber noch nicht zerstört.

Er hatte im indirecten Schusse mit $4^{11}/_{16}°$ Elevation, 4 k. Ladung auf 970 m. Entfernung $52°/_0$ Treffer erreicht, aber die Traversen nicht beschädigt. — Darauf wurde die Fortsetzung des Versuchs mit etwas vergrößerter Elevation brantragt, welche später erst mit der inzwischen construirten kurzen 21 cm. Kanone stattfand.

Die Versuche mit dem 21 cm. Mörser und der kurzen 21 cm. Kanone gingen nunmehr getrennt nebeneinander fort und sollen demgemäß besprochen werden.

A. Fortsetzung der Versuche zur Construction des 21 cm. Mörsers.

Der für 3,5 k. Ladung construirte Mörser — vorläufig als der „umconstruirte" bezeichnet, hatte $5\frac{1}{2}$ Kaliber Länge des gezogenen Theils, 7° ($25\frac{1}{2}$ Kaliber) Drall, einen Doppelkeil mit ganz abgeschnittenen Labelöchern. Im Uebrigen war das Rohr analog dem Versuchsmörser Nr. 1, die Laffete analog der des Mörsers C/70 construirt. Das Rohr wog mit Verschluß 3032,5 k., die Laffete 2026 k., in Summa 5058,5 k.

Bei 45° Elevation sollte eine Schußweite von ca. 3750 m. erreicht werden.

Eine Gewichtsverminderung des Geschützes war offenbar sehr wünschenswerth. Da sie nur durch Versuche festgestellt werden konnte, schlug die Art.=Prüf.=Comm. zugleich vor, es möge einer der älteren Versuchsmörser, sowie ein Rohr C/70 abgeschnitten und in den Metallstärken verringert und dazu eine erleichterte Laffete beschafft werden.

Endlich sollte versucht werden, ob der Mörser C/70 Ladungen bis zu 4 k. aushielte, weil dadurch ein Maß für die mögliche Erleichterung des neuen Geschützes gewonnen werden konnte. Diese Anträge wurden genehmigt, und die daran geknüpften Vorversuche kamen zunächst zur Ausführung.

1. Versuche mit verkürzten Röhren.

Der Versuchsmörser Nr. 1 wurde zuerst um $1\frac{1}{2}$ Kaliber und dann noch einmal um ein Kaliber verkürzt. Seine inneren Rohrtheile waren schon stark angegriffen, da er schon 1835 Schüsse gethan hatte.

Um für spätere Vergleiche eine Grundlage zu haben, wurden daher vor dem Abschneiden die Trefffähigkeit und die Geschwindigkeit der Geschosse bei verschiedenen Ladungen ermittelt.

Die Trefffähigkeit nahm mit der Verkürzung nur bei An= wendung starker Ladungen und großer Schußweiten, aber nur unbedeutend, ab; die Anfangs=Geschwindigkeit nahm bei der Ver=

kürzung auf 4 Kaliber nicht merkbar; bei der auf 3 dagegen für die starken Ladungen um ca. 10 m., für die schwachen um ca. 6—8 m. ab. Demnach erschien die Annahme eines nur 4 Kaliber langen gezogenen Theils vollständig zulässig. —

2. Versuche mit einem bronzenen Mörser C/70 unter Anwendung verstärkter Ladungen.

Es geschahen je 40 Schuß mit der Ladung von 2,5; 3 und 3,5 k., davon je 30 mit 30: je 10 mit 60° Elevation. —

Ein Verbiegen des Keils, sowie eine Erweiterung der Rohrumfänge trat nicht ein. Die Erweiterung der inneren Theile war nicht bedeutend. —

Die Laffete erforderte einige geringe Verstärkungen. Die Art.-Prüf.-Comm. schlug nach diesen Ergebnissen die Einrichtung des Mörsers C/70 für 3,5 k. Ladung vor, und gab nunmehr die Directiven für die Neuconstruction eines erleichterten Mörsers für 3,5 k. Ladung.

Die Anträge wurden im Januar 1872 genehmigt. —

3. Versuche mit dem umconstruirten Mörser für 3,5 k. Ladung.

Die Versuche wurden im Januar und Februar 1872 ausgeführt. Mit verschiedenen Ladungen wurden die Anfangsgeschwindigkeiten und die Trefffähigkeits-Verhältnisse für 15°, 30°, 45°, 60° Elevation ermittelt.

Bei einer Anzahl von Schüssen wurde die Flugzeit mittelst einer Secundenuhr, sowie mit der Clepsyder von Le Boulengé gemessen.

Die Resultate waren folgende:

Rohr und Laffete hielten fast tadellos. Die angebrachten Verbesserungen hatten sich bewährt. Die Trefffähigkeit war bei allen Elevationen am besten für die Ladungen von 1,5—3 k.; darunter und darüber nahm sie erheblich ab. Im Uebrigen war die Trefffähigkeit am besten bei 30°, am schlechtesten bei 60° Elevation.

Die Seitenablenkung nahm mit der Elevation bedeutend zu, sie betrug bei 3,5 k. Ladung, 60° Elevation und 3228 m. Schußweite: 397 m. ($^1/_8$ der Schußweite).

Die Eindringungstiefen der Granaten waren bei der Elevation von 45° und 60° mehr als doppelt so groß, als bei 30° Elevation.

Die Art.-Prüf.-Comm. hielt die Construction demgemäß für abgeschlossen, befürwortete aber die Einführung noch nicht, da die Versuche mit dem erleichterten Mörser bevorstanden.

Bevor die Entscheidung auf diesen Antrag erging, fand schon das Beschießen des erleichterten Mörsers statt.

4. Versuche mit dem erleichterten Mörser für 3,5 k. Ladung.

Der gezogene Theil war 4 Kaliber lang, im übrigen war die innere Einrichtung des Mörsers wie bei dem umconstruirten. Der Verschluß war ein einfacher Keil mit Broadwellring.

Die Laffete war die des Mörsers C/70; aber verstärkt und mit den bisherigen Verbesserungen vervollkommnet.

Das Rohr wog mit Verschluß 1818,5 k. Die Laffete 1715 k., zusammen 3533 k. — Das Geschütz war daher 1525 k. leichter, als der umconstruirte Mörser.

Am ersten Schießtage erlitt die Laffete Beschädigungen. Der Broadwellring dichtete schlecht, da das Lager sich erweiterte; ebenso erweiterte sich das Keilloch nicht unbedeutend und an einer Ecke desselben zeigten sich an einer unganzen Stelle des Metalls feine Risse.

Die ballistischen Eigenschaften des Geschützes standen denen des umconstruirten Mörsers nur unbedeutend nach. —

Da die Metallstärken des Rohres im Bodenstück zu schwach waren, beantragte die Art.-Prüf.-Comm. die Herstellung eines entsprechend verstärkten Rohres.

Auf die Anträge über die sub 3 und 4 besprochenen Versuche entschied jedoch das Allg. Kriegs-Dep. im Juni 1872, daß nunmehr die Fertigung der Mörser nicht länger hinausgeschoben werden könne, daher der umconstruirte, als haltbar erwiesene Mörser unter der Bezeichnung 21 cm. Mörser C/71 angenommen und eingeführt werden müsse.

Die Herstellung eines neuen erleichterten Rohres mit stärkerem Bodenstück, wurde genehmigt um weitere Erfahrungen für die Construction zu sammeln. Da die Anfertigung der Mörser C/71 sich verzögerte, inzwischen der erleichterte Mörser fertig wurde, so beantragte die Art.-Prüf.-Comm. nochmals die Verschiebung der Einstellung jener Mörser bis zum Abschluß der Versuche mit letzterem Rohr.

Der Antrag wurde indeß wieder abgelehnt und im März 1873 wurden die Versuche mit dem erleichterten Mörser ganz eingestellt.

Dagegen wurde im April 1873 versucht, ob für den Mörser C/71 nicht die Ladung bis zu 4 k. gesteigert und diese Ladung für Bombardementszwecke zur Anwendung kommen könne, indem sie die Schußweite um 500 m. vergrößerte. —

Die Veränderungen, welche bei diesem Versuche die Laffeten und noch mehr die inneren Rohrtheile des Geschützes erfuhren, ließen die Anwendung jener Ladung unzulässig erscheinen, so daß sie nicht angenommen wurde. —

B. Die kurze 21 cm. Kanone.

Es sei zunächst erwähnt, daß die bisherige Bezeichnung „21 cm. Haubitze" im Jahre 1872 in die obige umgewandelt wurde, da das inzwischen construirte Geschütz in Bezug auf Ladungsquotient, Gewichts-Verhältnisse u. s. w., einen etwas schärfer ausgesprochenen Kanonencharakter hatte.

Nachdem bei den oben erwähnten Versuchen im Juli 1871 gegen die normale Hohltraverse der 21 cm. Mörser, weder mit größeren, noch mit kleineren Elevationen eine befriedigende Wirkung erzielt hatte, hielt die Gen.-Insp. den Zeitpunkt zur definitiven Construction einer kurzen 21 cm. Kanone für geeignet. Das Allg. Kriegs-Dep. genehmigte den bezüglichen Antrag im September 1871.

Der Constructions-Entwurf ging Ende September ein und war gerichtet auf ein Rohr für 4,5 k. Ladung, von 8 Kaliber langem gezogenen Theil; 4° bez. 5° Drallwinkel (44,9 bez. 35,8 Kaliber Länge). Ein Rohr sollte Doppelkeil, eins den einfachen mit Broadwellring erhalten. —

Als größte Schußweite bei 45° wurden 4500 m. angenommen.

Die Laffete sollte 40° Elevation gestatten und in je einem Exemplar von Holz, und von Eisen hergestellt werden. — Der Orientirungsversuch begann im Sommer 1872 mit 2 Geschützen. Es wog:

Rohr Nr. 1 3233 k. — Rohr Nr. 2 3419 k.
Laffete „   Laffete „
(eiserne)   1730 „   (Holz)   1545 „
           4963 k.   4964 k.

Die Anfangsgeschwindigkeit betrug bei 4,5 k. 246 m., bei 3,5 k. 211 m., bei 2 k. 151 m., bei 1 k. 91 m. — Die größte Schußweite betrug 5100 m. Die Trefffähigkeit war der des 21 cm. Mörsers mindestens gleich. Das Geschütz war demnach lebensfähig und hatte dem Mörser gegenüber, bei gleichem Gewicht, verschiedene Vorzüge. Die Art.-Prüf.-Comm. sprach daher im März 1873 in einem auf besonderen Befehl der Gen.-Insp. aufgestellten Berichte sich dahin aus, es sei zu bedauern, daß der Mörser schon eingeführt sei, da er nicht diejenige Gestalt eines 21 cm. Geschützes repräsentire, dessen Leistung im Verhältniß mit den aufgewendeten Mitteln stehe, und es sei noch heute Zeit, ihn durch die 21 cm. Kanone zu ersetzen.

Das Allg. Kriegs-Dep. glaubte vorläufig darauf nicht eingehen zu können und machte die weiteren Entschlüsse von dem Ausfalle der Versuche mit der kurzen 21 cm. Kanone abhängig. —

Diese Versuche, welche mit besonderen Schwierigkeiten zu kämpfen haben, sind bis heute noch nicht abgeschlossen.

Erwähnt sei nur, daß die kurze 21 cm. Kanone im Herbst 1873 an den Graudenzer Versuchen Theil genommen hat. Von ihren Leistungen wird noch die Rede sein.

III. Die verstärkte 12 cm. Kanone C/73.[10]

Die Leistungen der 12 cm. Kanone C/64 hatten, wie oben erwähnt, den Erwartungen nicht entsprochen. Diese Thatsache veranlaßte das Allg. Kriegs-Dep., in einer Verfügung vom Mai 1871, betreffend die Zusammensetzung des neuen Belagerungstrains, die Frage aufzuwerfen, ob die gezogene 12 cm. Kanone, welche theils durch die 9 cm., theils durch die kurze 15 cm. Kanone ersetzt werden könne, nicht ganz entbehrlich sei, was zur Vereinfachung des Materials wünschenswerth erscheine?

Die Art.-Prüf.-Comm. sprach sich für Beibehalt des 12 cm. Kalibers aus, vornehmlich zum Ersatz der kurzen 15 cm. Kanone unter schwierigen Transportverhältnissen und zu etwaiger Verwendung bei der Feld-Armee.

Für beide Zwecke wurde aber, anstatt der bisherigen, eine kurze 12 cm. Kanone vorgeschlagen, welche bei 0,9 k. Ladung und 35° Elevation eine Maximalschußweite von 4300 m. erreichen sollte.

Dieses Geschütz sollte die bisherige 12 cm. und 9 cm. Kanone ersetzen. Die Gen.-Insp. sprach sich gegen diese kurze Kanone aus, welche nach ihrer Ansicht kein reines und gutes Demontirgeschütz werden könne, welches gerade neben der kurzen 15 cm. Kanone nöthig sei. Nach dieser Richtung hin sei daher die Verbesserung der 12 cm. Kanone zu versuchen durch Anwendung von Langgranaten, bei mäßig zu steigernder Ladung und durch Vermehrung der Elevationsfähigkeit. Zugleich wurde die Anwendung eines einfachen Flachkeilverschlusses angeregt, und die Construction eines Gußstahl 12 cm. Rohres und eines schweren 9 cm. Rohres für starke Ladungen, als Demontirgeschütze, zur Erwägung gestellt. —

Eine Minorität der Art.-Prüf.-Comm. verlangte schon eine Verstärkung des Rohres und Ladungssteigerung auf $1\frac{1}{2}$ k., welcher Antrag vorläufig nicht genehmigt wurde. Die Versuche mit verstärkten Ladungen, mit gewöhnlichen Granaten und den neu construirten Langgranaten fanden im Sommer 1871 statt. —

Die Laffeten hielten; die verstärkten Keile vertrugen nur die Ladungen von 1,2 k. (für Granaten) und 1,1 k. (für Langgranaten). Die Trefffähigkeit der Langgranaten blieb hinter der der gewöhnlichen Granate noch zurück.

Die Art.-Prüf.-Comm. folgerte aus den Versuchen: die Trefffähigkeit der Langgranate reiche auch bei Anwendung der Steuerung, von der noch die Rede sein wird, nicht aus, um ihre größere Sprengwirkung genügend auszubeuten; es sei auch wenig Aussicht vorhanden, diesen Zweck auf dem betretenen Wege zu erreichen. Daher müsse die Construction einer kurzen 12 cm. Kanone nochmals erwogen werden. Für den directen Schuß sei ein sicher treffendes Geschütz mit großer Trefffähigkeit in der 15 cm. Ringkanone, für den indirecten Schuß die kurze 15 cm. Kanone vorhanden. Beide Geschütze seien indeß theils ihrer Gewichte wegen, nicht immer anwendbar, theils ihrer Wirkung nach nicht immer erforderlich; daher sei zu ihrer Ergänzung ein leichteres Kaliber nöthig. Sollte für diese Zwecke die 12 cm. Kanone verbessert werden, so seien zwei Neuconstructionen derselben zu entwerfen, nämlich eine lange Kanone, als ein Demontirgeschütz und eine kurze zum indirecten Schuß.

Die über die lange Kanone entwickelten Ansichten waren die von der Gen.-Insp. ausgesprochenen, welche in Analogie zum glatten schweren 12Pfdr., ein solches Demontirgeschütz verlangten.

Die kurze Kanone wurde von der Gen.-Insp. nicht befürwortet; es wurde vielmehr in Uebereinstimmung mit einem, zu dem Bericht der Art.-Prüf.-Comm. eingereichten Separatvotum Folgendes erklärt und beantragt. Es handelt sich zunächst darum, die 12 cm. Kanone möglichst schnell leistungsfähiger zu machen, besonders ihre Trefffähigkeit mit der Langgranate bis zu 1500 m. Entfernung zu erhöhen.

Dies ist auf dem eingeschlagenen Wege für die bisherigen, oder etwas verstärkten bronzenen Röhre durch Ladungssteigerung zu erreichen; die großen Bombardements-Entfernungen kommen hierbei weniger in Betracht. Die Construction einer kurzen 12 cm. Kanone muß als ganz verfehlt angesehen werden, denn wenn im letzten Kriege die kurze 15 cm. Kanone kaum genügt hat, um unter schwierigen Verhältnissen den indirecten Schuß erfolgreich anzuwenden, so erfolgt daraus die Nothwendigkeit zur Herstellung einer schweren kurzen Kanone, welche in der kurzen 21 cm. Kanone schon vorgenommen war, nicht aber die einer kurzen Kanone schwächeren Kalibers, welche in schwierigen Fällen ganz wirkungslos bleiben würde.

Die Anträge der Gen.-Insp., welche vom Allg. Kriegs-Dep. genehmigt wurden, waren demnach:

Fortsetzung der Versuche unter Anwendung stärkerer Ladungen, einer veränderten Langgranate, mit Röhren C/64 mit einfachem und Doppelkeil, mit Laffeten, deren Richtmaschine die der Feldlaffeten C/64 sein sollte, sowie endlich Herstellung von 4 verstärkten 12 cm. Röhren.

Der Gang der Versuche war nun in mehreren Stadien folgender:

Die Röhre C/64 wurden im Ladungsraum successive nachgebohrt für Ladungen bis zu 1,3 k. (bei Anwendung von Langgranaten, und bis zu 1,4 k. bei Benutzung von Granaten).

Der Ladungsraum der verstärkten Röhre faßte für die Langgranate 1,5 k. Ladung. —

Zuerst wurde die Trefffähigkeit der Granaten mit langer und kurzer Steuerung, der Langgranaten ohne Steuerung und der gewöhnlichen Granaten festgestellt. Die Steuerung ließ man der variabeln Resultate wegen fallen. Die Langgranate ohne Steuerung, die der gewöhnlichen Granate in der Trefffähigkeit mindestens gleich kam, wurde eingeführt.

Beide Granaten hatten gegen die der bisherigen 12 cm. Kanone 18—20 m. Anfangsgeschwindigkeit gewonnen.

In Betreff der Verschlüsse wurde allmälig die Ansicht befestigt, daß der einfache (Flach=) Keil, solider als der Doppelkeil und daher anzunehmen sei. Er wurde bei zwei der verstärkten Versuchsröhre geprüft.

Die Röhre zeigten sich, speciell im Ladungsraum für die oben erwähnten Ladungen haltbar.

An der Laffete kam die Richtmaschine der Feldlaffeten und die der kurzen 15 cm. Laffete zur Prüfung, welche eine Elevation von 40° gestatteten. Zwei Laffeten wurden mit 400 resp. 409 Schüssen belegt, ohne irgendwie beschädigt zu werden. Die Richtmaschine der kurzen 15 cm. Laffete erhielt den Vorzug, weil sie einfacher war und eine günstigere Lage in der Laffete hatte. Auf Grund der Resultate wurde im Oktober 1873 die Construction der verstärkten Röhre mit Flachkeil unter dem Namen verstärkte 12 cm. Kanone C/73 angenommen, welcher 1874 geändert wurde in den Namen 12 cm. Kanone C/73 mit Flachkeilverschluß.

Es wurde ferner die Beschaffung neuer Laffeten mit der versuchten Richtmaschine nach Art derer der eisernen kurzen 15 cm. Laffete befohlen.

Um die Leistungsfähigkeit der verstärkten Kanonen an sich im Vergleich zur kurzen 15 cm. Kanone näher festzustellen, wurde das Geschütz zu den Versuchen bei Graudenz und zwar zum directen Breschiren und zum indirecten Demoliren im August 1873 herangezogen, wovon später noch die Rede sein wird.

IV. Sonstige Aenderungen und Vervollkommnungen der Geschütze.

1. Der einfache Verschlußkeil.

Die oben berührten Mängel des Doppelkeils mit Kupferliberung veranlaßten zunächst im Sommer 1871 Versuche mit 2 bronzenen 15 cm. Röhren, welche für einen einfachen Keil mit Broadwellring aptirt waren. Im Winter 1870/71 wurden dann zwei gleich aptirte Stahlröhre versucht.

Der versuchte Keil konnte nicht der für die Küstengeschütze angenommene cylindroprismatische sein, weil dieser die Wegnahme des Metalls an der hinteren Keillochfläche in einer nicht zulässigen Weise erforderte. Es wurde vielmehr der sogenannte Flachkeil construirt, welcher nur die Wegnahme einer geringen Metallschicht nothwendig machte.

Die in Folge der günstigen Versuchs-Ergebnisse vorgeschlagene Einführung des Flachkeils wurde im April 1872 in folgender Ausdehnung genehmigt.

Alle 15 cm. Bronze- und Stahlröhre C/64 erhalten den Flachkeil mit Broadwellring.

Die 15 cm. Eisen- und die aptirten Bronzeröhre bleiben in statu quo.

Durch dieselbe Verfügung wurde für die 15 cm. Belagerungslaffeten C/64 die Annahme der, in verticaler Richtung um 26 mm. verstärkten Mittelachse angeordnet, nachdem die Haltbarkeit derselben durch einen Dauerversuch unter hohen Elevationen bestätigt worden war.

Für die 12 cm. Kanone kam wie oben erörtert im Oktober 1873 der Flachkeil ebenfalls zur Annahme. — Derselbe wurde gleichzeitig für alle bronzenen 12 cm. Kanonen C/64 — nicht für die aptirten Röhre — angenommen.

2. Die Erhöhung der Elevationsfähigkeit der 12 cm. Laffeten C/69.

Mit der Annahme der 12 cm. Kanone C/73 im Oktober wurde die Annahme der für dieselbe geprüften Richtmaschine — nach Art der kurzen eisernen 15 cm. Laffete — für die 12 cm. Laffeten C/64 ausgesprochen, welche demgemäß aptirt wurden.

3. Einführung der Richtscala zum indirecten Richten.

Im März 1869 hatte der damalige Hauptmann Richter eine Einrichtung für die Laffeten vorgeschlagen, mittelst welcher die Seitenrichtung ohne unmittelbares Richten nach dem Ziele festgehalten werden sollte. Das gut durchgearbeitete Project wurde schon im Sommer 1869 bei allen Brigaden mit gutem Erfolge geprüft.

Einige nöthig gewordene unbedeutende Verbesserungen wurden vorgenommen und darauf eine neue Prüfung im Sommer 1870 angeordnet. Bevor diese zum Abschluß kam, brach der Krieg aus. — Die Benutzung der Richtvorrichtung erschien damals aber schon so wichtig, daß die letztere sofort bei allen gezogenen Geschützen des Belagerungstrains angebracht wurde. — Die durch sie während des Krieges erreichten Vortheile waren so in die Augen springend, daß ihre Einführung allgemein beantragt und im März 1872 genehmigt wurde, nachdem die hervorgetretenen kleinen Mängel beseitigt waren.

V. Die Geschosse.

A. Die Langgranaten und die verschiedenen Führungsmittel.

1. Die 15 cm. Langgranaten.

Es war selbstverständlich, daß dieselbe für die 15 cm. Ringkanone von vornherein angewendet wurde. Wie oben erwähnt, war die bei den ersten Versuchen auftretende ungenügende Trefffähigkeit theilweise in der schlechten Geschoßführung zu suchen. Nach den bei den langen 15 cm. Ringkanonen und bei den neuen Feldgeschützen gewonnenen Erfahrungen war das Weichblei nicht geeignet, bei den jetzt zur Anwendung kommenden hohen Geschoßgeschwindigkeiten eine sichere Führung zu bewirken. So unangenehm die Annahme des Hartbleimantels sein mochte, weil damit in der Festungs-Artillerie die 15 cm. Granaten mit 2 verschiedenen Führungsmitteln auftraten, so mußte jener doch in Aussicht genommen werden und im Berichte vom Oktober 1872 schlug die Art.-Prüf.-Comm. seine Prüfung vor.

Das Allg. Kriegs-Dep. lehnte dieselbe aber vorläufig mit Bezug auf den angedeuteten Uebelstand und die daraus entstehenden Verwaltungsschwierigkeiten ab. — Kurz darauf wurde es aber offenbar, daß mit dem Weichblei nicht auszukommen sei, indem dabei die Trefffähigkeit des neuen Geschützes gegen die der 15 cm. Kanonen nur sehr wenig gebessert, mithin der Hauptzweck seiner Construction gar nicht erfüllt wurde. Die Gen.-Insp. der Art. hob diese Verhältnisse in einem Schreiben vom Oktober 1872 hervor und bemerkte, daß, wenn die Trefffähigkeit durch die innere Rohrconstruction nicht genügend erreicht würde, das

Hartblei unbedingt angenommen werden müsse, da sonst die Construction des neuen Geschützes eine verfehlte sei. Darauf wurden nun die Versuche zur Lösung der Führungsfrage in sehr ausgedehnter und gründlicher Weise durchgeführt. Außer der Wahl des Materials sollte auch die Anordnung der Wulsten entschieden werden. Diese letztere mußte offenbar eine andere werden, sobald man vom Weichblei zu einer härteren Führung überging. Sie verlangte ferner eine Aenderung für die Lang= geschosse, da die Zeit, welche vom Eintreten der ersten Wulst bis zu dem der letzten in die Züge verläuft, eine nicht unwesent= lich andere ist, als für die kurzen Geschosse.

Es wurden demgemäß versucht: bei der 15 cm. Ringkanone: Langgranaten C/69 mit Hartbleimantel und 3, 4, 5 und 6 Wul= sten; Granaten von 2,68 Kaliber Länge mit Hartbleimantel und 4, 5 und 6 Wulsten, sowie mit verschiedenartiger Steuerung; $2^{1}/_{2}$ Kaliber lange Granaten mit Kupferringführung.

Gleichzeitig wurden bei der nur unwesentlich verschiedenen langen 15 cm. Kanone geprüft: 3 Kaliber lange Granaten mit Kupferringführung und 2,73 Kaliber lange Granaten mit Hart= bleimantel.

In der Anordnung der Wulsten wurden die verschiedensten Combinationen in Bezug auf Breite derselben, Abstand von einander, Lage am vorderen und hinteren Ende des cylindrischen Geschoßtheils versucht.

Die vorerwähnte Geschoßsteuerung bestand in einer nahe am Geschoßboden peripherisch auf dem Mantel eingeschnittenen Rinne von dreieckigem Querschnitt, welche, ähnlich wie die Rei= felungen der früheren Geschosse der gezogenen Gewehre, den Luft= widerstand regeln sollte, sobald das Geschoß mit der Längenachse aus der Bahntangente abweicht.

In den Abmessungen des Querschnitts der Rinne wurden verschiedene Maße versucht; im Wesentlichen wurde eine soge= nannte kurze und eine lange Steuerung — auch bei den 12 cm. Langgranaten — versucht. Die mit so eingerichteten Geschossen erreichten Treffresultate waren sehr verschieden, bald besser, bald schlechter; als die mit Granaten ohne Steuerung erreichten. Ihre Vorzüge waren daher sehr zweifelhaft und man ließ die Geschosse mit Steuerung um so mehr fallen, als ihr Verhalten bei Wind, bei kleinen Ladungen, beim Eindringen in

Erde und Mauerwerk wenig aufgeklärt war und zu mannigfachen Bedenken Anlaß gab.

Ueber die vielbesprochene Kupferringführung ist Folgendes zu bemerken:

Diese zuerst in England, dann in Frankreich versuchte und dort theilweise eingeführte Führung, war Seitens der Marine schon früher in Vorschlag gebracht, dann bei den neuen Feldgeschützen in ausgedehnter Weise versucht worden. —

Sie gab bei den großen Geschoßgeschwindigkeiten erheblich bessere Treffresultate, als die Weichbleiführung und läßt im Durchschnitt auch die Hartbleiführung ein wenig hinter sich. — Die damals schon und bis auf den heutigen Tag ihr zugeschriebenen Mängel und gegen sie erhobenen Bedenken, welche ihre Annahme verhindert haben, sind kurz folgende:

Zur Anbringung der Kupferringe sind Rillen in der Mantelfläche des Geschosses nothwendig, wodurch letzteres geschwächt und seine Haltbarkeit beim Einschlagen in feste Ziele gefährdet wird.

Es ist sogar nicht unwahrscheinlich, daß die starre, wenig nachgiebige Führung, beim Ueberschreiten gewisser Toleranzen, das Geschoß schon im Rohre zerdrückt, wodurch die Explosion der Ladung entstehen kann. — Diese Bedenken sind durch spätere Vorkommnisse thatsächlich gerechtfertigt worden.

Der freiliegende cylindrische Geschoßtheil muß zur Verhütung von Beschädigungen des gezogenen Seelentheils einen geringeren Durchmesser erhalten, als das Geschoß mit Bleimantel zwischen den Wulsten. Dieser Umstand, sowie der Wegfall des specifisch schweren Bleimantels, ergeben eine Gewichtsverminderung des Geschosses, daraus hervorgehend eine geringere Querbelastung und demgemäß ungünstigere Verhältnisse zur Ueberwindung des Luftwiderstandes.

Die Befestigung der Kupferringe war damals noch keine absolut sichere; die letzteren flogen öfter nahe vor dem Rohre vom Geschoß ab, wodurch sehr abnorme Flugbahnen entstanden. Neben all' diesen Verhältnissen gaben endlich die Granaten von $2\frac{1}{2}$ Kaliber Länge bessere Resultate als längere Geschosse, so daß die 15 cm. Langgranate C/69 mit Hartbleimantel zur Einführung gelangte.

2. Die 12 cm. Langgranaten.

Zur Steigerung der Leistungsfähigkeit der 12 cm. Kanone

wurde, wie oben erwähnt, eine Langgranate in Aussicht genommen. Dieselbe hatte 2½ Kaliber Länge, 14,31 k. Gewicht, 1,024 k. Sprengladung. — Bei den Vergleichsversuchen mit der gewöhnlichen Granate, wobei die Ladung für jene bis 1,1 k.; für diese bis 1,2 k. gesteigert wurde, nahm die Trefffähigkeit der Langgranaten zwar stetig zu, blieb aber hinter der der gewöhnlichen Granate erheblich zurück. Sie gab auch bedeutend geringere Schußweiten, was auf starke Geschoßpendelungen, also zu geringe Stabilität der Drehachse deutete. — Die Langgranate mit Steuerung gab in dieser Beziehung etwas bessere Resultate, als die ohne Steuerung.

Bei den weiteren Versuchen kam nur die lange und kurze Steuerung der Granaten, sowie eine Langgranate ohne Steuerung zur Prüfung, und die Ladung wurde bis zu 1,4 k. gesteigert. Wie früher erwähnt, ließ man die Steuerung wegen der sehr veränderlichen Treffverhältnisse fallen. Die Langgranate ohne Steuerung kam der gewöhnlichen Granate in der Trefffähigkeit gleich und demgemäß zur Einführung.

Bei der relativ geringen Geschwindigkeit der Geschosse war der Weichbleimantel ausreichend.

B. Das Schrapnel für die 15 cm. Ringkanone.

Die großen Geschoßgeschwindigkeiten dieses Geschützes sind offenbar für einen wirksamen Schrapnelschuß vortheilhaft auszubeuten. Die Annahme der kurzen älteren Schrapnels erschien nicht erwünscht. Es ist demgemäß ein verlängertes Schrapnelgeschoß mit einer sehr bedeutenden Kugelfüllung construirt worden. Die Brennzeit des bisherigen Zünders würde die Anwendung des Schusses nur bis gegen 2250 m. ermöglichen, während die große Trefffähigkeit und lebendige Kraft der Geschosse die Ausdehnung der Schußarten über jene Grenze hinaus durchaus erfordern. Zu diesem Behufe ist ein Etagenzünder construirt worden, der noch Versuchen unterworfen wird.

C. Brandgranaten.

Die Einführung besonderer Brandgeschosse ist nach den Erfahrungen des Krieges als nothwendig angesehen worden. Versuche mit solchen Geschossen, zunächst für das 15 cm. Kaliber, sind im Gange.

Drittes Kapitel.

Betrachtung der Entwickelung des Materials *).

1. Die Geschützröhre.

Für die äußeren Constructions-Verhältnisse derselben sind neue Grundsätze nur bei der 15 cm. Ringkanone befolgt worden. Die Ringconstruction war für die anzunehmende starke Ladung unerläßlich. Ihr Werth geht aus folgenden Vergleichen hervor. Gegen die 15 cm. Kanone C/64 ist bei der Ringkanone gewachsen: Der Ladungsquotient um 71 %; die lebendige Kraft des Geschosses (Langgranate) an der Mündung um 45 %; während das Gewicht nur um 10 Ctr. (18 %) zugenommen hat, wobei der gezogene Theil noch um 2 Kaliber gewachsen ist.

Die innere Einrichtung, besonders die Anordnung der Züge ist bei den Ringkanonen, wie bei der kurzen 21 cm. Kanone, wiederum nur durch Versuche festgestellt worden.

Der 21 cm. Mörser C/71 hat die gleiche Seelenlänge mit dem Mörser C/70; seine äußeren Abmessungen und demgemäß die Gewichte sind in Folge der Steigerung des Ladungsquotienten von $1/38,5$ auf $1/22$ (43 %) nicht unerheblich gestiegen.. Die Gewichte z. B. um 53 %.

Die kurze 21 cm. Kanone hat einen um 23 % größeren Ladungsquotienten, als der 21 cm. Mörser C/71, während ihr Gewicht um 20 % gewachsen ist.

In Bezug auf den Quotienten aus dem Geschoß- in das Rohrgewicht, steht der 21 cm. Mörser C/71 fast genau auf gleicher Stufe mit der 25pfdgen Haubitze. Die 21 cm. Kanone steht etwas darüber. In Bezug auf die absoluten Gewichte steht jenes Rohr mit der 25pfdgen Bombenkanone und der 50pfdgen Haubitze gleich; dieses etwas über beiden.

2. Die Laffeten.

Die Fortschritte in der Laffetenconstruction liegen in Vermehrung der Elevationsfähigkeit: für die Laffete der 15 cm. Ring- und der 12 cm. Kanone.

---

*) Es kommen hier nur diejenigen Verhältnisse und Elemente zur Besprechung, deren Entwickelung wesentliche Aenderungen oder wirkliche Fortschritte aufzuweisen hat.

3. Die Geschosse.

In der Geschoßfrage wird der Hauptfortschritt bezeichnet durch die verbesserte Anordnung der Wulsten und die Annahme des Hartbleimantels.

Viertes Kapitel.
Gußstahl oder Bronze?

Die erste Gußstahlconstruction für ein schweres Geschützrohr wurde durch das bei den Schweidnitzer Versuchen vorgekommene Zerspringen eines eisernen 15 cm. Rohres mit Kolbenverschluß hervorgerufen. Da damals die Bronze für gezogene Geschütz=röhre noch nicht für geeignet gehalten wurde, entwarf man die Construction eines 15 cm. Stahlrohres, die indeß nicht zur Ausführung kam.

Die nächste Anregung gaben die Erfahrungen von Düppel, welche zur Erreichung großer Schußweiten für die 15 cm. Kanonen die Anwendung von 3 k. Ladung verlangt hatten. Neben den Bronzeröhren gelangte daher im Jahre 1864 das Gußstahlrohr zur Einführung. — Bald kam ein Rückschlag gegen den Stahl. Außer den im Jahre 1866 mit mehreren Gußstahl=Feldgeschützröhren gemachten üblen Erfahrungen traten eben solche bei 15 cm. Röhren ein. Beim Anschießen dieser Röhre zersprangen mehrfach Vorderteile und Stahlplatten, was eine Herabsetzung der Maximalladung von 3 k. auf 2,25 k. veranlaßte. Obgleich als Ursache jener Vorkommnisse bald die schlechte Be=schaffenheit des Stahls erkannt wurde, und nach Benutzung guten Materials es unbedenklich war, schon im Dezember 1866 die Ladung wieder auf 3 k. zu steigern, blieb doch das Vertrauen in den Stahl, in Folge des Zerspringens von leichten Röhren mit Keilverschluß, in hohem Grade erschüttert.

In gleicher Weise wie für die Feldgeschützröhre die aus=schließliche Benutzung der Bronze angebahnt wurde [11], wurden schon seit 1867 keine 15 cm. Stahlröhre mehr beschafft. Die Bronze hatte kurz vor dem Kriege 1870 auf dem Gebiete der Geschützröhre nahezu die Alleinherrschaft. Dieses Resultat war wesentlich gefördert worden durch anderweitige mit bronzenen Röhren gemachte sehr günstige Erfahrungen.

In den Jahren 1866 bis 1868 war ein Dauerversuch mit 4 bronzenen 12 cm. Röhren, bei drei Röhren bis zu je 2000, beim vierten bis zu 1856 Schüssen, ausgeführt worden. Die dadurch bewirkten Erweiterungen des Ladungsraumes und des gezogenen Seelentheils waren relativ unbedeutend gewesen und hatten die Unbrauchbarkeit der Röhre nicht herbeigeführt. Wohl aber war die Trefffähigkeit zuletzt beeinträchtigt. Bis zu 1000 Schüssen war sie gut geblieben, nach Ende des Versuchs konnte sie als noch genügend gelten. In den Abmessungen des Keillochs waren nachtheilige Veränderungen nicht eingetreten. Diese Ergebnisse konnten als so befriedigend angesehen werden, daß es vollkommen gerechtfertigt war, statt des theuren Gußstahls nur Bronze zu verwenden.

Diese Maßregel erschien auch als zulässig, so lange es sich um Anwendung von relativ, wie absolut geringen Ladungen handelte. Ihre Durchführbarkeit scheiterte aber, als die Ladungen über gewisse Grenzen hinaus gesteigert wurden. Dies war der Fall bei den 21 cm. Röhren und den langen 15 cm. Röhren für die Küsten-Artillerie — jene für 17 k., diese für 6,5 k. Ladung bestimmt. Hier traten, schon nach geringer Schußzahl, bedeutende Erweiterungen des Ladungsraumes und eine stetig zunehmende Verlängerung desselben durch Stauchung des Metalls im Uebergangsconus ein, und der hintere Theil des gezogenen Seelentheiles wurde schnell in hohem Grade ausgeschossen. Die Folge dieser Wirkungen war eine sehr verschlechterte Trefffähigkeit.

Es gelang trotz aller Bemühungen und Versuche thatsächlich nicht, für jene Röhre Bronze zu verwenden.

Diese Frage trat in das Gebiet der Festungsgeschütze, als nach dem Kriege es sich um die Construction der 15 cm. Kanonen für verstärkte Ladungen handelte.

Wie oben erwähnt, wurde anfänglich die Construction in Bronze für 6,2 k. Ladung versucht. — Die ersten Versuche bewiesen indeß die Unzulässigkeit dieses Materials so schlagend, daß die Construction des Gußstahl-Ringrohrs entworfen und angenommen wurde.

Die Bronze hat trotzdem noch die Oberhand. — Die für den Belagerungstrain bestimmten 9 cm. Kanonen sind aus Bronze hergestellt worden.

Für die verstärkte 12 cm. Kanone, deren Ladung wenig

gesteigert wurde, konnte die Bronze beibehalten werden, ebenso für die kurze 15 cm. Kanone.

Für den 21 cm. Mörser C/71 ist ebenfalls die Bronze angenommen, obgleich die durch das Schießen eintretenden Veränderungen des Ladungsraumes andeuten, daß die Grenze für die Anwendbarkeit der Bronze erreicht ist.

Endlich sind die bisher versuchten Röhre der kurzen 21 cm. Kanone aus Bronze gefertigt worden. — Die Haltbarkeit der inneren Rohrtheile hat indeß nicht befriedigt.

Bei der augenblicklichen Sachlage muß das Urtheil dahin lauten, daß die Bronze ihre Rolle bald ausgespielt haben wird.

Sie ist nicht im Stande, den neuerdings gesteigerten Ladungen gegenüber, Unveränderlichkeit des Ladungsraumes und der Verschluß-Einrichtungen zu bieten und das hintere Ende des gezogenen Theils vor starkem und schnellem Ausbrennen zu sichern.

Der Ersatz der bronzenen 9 cm. Kanonen durch das neue schwere Feldgeschütz aus Gußstahl kann nur eine Frage der Zeit sein.

Die bronzene 12 cm. Kanone muß, wie noch nachgewiesen werden wird, durch ein Gußstahlgeschütz für erheblich stärkere Ladungen ersetzt werden.

Die kurze 21 cm. Kanone wird aller Wahrscheinlichkeit nach nur aus Stahl genügend haltbar und dauerhaft herzustellen sein.

Demnach wird die Bronze nur für die Geschütze mit kleinen Ladungsquotienten beibehalten werden können, das sind die kurzen 15 cm. Kanonen und der 21 cm. Mörser, vorausgesetzt, daß dessen jetzige Ladung, der Natur eines Mörsers entsprechend, wieder etwas herabgesetzt wird.

Fünftes Kapitel.
Die Wirkung des Systems und seine Gewichtsverhältnisse.
I. Die Wirkung.
1. Die größten und die Gebrauchs-Schußweiten.

Die größten Schußweiten sind in der Tabelle 16 angegeben. Sie sind durch die Vermehrung der Elevationsfähigkeit und Steigerung der Ladung der betreffenden Geschütze, sowie in den

Neuconstructionen nicht unerheblich ausgedehnt worden. Die Vermehrung beträgt:

gegen die Schußweite der 12 cm. Kanone C/64 1200 m., und bei der 12 cm. Kanone C/73 1700 m.,

gegen die 15 cm. Kanone bei 3 k. Ladung, bei der 15 cm. Ringkanone 2840 m.,

gegen den 21 cm. Mörser C/70; beim Mörser C/71 1520 m. und bei der kurzen 21 cm. Kanone 2520 m.

2. Die Trefffähigkeit.

Die erforderlichen Angaben enthält die Tabelle 17. Die durch die verbesserten und die Neuconstructionen erreichte Erhöhung der Trefffähigkeit ist folgende:

Die aptirte 12 cm. Kanone C/64.73 ist auf den kleinen und mittleren Entfernungen der 12 cm. Kanone C/64 nur unbedeutend überlegen; auf den Entfernungen über 1500 m. hingegen verlangt sie für 50% Treffer eine Trefffläche, die nur gegen 66% der für das letztere Geschütz erforderlichen Größe hat. Die 12 cm. Kanone C/73 verlangt im Vergleich zur 12 cm. Kanone C/64 auf 1000 m. nur gegen 70% der für 50% nöthigen Trefffläche, auf 1500 und darüber nur 50%.

Die 15 cm. Ringkanone verlangt zur Erreichung von 50% Treffern, im Vergleich zur 15 cm. Kanone mit Granaten, auf den kleinen und mittleren Entfernungen 25% bis 33% kleinere Zielhöhen und auf den größeren Entfernungen 25% bis 33% kleinere Ziellängen.

Die zur Erreichung von 50% Treffern nothwendigen Treffflächen sind dabei um 45 bis 40% reducirt worden.

Die Trefffähigkeit des 21 cm. Mörsers C/71 übertrifft die des Mörsers C/70 nur unbedeutend.

Die Trefffähigkeit der kurzen 21 cm. Kanone kann aus Mangel an abgeschlossenen Resultaten mit der des Mörsers noch nicht in Vergleich gestellt werden.

3. Die mechanischen Leistungen der Geschosse.

A. Gegen Mauerwerk.

Die blindgeladenen Langgranaten der 12 cm. Kanone C/73 geben im Durchschnitt 25% bis 33% größere Eindringungstiefen, als die Granaten der 12 cm. Kanone C/64.

Ueber die Wirkung scharfgeladener Granaten liegen genügende Vergleichsresultate nicht vor.

Die blindgeladenen Langgranaten der 15 cm. Ringkanone haben bei den bisherigen Versuchen noch keine scharf erkennbaren größeren Eindringungstiefen, als die Granaten und Langgranaten der 15 cm. Kanone gezeigt. Dagegen tritt der Unterschied in der Wirkung der scharfgeladenen Langgranaten zu der der Granaten scharf hervor. Die ausgeworfene Mauermasse ist bei ersteren $2\frac{1}{2}$—3 Mal so groß, wie bei der letzteren.

B. Gegen Erdziele.

In dieser Beziehung liegen nur einige Vergleichsresultate für die 12 cm. Granate und Langgranate vor (siehe Tabelle 21), aus denen eine Ueberlegenheit der letzteren noch nicht zu erkennen ist.

II. Die Gewichtsverhältnisse.

Die Steigerung der Ladungen mußte naturgemäß eine Vermehrung der Gewichte herbeiführen.

Bei der 12 cm. Kanone ist dieselbe nur unbedeutend.

Das 15 cm. Ringrohr hingegen ist nahezu 10 Ctr. schwerer, als das 15 cm. Stahlrohr C/64. Das Gesammtgewicht des Ringgeschützes ist um 14 Ctr. vermehrt worden.

Unverhältnißmäßig ist das Gewicht des Mörsers C/71 gegen das des Mörsers C/70, nämlich um 34 Centner, gestiegen.

Damit steht die erreichte Steigerung der Wirkung, die nur in größerer Schußweite besteht, nicht im Einklang.

Sechstes Kapitel.
Das praktische Schießen.
I. Aufstellung allgemeiner Gebrauchsregeln.

Für die verstärkte 12 cm. Kanone sind die Gebrauchsregeln in abgekürzter Weise in der Monographie über die Verbesserung dieses Geschützes aufgestellt worden. Für den 21 cm. Mörser und die 15 cm. Ringkanone fehlen dieselben noch.

Im Allgemeinen soll jenes Geschütz einen Theil der bisher der kurzen 15 cm. Kanone zugewiesenen Aufgaben übernehmen.

In Folge dieser Ansicht wurde die dem neuen Belagerungstrain anfänglich zugetheilte Zahl der kurzen 15 cm. Kanonen im December 1873 um 60 Stück vermindert.

II. Die größten Schußweiten und die wirksamen Gebrauchs-Entfernungen.

Die in den größten Schußweiten eingetretene Vermehrung ist für die betreffenden Geschütze oben angegeben worden. Sie ist ausschließlich von Werth für Bombardementszwecke.

Die größte Gebrauchsschußweite des Schrapnelschusses für die 15 cm. Ringkanonen steht noch nicht fest. Es liegt hier in der Absicht, sie durch Anwendung von Etagenzündern bedeutend zu steigern.

Die wirksamen Gebrauchs-Entfernungen sind bei der 12 cm. Kanone von 1830 m. auf 2500 m. gebracht worden. Bei der 15 cm. Ringkanone können sie zu 2500 bis 3000 m. angenommen worden.

III. Die Schußarten für besondere Zwecke.

A. Directe Schüsse.

1. Der Enfilirschuß.

Er kann von der 15 cm. Ringkanone auf 5000 m. Entfernung und noch weiter wirksam zur Anwendung kommen.

2. Der Demontirschuß.

Die 12 cm. Kanone C/73 kann mit Rücksicht auf Trefffähigkeit denselben jetzt auf größere Entfernung, als die kurze 15 cm. Kanone anwenden. Hielt man für letztere bisher im Allgemeinen die Entfernung von 1200 m. fest, so kann jene mit gleichem Erfolge bis gegen 1500 m. gebraucht werden. Im Allgemeinen ist die 12 cm. Kanone jetzt das zweckmäßigste Demontirgeschütz.

Ein bei Graudenz mit der kurzen 15 cm. Kanone auf 1300 m. stattgefundenes Demontiren läßt diese Entfernung schon als nicht mehr günstig erkennen.

3. Der directe Breschschuß.

Die Erfahrungen über diese Schußart wurden durch zwei bei Graudenz ausgeführte Versuche erweitert, welche vornehmlich zum Vergleich der Leistungen der 12 cm. Kanone C/73 und der kurzen 15 cm. Kanone dienen sollten.

Das Ziel bildete eine anliegende Mauer von 2,67 m. oberer und 4,4 m. unterer Stärke und 8,47 m. Höhe, hinter welcher Strebepfeiler von 1,88 m. Breite, mit 3,76 m. lichter Auseinanderstellung lagen.

Die Entfernung betrug 88 m., der Horizontal-Auftreffwinkel im Mittel $77\frac{1}{2}°$.

Der Durchbruch wurde an einer Stelle mit 2,9 Stärke bewirkt.

Die kurze 15 cm. Kanone that nur einzelne Schüsse zum Vergleich.

Die 12 cm. Kanone erreichte mit 31 Schüssen einen Schnitt von 5 m. Breite und 2,35 m. größter Tiefe; es kamen auf den Meter Breite und Tiefe also 2,64 Schüsse.

Ein kurzer Vergleichs-Versuch mit der 15 cm. Ringkanone führte zu der Schlußfolgerung, daß dieselbe das gleiche Resultat mit 1,08 Schuß auf den ☐m. Schnittfläche erzielen würde.

Im Allgemeinen ergab der Versuch, daß bei Anwendung der Gebrauchsladungen von 1,5 k. die 12 cm. Langgranate bei größerer lebendiger Kraft, relativ mehr leistete, als die 15 cm. Langgranate. Zum directen Breschiren auf nahen Entfernungen würde daher die 12 cm. der kurzen 15 cm. Kanone vorzuziehen sein.

B. Indirecte Schüsse.

1. Der indirecte Schuß zum Zerstören von Mauerwerk.

a. Der indirecte Breschenschuß.

Die Erfahrungen über diese Schußart wurden durch ein bei den Graudenzer Uebungen Seitens der Truppe ausgeführtes Breschiren erweitert. Es wurde mit 4 kurzen 15 cm. Kanonen gegen eine anliegende Escarpenmauer von 8,47 m. Höhe, 4,4 m. unterer und 2,67 m. oberer Stärke gefeuert. Die Stärke am Durchbruch betrug 3,3 m. Hinter der Mauer lagen Strebepfeiler mit 3,6—3,9 m. lichter Auseinanderstellung, deren Breite 1,88 m., deren Tiefe 3,14 m. betrug. Die Entfernung betrug 725 m.; die Ladung 1,5 k.; der Fallwinkel $4°$; der horizontale Auftreffwinkel ca. $75°$. Die Bresche sollte 15 m. breit werden, erstreckt sich also über zwei Pfeiler und drei Schilder. Die Bresche war nach 680 Schüssen, wovon 624 wirksame Treffer, fertig. Es standen indeß noch die Strebepfeiler, welche auch den größten Theil der Erde noch hielten. Ein großer Mauerblock, 5 m. breit, 2,4 m. hoch und 2 m. tief lag am Fuße des Schuttkegels und bildete ein Hinderniß für den Zugang zur Bresche. — Die letztere war 11,5 m. breit, hatte also auf den Meter Breite 59 Schüsse, resp. 54,3 Treffer gebraucht. Das völlige Gangbarmachen würde vermuthlich noch 100 Schüsse erfordert haben, so daß pro m. Breite etwa 63 Treffer nöthig geworden sein würden.

Diese Zahlen liefern die Grundlage zu einem werthvollen Vergleich mit einem bei Graudenz ausgeführten Versuch zum Demoliren, wovon noch die Rede sein wird.

b) Der Demolitionsschuß.

Bis zum Jahre 1870 waren die Bestrebungen darauf gerichtet gewesen, vermittelst des indirecten Schusses die Breschen in ähnlicher Weise, wie beim directen Schusse durch wirkliches Schnittschießen zu erzeugen. Man war der Ansicht, auf diese Weise schneller und mit weniger Aufwand von Munition zum Ziele zu kommen, als durch unregelmäßiges Demoliren, welches ein allmähliges Abschälen der Mauer bewirkt.

Diese Ansicht war für die glatten Geschütze und deren Voll- oder meist ungeladenen Hohlgeschosse mit geringer Eindringungstiefe richtig. Für die gezogenen Geschütze und ihre geladenen Spitzgeschosse war sie noch durch keinen Versuch bewiesen.

Die kurz vor dem Kriege angeregten Demolitionsversuche gegen Kasematten trafen den Kern der Sache auch nicht, da die Zerstörung dieser Bauten von geringeren Mauerstärken etwas Anderes ist, als die Herstellung einer gangbaren Bresche in stärkerem Mauerwerk.

Die Herstellung der Bresche in Lünette 53 bei Straßburg hatte nun den Beweis geliefert, daß bei der angewendeten Combination von Ladung und Fallwinkel wirklich mehr ein Demoliren, als ein Schnittschießen zu Stande gekommen war. Lag hierin schon ein Grund, der Frage durch Versuche näher zu treten, so wurde durch einen anderen Umstand diese Ansicht noch verstärkt.

Die französische Artillerie hatte in den Jahren 1863 bis 1864 auf der Insel d'Aix gegen ein Fort Liébot ausführliche Versuche zum indirecten Breschiren angestellt. Bei der geringen Trefffähigkeit der Geschütze verzichtete man dabei von vornherein auf das Schnittschießen und stellte Breschen durch einfaches Demoliren der oberen Mauerhälfte her, wobei ein langsames unregelmäßiges Abschälen der Mauer so lange stattfand, bis der Erddruck die Mauerreste zum Stürzen brachte. —

Ueber diese Versuche war bis dahin Genaues nicht bekannt geworden, als man während des Krieges im Lager von Chalons ein Exemplar des vervielfältigten officiellen Berichts fand, welchem sehr schöne Photographien über den Zustand der Breschen beigegeben waren. — Dieser Bericht wurde der Art.-Prüf.-Comm. überwiesen. — Dieselbe verglich die von den Franzosen erreichten Leistungen mit unseren Erfahrungen. Im Speciellen lieferte eine mit dem französischen kurzen 24Pfdr. geschossene Bresche (Nr. 6) einen geeigneten Vergleich mit der, bei den Silberberger Versuchen geschossenen Bresche, aus welchem sich ergab, daß die preußische kurze 15 cm. Kanone bei 6° Einfallwinkel 84 Schuß pro Meter Breschbreite gebraucht hatte, während sie zum Demoliren der oberen Mauerhälfte mit einem Einfallwinkel von $11\frac{1}{2}°$ pro m. Breschbreite nur 58 Schüsse gebraucht haben würde. Die französischen Versuche ergaben demnach:

Die Erzeugung einer gangbaren Bresche ist mit verhältnißmäßig geringem Munitionsaufwande möglich, wenn statt des regelrechten Schnittschießens ein einfaches Demoliren stattfindet;

eine gangbare Bresche wird fast immer erreicht, wenn dabei der tiefste Treffpunkt auf die halbe Mauerhöhe gelegt wird. Der durch das Demoliren herabgeschossene lose Schutt füllt den Graben besser aus, als große herabgestürzte Mauerblöcke.

Demnach schien es geboten die Frage durch Versuche praktisch zu beantworten. Die Art.-Prüf.-Comm. machte in einem Berichte vom September 1872 hierzu bestimmte Vorschläge. —

Schon im Jahre 1871 war der Bau von Kasematten auf dem Schießplatze genehmigt worden, gegen welche die kurze 15 cm. Kanone mit Einfallwinkeln von 10°, 12½° und 15° schießen sollte. Jetzt wurde folgende Erweiterung des Versuchs-Entwurfs beantragt.[12] Die kurze 15 cm. und kurze 21 cm. Kanone sollten mit Fallwinkeln von 15° und 20° auf 1500 m. und 2500 m. Entfernung schießen. Das erstere Geschütz sollte eine Bresche von 5 m. Breite mit 15° Fallwinkel durch Demoliren herstellen. —

Daran sollte sich das Demoliren der stehen gebliebenen Dechargenbögen, das Schießen unter 60° horizontalem Einfallwinkel u. s. w. knüpfen. —

Die Anträge wurden höheren Orts genehmigt. Die Versuchsresultate gaben indeß keine sichere Grundlage für die Beurtheilung der Angelegenheit, da das Mauerwerk mangelhaft war und die Kleinheit des Ziels eine zu geringe Zahl einwandfreier Treffer lieferte.

Die Versuche wurden demnächst in größerer Ausdehnung im Herbste 1873 bei Graudenz ausgeführt.[13] Auch die 12 cm. Kanone C/73 nahm daran Theil. Die Versuche waren folgende:

1) Demoliren einer Kaponniere durch den indirecten Schuß mit der 12 cm. Kanone C/73. Die Kaponniere aus Ziegelstein, hatte in der oberen Etage 1,3 m., in der unteren 1,61 m. Mauerstärke. — Die Entfernung betrug 1360 m., die Ladung 1,1 k. Durch 32 Treffer wurde ein Durchbruch von circa 2 m. im Quadrat hergestellt und die Kaponniere vollständig vertheidigungsunfähig gemacht.

2) Das Demoliren des anliegenden Mauerwerks im indirecten Schusse sollte auf 2500 m. Entferung stattfinden. Da die localen Verhältnisse aber nur eine Entfernung von circa 1200 m. zuließen, so mußte die Combination von Ladung, Elevation und Auftreffwinkel so gewählt worden, daß sie mit der für 2500 m. Entfernung bestehenden, nahezu analog wurde. Der horizontale Auftreffwinkel wurde bis auf 60° herabgesetzt; die Ladung so gewählt, daß die Endgeschwindigkeit der Geschosse, der für 2500 m. nahezu entsprach. Das Mauerwerk bestand aus Granitfindlingen von bedeutender Größe, mit einem Ziegelstein-Parament von 1,88 m. oberer Stärke. Die ganze Stärke der Mauer incl. Strebepfeiler betrug oben fast genau 5 m.

Die kurze 15 cm. Kanone erzeugte auf 1050 m. Entfernung mit 1,2 k. Ladung bei 57$\frac{1}{2}$° horizontalem Auftreffwinkel und 7° Fallwinkel, durch 484 Schüsse, wovon 336 wirksame Treffer, eine gangbare Bresche von 6,5 m. Breite und mit 31° Böschung. Auf den m. Breschbreite waren demnach 74,5 Schuß resp. 51,7 Treffer erforderlich gewesen.

Die kurze 21 cm. Kanone schoß auf 1070 m. Entfernung mit 3,8 k. Ladung und 6^{10}/$_{16}$° Fallwinkel durch 180 Schüsse, wovon 124 wirksame Treffer, eine Bresche von 5,5 bis 7 m. Breite, aber 39° Böschung, so daß auf den Meter Breschbreite 30,4 Schuß resp. 21,2 Treffer kamen.

c) Schlußfolgerungen aus den Versuchen.[14]

Der Vergleich des von der kurzen 15 cm. Kanone ausgeführten, vorher erwähnten indirecten Breschirens mittelst Schnittschießen, mit dem Demolitionsschießen lehrt Folgendes:

Die Verhältnisse waren für das Schnittschießen günstiger gewesen, als für das Demoliren. Während dort der Auftreffwinkel 75°, die Endgeschwindigkeit 234 m. betrug, waren hier diese Elemente 57°, bez. 204 m. Trotzdem würden zur Herstellung einer gangbaren Bresche in jenem Falle pro m. Breite etwa 63, in diesem nur 51,7 Treffer nöthig gewesen ein. —

Dieses Resultat bestätigt die Ergebnisse der französischen Versuche, d. h. die Erzeugung einer gangbaren Bresche ist durch Demoliren möglich, wobei der tiefste Treffpunkt auf der halben Mauerhöhe liegen kann, und eine unmittelbare Beobachtung der Bresche gar nicht erforderlich ist. Es würde nun zu entscheiden sein, in welchem Falle das Schnittschießen noch vortheilhaft ist. — Nach den beim Breschiren der Lünette 53 vor Straßburg gemachten Erfahrungen, wird das Schnittschießen sich noch empfehlen, wenn die Zielhöhe für 50% Treffer für die kurze 15 cm. Kanone nur 1 m., und die Endgeschwindigkeit nicht unter 160 m. beträgt. Dazu gehört ein Fallwinkel von 7$\frac{3}{4}$°. Darüber hinaus würde das Demoliren vorzuziehen sein, besonders bei stärkerem Mauerwerk, weil die Bildung des Horizontalschnitts mit der Zunahme der Mauerstärke erheblich schwieriger wird. Bei schwachem Mauerwerk wird indeß das Schnittschießen weniger Mauerwerk zu zerstören haben, als das Demoliren. Im Ganzen werden die vorstehenden, dem Schnittschießen günstigen Verhältnisse selten im Ernstfalle vorkommen, so daß diese Schußart Ausnahme werden wird.

Die Ausführbarkeit des Demolirens kann nach dem Ausfall der Versuche bis zu 15° Fallwinkel angenommen werden. Die Lage des tiefsten Treffpunktes wird sich dabei nicht allein nach der Höhe der Mauer, sondern auch nach der, der darüberliegenden Brustwehr richten. Je höher diese im Verhältniß zur Mauer, desto weniger tief braucht der tiefste Treffpunkt zu liegen. Im Allgemeinen werden die Verhältnisse so zu wählen sein, daß man auf wenigstens 25—30% Mauertreffer bei 160—180 m. Endgeschwindigkeit rechnen kann. —

Der Vergleich der Leistungen der kurzen 15 cm. und 21 cm. Kanone zeigt, daß beide in allen Stadien des Versuchs proportionale Wirkung ausgeübt haben, d. h. bei gleicher Auftreffgeschwindigkeit ist zur Erzielung der gleichen Wirkung, dasselbe Geschoßgewicht nöthig gewesen. Der Vortheil des schweren Kalibers wird also nicht im Verbrauch von geringerem Munitionsquantum, sondern in anderen Factoren zu suchen sein. Dies sind: die Zeit und die Trefffähigkeit. In letzter Beziehung muß bei richtiger Construction das schwere 21 cm. Kaliber dem leichteren 15 cm. überlegen sein. Eine Abkürzung der zum Breschiren nöthigen Zeit, wird stets, schon allein behufs zweckmäßiger Combination dieser Schußart mit den Ingenieur-Arbeiten wichtig und nothwendig sein. Die Mehrleistung des einzelnen Schusses wird besonders gegen die neueren, gegen sehr großen Fallwinkel gedeckten Mauer-Hohlbauten zur Geltung kommen, da unter Umständen ein einziger Schuß zum Durchschlagen derselben genügen wird, so daß dieselben schon in den ersten Stadien des Angriffs unhaltbar gemacht werden können.

C. Das Schießen mit Mörsern.

Nachdem durch die Ergebnisse der Silberberger Versuche und die Erfahrungen des Krieges die gegen normale Gewölbdecken unzureichende Wirksamkeit des 21 cm. Mörsers dargethan war, blieb seine Leistungsfähigkeit gegen andere häufig angewendete Eindeckungen festzustellen, was durch folgende Versuche geschah.

1. Schießen gegen ein Versuchsblockhaus.

Das letztere war durch verschiedene Anordnung der Unterzüge in zwei Theile von 1,88 resp. 2,82 m. Spannung zerlegt. Die Decke bestand theils aus zweiseitig behauenem, theils aus unbehauenem Rundholz von 47 cm. Stärke. Darüber befand sich eine Betonschicht von 63 cm. und eine Erddecke von 94 cm. Stärke.

Die stärkste Inanspruchnahme erfolgt durch das Schießen mit scharfgeladenen Granaten auf 2860 m. Entfernung mit 30° Elevation und 3 k. Ladung. Die Wirkung war sehr unbedeutend, so daß die Decken von 2,80 m. Spannung mit doppelten Unterzügen für ausreichend haltbar erklärt werden konnten.

2. Schießen gegen eine Revers-Kasematte mit normaler Eisendecke (Doppel-T-Balken).

Die Deckbalken hatten eine Freilage von 3,75 m. Das Schießen fand auf 1400 und 2800 m. mit 30° und 60° Elevation und 1,5 resp. 1,6 k. Ladung statt. Die Deckbalken wurden durchgebogen, und die Gesammtwirkung war derartig, daß diese Deckenconstruction als nicht genügend sicher angesehen wurde.

3. Schießen gegen ein Schiffsbatteriedeck nach der Art des beim Schiffe „König Wilhelm" vorhandenen.

Das Schießen fand auf 1300 m. Entfernung mit verschiedenen Elevationen und Ladungen statt. Das Ziel wurde bei mehreren Combinationen durchschlagen. Aus den Ergebnissen wurden folgende Schlüsse gezogen:

Der 21 cm. Mörser kann bei Ladungen von 2—2,5 k. und Elevation von 30° resp. 60° die Thurmdecken und Brustwehrdecks aller Brustwehr-Monitors durchschlagen. — Mit 60° Elevation und 3—3,5 k. Ladung durchschlägt er die Oberdecks der Brustwehrmonitors I. Classe. Bei 1 k. Ladung und 60°, sowie bei Ladungen über 1,5 k. und Elevationen von 30° durchschlägt er die Oberdecks der Schiffe III. Classe. Nach diesen Versuchen kann der 21 cm. Mörser also nur gegen leichtere

Eindeckungen mit Aussicht auf Erfolg gebraucht werden. Eine nennenswerthe Ueberlegenheit über die glatten Mörser ist in dieser Beziehung noch nicht erreicht worden.

Siebentes Kapitel.
Organisation und Ausbildung.

I. Die Organisation.

Die im Kriege hervorgetretenen Mängel der Organisation waren den entscheidenden Behörden schon vor demselben nicht verborgen und ihre Abhülfe war in ernste Erwägung genommen worden. Im Januar 1870 machte der damalige General-Inspecteur, General von Hindersin, eine Eingabe an Se. Majestät den König, in welcher vornehmlich die großen Uebelstände hervorgehoben wurden, welche die häufige Versetzung der Officiere zwischen der Festungs- und Feld-Artillerie mit sich führten, zu deren Beseitigung eine völlige Trennung der Officier-Corps vorgeschlagen wurde. Allerhöchsten Orts wurde dieser Antrag indeß noch nicht genehmigt; es wurde vielmehr durch Allerhöchste Cab.-Ordre vom 17. Juni 1870 befohlen, es solle zunächst ein Modus versucht werden, darin bestehend, daß die Officiere der unteren Chargen nur selten, — d. h. immer erst nach Verlauf mehrerer Jahre, von einer Truppe zur anderen versetzt würden, während die Offficiere, vom Stabsofficier aufwärts, die Stellung wo möglich gar nicht mehr wechseln sollten. —

Ueber die Durchführbarkeit und den Erfolg dieses Modus sollte am 1. Januar 1872 berichtet werden.

Darüber kam der Krieg, welcher jene Maßregel ganz unmöglich machte. — Nach dem Kriege war Alles, mit wenigen Ausnahmen, von der Nothwendigkeit der völligen Trennung der Officiercorps überzeugt. Die Berichte der höheren Officiere sprachen sich in diesem Sinne aus. In allen Kreisen wurde die Frage lebhaft diskutirt, in den periodischen Zeitschriften wurde sie mehrfach besprochen, und in einer größeren Zahl von Brochüren, von denen einige ein gewisses Aufsehen erregten, ausführlich erörtert.

Die Frage war indeß nicht so leicht zu lösen, als es auf den ersten Blick scheinen mochte. Sie wurde verwickelt durch die damit zusammenhängende Veränderung der Organisation der Feld-Artillerie und durch die, für diese und die Fuß-Artillerie anzunehmende Gliederung, welche die Kommando-Verhältnisse im Frieden und Kriege, sowie die Avancementsverhältnisse der Officiercorps berücksichtigen mußte. Die ausführliche Erörterung dieser Verhältnisse, welche vornehmlich das Gebiet der Feld-Artillerie berühren, würde hier zu weit führen; ihre Darstellung muß einer späteren Arbeit vorbehalten bleiben.

Die ganze Bewegung ging also auf die langbegehrte Aenderung der Organisation der Artillerie, deren Durchführung nach den Erfahrungen des Krieges nicht mehr zu umgehen war.

Zur Durchführung dieser schwierigen und wichtigen Aufgabe bedurfte es eines auf der Höhe der Zeit stehenden Organisators. Die Artillerie hatte das Glück einen solchen, nach dem Tode des Generals von Hindersin, in dem an ihre Spitze gestellten General-Lieutenant von Podbielski zu erhalten. Derselbe wiederholte schon im Frühjahr 1872 in einem an Seine Majestät den Kaiser gerichteten Promemoria den Antrag auf Trennung des Officiercorps, verbunden mit anderweiter Organisation der gesammten Artillerie.

Die darauf, unter dem 18. Juli 1872, erfolgende Allerhöchste Entscheidung genehmigte die Anträge noch nicht definitiv, ordnete vielmehr ein Provisorium, welches am 1. Oktober in Wirksamkeit treten sollte, in folgender Weise an:

Die Feld-Brigade wird von dem Fuß-Artillerie-Regiment (diese letztere Bezeichnung, von der General-Inspection vorgeschlagen, wurde von jetzt ab officiell) getrennt, und in zwei Feld-Regimenter getheilt. Die Fuß-Artillerie scheidet aus dem Verbande der Brigaden ganz aus und tritt direct unter die Artillerie-Inspectionen. Die Versetzung der Officiere von einer Waffe zur anderen kann nur durch Allerhöchste Cab.-Ordre erfolgen. Der Etat der Fuß-Artillerie-Compagnien wird von 100 Köpfen auf 116 erhöht.

Im Kriegsfalle setzt sich die Compagnie auf 250 Mann Kopfstärke, so daß das Bataillon 1000 Mann stark wird. Für je ein Linienbataillon wird dabei ein Landwehrbataillon zu vier Compagnien à 150 Mann gebildet, welches in ähnlicher Weise wie die Landwehr=Infanterie im Innern des Landes verwendet werden soll. In Folge dieser Organisation wurde zum ersten Male eine Trennung des Officiercorps nothwendig, die vorläufig nur provisorisch, später zu einer dauernden werden sollte. — Es lag in der Natur der Sache, daß diese Trennung eine Menge persönlicher Neigungen und Interessen sehr empfindlich berühren, wenn nicht verletzen mußte. Hatte man doch die Fuß=Artillerie bisher als unter der Feld=Artillerie stehend betrachtet, so daß, besonders von den jüngeren Officieren, eine nunmehr erfolgende Versetzung zu derselben, wie eine Zurücksetzung, für eine Strafe, für ein Zeugniß der Unfähigkeit angesehen wurde.

Die Sache konnte natürlich, sowohl auf die Personen, als auf das Mißvergnügen, oder die Wünsche Einzelner keine Rücksichten nehmen; es mußte ein scharfer Schnitt gemacht werden. —

Nachdem dieses Provisorium bis zum 1. Januar 1874 bestanden, wurde auf die bezüglichen Berichte der höheren Artillerie=Behörden, Seitens der General=Inspection bei Seiner Majestät dem Kaiser der Antrag auf definitive Trennung der beiden Waffen gestellt und die besondere Organisation der Fuß=Artillerie vorgeschlagen. Durch die Allerhöchste Cab.=Ordre vom 7. Mai 1874 wurde jener Antrag genehmigt und Folgendes bestimmt.

Die Fuß=Artillerie scheidet aus dem Verbande der Feld=Artillerie=Inspectionen aus; sie wird in zwei Inspectionen zu je zwei Brigaden formirt. —

Damit war die langbegehrte Organisation und die lange ventilirte Trennungsfrage abgeschlossen.

Es würde gewagt sein schon jetzt beurtheilen zu wollen, ob diese Maßregel alle diejenigen Vortheile bringen und die Hoffnungen erfüllen wird, die man erwartet.

Die Fuß=Artillerie, als Waffe, hat dadurch endlich für ihr inneres Leben und ihre Fortbildung die Grundlage erhalten, welche die übrigen Waffen schon seit der Reorganisation von 1860 besitzen. Sie ist demnach in den Stand gesetzt, ihre eigenartigen Aufgaben und Leistungen auf gleiche Höhe mit denen der übrigen Waffen zu bringen. Wenn sie bisher das ausgezeichnete Geschützsystem nicht voll und ganz verwerthen konnte, so steht dem jetzt kein Hinderniß mehr entgegen.

Was das Officier-Corps betrifft, so läßt sich schon jetzt übersehen, daß die specifische Ausbildung desselben in jeder Beziehung tiefer und gründlicher geworden; ein Umstand, der auf den inneren Gehalt von stetig zunehmendem, vortheilhaftem Einflusse werden muß.

Die Hauptbedenken gegen die Trennung liegen in der Frage des Officier-Corps. Vornehmlich wird geltend gemacht, die Officiere der Feld-Artillerie werden mit der Zeit an gründlich artilleristisch-wissenschaftlicher Ausbildung bedeutend verlieren, während für die der Fuß-Artillerie die Gefahr nahe liegt, durch den monotonen, einseitigen praktischen Dienst, der gar keine Verbindung mit den taktischen Uebungen der anderen Waffen mit sich bringt, an Frische des Handelns, an Vielseitigkeit der Auffassung und des geistigen Blickes einzubüßen und in todtes Formenwesen zu verfallen. —

Leugnen lassen sich diese, für beide Theile vorhandenen, Gefahren nicht. Auch läßt sich nicht verkennen, daß dieselben für die Fuß-Artillerie die drohenderen sind, und ihr Officier-Corps einer höheren geistigen Spannkraft bedürfen wird, um einer Stagnation vorzubeugen, welche verderblich werden müßte. Diese zu verhindern bieten sich zwei Mittel.

Vor allem müssen sich in den höheren Stellen der Fuß-Artillerie Männer befinden, welche befähigt sind und es verstehen, die geistige Bewegung im Flusse zu erhalten, sie in die richtigen Bahnen zu lenken, ihr Niveau stets auf die Höhe der Zeit zu bringen und daneben den praktischen Dienst vor todtem Schematismus zu bewahren. —

Das zweite Mittel ist, den Officieren der Fuß-Artillerie alle Sonderstellungen zu geben, bei denen die wissenschaftlichen Gebiete in Frage kommen, weil dadurch ein Wechsel geschaffen wird, der geeignet ist, ihre geistige Frische zu beleben.

II. Die Ausbildung.

1. Die Elementar-Ausbildung.

Dieselbe ist zunächst durch das Ausscheiden der glatten Geschütze (mit Ausnahme der Mörser) wesentlich vereinfacht und erleichtert worden. Durch besondere Verfügungen ist der Ausbildungs-Modus in der Absicht geändert worden, Erleichterungen dafür herbeizuführen.

Die erhöhte Etatstärke der Compagnien begünstigt ebenfalls die Ausbildung besonders auch für alle Zweige des sogenannten Festungsdienstes. Ganz besonders günstig muß der Einfluß der besser vorgebildeten Officiere auf die Ausbildung der Truppe hervortreten.

2. Die Schießübungen.

Die Trennung der Feld- von der Fuß-Artillerie verlangte und ermöglichte ein tieferes Eingehen in die besondere Ausbildung für das Schießen, vornehmlich bei der Fuß-Artillerie. Dazu gehörte vor Allem die schon oft begehrte Vermehrung des Munitionsquantums. Die zweckmäßige Verwerthung desselben forderte dann bei den Schießübungen das Schießen gegen Ziele, welche der Wirklichkeit möglichst nahe kommen.

Diese Anschauungen bewogen die Gen.-Insp., durch eine Commission von Officieren im Jahre 1873 aufstellen zu lassen:

je einen Entwurf zu einer Instruktion für das Schießen aus Feld- resp. aus Festungs- und Belagerungs-Geschützen, sowie

einen Entwurf zu Directiven für die Abhaltung der Schießübungen der Feld- bez. der Fuß-Artillerie-Regimenter.

Der Kern der Directiven liegt in folgenden wichtigen Gesichtspunkten:

Die Schießübung soll Nichts weiter sein als Schießübung; daher haben alle bisher damit vereinigten anderen Uebungen wegzufallen. — Der Hauptmann ist für die Ausbildung seiner Truppe im Schießen ebenso verantwortlich, wie für die Ausbildung in den anderen Uebungszweigen. Er hat demnach die Uebung selbstständig zu leiten.

Der Hauptsache nach durchläuft die letztere dieselben Stadien, wie bisher (Elementar-Belehrungs-, Elementar-Unterrichts- und kriegsmäßiges Schießen), aber der Hauptzweck ist: das Einschießen zu üben. Ist gegen ein Ziel das Einschießen, gleichviel mit wie viel Schüssen erfolgt, so wird sogleich eine neue Aufgabe gegen ein anderes Ziel gestellt, da es zwecklos ist, nach dem Einschießen, die im Allgemeinen bekannte Wirkung einer vermehrten Schußzahl gegen das betreffende Ziel, noch zur Anschauung zu bringen.

Um die Uebung im Einschießen und Beobachten von wahrem Nutzen zu machen, sind die Ziele und deren Anordnung möglichst dem Ernstfalle entsprechend zu wählen.

Die Instruktionen für das Schießen umfaßten die aus allen bisherigen Erfahrungen abgeleiteten Regeln für die Beobachtung und Correctur, sowie die für einige specielle Schußarten anzuwendende zweckmäßigste Methode u. s. w.

Sie enthielten daneben mehrere nicht unmittelbar zum Schießen gehörige Angaben und Vorschriften, welche kürzlich durch eine Umarbeitung daraus entfernt worden sind, so daß nur die eigentlichen Schießregeln übrig bleiben.

Die Anwendung der besprochenen Directiven und Instructionen für das Schießen bezeichnet einen Fortschritt von ungemeiner Wichtigkeit. Die Artillerie hat damit den Weg betreten, den die preußische Infanterie seit lange mit ihrer Schieß=Instruction eingeschlagen hat und es ist zu hoffen, daß der von letzterer gewonnene unübertroffene Grad der Schießfertigkeit, in ähnlicher Weise von der Artillerie erreicht werde.

3. Die Uebungen im Festungskriege.

Die im Jahre 1868 aufgestellten vorläufigen Directiven für diese Uebungen erfuhren 1873 eine Umarbeitung, betitelt: „Directiven für die Uebungen der Fuß=Artillerie im Festungskriege".

Die früheren Directiven wurden hierin erheblich erweitert, indem das zu bearbeitende Gebiet reicher gegliedert wurde und die Aufgaben mannigfaltiger gestaltet wurden.

Die angeordneten Uebungen trugen, wie bisher, einen rein theoretischen Charakter, weil die praktische Ausführung der damit zusammenhängenden Arbeiten (Batteriebau, Geschützaufstellung ꝛc.) ohne Aufwendung größerer Mittel und Kräfte nicht möglich war. Um indeß die Praxis nicht ganz zu vernachlässigen, wurden 1873 „Armirungs=Uebungen" angeordnet, deren werthvolle

Resultate ihre Wiederholung dringend wünschenswerth machte, wozu im Jahre 1874 von Seiten des Kriegs=Ministeriums besondere Mittel gewährt wurden.

Der Zweck dieser Uebungen, zu denen gewöhnlich das ganze Fuß=Artillerie=Regiment zusammengezogen werden soll, ist die Vorführung der verschiedenen Stadien der Vertheidigung und der artilleristischen Thätigkeit bei der Vertheidigung der Festungen. (Sicherheits=Armirung, Anlage von Zwischenbatterien u. s. w.)

Außer diesen Uebungen sollen größere Belagerungs=Uebungen stattfinden, deren erste bekanntlich 1873 bei Graudenz abgehalten worden ist.

Achtes Kapitel.

Die Ausrüstung der Festungen und die Organisation des Belagerungstrains.

I. Die Ausrüstung der Festungen.

Die vor dem Kriege, theils angeordnete, theils in Aussicht genommene Vereinfachung der Ausrüstung durch das Ausscheiden glatter Geschütze war aus Mangel von Mitteln und Zeit nur in mäßigen Grenzen zur Ausführung gekommen. — Die nach dem Kriege möglichen großen Neubeschaffungen gestatteten endlich eine mehr durchgreifende Vereinfachung und Regulirung, welche indeß erst nach der Beschlußfassung über die Gestaltung des ganzen deutschen Festungssystems ins Leben treten konnte. Nachdem im Jahre 1872 entschieden war, daß eine Zahl kleinerer Festungen ganz aufgegeben werden sollen, ein anderer Theil nur gegen den gewaltsamen Angriff ausgerüstet bleiben sollte, wurde im Juli 1872 Folgendes angeordnet.

An glatten Geschützen sollten in der Ausrüstung der Festungen nur verbleiben 9 cm. und kurze 12 cm. Kanonen (als Flanken=geschütze); sowie 15 cm., 23 cm. und 28 cm. Mörser; letztere nur soweit, als der Vorrath an Bomben zulässig machte. — Ausscheiden sollten nun definitiv die noch vorhandenen 7 cm., 8 cm. und 10 cm. (8 pfdge) Kanonen mit ihren zugehörigen

Laffeten; ferner die langen 12 cm. C/16 und C/42, die kurzen und langen 15 cm. Kanonen, die 23 cm. Bombenkanonen mit den Feld=, Wall=, Belagerungs=, Kasematten= und schmiedeeisernen Laffeten; endlich die 15 cm. und 23 cm. Haubitzen und die 17 cm. und Hand=Mörser mit zugehörigen Laffeten.

Von den neu construirten 15 cm. Ringkanonen und 21 cm. Mörsern traten natürlich größere Zahlen in die Ausrüstung der großen Festungen. Von ersteren z. B. 150 Stück.

Von älteren Laffeten wurden vorläufig beibehalten:

für die 15 cm. Kanone: die aptirten Wall= und Belagerungs= laffeten C/31;

für die 12 cm. Kanone: die aptirte Wall= und Feldlaffete und für einige Fälle die schmiedeeiserne Kasemattenlaffete C/55;

für die 9 cm. Kanone: die Gestell=Laffete Nr. I. und II. und die schmiedeeiserne Kasemattenlaffete C/55.

In den Reichsfestungen in Elsaß=Lothringen mußte vorläufig der größte Theil der französischen Geschütz=Ausrüstung verbleiben, deren Ersatz durch preußisches Material indeß in erste Linie gestellt wurde. Die Munitons=Ausrüstung wurde normirt:

für die gezogenen Geschütze in den nur gegen den gewalt= samen Angriff bestimmten Plätzen auf je 500 Granaten und 50 Schrapnels, für die in den übrigen Festungen auf je 600 Gra= naten und 100 Schrapnels.

II. Die Organisation des Belagerungstrains.

Die Art.=Prüf.=Comm. erhielt im Oktober 1871 Auftrag, ein Gutachten über die Zusammensetzung und Stärke des Belage= rungstrains aufzustellen. Als Grundlage dafür sollten ihr die Erfahrungen des Krieges und der oben erwähnte, von einer Commission kurz vor dem Kriege bearbeitete, Angriffs=Entwurf dienen.

Die Vorschläge der Commission waren folgende: die 15 cm. Kanone scheidet aus dem Belagerungstrain aus. Sie kann in vielen Fällen mit Bezug auf Trefffähigkeit und Geschoßwirkung vollkommen durch die kurze 15 cm. Kanone ersetzt werden. Für

Fälle, wo größere Wirkung verlangt wird, ist die 15 cm. Ring=kanone zu benutzen.

Die kurze 15 cm. Kanone ist, so lange die 12 cm. Kanone nicht verbessert ist, in größter Zahl einzustellen. Diese letztere wurde auf 180 bestimmt und, nach Verbesserung der 12 cm. Kanone auf 120 herabgesetzt.

Die 12 cm. Kanone ist im Belagerungstrain beizubehalten, da sie viele Aufgaben übernehmen kann, für welche das 15 cm. Kaliber, besonders mit Bezug auf Munition, zu kostbar ist und viele übernehmen muß, zu deren Lösung das 9 cm. Kaliber nicht genügt. Das letztere Geschütz kann in der Zahl vermin=dert werden.

Außer dem gezogenen 21 cm. Mörser sind nur noch glatte 15 cm. Mörser in den Belagerungstrain einzustellen. Die ganze Stärke desselben wurde auf 400 Geschütze, worunter 360 gezogene, berechnet.

Gleichzeitig wurden die personellen Verhältnisse des Belage=rungstrains einer genauen Erwägung unterzogen, deren Ergeb=nisse folgende waren: Es wurden die Etats für den Stab auf=gestellt, wobei auch auf die Bildung eines großen, mittleren und eines kleineren Belagerungstrains Rücksicht genommen wurde.

Eine besondere Sorgfalt wurde der Organisation der Belagerungs=Werkstätten, nebst Feststellung des dazu gehörigen Handwerker-Personals gewidmet.

Schließlich wurde die Organisation der Branchen (Inten=dantur, Feld=Post, Feld=Telegraphie u. s. w.) für den Belagerungs=train und die zugehörige Fuß-Artillerie, in ähnlicher Weise wie für Feldtruppen vorgeschlagen.

Neuntes Kapitel.

Rückblick auf die Entwickelung des Systems von 1870—1875.

Auf dem Gebiete des Materials ist neben den Verbesserungen des Bestehenden als wirklich neues Element nur die Ringrohr-Construction des 15 cm. Kalibers zu nennen. Sie war allerdings nicht etwas absolut Neues, hatte vielmehr schon Vorgänger auf dem Gebiete der Küsten-Artillerie, wo das Bedürfniß nach sehr starken Ladungen schon befriedigt, die Rohrconstruction daher schon festgestellt war. Dieselbe ist in Bezug auf ihre äußeren Verhältnisse selbstständig durch die Krupp'sche Fabrik entwickelt und festgestellt worden. Der Gedanke zu solchen Ringconstructionen und die Begründung der Gesetze für dieselben sind indeß nicht in jener Fabrik entstanden. Praktisch waren sie schon in England ausgeführt, und für die theoretische Behandlung der Frage hat der russische General Gadolin die Grundlage gelegt, auf welcher die Krupp'sche Fabrik ihre Arbeiten begonnen hat.

Der nach dem Kriege allgemein begehrten Wirkungssteigerung des Systems ist durch folgende Factoren Rechnung getragen worden:

1) Construction der 15 cm. Ringkanone mit erheblich gesteigerter Trefffähigkeit und Schußweite. —

In Analogie zu den Küstengeschützen und dem neuen Feldgeschütz ist der Ladungsquotient auf die größte praktisch zulässige Höhe ($1/4{,}46$) gebracht worden. Die Ladungsquotienten dieser Geschütze sind daher denen der correspondirenden glatten wieder ziemlich nahe gekommen und in ähnlicher Weise haben sich auch die Geschoßgeschwindigkeiten derselben einander genähert.

2) Steigerung der Ladung bei der 12 cm. Kanone. Der Ladungsquotient ist nur von $1/14$ auf $1/10$ gestiegen. Das 12 cm. Geschütz bildet mithin in dieser Richtung noch eine Lücke zwischen dem 15 cm. Geschütz und den neuen Feldkanonen. Dieselbe findet ihre Erklärung darin, daß es sich bei Steigerung der Wirksamkeit des 12 cm. Kalibers um schnellen Abschluß, sowie ferner um Verwerthung des in bedeutendem Umfange vorhandenen Materials handelte. Im Uebrigen liegt natürlich die Frage nahe,

ob jene Lücke fernerhin offen bleiben soll und das 12 cm. Geschütz den Anforderungen der Zukunft genügen kann.

3) Vermehrung der Elevationsfähigkeit bei den Laffeten der 15 cm. Ringkanone und der 12 cm. Kanone. Dieselbe ist fast auf das Doppelte des bisherigen Maßes gebracht und dadurch eine wesentliche Ausnutzung der großen Schußweiten erreicht worden.

4) Vergrößerung der Schußweite des 21 cm. Mörsers durch Steigerung des Ladungsquotienten von $1/40$ auf $1/22{,}8$. — Es lag, wie oben erwähnt, nur die Vermehrung der Schußweite in der Absicht; die Trefffähigkeit ist thatsächlich merkbar nicht verbessert worden. Auf der anderen Seite hat die Ladungssteigerung eine bedeutende Gewichtsvermehrung des Geschützes herbeigeführt.

Der Ladungsquotient liegt erheblich über dem des glatten 25pfdgen Mörsers und nahe dem der 50pfdgen Haubitze. — Es wird demnach zu erwägen sein, ob dieses Geschütz seinem Zwecke und dem Charakter eines Mörsers entspricht. —

5) Die Erweiterung des Systems durch Neuconstructionen. — Sie ist, außer durch Annahme der 15 cm. Ringkanone, angebahnt durch die noch im Versuch befindliche Construction der kurzen 21 cm. Kanone. —

Der Ladungsquotient derselben entspricht ungefähr dem der schweren glatten Haubitzen, bleibt aber noch weit hinter dem der Bombenkanonen.

Aus Vorstehendem geht hervor, daß die Wirkungssteigerung noch nicht systematisch und consequent durchgeführt worden ist und der Ausbau des Systems nur um ein Glied stattgefunden hat. Es ist ferner unschwer zu erkennen, daß das Geschützsystem constructiv noch nicht abgeschlossen und organisch noch nicht vollständig entwickelt ist. Vieles fehlt noch zur Vollendung im Kleinen, wie zum Ausbau im Großen.

Zehntes Kapitel.

Folgerungen für die Entwickelung der nächsten Zukunft.

Die vorstehenden Worte führen unmittelbar zu der Frage: „Was muß noch geschehen, um ein rationelles Geschützsystem zu schaffen?" —

Die Beantwortung dieser Frage kann nur erfolgen nach gründlicher Erwägung dieser beiden Vorfragen:

Welche Anforderungen müssen nach dem heutigen Standpunkte der Kriegskunst an die Artillerie gemacht werden? und

Wieweit genügen die jetzt bestehenden Mittel zur Erfüllung jener Anforderungen?

Es bedarf keiner Erörterung, daß die Anforderungen in quantitativer Beziehung dieselben sind, welche an das System der glatten Geschütze gestellt wurden, das heißt, das System muß bestehen aus:

Geschützen, welche mit starken Ladungen flachgestreckte Flugbahnen zum Beschießen aufrechter Ziele erzeugen (Kanonen),

Geschützen, welche mit kleinen Ladungen starkgekrümmte Bahnen zum Beschießen waagerechter Ziele haben (Mörser),

Geschützen, welche geeignet sind, die zwischen den flachgestreckten und den starkgekrümmten Flugbahnen der beiden vorgenannten Geschützarten bestehende weite Lücke auszufüllen (Haubitzen, Bomben-Kanonen) und theils gegen aufrechte, theils gegen waagerechte Ziele zweckmäßig zu verwenden sind.

In qualitativer Beziehung stellt die Kriegskunst an diese Geschützarten die Forderung, den vorliegenden Zweck mit dem geringsten Aufwand von Zeit und Mitteln zu erreichen. —

Diese Forderung verlangt höchste Intensität der Wirkung und zwar der Wirkung des einzelnen Schusses.

Die Factoren, welche diese Wirkung bestimmen, sind: Trefffähigkeit und Geschoßwirkung. Die Combination beider kann und darf in allen Geschützklassen nicht die gleiche sein.

Bei den Kanonen steht in der Combination die höchste Trefffähigkeit als Hauptbedingung voran; bei den Mörsern überwiegt die Geschoßwirkung an sich; bei den Zwischenkalibern wird eine Vermittelung beider Factoren versucht, wobei noch zwei Variationen möglich sind, je nachdem mehr Werth auf die flache Bahn des Kanonenschusses gelegt wird (Bombenkanonen), oder die mehr gekrümmte Bahn des Mörsers bevorzugt wird (Haubitzen).

Diese verschiedenen Combinationen führen also zu verschiedenen Geschützklassen von verschiedener Ladung, demgemäß von verschiedener Länge; wobei mit der größeren Ladung im Allgemeinen das kleinere Kaliber mit dem geringen Geschoßgewicht verbunden wird und umgekehrt.

Wenn hiernach für jede Geschützklasse die Grenzen gesteckt sind, innerhalb deren die Schußwirkung sich bewegen muß, so fragt es sich, wie innerhalb dieser Grenzen für jede Geschützklasse die Intensität des Schusses auf das höchste Maß gebracht werden kann. Offenbar nur durch höchste Steigerung desjenigen Factors, der für die Geschützklasse die erste Constructionsbedingung bildet: das ist für die Kanonen: die Trefffähigkeit, für die Mörser: die Geschoßwirkung. —

Die Trefffähigkeit wächst bei sonst richtiger Construction aller Theile mit der Ladung, d. h. mit der Geschwindigkeit. Die letztere ist daher soweit zu steigern, als die Gewichtsverhältnisse und die sonstigen Rücksichten auf die Handhabung des Geschützes es gestatten. Nach den bisherigen Erfahrungen wird die Grenze für den höchsten Ladungsquotienten zwischen $1/5$ und $1/4$ liegen.

Die Geschoßwirkung wächst, wenn das Maß der Geschwindigkeit gegeben, mit der Masse des Geschosses und seiner Sprengwirkung. Diese Elemente können nur durch Verlängerung der Geschosse vermehrt werden. Wie die Versuche bisher ergeben, ist hier die Grenze mit $2^{1}/_{2}$ Kaliber Geschoßlänge erreicht.

Das Resumé dieser Betrachtungen ist demnach: das im Laufe der Jahrhunderte rationell durchgebildete, glatte Geschützsystem muß die Grundlage bilden für das noch in voller Entwickelung begriffene gezogene System. Für die noch nicht abgeschlossenen oder noch fehlenden Glieder dieses Systems müssen die correspondirenden des glatten das Vorbild geben, und das Klassenverhältniß des letzteren — von langen und kurzen Kanonen, Bombenkanonen, Haubitzen und Mörsern — gegründet auf die unterscheidenden Merkmale: Größe der Ladung, des Geschoßgewichts und der Rohrlänge, muß im neuen System mit geringen Abweichungen wieder hergestellt werden. —

Die höchste Leistungsfähigkeit muß angestrebt werden theils durch größtzulässige Steigerung der Ladung, theils durch höchstes Geschoßgewicht und größte Geschoßwirkung.

Innerhalb der Geschützklassen muß die im glatten Systeme vorhandene, nahezu einheitliche, oder wie man es nannte „kalibermäßige", äußere Rohrconstruction erreicht werden.

Es bleibt nun die Frage zu erörtern:

„Inwieweit ist der angedeutete Standpunkt schon erreicht worden und was muß ferner geschehen, um ihn ganz zu gewinnen?"

Im Allgemeinen zeigt die Entwickelung deutlich, wie das System in seiner Gliederung nach Geschützklassen und Kalibern sich dem glatten mehr und mehr nähert und die durch die Glieder des Letzteren gegebene Scala der Leistungsfähigkeit anzunehmen sucht. —

Im Speciellen lehrt die Betrachtung der einzelnen Geschütze Folgendes:

1. Die Kanonen.

Die gezogenen 15 cm., 12 cm. und 9 cm. Kanonen waren direct dem glatten Geschützsystem entnommen. Die Rohrconstructionen waren in gewissem Sinne nur Aptirungen der gleichnamigen glatten Röhre, welche bei dem geringen Ladungsverhältniß dem Zwecke genügten.

Die in den letzten Jahren verlangte Steigerung der Ladung hat, wie oben gezeigt, für die 15 cm. Kanone und das neue schwere Feldgeschütz, welches bestimmt sein wird, auch die 9 cm. Kanone der Festungs- und Belagerungs-Artillerie zu ersetzen, ihre Grenze erreicht.

Für die 12 cm. Kanone ist sie nur mäßig. Obgleich dieses Geschütz dadurch nicht unwesentlich an Trefffähigkeit gewonnen, steht es doch nicht auf der wünschenswerthen Höhe. Wenn es mit Bezug auf Trefffähigkeit ein gutes, und mit Bezug auf Beweglichkeit ein zweckmäßiges Demontirgeschütz ist, so ist es bei Weitem noch nicht das Demontirgeschütz, welches für den Kampf der Zukunft unbedingt verlangt werden muß. Für viele reine Demontirzwecke ist die 15 cm. Ringkanone zu schwer, das schwere Feldgeschütz nicht wirksam genug. — Das 12 cm. Geschütz, welches die Lücke ausfüllen kann, schießt noch nicht gut genug.

Im glatten System hatte das 12 cm. Kaliber und speciell der schwere 12Pfdr. seinen besonderen Werth als Demontirgeschütz. — Demnach war der letztere unter den Kanonen des Belagerungstrains mit 38% vertreten.

Bei der Einstellung der gezogenen Kanonen wurde die Zahl der 12 cm. Kanone im Belagerungstrain allerdings auf 50% der sämmtlichen Kanonen gebracht, weil man das Geschütz als das zweckmäßigste Demontirgeschütz ansah. Da es den Erwartungen im letzten Kriege nicht entsprach, wurden in die Ausrüstung des neuen Belagerungstrains nur 19% 12 cm. Kanonen aufgenommen und nach Verbesserung des Geschützes wurde dieses Verhältniß wieder auf 38% — also wie beim glatten System — gebracht.

Ist dieses Verhältniß ausreichend?

Man kann nicht verkennen, daß die Wichtigkeit des reinen Demontirfeuers in der Zukunft eine bedeutende sein muß. Alle Maßregeln streben jetzt nach möglichster Deckung der Geschütze gegen Frontalfeuer durch gänzliche Vermeidung von Scharten und möglichste Verringerung der Schartenöffnungen. Das Demontiren wird dadurch ungemein erschwert werden. Andererseits laufen alle Anordnungen der neuen Festungen darauf hinaus, die Umfassung oder Flankirung der Linien, Batterien ꝛc. unmöglich zu machen. Selten wird auf flankirendes Feuer gerechnet werden können.

Der Frontalkampf und der Demontirschuß werden Regel sein und dann gilt ein diesseitiges Geschütz nur so viel, wie eins beim Feinde.

Die Chancen des Kampfes sind für beide Theile gleich; eine schnelle erfolgreiche Durchführung desselben kann nur durch ein vorzüglich treffendes Demontirgeschütz gewährleistet werden.

Wie oben erwähnt, ist dasselbe zweckmäßig vom 12 cm. Kaliber. Sein Ladungsquotient muß, wie bei den neuen Geschützen, zwischen $1/4$ und $1/5$ liegen: das Rohr muß eine

Ringconstruction sein und wie das 15 cm. Rohr eine Seelenlänge von ca. 20 Kaliber haben.

Das Geschütz wird wahrscheinlich das Gewicht der kurzen 15 cm. Kanone bekommen; sein Vorzug wird, abgesehen von größerer Trefffähigkeit, in der leichteren Munition liegen, so daß es zweifellos einen Theil der kurzen 15 cm. Kanonen im Belagerungstrain wird ersetzen können.

2. Die Mörser.

Die erste Construction des 21 cm. Mörsers hatte, wie oben erörtert, keinen der glatten Mörser zum Muster genommen und war in ziemlich willkürlicher Weise entworfen.

Die geringe Leistungsfähigkeit und das unverhältnißmäßig hohe Gewicht führten mit Recht zu der Construction des erleichterten Mörsers C/70. — Das durch den Krieg hervorgerufene Verlangen nach einer Steigerung der Schußweiten ist durch die Annahme von 3,5 k. Ladung befriedigt worden; das ganze Geschütz repräsentirt nun aber mehr eine Haubitze, als einen Mörser. Es hat keine richtige Grundlage und paßt nicht in das System. Das Verlangen nach der großen Schußweite des Mörsers ist nicht gerechtfertigt. Die Mörser sollen gar nicht so weit schießen, und die glatten hatten auch nur beschränkte Schußweite, denn, abgesehen von dem Gebrauch der Geschosse mit der Schwerpunktlage oben, deren große Schußweite nichts mit der Geschützconstruction zu thun hat, war die größte Schußweite der glatten schweren Mörser 1730 resp. 1580 m. — Es ist durchaus nicht nothwendig, dem gezogenen Mörser mehr als die doppelte Schußweite der glatten zu geben, denn dieses Streben führt zu einem zu schweren Geschütz und, behufs Erreichung kleiner Schußweiten, zu Ladungen, welche im Verhältniß zur Gebrauchsladung sehr klein sind und in dem großen Verbrennungsraum unregelmäßig verbrennen.

Der Mörser muß auf den Entfernungen, auf denen der Hauptkampf durchgeführt werden soll, also auf 900—1500 m., die Kanonen auf das Wirksamste unterstützen können; dazu gehört vor Allem gute Trefffähigkeit, bei einer Elevation von ungefähr 30°, und bei Ladungen, die nicht erheblich unter der Gebrauchsladung liegen. Die letztere dürfte so zu bestimmen sein, daß sie bei 45° Elevation noch Schußweiten erreicht, welche für den Gebrauch der Mörser in der ersten Artillerie-Position, d. h. auf höchstens 3000 m. nöthig werden können. —

Demnach, und auf Grund aller bisherigen Versuchs-Ergebnisse wird ein Rohr für 2,5 k. Ladung und mit 3,5 Kaliber Länge des gezogenen Theils zweckmäßig sein. Der Mörser C/70 hält diese Ladung aus.

Die eigenthümlichen Verhältnisse, welche stets verhindern werden, daß ein gezogener Mörser ein so handliches Geschütz, wie der glatte, und seine Trefffähigkeit die des letzteren in gleichem Maße übertroffen werde, wie dies bei den gezogenen Kanonen im Vergleich zu den glatten der Fall ist, liegen in Folgendem: Das Rohr muß durch seine Verschlußtheile unverhältnißmäßig schwerer werden, als ein glattes. Die Länge des gezogenen Theils kann mit Rücksicht auf Trefffähigkeit nie so kurz werden, wie die Seele des glatten Rohres. Endlich ist die Form und Größe des Ladungsraums für die Verbrennung der kleinen Ladungen viel ungünstiger, als beim glatten Mörser. — Dabei macht die Verschmutzung des Rohres die Vermeidung ganz kleiner Ladungen sehr wünschenswerth, so daß es zweckmäßig erscheint, einen verhältnißmäßig großen Ladungsraum anzunehmen, um dafür stärkere Ladungen anwenden zu müssen.

Eine andere Schwierigkeit der Construction wird stets die Herstellung der Laffete bleiben. Das hohe Geschoßgewicht erfordert eine weit stärkere Laffete, als für den glatten Mörser, unter fast gleichen Verhältnissen. Aus dem Vorstehenden folgt aber, daß der gezogene Mörser immer bedeutend schwerer, als ein glatter von gleichem Kaliber werden muß, während seine Leistungsfähigkeit erheblich nur im Punkt der Treffergebnisse gesteigert wird. In weiterer Consequenz kann hieraus gefolgert werden, daß der Mörser im gezogenen Geschützsystem nicht den relativen Werth haben wird, den der glatte Mörser in seinem Systeme hatte, dies um so weniger, da alle gezogenen Geschütze befähigt sind in gewissem Sinne ein Mörserfeuer, sowohl mit Bezug auf Flugbahn, als auch auf minenartige Wirkung der Geschosse auszuführen. Es muß nun die Frage aufgeworfen werden, ob dann der 21 cm. Mörser als alleiniger Mörser ausreichen, oder ob daneben ein leichteres oder noch ein schwereres Kaliber nöthig werden wird. —

Ein leichteres Kaliber könnte nur den Zweck haben, gegen Menschen zu wirken, oder allenfalls Bettungen und Geschütze zu beschädigen.

Für den ersten Zweck dürfen die Geschosse nicht in den Boden eindringen, daher sind zulässig kleinste Ladungen anzuwenden, wobei das kleinere Kaliber dem größeren (das 12 cm. etwa dem 15 cm.) vorzuziehen wäre, da die Zahl der Geschoßsprengstücke bei beiden nahezu gleich ist.

Für den zweiten Zweck wären schon stärkere Ladungen nöthig. In beiden Fällen würden die Elevationen von 20—30° zweckmäßig sein.

Hiernach ist die Construction eines leichten Mörsers unzweifelhaft ohne Schwierigkeit herzustellen. Die Schwierigkeit wird wieder nur in der, bei den kleinen Ladungen eintretenden starken Verschmutzung beruhen. Dieser Umstand, sowie die nothwendige größere Länge des Rohres hat schon mehrfach die Ansicht hervorgerufen, ein leichter Mörser könne zweckmäßig nur ein Vorderladungsmörser sein. Als die Frage im Jahre 1868 in der Art.-Prüf.-Comm. zur Sprache kam, legte daher der Hauptmann v. Hellfeld das Projekt eines solchen Mörsers, von 78,4 mm. Kaliber vor, welcher ein Geschoß von 3,5—4 k. mit 165 m. Anfangsgeschwindigkeit, bei 45° Elevation bis 1920 m. schießen und dabei nur 75 k. schwer sein sollte. Die Art.-Prüf.-Comm. wandte damals schon ein, diese Schußweite sei zu groß, die Geschoßwirkung dagegen zu klein. Außerdem müssen bei dem vorhandenen Spielraum sehr große Differenzen in den Geschwindigkeiten befürchtet werden, welche die Trefffähigkeit erheblich herabdrücken würden. Endlich würde die Annahme eines Vorderladungsgeschützes neben Hinterladern eine Anomalie sein, die nur durch besondere Vorzüge zu rechtfertigen wäre, welche eben nicht in Aussicht ständen. —

Die Art.-Prüf.-Comm. schlug damals einen Hinterladungs-Mörser von 9,15 cm. Kaliber vor, der den glatten 7pfdgn. Mörser ersetzen sollte. Die Frage hat, dringenderer Aufgaben wegen, bisher nicht weiter verfolgt werden können. Ihre Lösung muß aber früher oder später in den Vordergrund treten. —

Die Bedingungen der Construction müssen sein: das Geschütz soll den glatten 15 cm. Mörser ersetzen; die größte Schußweite bei 30° soll 1000—1200 m. sein. Ueber das zu wählende Kaliber würde zu entscheiden haben, daß das Geschütz nebst seiner Munition so handlich sein muß, um in ähnlicher Weise, wie jener glatte Mörser, zu ambulantem Gebrauch in den Parallelen geeignet zu sein. Ein genau durchgearbeiteter Entwurf würde erkennen lassen, ob hierzu das 12 cm. Kaliber zulässig ist. Wählte man ein leichteres Kaliber, so müßte dies das des schweren Feldgeschützes sein. Im einen, wie im anderen Falle, würde die Anordnung der Geschoßführung schwierig werden, denn es bleibt fraglich, ob bei den geringen Geschwindigkeiten die Langgeschosse eine genügend stabile Drehachse erhalten.

Für die Doppelwandgranaten des Feldgeschützes wäre vor Allem festzustellen, ob sie gegen lebende Ziele ausreichende Wirkung haben. —

Sollten die angedeuteten Schwierigkeiten die Herstellung eines zweckmäßigen leichten Mörsers absolut verhindern, so könnte die mehrfach angeregte Frage erörtert werden, ob es wünschenswerth ist, ein leichtes Geschütz, etwa vom 12 cm. Kaliber von möglichst reinem Haubitzcharakter zu construiren.

Die Frage eines schweren Mörsers hat durch Vorversuche mit einem 28 cm. schon eine gewisse Erledigung gefunden, indem mit einer der ersten 21 cm. Versuchsmörser, welcher auf das 28 cm. Kaliber nachgebohrt worden, Versuche stattgefunden, welche ergeben haben, daß dieser Mörser im Vergleich zum 21 cm. Mörser gegen einfache Erdziele keine, mit seinem Geschoßgewicht im Verhältniß stehende Mehrleistung giebt, daß er gegen normale Gewölbe gleichfalls wirkungslos ist und nur gegen provisorische Eindeckungen (mit Balken, Eisenschienen) von Wirkung ist. Er würde demnach gegen die Magazine der Batterien wirksam sein. Wenn seine Einführung vorläufig abgelehnt ist, so wird die Zukunft zu entscheiden haben, ob das Bedürfniß dieses Geschützes gegen die erwähnten Eindeckungen ein so großes ist, daß es befriedigt werden muß. — Bei dem in der ganzen Entwickelung liegenden Streben nach Wirkungssteigerung, möchten wir annehmen, daß der letzte Fall einst eintreten wird.

3. Die Zwischenkaliber.

Das Gebiet der sogenannten Zwischenkaliber ist im gezogenen System erst mit einem Geschütz vertreten, welches nach langen Debatten und Versuchen in Gestalt der kurzen 21 cm. Kanone erschienen ist. Dieselbe hat in Bezug auf relative Gewichts=verhältnisse und Ladungsquotienten den Charakter der schweren Haubitzen, während ihre absolute Seelenlänge schon die der 25pfdgn. Bombenkanone ist. — Die Constructions=Grundlage ist demnach keine ganz reine. Die große Seelenlänge ist zum Theil durch den Wunsch nach Ausnutzung der Geschwindigkeiten zur Erreichung großer Schußweiten herbeigeführt worden. —

Diesem Wunsche kann nur eine sehr bedingte Berechtigung zuerkannt werden. Der Zweck des Geschützes ist: besondere Geeignetheit zur Ausführung des indirecten Schusses unter sehr hohen Fallwinkeln. Da hierbei die Trefffähigkeit beschränkt, die Größe der Trefflächen meist gering ist, so wird die anzuwendende Entfernung in gewissen Grenzen zu halten und höchstens die der ersten Artillerie=Aufstellung, d. h. 2000—2500 m. sein. Die Gebrauchsladung wird demnach zweckmäßig so zu bestimmen sein, daß für diese Entfernung sich Fallwinkel von circa 30° ergeben, wozu Elevationen von 20—25° gehören werden. — Bei An=wendung von 45° Elevation würden dann für Bombardements=zwecke Schußweiten von gegen 4000 m. bequem erreicht werden. Für noch größere Entfernungen soll das Geschütz kein Bom=bardementsgeschütz sein; dieser Zweck darf daher mit dem oben erwähnten nicht vermischt werden, weil sie einander wieder beeinträchtigen müssen. Soll ein Bombardementsgeschütz vom 21 cm. Kaliber geschaffen werden, so muß dasselbe, ähnlich der 25pfdgn. Bombenkanone, eine wirkliche kurze Kanone mit einem Ladungsquotienten von $1/10 - 1/13$ sein. Man darf nicht wagen, das Bedürfniß eines solchen Geschützes absolut zu verneinen. Wurde doch schon im letzten Kriege die Benutzung der 21 cm. Küsten=Kanone beim Angriff der Festungen vorgeschlagen, ein Vorschlag, der allein an dem zu hohen Gewicht des Geschützes scheiterte, was vielleicht beim Bestehen eines kurzen entsprechend leichten Geschützes nicht eingetreten wäre.

Nachdem durch die vorstehenden Erörterungen die Grund=linien gezeichnet worden, denen der Ausbau des Systems wird folgen müssen, bleiben diejenigen Richtungen anzugeben, in denen die Vervollkommnung der Einzelheiten zu suchen sein wird und gesucht werden muß. —

Das fruchtbarste Gebiet dafür wird die innere Rohrconstruction, in Verbindung mit der Geschoßconstruction, sein. Auf diesem Gebiete suchte auch das glatte Geschützsystem seine letzten Verbesserungen (Construction der Kammern, Seelenlänge, gefurchter Kessel der Mörser, excentrische Geschosse), deren wichtigste die Regelung der Flugbahn durch Beherrschung der Umdrehung der Geschosse bezweckte. Dies bleibt auch die wichtigste Aufgabe für die gezogenen Geschütze. Der Kern derselben liegt in der zweckmäßigen Einleitung der Drehung beim Uebergange des Geschosses vom Zustande der Ruhe in den der Bewegung. Nach allen bisherigen Erfahrungen sind die meisten Unregelmäßigkeiten der Flugbahn auf die ungünstigen Verhältnisse zurückzuführen, welche bei jener Einleitung der fortschreitenden und drehenden Bewegung eintreten. Es kommen dabei in Betracht: der erste Stoß der Pulvergase, der Uebergang vom Ladungsraum resp. Geschoßlager zum gezogenen Theil, und die Führung der Geschosse. — Daher werden noch, so viel auch schon geschehen sein mag, die zweckmäßigste Größe des Ladungsraums, die Gestalt des Uebergangsconus und die Wulstenanordnung und Führungsmittel der Geschosse gründlichen Untersuchungen und Versuchen unterworfen werden müssen, um hier an die Grenze des Erreichbaren zu gelangen.

In gewissem Grade wird hierbei auch die Pulverfrage zu verfolgen sein, welche dem Anscheine nach eine einfachere Lösung finden wird, als bisher angenommen wurde. —

Man darf allerdings nicht hoffen, durch die möglichen Verbesserungen einen auffallenden Gewinn an Trefffähigkeit zu erlangen. — Die Versuche der letzten Jahre haben zur Genüge bewiesen, wie ungemein schwer es ist, durch alle Verbesserungen die mittleren Höhenabweichungen um nur 25 % zu verringern, was in absoluten Zahlen meist ein ganz unbedeutendes Maß ist. — Nichts destoweniger muß auch die unbedeutendste Verbesserung angestrebt werden, denn sie ist ein Fortschritt, und Fortschritt bedeutet für den Krieg Kraft.

Elftes Kapitel.
Schlußbetrachtungen.

Das Gesammtbild der vorliegenden Arbeit zeigt eine ununterbrochene Reihe von theoretischen Forschungen und praktischen Versuchen, welche rastlos, bald mit mehr, bald mit weniger Thatkraft und Energie ausgeführt worden sind.

Wenn die Keime zu einer sachgemäß fortschreitenden Entwickelung gewöhnlich in den Sachen selber liegen, und der Anstoß dazu von den Personen ausgehen muß, welche sich damit zu beschäftigen haben, hängt der wahre Erfolg von der Art und Weise ab, mit der diese Personen ihre Aufgabe erfassen und behandeln.

Um den richtigen Anstoß zur rechten Zeit geben zu können, dazu muß man stets den Gedanken vor Augen haben, daß das bestehende Gute durch etwas Besseres ersetzt werden kann, und um dies anzubahnen, müssen die darauf gerichteten Bestrebungen und dahin zielenden Versuche zähe festgehalten und immer erneuert werden.

Sobald auf diese Weise etwas Besseres gefunden und damit ein wirklicher Schritt zur Vervollkommnung geschehen kann, muß die reiflich erwägende Vorsicht eintreten, um Uebereilungen zu verhüten, das Maß des Gewonnenen genau festzustellen und zu entscheiden, ob man augenblicklich sich damit begnügen kann oder die Bewegung weiter treiben soll.

Die schlimmsten Feinde einer gesunden Entwickelung sind diejenigen, welche in den angedeuteten Beziehungen irren und fehlgreifen.

Sie sind einerseits diejenigen, welche alles Bestehende für gut und vollkommen halten, alles Neue anzweifeln und bekämpfen; andrerseits sind es jene Heißsporne, denen nichts Bestehendes gut genug ist, keine Verbesserung umfassend und schnell genug durchgeführt werden kann.

Jene Zweifler und Schwierigkeitenfinder können den Fortschritt zwar verzögern, aber sie vermögen nicht, ihn aufzuhalten. Diese Phantasten pflegen ihn zu überstürzen und dadurch noch größeren Schaden herbeizuführen.

In der Mitte zwischen jenen beiden Richtungen liegt der Weg, den der wahre Förderer des Fortschritts einzuschlagen hat. Vom Phantasten soll er das unausgesetzte Streben nach Verbesserung entnehmen, dasselbe aber durch eine objectiv prüfende — nicht eine absolut verneinende — Kritik regeln.

Seine Aufgabe erfordert tiefes Wissen, unausgesetztes Studium und gründliche Arbeit, stetes Versenken in theoretische und praktische Details. Diese Thätigkeiten aber verlangen Zeit, und schon dadurch ist eine gewisse Langsamkeit der Entwickelung von selber gegeben.

Die theoretische Speculation und ihre Resultate bringen aber allein nicht vorwärts; nebenher muß der Weg der Erfahrung durch Versuche beschritten werden; fast jede Verbesserung verlangt die Ausführung einer langen Versuchsreihe. — Das ist wiederum ein Faktor, welcher die Entwickelung verlangsamt.

Auf diese Weise werden, in Verbindung mit den Discussionen der entscheidenden Behörden, die übereilten Bestrebungen Einzelner gemäßigt und gezügelt, und wird der Widerstand Anderer durch das bessere Neue, welches sicher, wenn auch langsam zur Geltung kommt, überwunden.

Selbst scheinbar unwichtige und momentan zur Seite geschobene Fragen werden durch den Strom einer solchen Entwickelung früher oder später wieder auf die Oberfläche und zur Entscheidung gebracht.

Die vorliegende Arbeit zeigt, wie die Art.=Prüf.=Comm. in dem angedeuteten Sinne fortwährend gearbeitet hat. Sie hat für ihre Thätigkeit jenes klassische Wort Scharnhorst's zur Richtschnur genommen, welches lautet: [15]

„Diese Betrachtungen führen uns auf eine wichtige Regel: daß wir nie auf einmal zu einer großen Vollkommenheit gelangen und nur nach und nach uns derselben durch Theorie, Versuche und Erfahrungen nähern können, und daß wir daher nicht müde werden dürfen, diesen Weg zu verfolgen, indem wir auf demselben, wenn auch noch so langsam, dennoch weiter kommen, als wir Anfangs zu glauben Ursache hatten.". —

Die Art.=Prüf.=Comm. ist das treibende und arbeitende Element gewesen, dessen Streben stets darauf gerichtet war, die Waffe auf der Höhe der Zeit zu halten. Ohne Lobrednerei kann gesagt werden, daß dieses Streben vom schönsten Erfolge begleitet worden ist. Neben dem, was aus dem Schooße der Commission oder aus der Waffe hervorging, nahm die preußische Artillerie, mit Hintansetzung aller nationalen Vorurtheile, das Gute überall, wo sie es fand. Und jetzt, mit einer gewissen Berechtigung kann man es sagen, giebt sie den fremden Artillerien das Entliehene reichlich zurück in den reichen Erfahrungen über die gezogenen Hinterladungsgeschütze, welche jetzt allen Artillerien zu Gute kommen.

Bei der Vielseitigkeit und Feinheit der Aufgaben, welche die Gegenwart der Artillerie stellt, ist es ein einfaches Gebot der Nothwendigkeit, die geistigen und materiellen Mittel der privaten Technik und Industrie zur Lösung heranzuziehen, und derselben für gewisse Arbeiten einen bestimmten Spielraum zu gewähren. Dabei ist indeß ernstlich zu bedenken, daß die Privat-Industrie in erster Linie stets ihr eigenes Interesse verfolgen wird, welches nicht immer mit dem des Staates zusammenfällt. Schon die geringste und ungesuchte Collision beider Interessen, führt die Privatindustrie gar leicht dazu, Einrichtungen, an denen sie einfach mitgewirkt hat, die indeß ohne die geistige und praktische Hülfe der bestimmten militärischen Institute niemals in der verlangten Art hätten zu Stande kommen können, als ihr alleiniges Eigenthum in Anspruch zu nehmen und als solches beliebig zu verwerthen. Solche Fälle sind in neuerer Zeit auch in Preußen nicht ausgeblieben, und die Ansprüche der Fabrikanten sind dabei auf eine eigenthümliche Beweisführung gestützt und mit einer sonst wenig gebräuchlichen Darstellung der thatsächlichen Verhältnisse erhoben worden, welche das Vertrauen zur Privatindustrie leider im hohen Grade erschüttert haben. —

Unter diesen Umständen bedarf es keines weiteren Beweises, daß, wenn die Continuität der Entwickelung, der artilleristisch-wissenschaftliche und der allgemein militärische Standpunkt, sowie das Interesse der Armee und des Staates gewahrt werden sollen, der Schwerpunkt der Arbeiten und die Entscheidung über das anzunehmende Neue in den Händen einer dazu organisirten militärischen Institution bleiben muß.

Es war die Aufgabe unserer Darstellung, zu zeigen, wie weit die Entwickelung gelangt ist und wie sie weiter zu führen sein wird. Mancher wird überrascht worden sein, zu hören, daß das System noch lange nicht abgeschlossen und fertig ist. vielmehr noch sehr viel zu thun bleibt. Viele Andere wird es überraschen, wenn wir hier behaupten, das System wird und muß in nicht zu langer Zeit einen festen Abschluß, abgesehen von Veränderungen untergeordneter Art, erreichen.

Wir setzen diese Behauptung gegen jene, vielfach ausgesprochene: es werde die Entwickelung nie mehr zur Ruhe, das System nie zum Abschluß kommen, vielmehr neue Constructionen und neue Systeme fortlaufend, in kurzen Zeiträumen, die bestehenden verdrängen. —

Diese Behauptung wird unterstützt durch den Hinweis auf den seit 20 Jahren stattgehabten Verlauf der Entwickelung, welche allerdings eine große Zahl neuer Constructionen aufweist.

Diejenigen, denen in dieser Zeit noch nicht genug geschehen ist, mögen bedenken, wie dies nicht Wunder nehmen darf, angesichts der Thatsache, daß das glatte Geschützsystem fast 500 Jahre gebrauchte, um die seiner Construction zu Grunde liegenden Principien und Mittel zur relativ höchsten Vollkommenheit zu bringen, und zu einem, dem Bedürfniß der Zeit entsprechenden Abschluß zu gelangen. Die Entwickelung der menschlichen Dinge folgt eben eigenen festen Gesetzen und nicht den übertriebenen Wünschen oder Ansichten einzelner Menschen.

Und denen, welche an keinen Abschluß der Entwickelung glauben, sei gesagt, daß bisher noch kein gezogenes Geschützsystem durch ein anderes verdrängt worden ist, weil noch kein fertiges System existirt. Die verdrängten Constructionen einzelner Geschütze beweisen nur, daß die Entwickelung im Vergleich zu der des glatten Systems eine ungemein schnelle gewesen ist, woraus wiederum gefolgert werden muß, daß sie ihrem Endpunkte sich bedeutend genähert hat.

Es ist eine völlige Verkennung der einfachen Naturgesetze, wenn man meint, der Wechsel müsse wie bisher endlos weiter gehen. Nur so lange kann dies geschehen, bis die dem gezogenen Geschütz zu Grunde liegenden Principien völlig, d. h. innerhalb der möglichen Grenzen, ausgebeutet, und die dazu zu Gebote stehenden Mittel zu der menschlich erreichbaren Vollkommenheit gebracht worden sind.

Das System der gezogenen Geschütze beruht auf dem Princip der Geschoßdrehung um die Längenachse. Die ersten Constructionen haben dasselbe durch Anwendung relativ kurzer Geschosse mit verhältnißmäßig kleinen Ladungen und Geschwindigkeiten zu verwerthen gesucht. Die Möglichkeit, durch Steigerung dieser beiden Faktoren das höchste Maß von Leistung zu erreichen, ist langsam erkannt worden und die Mittel und Wege dazu sind erst durch zahlreiche Versuche aufgefunden. — Wie weit die Vervollkommnung auf diesem Wege gediehen, wie nahe die Grenze des Erreichbaren in Sicht ist, das ist aus der vorstehenden Arbeit klar zu erkennen. Wenn jene Grenze erreicht sein wird, so wissen wir nicht, wie sie übersprungen werden sollte, um eine endlose Entwickelung anzubahnen. Man kann doch nicht behaupten, man werde, wie jetzt mit etwa 400 m. Geschwindigkeit, bald mit 600 m. oder 800 m. schießen. Auch neue Triebmittel werden das nicht ermöglichen, so lange die Grundbedingungen für die Geschützconstruction die heutigen sind. Es wird also ein Ruhepunkt der Entwickelung kommen, und die Systeme der verschiedenen Artillerien werden, wenn sie ihn erreicht, nahezu auf demselben Niveau der Leistungsfähigkeit stehen, wie dies mit dem System der glatten Geschütze zuletzt der Fall war.

Dann wird nicht mehr das Material, die Waffe an sich, für den Erfolg entscheidend sein, sondern der geschickte, richtige Gebrauch derselben, und der Geist der Truppe, die sie führt. Auf diesem Gebiete wird nach der Ueberlegenheit zu streben sein. Für die Fuß=Artillerie ist die Aufforderung eine dringende. Uebten schon im letzten Kriege einige Festungen (Metz, Paris, Belfort) einen großen Einfluß auf den Verlauf desselben, so wird dies in künftigen Kriegen in viel höherem Maße der Fall sein. Der Festungskrieg wird zweifellos eine große Ausdehnung annehmen und hohe Wichtigkeit erlangen. Die ungemeine Thätigkeit, welche man in allen Staaten dem Festungsbau und der Organisation des Landes=Vertheidigungssystems zuwendet, kann darüber keinen Zweifel lassen. Es kann der Fall eintreten, daß die Entscheidung des Feldzuges wesentlich vom Erfolge des Festungskrieges abhängt. Aber man darf nicht hoffen, für den Angriff so günstige Verhältnisse wieder zu finden, wie sie, auf deutscher Seite, im letzten Kriege vorhanden waren. Einerseits wird der rapide Verlauf der Operationen im freien Felde einen ähnlich schnellen Gang der Belagerungen verlangen; andererseits wird die Größe, die Anordnung und die starke Ausrüstung der Festungen diesen schnellen Gang erschweren. Der Angreifer wird gezwungen sein, eine intensive Thätigkeit und große Energie zu entfalten, um in gewaltigen Anstrengungen und in kurzer Zeit vorwärts zu kommen. Der Vertheidiger wird demnach zu ähnlichem Gegendrucke gezwungen werden. — An die Fuß-Artillerie, vor allem an ihr Officiercorps werden dabei hohe Anforderungen gestellt werden, denen nur genügt werden kann, wenn die Vorbereitung für den Krieg auf allen Gebieten eine hoch gesteigerte ist.

Die Lorbeeren werden der Fuß-Artillerie in gleich reichem Maße, wie der Feld-Artillerie blühen, aber sie werden für jene schwieriger im mühsamen, langbauernden Kampfe zu pflücken sein, als für diese. —

Tabelle I.

Abmessungen und Gewichte der glatten Geschützrohre.

Rohr-Bezeichnung.	Länge der Seele in mm.	Geschoß-Durchmesser mm.	Durchmesser der Seele mm.	Spielraum mm	Rohr-Gewicht. kgr.	Rohr-Gewicht in Geschoß-gewichten	Bemerkungen.
3Pfdr. C/32	1347	19,4	74,8	2,4	386	294	
eiserner 6Pfdr. C/58	1412	15,43	94,2	2,1	469,3	160	
schwerer bronzener 12Pfdr. C/58	2498	22 (21,5)	118,7	2,6	1394,7	246,8	
eiserner C/58	2584	22,35 (22,2)	118,7	2,6	1425	252	375 Kilogr. leichter als C/1815.
kurzer bronzener 24Pfdr. C/58	1705	11,73 (11,5)	148,6	2,6	1284,4	116,9	
eiserner dto.	1705	11,73 (11,5)	148,6	2,6	1327,6	120,7	
langer bronzener 24Pfdr. C/58	2877	19,79	148,6	2,6	2664,8	242	550 Kilogr. leichter als C/1806. 30 Kilogr. schwerer als C/1784.
eiserner dto.	2853	19,62	148,6	2,6	2701,1	245	
25pfdge. Bombenkanone C/58	2218	10	226,5	3,7	3064	78	
50pfdge. dto.	2785	10 (9,8)	284,3	3,7	5574	70,2	
Haubitzen.							
7pfdge. C/42	889	6,12	148,3	3,7	410,1	56,1	101,5 Kgr. schwerer als C/1819.
10pfdge. C/32	973	5,85	171,1	3,7	543,5	41,2	
eiserne	968	5,82	171,1	3,7	720	56,7	
25pfdge. C/58	1360	6,14	226,5	3,7	1549	38,7	
eiserne C/58	1360	6,14	226,5	3,7	1549		
50pfdge. eiserne C/58	2186	7,83	284,3	3,7	3067	38,6	
Mörser.							
7pfdgr. C/32	330	2,3	147,5	2,9	75	—	
10pfdgr. C/37	405	2,44	169,7	2,4	178	—	
25pfdgr. C/40	547	2,48	226	3,1	434,1	10,8	
eiserner C/40	550	2,48	226	3,1	541	13,5	
50pfdgr. C/32	758	2,72	283,8	3,1	803	10,1	
eiserner C/46	758	2,72	283,8	3,1	980	11,7	

Tabelle II.
Angaben über die Laffeten für glatte Geschütze.

	Benennung der Laffeten.	Größte Elevation (Grad.)	Höhe der Seelenachse über dem Geschützstand (mm)	Gewicht (kgr.)	Gewicht der Laffete mit Rohr (kgr.)	Bemerkungen.
Belagerungs-Laffeten	12pfdge. C/31	15	1350	993	2418	eisernes Rohr
	dto. mit kurzem 24Pfdr.	15½	1358	993	2320	dto.
	24pfdge. C/31	13	1368	1187	3888	dto.
	25pfdge. dto.	20	1203	1143,5	2692	dto.
Wall-Laffeten	3pfdge.	14	948	352	738	bronzenes Rohr
	6pfdge. C/33	14	924	394,5	864	dto.
	12pfdge. C/32	10	1143	662,5	2087	eisernes Rohr
	dto. für kurzen 24Pfdr.	10	1152	662,5	1990	dto.
	24pfdge. C/33	10	1211	926	3627	dto.
	7pfdge. C/34	16	986	446	856	bronzenes Rohr
	10pfdge. dto.	20	1109	698	1241	dto.
Hohe Rahmen-Laffeten	12pfdge. C/32	11	1895	726	2151	eisernes Rohr
	dto. für kurzen 24Pfdr.	11	1904	726	2054	dto.
	24pfdge. C/33	11½	2000	1001	3702	dto.
Mörser-Laffeten	7pfdge. C/52	45	—	64	139	
	25pfdge. hölzerne C/33	60	—	636	1177	eisernes Rohr.
	50pfdge. C/33	60	—	685	1665	dto.
	25pfdge. eiserne	60	—	605	1146	
	50pfdge. dto.	60	—	975	1955	dto.

Tabelle III.

Angaben über die eisernen Festungs-Laffeten C/49.

| Laffete | Bei eingelegtem | Größte Elevation | | Höhe der Seelenachse* | Gewicht der Laffete ohne Rohr, Unter- | Gewichte des Rah- mens mit Zubehör | Unter- | Total- |
| | | | | mm. | satz und Rahmen | und Unterlagen | satz | Ge- |
			Grad	ohne Untersatz	kgr.	kgr.	kgr.	wicht kgr. rund
No. I	6Pfdr. Feld-12Pfdr. 7pfdgr. Haubitze	14 10 22		1025 1030 1038	309 312 308	} 766	305	} 1380
No. II	10pfdgr. Haubitze schwerem 12Pfdr. kurzem 24Pfdr.	20 5 10		1057 1124 1159	429 433 433	} 948	380	} 1757
No. III	25pfdgr. Haubitze langem 24Pfdr.	20 10		1083 1159	574 584	} 1065	432	} 2071
No. IV	25pfdgr. Bomben- kanone 50pfdgr. Haubitze	15 20		1200 1200	563 563	} 1423	—	} 1986
No. V	50Pfdr. Bomben- kanone	15		1200	768	2004	—	2772

* Anm. Bei Benutzung des Untersatzes erhöht sich die Lagerhöhe der Laffeten I, II und III um 80, resp. 77, resp. 75 cm.

Tabelle IV.

Abmessungen und Gewichte der Geschosse der glatten Geschütze.

| Kaliber. | Vollkugeln | | Excentrische Granaten und Bomben ge- laden | | Schrapnels | | | Blei- bomben |
| | Durch- messer | Ge- wicht mittel | Durch- messer | Ge- wicht | Durch- messer | Ge- wicht fertig | Kugel- zahl | Ge- wicht |
	mm.	kgr.	mm.	kgr.	mm.	kgr.		kgr.
6Pfdr.	91,5	2,8	—	—	90,5	2,35	50	—
12Pfdr.	115,6	5,66	—	—	114	4,7	105	—
24Pfdr.	145,4	11	—	—	143,8	11,5	112	—
25Pfdr.	221,8	40	221,8	28,3	221,8	40,8	80	45,8
50Pfdr.	279,3	79,4	279,1	55,9	—	—	—	92,6
7Pfdr.	—	—	148,8	7,3	143,8	8,9	100	—
10Pfdr.	—	—	166,3	12,7	166,3	15,2	200	—

Tabelle V.
Angaben über die Ladungsverhältnisse, Geschwindigkeiten und Schußweiten der glatten Geschütze.

Geschütz	Geschoß	Ladung maximal kgr.	Ladungs-Quotient	Anfangs-Geschwindigkeit m.¹	Größte Schußweite bei (Grad)	Größte Schußweite in Metern	Maximal-Schußweite bei 20° Elevation Leitfaden 1818	Bemerkungen
6pfdr.	Vollkugel	9,95 (0,7)	$1/8$	498,4	$3^{10/16}$	1200	—	
	Schrapnel	0,6	$1/4$	427	3^{12}	900	—	
12pfdr., schwerer	Vollkugel	1,85 (1,4)	$1/3$	502	4^2	1325	3000	
	Schrapnel	0,95	$1/5$	—	3	900	—	
kurzer 24pfdr.	Vollkugel	1,85	$1/6$	412	5^{13}	1500	—	Die eingeklammerten Zahlen gelten für eiserne Röhre.
	Granate	1,4	$1/5$	326	8^{12}	1575	—	
	Schrapnel	1,4	1,75	—	3^{14}	900	—	
langer 24pfdr.	Vollkugel	3,75 (2,35)	$1/3$	530	4^6	1500	3310	
25pfdge. Bombenkanone	Granate	3,75	$1/8$	385	15^{10}	3600 (Pfeil unten)	—	
	Vollkugel	3,75	$1/{10,7}$	—	3^1	825	—	
	Bleibomben	3,75	$1/{12}$	—	3^{11}	825	—	
	Schrapnel	2,85	$1/8$	—	8^{12}	1350	—	
50pfdge. Bombenkanone	Bomben	7	$1/{8,5}$	369	16	3750 (Pfeil u.)	—	
	Vollkugel	7	$1/{11}$	—	8^6	1875	—	
7pfdge. Haubitze	Granate	0,7	$1/{10}$	264	10^8	2175 (Pfeil u.)	—	
	Schrapnel	0,7	$1/{13}$	—	6^{15}	900	—	
10pfdge. Haubitze	Granate	0,95	$1/{13}$	—	8^{14}	1575 (Pfeil u.)	—	
	Schrapnel	0,95	$1/{16}$	—	6^{12}	900	—	
25pfdge. Haubitze	Granate	2,85	$1/{13}$	—	20^6	3150 (Pfeil u.)	—	
	Vollkugel	2,85	$1/{17}$	—	4^{13}	825	—	
	Bleibomben	2,85	$1/{19}$	—	6^4	825	—	
50pfdge. Haubitze	Granate	3,5	$1/{19}$	—	19^{10}	3200	—	
	Vollkugel	3,5	$1/{23}$	—	6^7	825	—	
	Bleibomben	3,5	$1/{26}$	—	6^{14}	825	—	
7pfdgr. Mörser	Bomben	0,160	$1/{46}$	—	45	860	—	
25pfdgr. dto.	dto.	1,166	$1/{26}$	—	dto.	1725	—	
50pfdgr. dto.	dto.	1,866	$1/{32}$	—	dto.	2075 (Pfeil u.)	—	

Tabelle VI.
Wahrscheinlichkeit des Treffens.
Glatte Kanonen gegen die freie Ebene.

Geschütz.	Elevation Grad	Ladung kgr.	Entfernung m.	Mittlere Längen-Abweichung m.	Mittlere Seiten-Abweichung m.
6Pfdr.	³/₄	0,95	606	54	3,5
	3	0,95	1040	88	7,6
Belagerungs-12Pfdr.	³/₄	1,85	533	66	2,3
	1½	„	745	68	1,8
	3	„	1137	71	6,7
Kurzer 24Pfdr. Kugeln	³/₄	1,85	460	36	1,9
	1½	„	677	40	1,6
	3	„	1080	63	3,7
Langer 24Pfdr. Kugeln	³/₄	3,75	551	33	2,4
	1½	„	846	56	4,4
	3	„	1242	36	4,4
Kurzer 24Pfdr. Granaten, excentrische, Pfeil oben	2	1,2	588	19,5	1
	4	„	802	16	6
	6	„	987	31,5	9,7
	8	„	1170	45	13
25pfdge. Bombenkanonen Excentrische Granaten, Pfeil oben	1	3,75	475	30	1
	5	„	1247	31	4,5
	10	„	1836	22,5	12,2
50pfdge. Bombenkanonen	1	7	527	36	1,3
	5	„	1393	30	3
	10	„	2053	46	9,9

Noch Tabelle VI.
Wahrscheinlichkeit des Treffens.
Glatte Geschütze gegen die freie Ebene.

Geschütz	Elevation Grad	Ladung kgr.	Schußweite m.	Mittlere Längen-Abweichung m.	Mittlere Seiten-Abweichung m.
7pfdge. Haubitze, excentrische Granaten, Pfeil oben	4	0,7	565	25	2,4
	6	„	711	22,5	2,8
	12	„	1087	16,5	9,6
Pfeil unten	4	0,7	1516	100	18,1
	6	„	1800	53	41,2
	9	„	2077	73	45
25pfdge. Haubitze, excentrische Granaten, Pfeil oben	1	2,35	305	9,7	0,4
	5	„	836	19,5	4,5
	10	„	1364	12	10,4
dto. Vollkugeln	1	2,35	294	33	0,9
	5	„	860	72	7,4
	10	„	1509	84	25
50pfdge. Haubitze, excentrische Granaten, Pfeil oben	1	3,5	254	7,5	0,4
	5	„	784	16,5	4,3
	10	„	1267	33	9,1
dto. Vollkugeln	1	3,5	255	16	0,4
	5	„	639	41	3,7
	7	„	896	62	8,3
7pfdge. Mörser	30	0,126	786	15	9,8
25pfdge. Mörser	30	0,7	810	15	13,5
	60	„	967	12,8	22,5
50pfdge. Mörser	30	1,4	1047	19	10,8
	60	„	1220	22,5	15,3

Tabelle VII.

Trefferergebnisse beim Schießen von Demontir-Geschossen.

12pfdge. mit 1,4 Kilogramm Ladung.

Jahr des Versuchs	Ent= fernung m.	Elevation Grad	Mittlere Längen= resp. Höhen= Abweichung	Seiten= Abweichung
1854	600	1⁷	11,8 m. 52,3 cm.	0,8 m. 57,5 cm.
	”	1⁷	11,4 m. 44,5 cm.	0,8 m. 44,5 cm.
	”	1⁷	8,9 m. 34 cm.	0,4 m. 36,6 cm.
1855	”	1⁷	13,5 m. 55 cm.	0,4 m. 36 cm.
”	”	1⁷	28,8 m.	36,6 cm.
1854	750	2⁸	12 m. 73,2 cm.	1,2 m. 65,4 cm.
1855	750	2⁸	11,8 m. 102 cm.	1,4 m. 94 cm.
1859	900	—	12,8 m. 107 cm.	1,3 m. 68 cm.

24pfdge. mit 2,35 Kilogramm Ladung.

Jahr des Versuchs	Ent= fernung m.	Elevation Grad	Mittlere Längen= resp. Höhen= Abweichung	Seiten= Abweichung
1855	600	2	7,1 m. 31,4 cm.	0,3 m. 34 cm.
	750	2¹⁰	10,5 m. 70,6 cm.	0,8 m. 57 cm.
	900	3⁸	8,4 m. 75,8 cm.	0,5 m. 54 cm.

Tabelle VIII.

Treffresultate beim Schießen gegen verdeckte, verticale Ziele.
(Die Hohlkugeln mit Pfeil oben.)

Geschütz	Entfernung	Grabenbreite	Art der Geschosse	Elevation	Ladung	Von 15 Geschossen trafen das Ziel in der Breschbreite von 15,7 m.	Mittlerer Einfallwinkel
	m.	Ruthen		Grad	k.	in %	Grad Minuten
25pfdge. Bombenkanone	450	5	Vollkugeln	}17³/₄	0,45	6	40	19 — 12
			Hohlkugeln		0,5	9	60	13 — 38
	"	10	Vollkugeln	}9¹/₄	0,7	10	66,6	9 — 55
			Hohlkugeln		0,8	11	73,4	9 — 41
	"	50	Vollkugeln	2	2,1	15	100	2 — 39
			Hohlkugeln	2¹/₄	2,15	15	100	2 — 29
50 pfdge. Haubitze	450	5	Vollkugeln	}18	0,75	5	33,3	18 — 51
			Hohlkugeln		0,95	4	26,6	18 — 30
	"	10	Vollkugeln	}9¹/₄	1,2	12	80	9 — 36
			Hohlkugeln		1,45	7	46,7	9 — 34
	"	50	Vollkugeln	2¹/₄	3,76	15	100	2 — 44
			Hohlkugeln	2³/₄	3,76	15	100	2 — 55
25 pfdge. Haubitze	450	5	Vollkugeln	}18	0,5	4	26,6	18 — 51
			Hohlkugeln		0,6	4	26,6	18 — 20
	"	10	Vollkugeln	9¹/₄	0,85	10	66,6	9 — 53
			Hohlkugeln	9¹/₂	0,95	9	60	9 — 57
	"	50	Vollkugeln	2	2,1	15	100	2 — 52
			Hohlkugeln	2¹/₄	2,15	14	93,4	2 — 39
50pfdge. Bombenkanone	600	5	Vollkugeln	17	0,6	8	53	19 — 11
			Hohlkugeln	17¹/₄	0,65	2	13,3	18 — 53
	"	10	Vollkugeln	8¹/₂	1	7	46,7	9 — 39
			Hohlkugeln	8⁷/₈	1,05	1	6,8	9 — 40
	"	50	Vollkugeln	2	2,8	15	100	2 — 46
			Hohlkugeln	2¹/₄	2,95	15	100	2 — 42
25 pfdge. Haubitze	600	5	Vollkugeln	17	1,95	2	13,3	18 — 31
			Hohlkugeln	17	1,15	1	6,8	18 — 49
	"	10	Vollkugeln	8⁵/₈	1,65	10	66,6	9 — 30
			Hohlkugeln	8⁷/₈	1,85	5	33,3	9 — 34
	"	50	Vollkugeln	4	}3,76	12	80	4 — 39
			Hohlkugeln	4¹/₂		6	40	5
35 pfdge. Haubitze	600	5	Vollkugeln	}17	0,65	6	40	18 — 49
			Hohlkugeln		0,7	1	6,8	18 — 28
	"	10	Vollkugeln	8¹/₄	1,1	11	73,4	9 — 25
			Hohlkugeln	8³/₈	1,2	1	6,8	9 — 37
	"	50	Vollkugeln	3¹/₄	2,35	14	93,4	4 — 31
			Hohlkugeln			3	20	3 — 44

Die Treffwirkung der 25pfdgn. Haubitze verhielt sich zu der der 25pfdgn. Bombenkanone bei Vollkugeln = 3 : 15; bei Hohlkugeln = 14 : 15.
Die im Durchschnitt erreichten Trefferprocente waren:
bei 5 Ruthen Grabenbreite: 30 %.
" 10 " " 53 %.
" 50 " " 89 %. Ferner
uf 450 m. Entfernung: 67 %, auf 600 m. Entfernung 48 %.

Tabelle IX.
Angaben über Trefffähigkeit und Trefffresultate.
A. Demontiren von Scharten.

Der Leitfaden von 1828 giebt an: Beim 12Pfdr. und 24Pfdr. treffen eine gewöhnliche Scharte von 3,6 □m. (36 □') äußerem Querschnitt:
auf 300 m. ca. $^2/_5 - ^1/_3$ der Kugeln,
auf 600—750 m. kaum $^1/_{10}$ derselben.

Als genauere Erfahrungen werden angegeben:
Von 100 Schüssen trafen das Geschütz; die Scharte; in Summa.

beim 12Pfdr.	auf 300 m.	12	39	51
" "	" 375 m.	8	29	37
" "	" 450 m.	4	24	28
" 24Pfdr.	" 300 m.	16	33	49
" "	" 375 m.	8	26	34
" kurzen 24Pfdr.	" 300 m.	—	—	35
" "	" 450 m.	—	—	30
" "	" 600 m.	—	—	25.

Das Handbuch von 1860 giebt als Trefferzahlen an:
Feld12Pfdr. bei 1,5 k. Ladung auf 300 m. 65%
Belagerungs12Pfdr. bei 1,5—2 k. Ladung auf 300 m. 61—75 % (66 %)
„ „ „ „ 450 m. 32—45 % (33 %)
Langer 24Pfdr., 3,75 Ladung auf 300 m. 69 %
„ „ „ „ 450 m. 42 %
Kurzer 24Pfdr. mit Kugeln 300 m. 70 %
„ „ „ „ 450 m. 46 %
„ „ „ Granaten 300 m. 55 %
„ „ „ „ 450 m. 40 %.

Zum Demontiren einer Erdscharte mit Faschinenbekleidung waren auf 300—450 m. nöthig:
beim kurzen 24Pfdr. mit Kugeln bei 1,4—1,95 k. Ladung 9—11 Treffer
„ „ „ Granaten bei 1,2 k. Ladung 4—6 Treffer
„ langen „ „ Kugeln bei 2,85—3,75 k. Ladung 7—9 Treffer
„ schweren 12Pfdr. „ „ 1,4—1,85 k. „ 14—16 Treffer.

Zum Demontiren von Mauerscharten waren erforderlich gewesen:
Bei Versuchen in Coblenz mit dem langen 24Pfdr. bei 3,9 k. Ladung auf 135 m. Entfernung gegen eine Sandsteinscharte von 1,9 m. Dicke, 27 Schüsse, davon 25 wirkliche Treffer.
Gegen eine Ziegelsteinscharte von 1,9 m. Dicke 22 Schüsse, davon 11 wirkliche Treffer. Bei Versuchen in Bapaume wurden Scharten von 3,4 m. Mauerdicke auf 70 m. Entfernung durch 12Pfdr. mittelst 48 Treffern zerstört, und auf 300 m. Entfernung durch 24Pfdr. mit 32 Treffern.

B. Das Rikochettiren.

Der Leitfaden von 1818 giebt an, daß beim Rikochettiren von Wallgängen von 75—130 m. Länge und 7—11 m. Breite nur $^1/_{10}$ der Schüsse als Treffer zu erwarten sei.

Der Leitfaden von 1828 giebt als Erfahrungs-Ergebnisse gegen einen Wallgang von 75 m. Länge, 7,5 m. Breite mit 2 Traversen und 3 Geschützen besetzt, als Trefferprocente an:

		gegen die Laffete,	g. d. Traverse,	g. d. Wallgang überhaupt
für Kanonen auf	450 m.	1 %	6	24
" " "	525 m.	1 %	5	18
" " "	600 m.	$^2/_3$ %	5	13
" Haubitzen "	450 m.	1	5	25
" " "	525 m.	—	4	17

332

Das Handbuch von 1860 macht folgende Angaben über die Wahrscheinlichkeit des Treffens:

a) Gegen einen gedeckten Weg von 75 m. Länge, 8 m. Breite mit 2,2 m. hoher bedender Brustwehr:

Ent-fernung m.	Belagerungs- 12Pfbr. mit Kugeln			Kurzer 24 Pfbr.						7pfdge. Haubitze			25pfdgn. Haubitze			Bemer-kungen
				mit Kugeln			mit Granaten									
	La-dung k.	Eleva-tion Grad	Pro-cent	La-dung k.	Eleva-tion Grad	Pro-cent	La-dung k.	Eleva-tion Grad	Pro-cent	La-dung k.	Eleva-tion Grad	Pro-cent	La-dung k.	Eleva-tion Grad	Pro-cent	
450	0,25—	3—7	34	1—	—	—	—	—	—	0,2—	—	—	—	—	—	ohne Tra-versen
450	0,45	—	—	1,5	2	50	0,35—	3—9	54	0,3	10,17	64	—	—	—	
600	0,3—	—	—	—	—	—	0,5—	—	—	0,25—	—	—	—	—	—	
600	0,45	3	19	1,5	2½	50	0,75	3—10	38	0,5	5—13	42	35	—	—	mit 2 Tra-versen
450	—	—	—	—	—	—	—	—	36	—	—	—	—	—	—	
600	—	—	—	—	—	—	—	—	38	—	—	—	28	—	—	

Der Treffpunkt lag, wenn keine Traverse vorhanden war, beim kurzen 24Pfbr. und der 25pfdgn. Haubitze am Ende der Linie, bei der 7pfdgn. Haubitze — in der Mitte derselben.

Bei vorhandenen Traversen lag er für die ersten beiden Geschütze am Fuße der nächsten Traverse.

b) Gegen einen Wallgang von 37 m. Länge, 7,5 m. Breite mit 2,2 m. hoher Brustwehr:

Entfernung m.	Kurzer 24Pfdr. Granaten			10pfdge. Haubitze			25pfdge. Haubitze		
	Ladung k.	Elevation Grad	Treffer Proc.	Ladung k.	Elevation Grad	Treffer Proc.	Ladung k.	Elevation Grad	Treffer Proc.
450	0,25 0,35—	7½—10	20	0,2—0,3	11—20	44	0,6—1,4	3—11	50
600	0,6	2½—11	8	0,4—0,6	8—20	27	0,6-0,95	8—13	30

Die Kugeln geben weniger gute Rikochetes als Granaten.
Bei Ladungen unter 0,6 k. ist die 7pfdge. Haubitze besser, als der kurze 24Pfdr.

C. Der Mörserwurf.

Der Leitfaden von 1818 macht folgende Angaben: Zehn unter 45° Elevation geworfene 50pfdge. Bomben treffen

auf		ein Rechteck lang:	breit:
450— 525 m.	Entfernung	26 m.	11 m.
750— 825 m.	„	37,5 m.	26 m.
1050—1130 m.	„	49 m.	41 m.
1350—1430 m.	„	60 m.	67,5 m.

Ergebnisse der Schießübungen bis 1855 in Procenten:

Entfernung m.	Gegen ein Rechteck von 75 m. Länge, 37,5 m. Breite				Gegen einen Wallgang von 37,5 m. Länge, 7,6 m. Breite mit Brustwehr von 14 m. Länge, 6 m. Breite			
	25pfdge. Mörser	50pfdge. Mörser	Anmerkung.		7pfdge. Mörser	10pfdge. Mörser	50pfdge. Mörser	Anmerkung.
300	—	—	Die Elevation war 45°. Die Längen- resp. Breitenstreuung betrug beim 50pfdgn. Mörser 135 m. resp. 30 m. 187 m.—90 m.		19	37	—	Die Elevation betrug für den 7pfdgn. Mörser 45° für die beiden andern 30°.
375	—	—			—	33	—	
450	59	—			—	—	26	
525	—	—			—	—	20	
600	60	52			—	—	18	
750	53	46						
900	44	32						

Tabelle X.

Eindringen der Geschosse glatter Geschütze in Erde.

Geschoß	Ladung k.	Geschoßgewicht k.	Entfernung m.	Tiefe des Eindringens			Versuche
				in Lehm cm.	in Sand cm.	halb Sand, halb Thon cm.	
Preußischer Belagerungs- 12Pfdr.	1,85	5,66	37,5	242,9	130,7	—	Versuche bei Berlin 1828.
"	"	"	75	228	107	—	
"	"	"	300	199	86	—	
"	"	"	600	—	120	—	Versuche bei Berlin 1835.
Französischer 12Pfdr.	2	5,9	25	—	—	170	Versuche bei Metz 1834.
"	"	"	100	—	—	150	
"	"	"	400	—	—	120	
Preußischer kurzer 24Pfdr.	1,85	11	600	—	130	—	Preußische Versuche 1835.
Preußischer langer 24Pfdr.	3,75	11	37,5	220—250	—	—	
"	"	"	300	—	—	190	
"	"	"	600	—	150	—	
Französischer langer 24Pfdr.	4	12	25	—	—	280	
"	"	"	100	—	—	230	
"	"	"	400	—	—	108	
Preußischer kurzer 24Pfdr.	1,2	Granate	300	—	100	—	
Französische 8"ge.	2	Granate 21 k.	100	—	—	110	

Tabelle XI.

Eindringungstiefen der Bomben in Erde bei glatten Geschützen.

Geschütz	Ladung k.	Elevation Grad	Entfernung m.	Art des Bodens.	Tiefe des Eindringens cm.	Der Trichter hatte Durchmesser cm.	Tiefe cm.
7pfdgr. Mörser preußischer	0,15	20	760	fester beraster Sandboden	27,5	104	34
25pfdgr. preußischer Mörser	—	45	600	Lehm- und	47	—	—
"	—	60	600	Letteboden	63	—	—
50pfdgr. preußischer Mörser	1,65	30	1280	fester beraster Sandboden	72,5	—	—
"	1,65	45	1440	"	94	—	—
"	0,6	45	468	Lehm	100	—	—
"	0,6	60	568	"	72,5	—	—
"	—	45	450	Lehm- und	52	—	—
"	—	60	600	Letteboden	105	—	—
Französischer 8"gr. Mörser Bombe von 22 k. Gewicht	—	30	1200	Gemischter Thon und Sand, fest gelagert	26	—	—
	—	45	1200		39	—	—
	—	60	1200		56	—	—
50pfdgr. preußischer Mörser mit scharf geladenen Bomben	0,6	60	450	Lehm	—	220	130
	0,7	60	450		—	200	80
	0,7	75	390	—	—	250—310	60—80

Tabelle XII. Wirkung der Geschosse

Geschütz	Geschoß-Art	Geschoß-gewicht k.	Ladung k.	Endgeschwindigkeit m.	Entfernung m.
Preußischer Belagerungs12Pfdr.	Vollkugel	5,66	2,75	—	49
,,	,,	,,	1,85	—	37,5
Französischer 12Pfdr.	,,	5,9	2	—	25
,,	,,	,,	,,	—	100
,,	,,	,,	,,	—	200
Kurzer preußischer 24Pfdr.	,,	11	1,85	—	49
,,	,,	,,	,,	—	49
,,	,,	,,	,,	—	49
,,	,,	,,	,,	—	37,5
Preußischer langer 24Pfdr.	,,	,,	3,75	—	49
,,	,,	,,	4,65	—	,,
,,	,,	,,	3,75	574	56,3
,,	,,	,,	3,75	—	37,5
,,	,,	,,	,,	565	116
,,	,,	,,	,,	—	567
,,	,,	,,	,,	—	220
Französischer langer 24Pfdr.	,,	12	4	—	50
,,	,,	,,	,,	—	100
25pfdge. Bombenkanone	Bleibombe	45,6	3,75	—	646
,,	Vollkugel	39,5	,,	292	52,5
,,	Bleibombe	45,6	,,	—	52,5
,,	,,	,,	,,	—	52,5
25pfdge. Haubitze	Vollkugel	39,5	2,35	238,5	49
,,	Bleibombe	45,6	0,8	—	450
50pfdge. Haubitze	,,	92,5	3,5	—	625
,,	,,	,,	1,5	—	450

glatter Geschütze gegen Mauerwerk.

Art des Mauerwerks	Tiefe des Eindringens cm.	Aeußere Breite des Trichters cm.	Höhe cm.	Versuche.
Ziegelstein	42,7	64,6	85,5	Versuch bei Spandau 1832.
Granit	33,7	46,6	53,6	„ „ Schweidnitz 1857.
Bruchstein-Mauerwerk	48,4	—	—	} „ „ Metz 1834.
	44,5	—	—	
	40,5	—	—	
Ziegelstein	47,1	68	86	} Versuche bei Spandau 1832.
Kalkstein	15,7	31,4	31,4	
Säulenbasalt	13,1	41,8	47,3	Versuch bei Deutz 1843 und 44.
Granit	29,8	67	70,6	„ „ Schweidnitz 1857.
Ziegelstein	65,3	94	117	„ „ Spandau 1832.
Basalt	29	57,5	63	„ „ Deutz 1843/44.
Granit	45	—	—	
„	37	68	68	
Grauwacke	65	47	47	} Versuch bei Coblenz.
„	38	47	47	
Granit	47	107	91,5	„ „ Schweidnitz 1857.
Bruchstein-Mauerwerk	60	—	—	} Versuche bei Metz 1834.
	58	—	—	
Granit	37	—	—	
Bruchstein	65	} 63	} 63	
„	55	„	„	
„	48	„	„	
Kalkstein mit Ziegelsteinbekleidung	53	100	109	} Versuche in Schweidnitz 1857.
Bruchstein	16	—	—	
Granit	54	—	—	
„	26	—	—	

Tabelle XIII.
Abmessungen und Gewichte gezogener Geschützröhre.

Bezeichnung des Rohrs	Länge der Seele*) in mm.		Länge des gezogenen Theils in mm.		Kaliber**) mm.	Zahl der Züge	Rohrgewicht mit Verschluß in k.	Geschoßgewichten	Bemerkungen
		Kalibern		Kalibern					
9cm. Eisenkanone C/61 (Kolbenverschluß)	1793	19,5	1539	16,8	91,6	18	670	79	
9cm. Stahlkanone C/61 (Kolbenverschl.)	1793	19,5	1539	16,8	91,6	18	430,3	62,3	
9cm. Stahlkanone C/64 (Keilverschluß)	1874	20,4	1599	17,4	91,6	16	414,2	62	
9cm. Eisenkanone C/64 (Keilverschluß)	1755	19,1	1561	17	91,6	16	583,5	84,5	
9cm. Bronzekanone C/72	2307	25,2	2032	22,2	91,6	16	430	62	
12cm. Eisenkanone C/61 (Kolbenverschl.)	2466	20,5	2136,6	17,7	120,3	12	1497	102	
12cm. Bronzekanone C/64 (Keilverschluß)	1913	15,8	1583	13,1	120,3	18	867,5	61,4	
12cm. Bronzekanone C/73 (Flachkeil)	1916,4	15,8	1489,4	12,4	120,3	18	955,5	65,4	
kurze 15cm. Kanone C/69 (Eisen)	1876,6	12,6	1490,8	10	149,1	24	1475	53,2	
kurze 15cm. Bronzekanone C/70	1876,6	12,6	1490,8	10	149,1	24	1500	54	
15cm. Eisenkanone C/61 (Kolbenverschl.)	2697	18,1	2274	15,2	149,1	12	2808	101,3	
15cm. Bronzekanone C/64 (Keilverschluß)	2760	18,5	2346	15,7	149,1	24	2613†)	94,2	Die auf Flachkeil aptirten Röhre haben 2325mm. gezogenen Theil.
15cm. Stahlkanone C/64 (Keilverschluß)	2760	18,5	2346	15,7	149,1	24	2523	91	
15cm. Ringkanone	3040	20,4	2383,3	16	149,1	24	3020	110	
kurze 21cm. (Bronze) Kanone	2250	10,75	1675	8	209,3	30	3419,5	40,27	
21cm. Bronzemörser C/71	1658	7,9	1147	5,48	209,3	30	3025	37,8	
21cm. Bronzemörser C/70	1530	7,5	1151	5,64	209	30	1600	20	

*) **Anmerkung.** Die Länge der Seele ist von der vorderen Keillochfläche, oder von der des Kolbenkopfes an gerechnet.
**) Das Kaliber bezeichnet den Durchmesser zwischen den Feldern.
†) Die auf Flachkeil aptirten Röhre sind etwas leichter.

Tabelle XIV.

Abmessungen und Gewichte der Laffeten für gezogene Geschütze.

Bezeichnung der Laffete	Elevationsfähigkeit Grad	Lager= höhe*) cm.	Gewicht**) der Laffete k.	Gewicht**) des Unter= gestells k.	Gewicht der Laffete mit Rohr k.	Bemerkungen.
9 cm. Belagerungs= Laffete C/64	30	183	485	—	899	9 cm. Stahlrohr C/64.
12 cm. Belagerungs= Laffete C/64	40	183	715	—	1670,5	12 cm. Rohr C/73.
15 cm. Belagerungs= Laffete C/64	22,8 (20)	183	1447	—	4060 (4255)	Die eingeklamm. Zahl gilt für Eisen= Kanonen C/61.
kurze 15 cm. Laffete	31	183	1250	—	2750	Bronzerohr C/70.
kurze 15 cm. Eisen= Laffete	40	183	1447	—	2947	Mit Bronzerohr.
15 cm. Ring=Rohr= Laffete	40	183	1750	—	4770	
21 cm. Mörser-Laffete C/71	75	137,5	2026	—	5051	Die Mörs.=Laffete C/70 wiegt 34,5 Ctr. = 1725 k. u. läßt nur 65° Ele= vation zu.
kurze 21 cm. Kanonen= Laffete	40	183	1730	—	5149,5	Eiserne Laffete mit Bronzerohr No. II.
Gezogene Festungs= Laffete No. I. C/63	21⁸	104,4*	342,5	767,5 (mit Rahmen)	1524	Bei eingelegtem 9 cm. Rohr. * ohne Untersatz.
Gestell=Laffete C/64 No. I.	18	2099	342,5	325	1337	Mit 9 cm. Eisen= Kanone C/61.
Gestell=Laffete C/64 No. II.	18	2099	342,5	470,5	1243	Mit Stahl= oder Bronze 9 cm.

*) Die Lagerhöhe giebt die Höhe des Mittelpunktes des Schildzapfen= lagers über der Bettung.
**) Das Laffetengewicht ist für die leere Laffete ohne Laffetenkasten, Geschützzubehör und Hemmkette berechnet.

Tabelle XIV a.

Gewichtsverhältnisse der glatten und gezogenen Geschütze.

Das 9 cm. Geschütz	12 cm. Geschütz	kurze 15 cm. Geschütz	15 cm. Geschütz C/70	21 cm. Mörser C/70	21 cm. Mörser C/71
in Belagerungslaffete C/64		ist im Vergleich zu dem glatten			
in der Wall-Laffete	6Pfdr.	12Pfdr.	kurzen 24Pfdr.	langen 24Pfdr.	25pfdgn. Mörser	50pfdgn. Mörser
	⅓ Ctr. schwerer	10 Ctr. leichter	15 Ctr. schwerer	9½ Ctr. schwerer	in hölzerner Laffete	in hölzerner Laffete
Belagerungs-Laffete C/31	—	15 Ctr. „	9 Ctr. „	4 Ctr. „		
Hölzerner hoher Rahmen-Laffete	—	11 Ctr. „	14 Ctr. „	8 Ctr. „	68 Ctr. schwerer	
Eiserner Fest.-Laffete C/70	19 Ctr. leichter	22 Ctr. „	5⅓ Ctr. leichter	33 Ctr. leichter		

Das 15 cm. Ring-Geschütz ist gegen 64 Ctr. schwerer geworden, als das glatte 15 cm. Geschütz in Belagerungs-Laffete, und um 24 Ctr. schwerer als das letztere in eiserner Festungs-Laffete C/49.

Tabelle XV.

Abmessungen und Gewichte der Granaten gezogener Geschütze.

Kaliber.	Länge in mm.	Kalibern	Granaten. Gewicht der Granate (fertig) k.	Gewicht der Sprengladung k.	Gewicht des Bleimantels k.	Shrapnels. Gewicht des fertigen Shrapnels k.	Gewicht der Sprengladung k.	Zahl der Kugeln		Bemerkungen.
9 cm. (dicker Bleimantel)	186,2	2	6,9	0,25	2,73	6,91*)	17	170—180	Cavallerie Kugeln	Shrapnels mit dünnem Bleimantel.
12 cm. (dicker Bleimantel)	234,1	1,94	14,6	0,5	5,23	16	33	237—248	Infanterie Kugeln	
12 cm. Lang-Granaten	300	2,5	15,1	1,125	—	—	—	—	—	
15 cm. (dicker Bleimantel)	289,5	1,94	27,35	0,92	8,15	31	50	450—470	Infanterie Kugeln	
15 cm. Lang-Granaten	361 (360)	2,43 (2,41)	27,75 (27,70)	1,9 (1,9)	—	— (40,024)	— (50)	(602—620)	Infanterie Kugeln	Die eingeklammerten Zahlen beziehen sich auf die Langgranaten, und die Shrapnels mit dortbleimantel für 15 cm. Ringk.
21 cm. Lang-Granaten	523	2,5	80	(5) 4,75	8,25	—	—	—	—	

*) Anmerkung. Die alten Shrapnels (Granaten mit dickem Bleimantel) faßten nur 90 Kugeln und wogen 7,85 k.

Tabelle XVI. Angaben über ballistische

Geschütz	Geschoß.	Ge-brauchs-Ladung k.	Ladungs-Quotient	Geschwin-Meter 0m.
9 cm. Stahl- und Eisen-Kanone C/61	Granate Schrapnel	0,6 0,6	1/11,5 1/13	322 —
9 cm. Bronze-Kanone C/72.	Granate Schrapnel	0,7 0,7	1/10 1/10	336 —
12 cm. C/64/73 und C/64	Granate Schrapnel	1,4 (1,05) 1,4 (1,05)	1/10,4 (1/14) 1/11,4 1/15	295 (282) —
12 cm. C/73	Langgranate Schrapnel	1,5 1,5	1/10 1/10	325 —
kurze 15 cm. C/69	Langgranate Schrapnel	1,5 1,5	1/18,7 1/20	253 —
15 cm. Stahl- und Bronze-Kanone C/64	Granate Langgranate Schrapnel	2,25 2 2	1/12,5 1/14 1/15,5	307 299 —
12 cm. Eisen-Kanone C/61	Granate Schrapnel	1,05 1,05	1/14 —	298 —
15 cm. Eisen-Kanone C/61	Granate Schrapnel	2 2	1/14 1/15,5	287 —
21 cm. Mörser C/71	Langgranate	3,5	1/22,8	212
kurze 21 cm. Kanone	"	4,5	1/17,9	245
15 cm. Ring-Kanone	"	6,2	1/4,46	485

Verhältnisse der gezogenen Geschütze.

digkeit auf Entfernung		Größte Schußweite		Bemerkungen.
1000 m.	2000 m.	bei Grad	in m.	
264	232	18^{13}	3800	
—	—	8^4	2200	
275	239	18^3	4000	
—	—	7^4	2200	
261	237	$37^{8}/_{15}$	5200	Die eingeklammerten Zahlen
(248)	(225)	(20)	(4000)	gelten für die 12 cm. Ka=
—	—	9^3	2200	none C/64.
		(10^3)	(2200)	
279	250	40	5700	
—	—	8^3	2200	
229	213	30^{15}	4400	
—	—	11^1	1800	
274	252	20^3	4500	Ausnahmsweise 3 k. Ladung
265	239	21^{13}	4400	($^1/_9$) mit 5600 m. Schußweite.
—	—	9^{13}	2200	
263	238	17^5	3800	
—	—	8^{15}	2200	
261	241	17^{15}	3800	
—	—	9^{13}	2200	
—	—	45	4000	
230	213,5	40	5000	
366	306	40	8500	

Tabelle XVII. Trefffähigkeits-Angaben für
50 Procent Treffer

Entfernung m.	9 cm. mit 0,6 k. Ladung			12 cm. C/64 mit 1,05 k. Ladung			12 cm. C/73 mit 1,5 k. Ladung			kurzen 15cm. 1,5 k. La=	
	Ziel-höhe	Ziel-breite	Ziel-länge	Ziel-höhe	Ziel-breite	Ziel-länge	Ziel-höhe	Ziel-breite	Ziel-länge	Ziel-höhe	Ziel-breite
	Meter			Meter			Meter			Meter	
300	0,3	0,25	14,5	0,25	0,25	6	0,15	0,2	—	0,2	0,2
600	0,7	0,5	16	0,6	0,4	10	0,3	0,4	13	0,5	0,5
1000	1,2	0,9	17	1,1	0,8	14	0,8	0,8	14	1	0,8
1500	2,4	1,5	20	2,8	1,4	19	1,5	1,3	16	2,2	1,3
2000	—	2,4	23	5,5	2	24	2,7	2	19	4,2	2
2500	—	3,3	27	—	3	29	4,4	2,8	23	—	—
3000	—	4,3	32	—	4	34	—	4	28	—	—
4000	—	(auf 3800m.) 6,5	42	—	7	46	—	6	45	—	—
	9 cm. mit 0,3 k. Ladung			12 cm. C/64 mit 0,6 k. Ladung			12 cm. C/73 mit 1 k. Ladung			kurze 15 cm. 1 k. La=	
300	0,7	0,3	18	0,3	0,2	7	0,3	0,2	—	0,2	0,2
600	1,6	0,6	20	0,6	0,4	10	0,7	0,5	15	0,5	0,5
1000	3,2	1,3	22	1,4	0,8	14	1,4	0,8	16	1,4	0,8
1500	6	2,3	25	4,2	1,4	19	2,7	1,3	18	3,2	1,3
2000	—	—	29	—	—	25	5,1	2	22	—	2
2500	—	—	35	—	—	29	8,7	2,8	27	—	—
				12 cm. C/64 mit 0,4 k. Ladung			12 cm. Kanone C/73 mit 0,5 Ladung			kurze 15 cm. 0,5 k. La=	
500	—	—	—	0,6	0,3	8	1,6	0,4	19	1,5	0,4
1000	—	—	—	2,7	0,8	14	3,8	0,8	21	—	0,8

*) Anmerkung. Die eingeklammerten Zahlen

die gezogenen Geschütze.

erfordern beim

mit bung	15 cm. mit 2,25 k. Ladung resp. 2 k. (Granaten resp. Langgran.)			15 cm. Ringrohr mit 6,2 k. Ladung			21 cm. Mörser C/71 mit 3,5 k. Ladung			
Ziel= länge	Ziel= höhe	Ziel= breite	Ziel= länge	Ziel= höhe	Ziel= breite	Ziel= länge	Elev. Grad	Entf. m.	Ziel= breite	Ziel= länge
	Meter			Meter			Meter			
—	(0,1)* 0,2	(0,2) 0,1	—	0,2	0,2	13	20^{10}	2800	4,2	32
9	(0,4) 0,4	(0,4) 0,3	11 (9)	0,3	0,3	15	22^{12}	3000	5	34
11	(1) 0,9	(0,8) 0,6	17 (15)	0,6	0,5	17	28^{15}	3500	7,2	41
14	(2,7) 1,5	(1,3) 1	23 (22)	1,1	0,8	20	39	3900	10,7	46,5
18	2,2	(1,8) 1,8	30 (29)	2	1,3	24	64^{12}	2800	19,9	34
22	2,9	(2,3) 2,3	36 (35)	3,2	1,8	27	63	3000	19,1	36
27	3,9	(3) 4	42 (41)	4,7	2,5	30	57	3500	17	41,5
36	—	(5)	54 (52)	—	4	36	47^2	3900	13,6	46,5
mit bung	15 cm. Granaten resp. Langgranaten 1,6 k. resp. 1,4 k.						21 cm. Mörser C/71 mit 2 k. Ladung			
—	(0,1) 0,2	(0,2) 0,1	6	—	—	—	21^1	1600	1,9	19
6	(0,2) 0,5	(0,4) 0,3	11 (9)	—	—	—	29^{14}	2000	3,2	25
9	(0,8) 0,9	(0,8) 0,6	17 (15)	—	—	—	38^6	2200	4,3	27
13	(2) 2,4	(1,3) 1	23 (21)	—	—	—	64^4	1700	8	21
18	—	—	29	—	—	—	57	2000	7	24,5
24	—	—	35	—	—	—	48^7	2200	5,8	28
mit bung	15 cm. Granaten resp. Langgranaten 1 k. resp. 1 k.						21 cm. Mörser C/71 mit 1 k. Ladung			
9	(0,3) 0,7	(0,3) 0,2	10 (8)	—	—	—	20^6	650	0,5	8
	(1,2)	(0,8)					34^6	900	1,2	11
15	2,2	0,6	17 (15)				65^{12}	700	2,7	8

bedeuten Langgranaten.

Tabelle XVIII. Wirkung der blindgeladenen

Geschütz	Geschoß Art	Ladung k.	Entfernung m.	Horizontaler Auftreffwinkel	Endgeschwindigkeit m.
9 cm.	Granate (blind)	0,6	192	—	320
12 cm.	„	1,05	192	—	266,2
„	„	1,05	112,5	—	279,7
15 cm.	„	2,25	—	90°	271,1
„	„	3	100	60¹/₄	347,9
„	„	„	„	70³/₄	„
„	„	2,5	„	70¹/₂	317,2
„	„	2	„	61¹/₂	281,4
„	„	1,5	„	69¹/₂	243,2
kurze 15 cm.	„	1,63	„	81¹/₂	251,1
„	„	1,3	„	78¹/₄	198,6
„	„	0,68	„	79	133,7
15 cm.	Langgranate (blind)	2,25	„	68¹/₂	316,6
„	„	2	—	66¹/₂	298,8
„	„	1,5	„	64³/₄	253,6
kurze 15 cm.	„	1,5	„	74³/₄	252,4
„	„	1	„	74¹/₂	199
„	„	0,5	„	80³/₄	130
„	„	1,5	„	74—82	250,5
„	„	1	—	„	201
verstärkte 12 cm. C/73	„	1,5	88	„	321
15 cm. Ring	„	3,9	88	64—70	350
„	„	4,9	88	„	400
„	„	5,95	„	„	450
„	„	6,2	„	„	465

Geschosse gezogener Geschütze gegen Mauerwerk.

Tiefe des Ein= bringens cm.	Aeußere Breite des Trichters cm.	Höhe des Trichters cm.	Mauerwerk	Versuch bei:
44	—	—	Gute Ziegeln	
55	—	—		
63	—	—		
89	—	—	Granit und Serpentin	Schweidnitz, sechster Versuch.
110	105	58	—	
115	76	78	Gute Ziegeln	Stettin 1868.
92	50	63	"	"
97	105	55	"	"
92	68	52	"	"
78	50	55	"	"
68	50	37	"	"
44	34	55	"	"
99	94	86	"	"
104	94	47	"	"
77	94	126	"	"
98	52	42	"	"
91	39	52	"	"
46	42	29	"	"
66	64	63	"	"
55	61	70	Granit mit	Graudenz 1873.
70	52,5	60	Ziegel=	"
91	85	104	mauer	"
102	113	103	als	"
104	120	115	Parament.	"
95	110	100		"

Tabelle XIX. Wirkung der scharfgeladenen

Geschütz	Geschoß	Ladung k.	Endgeschwindig-keit m.	Horizontaler Auf-treffwinkel Grad	Tiefe cm.	Aeußre Breite cm.	Höhe cm.
9 cm.	Granate	0,6	313	60	54	—	—
12 cm.	"	0,6	266,6	—	55	—	—
"	"	0,6	274,6	—	47	—	—
12 cm. C/73.	Lang-Granate	1,5	321	74— 82	80	103	97
"	"	1,1	234	—	36	85	89
kurze 15 cm.	"	1,5	252,4	75	86,3	188	154
"	"	1	199	75	58	157	141
"	gewöhnl. Granate	1,65	251	81½	58	102	152
15 cm. Kanone	"	2	270	90	63— 94	110— 115	173
"	"	2	270	90	112	76	76
"	"	2	283,4	61½	71	126	102
"	"	2,5	319	70½	97	118	94
"	"	3	349,9	78¾	110	120	89
kurze 15 cm.	Lang-Granate	1,5	254,5	80	103	150	155
"	"	1,5	208	90	90	120	120
"	"	0,9	176	57½	52,3	81	62,7
"	"	1,5	250,5	74,8	69,5	105,5	116
"	"	1	201	"	53	113	102
"	"	1,5	223	90	44	145	105
15 cm. Ringkanone	"	3,9	350	64— 70	104	113	130
"	"	4,9	400	"	102	140	132
"	"	5,95	450	"	86	190	155
"	"	6,2	465	"	106	195	150
Kurze 21 cm. Kanone	"	1,5	125	90	50	100	100
"	"	2,6	164	90	110	175	150
"	"	3,8	213,8	58½	50,5	147,5	150

Geschosse gezogener Geschütze gegen Mauerwerk.

Lebendige Kraft in m. T.	Verdrängte Mauermasse Cub.cm.	Verdrängte Mauermasse pr. k. des Geschoßgewichts Cub.cm.	Mauerwerk	Versuch bei	Anmerkungen.
—	—	—	gute Ziegeln	—	Für Berechnung der lebendigen Kraft sind folgende Geschoßgewichte zu Grunde gelegt:
—	—	—	harte Ziegeln	—	
78,795	201923	13462	} Granit mit Ziegelvorlage	} Graudenz 1873	12 cm. Granate: 14,5 k.
41,872	71336	4756	"	"	12 cm. Langgranate: 15 k.
90,10	662197	23863	} gute Ziegeln	} Stettin 1868	15 cm. Granate: 27,3 k.
56,01	334435	12052			
60,0	240719	8819	"	"	15 cm. Langgranate: 27,75 k.
102,9	343860	12591	Granit	Schweidnitz	21 cm. Granate: 80 k.
102,9	242588	8886		Jülich	
109,1	241434	8847			Die verdrängte Mauermasse ist als Inhalt eines Kegels berechnet, dessen Höhe die Tiefe des Eindringens ist, dessen Grundfläche einen Durchmesser gleich dem Mittel aus den äußeren Abmessungen des Trichters ist.
142	286094	10496	} gute Ziegeln	} Stettin 1868	
144,3	312311	11476			
91,609	629764	24694	"	"	
61,19	339292	12226	"	Kasematten auf dem Tegler Schießplatz	
43,9	70586	2543	Bruchstein	Silberbg. 1869	
88,77	223378	8050	} Granit	} Graudenz	
57,27	160350	5778			
70,35	179987	6486			
172,9	401934	14510	} Granit mit Ziegelvorlage	} Graudenz 1873	
225,9	493918	17830			
285,8	669954	24186			
305,2	825758	29811			
63,7	130899	1636	} Ziegeln	} Kasematten auf dem Schießplatz Graudenz	
109,7	760445	9505			
186,4	292532	3656,6	Granit mit Ziegelvorlage		

Tabelle XX.

Wirkung der Geschosse gezogener Geschütze gegen verticale Erdziele.

Geschütz	Geschoß	Ladung k.	Entfernung m.	Endgeschwindigkeit m.	Tiefe des Eindringens cm.	Art des Bodens
9 cm.	gewöhnliche Granate blind	0,6	600	280	327	fetter Lehm
"	dto. scharf	0,6	600	280	110	"
12 cm.	dto. blind	1,05	1050	247	314	Sand
"	dto. scharf	1,05	600	260	189	Lehm
kurze 15 cm.	Langgranate blind	0,85	941	188	340	Erde
"	dto. scharf	1,5	452	241	560	Lehm
15 cm.	dto.	1,12	941	188	340	gelagerte Erde
"	gewöhnliche Granate blind	2	1050	—	345	Sand
"	dto.	2	750	—	471	Lehm
"	dto. scharf	2	600	—	471	dto.

Tabelle XXI.
Wirkung scharfgeladener Granaten gegen horizontale Erdziele.

Geschütz	Geschoß	Ladung k.	Elevation Grad	Entfernung m.	Endgeschwindigkeit m.	Tiefe des Trichters cm.	Weite des Trichters cm.	Art des Bodens
12 cm. C/73	gewöhnliche Granate	1,4	15 und 20	3479 4153	214 206	40 60	130 145	Gewachsener Haideboden.
„	Langgranate	1,3	15 und 20	3244 3723	216 210	40 50	130 160	
kurze 15 cm.	Langgranate	0,4	30	1050	103	52—58	—	
„	„	0,5	30	1367	124	71	—	Bewachsener Haideboden.
„	„	0,75	30	2362	146	68 bis 63	—	
„	„	1,3	20	3013	191		—	
„	„	1	30	2860	168	73	—	
21 cm. Mörser	verlängerte Granate	1	45	1060	—	98		Die Eindringungstiefen beziehen sich auf den untersten Punkt der Geschosse; sie sind bei den Elevationen von 30 Grad resp. 60 Grad durchschnittlich 16—32 cm. kleiner, als bei 45 Grad.
„	„	1,5	„	1710	—	134	bis 2,8 m.	
„	„	2	„	2360	—	134		
„	„	3	„	3450	—	147		
„	„	3	60	2940	—	205		
„	„	3	45	3020	—	160	3,1	

Angabe der Quellen und Beläge.

Erster Theil.

Erstes Kapitel.

1) In Betreff dieser Verhältnisse und des ganzen Artillerie-Materials bei Beginn dieser Periode wird auf die sehr ausführlichen Angaben des Werkes: „Geschichte der Brandenburg. Preußischen Artillerie" von Malinowski und Bonin verwiesen. 2) Leitfaden zum Unterricht in der Artillerie 1818. 3) Archiv für die Officiere der Artillerie u. s. w. Band 10 Seite 180. Zur Geschichte der Feuerwaffentechnik. 4) In Betreff der Vorentwickelung siehe Favé: Etudes sur l'artillerie. T. 5 p. 154. 5) Handbuch Band II Seite 81. 6) Scharnhorst: Handbuch III Tabelle 64. 7) Grundzüge der allgemeinen Artillerie-Wissenschaft Theil I.

Zweites Kapitel.

1) Malinowski und Bonin II Seite 228 und 346. 2) Handbuch Theil I Seite 145. 3) Handbuch II Seite 209. 4) Ebendaselbst I Seite 145. 5) Ausführliches hierüber siehe: Archiv: Band 26 Seite 55. „Historische Uebersicht der bisher in Anwendung gekommenen und projectirten eisernen Laffeten von Major Blume. — Ferner Band 19 Seite 137. 6) Nachrichten über die zur Prüfung der schmiedeeisernen Laffeten angestellten Versuche. 1851. Eine officiell bearbeitete Monographie. 7) Ausführliche Beschreibung der schmiedeeisernen Laffeten im Handbuch für die Officiere. 1860. Seite 262 und ff.

Drittes Kapitel.

1) Archiv. Band 26 Seite 88. 2) Man sehe: Die Rotation der runden Artillerie-Geschosse von Premier-Lieutenant Müller II. 1861. Seite 16 und ff. 3) Ebendaselbst Seite 28 und ff. und die Entwickelung der Feld-Artillerie Seite 18—19. 4) Artilleristische Ansichten zum Theil aus der Vogelperspective. 5) Entwickelung der Feld-

Artillerie Seite 21 und ff. 6) Ebendaselbst Seite 40. 7) Siehe auch Favé: Etudes sur l'artillerie T. 6 p. 155. 8) „Die Rotation der runden Artillerie-Geschosse u. s. w." Seite 193 und ff.

Viertes Kapitel.

1) Jahrgang 1847 Seite 93. 2) Jahrgang 1855 Seite 55. 3) Jahrgang 1856 Seite 235. 4) Seite 32 und ff. 5) Jahrgang 1846 Seite 97.

Sechstes Kapitel.

1) Gebrauch der 25pfdgn. Haubitze und des kurzen 24Pfdrs. 1837 bis 1838, bearbeitet von Major von Strotha und den Hauptleuten Hein und Wille. 2) Monographie über Art, Wirkung und Verwendung unserer bei der Vertheidigung der Festungen in Betracht kommenden Geschütze und Raketen 1853. — Monographie über den Gebrauch und die Wirkung unserer Geschütze beim Angriff der Festungen. 3) Seite 366. 4) Archiv. Jahrgang 1836. 5) Genaue Besprechung im Archiv Band 28 Seite 48 und im Band 31 Seite 93 durch Major Neumann. 6) Archiv Band 19 Seite 13. 7) Geschichte des 7jährigen Krieges Band II. 8) Archiv. Band 5. 1837. Niederländische Versuche über den Rikoschetschuß. Archiv. Band 17. Ueber die Verwendung der verschiedenen Geschütze beim Angriff von Festungen. 9) Taubert: Erörterung einer Frage des Belagerungskrieges. 10) Mangin: Mémoire sur la fortification polygonale. 1851. Maurice de Sellon: Mémoires sur la fortification etc. 1850. 11) Von der Polygonal- und Kaponniere-Befestigung. 1856. 12) Geschichte der Befestigungskunst. Seite 297. 13) Die Lehre vom neueren Festungskriege. 1860. Th. I. Seite 134.

Siebentes Kapitel.

1) Archiv. Band 30 Seite 50. 2) Ueber die Nothwendigkeit oder Entbehrlichkeit eines Zwischenkalibers zwischen der 12pfdgn. und 24pfdgn. Kanone u. s. w.

Achtes Kapitel.

1) Entwickelung der Feld-Artillerie Seite 86. 2) Ebendaselbst Seite 180. 3) Ebendaselbst Seite 87 und ff.

Neuntes Kapitel.

1) Handbuch von 1860 Seite 193, 194. 2) Malinowski I Seite 352. 3) Erörterung einer Frage des Belagerungskrieges. 4) Von der Polygonal- und Kaponnierebefestigung 1856.

Zehntes Kapitel.

1) Scheuerlein. Th. I Seite 261 und ff.

Zweiter Theil.

Erster Abschnitt.

1) Entwickelung der Feld=Artillerie. Seite 155 und ff. Siehe auch Favé: Etudes sur le passé et l'avenir de l'artillerie T. 6 p. 25 und ff.

Zweiter Abschnitt.

1) Ausführliche Nachrichten darüber im Archiv Band 26 Seite 131. 2) Entwickelung der Feld=Artillerie Seite 161, Seite 167 und ff. 3) Siehe auch Militär=Wochenblatt 1867, 1868, 1870. Die ersten Versuche mit gezogenen Geschützen und Archiv, Band 61 Heft 3. 4) Entwickelung der Feld=Artillerie Seite 168 und ff. 5) Seite 174. 6) 1855. „Die An=wendbarkeit gezogener Geschütze im Festungskriege." 7) Der neuere Festungskrieg Th. I Seite 334.

Dritter Abschnitt.

1) Seite 201, 213 u. f. w. 2) Siehe die von uns bearbeitete aus= führliche Darstellung: „Historische Skizze über die Entwickelung der kurzen 15 cm. Kanone u. f. w. 1870. 3) Ebendaselbst Seite 17 und ff. 4) Eben= daselbst Tabelle II Anlage A. 5) Details der Rohrconstructionen siehe Witte. Artillerielehre II Seite 142 und ff. 6) Ebendaselbst II Seite 102 und ff. 7) Man sehe folgende Quellen: Archiv Band 1 Seite 185. „Die in der Königlich Preußischen Artillerie angestellten Versuche über die Haltbarkeit gußeiserner Geschützröhre." — Archiv Band 14 Seite 1: „Betrachtungen über Belagerungsgeschützröhre u. f. w." — Archiv Band 29 Seite 167: „Der heutige Stand der Feuerwaffen." — Archiv Band 30: „Ueber die zur Belagerung und Vertheidigung der Festungen erforder= liche Artillerie." — Archiv Band 43 Seite 202: „Welche Anforderungen macht man an das Material der Belagerungs=und Festungs=Artillerie u. f. w.' 8) Handbuch Band 1 Seite 280. 9) Archiv Band 26 Seite 62. — Ferner Böhm: Magazin für Ingenieure und Artilleristen Band VII Seite 320. Norbes: Recherches sur l'artillerie T. I. p. 384. 10) Journal des sciences militaires 1828. — Rouvroy: Vorlesungen über Artillerie 1821. Theil I 215, 240, 257, 371. 11) Ueber die preußischen Versuche bis zum Jahre 1847, findet sich ein vorzüglicher Aufsatz im Archiv, Band 32 Seite 37: „Die wesentlichsten Erfahrungen und Versuche der Preußischen Artillerie über das gußeiserne Geschütz in Bezug auf Erlangung einer genügenden Ausdauer und Sicherheit beim Gebrauch derselben." 11 a) Historische Skizze über die Entwickelung der kurzen 15 cm. Kanone Seite 46 und ff. 11 b) Band 1. „Die in der Königlich Preußischen Artillerie angestellten Versuche über die Dauerhaftigkeit bronzener Geschützröhre." 12) Siehe Archiv Band 29 Seite 167. 13) Näheres über diese Methode siehe: Roerdansz: „Ballistik, abgeleitet aus den graphischen Darstellungen der Schuß= und Wurftafeln 1863." 14) Diese Anschauung hat Prehn in seiner: „Artillerie=Schießkunst" bis in die äußersten Consequenzen verfolgt.

15) Siehe Entwickelung der kurzen 15 cm. Kanone, Seite 40. 16) Siehe: „Die während der Belagerungsübung bei Graudenz im Sommer 1873 ausgeführten Schießversuche." 17) Detaillirte Angaben siehe: Witte: Artillerie-Lehre Band 3 Seite 158 und ff. 18) Siehe historische Skizze Seite 66. 19) Ebendaselbst Seite 22 und ff. 20) Javé: Etudes sur l'artillerie T. 6 p. 89. 21) Historische Skizze u. f. w. Seite 120. 22) Javé: Etudes sur l'artillerie T. 6 p. 90. 23) Lehrbuch der Befestigungskunst und des Festungskrieges Seite 434, 479. 24) Historische Skizze Seite 51.

Vierter Abschnitt.

1) Revue d'artillerie; November und December 1873. Auch in deutschen Zeitschriften übersetzt erschienen: „Die Wirkung der deutschen Geschütze während der Belagerung von Paris." 2) Geschichte des Bombardements von Schlettstadt und Neubreisach u. f. w. von P. Wolff, Hauptmann im Ingenieur-Corps Seite 34 und ff. 3) Siehe: Die Belagerung von Soissons im Jahre 1870 von H. Müller, Major, Adjutant der General-Inspection der Artillerie Seite 52. 4) Militär-Wochenblatt 1872 Seite 118 und ff. 5) Man sehe das oben genannte 6. Beiheft zum Militär-Wochenblatt pro 1872 Seite 205. 6) Die Belagerung von Soissons von H. Müller Seite 46. 7) Wagner: Die Belagerung von Straßburg II. Seite 203. Ferner ein Aufsatz im Militär-Wochenblatt 1872 Seite 135. „Betrachtungen über die Organisations-Verhältnisse ec. der Artillerie bei der Belagerung von Straßburg." 8) Wagner: Die Belagerung von Straßburg II. Seite 206 und ff. 9) Siehe: Entwickelung der kurzen 15 cm. Kanone Seite 65. 10) Siehe: Monographie über die Verbesserung der Construction der 12 cm. Bronze-Kanone 1874. 11) Siehe: Entwickelung der Feld-Artillerie Seite 285. 12) Siehe: Mittheilungen der Artillerie-Prüfungs-Commission Heft 1, 1872. 13) Die während der Belagerungs-Uebung bei Graudenz im Sommer 1873 ausgeführten Schießversuche 1874. 14) Ebendaselbst Seite 70 und ff. 15) Handbuch u. f. w. Theil I Seite 7. Erste Abhandlung. —